中华经典诠解

# 论语诠解

大字版

杨朝明◎主编

山东友谊出版社
Shandong Friendship Publishing House

# 编 委 会

# 《论语》的成书及其文本特征

杨朝明

《论语》作为儒学要典，是研究孔子思想的基本材料。然而，这部共二十篇计一万五千余字的著作又非常特殊，这便是该书全部采用了语录体。《论语》成书以来，历代研读该书的人不计其数。尤其是近些年来，无论图书种类还是印刷数量，有关《论语》的出版物都达到了空前的水平。可是，我们在对此感到欣慰或者欣喜的同时，也看到《论语》研读中存在着一些不容忽视的问题，而这又与《论语》的成书及其文本特征密切相关。那么，《论语》是怎样成书的？其文本又有什么样的特征？在此首先谈谈一些个人的看法。

## 一、关于《论语》的成书问题

《论语》的材料来自哪里？它是怎样编撰而成的？这是研读《论语》往往首先想到的问题。关于这一点，《汉书·艺文志》的说法是：

> 《论语》者，孔子应答弟子、时人及弟子相与言，而接闻于夫子之语也。当时弟子各有所记，夫子既卒，门人相与辑而论纂，故谓之《论语》。

按照这里的说法，《论语》中所记载的内容有孔子的言论，有孔子弟子的言论。孔子的言论中，有他与弟子们的对话，有他与当时其他人的对话；孔子弟子的言论多是弟子之间的相互谈话，而这些也是曾经从孔子那里听来的。这就是说，不论孔子本人的言论，还是孔子弟子的言论，都出于孔子弟子所记。

关于《论语》的成书，《汉书·艺文志》至少还表述了三层意思：

第一，孔子弟子随时记录孔子言论。

《论语》中，不论孔子本人的话还是孔子弟子的话，都应来自孔子弟子的记录。在孔子长期的教学生涯中，他的弟子常常随时记录老师的言语。

有一次，孔子的弟子子张向孔子请教“行”的问题，《论语·卫灵公》记曰：

> 子张问行。子曰：“言忠信，行笃敬，虽蛮貊之

**邦,行矣。言不忠信,行不笃敬,虽州里,行乎哉?立则见其参于前也,在舆则见其倚于衡也,夫然后行。”子张书诸绅。**

孔子认为,人应当“言忠信,行笃敬”,即说话忠诚守信,行事庄重严肃。人应当时刻牢记,将“忠信”、“笃敬”装在心中,用来指导自己的行动。只要做到这一点,无论走到哪里都能够顺畅通达。子张觉得老师的话太好了,于是“书诸绅”,也就是把这些话写在腰间的大带上。

孔子弟子随时记录孔子言语,在《孔子家语》中有更多的记载。比如,《入官》篇记载:子张向孔子请教为仕之道,即怎样当官治民。孔子就如何达到“安身取誉”作了详尽的回答,所以该篇最后说:“子张既闻孔子斯言,遂退而记之。”子张回去以后把孔子的话记录了下来。又如,《论礼》篇记载:子夏侍坐于孔子,师徒谈到《诗》中所说的“恺悌君子,民之父母”,子夏请教怎么样才可以称为百姓的父母。于是,孔子进行了一番长谈,他围绕君主修德治国的问题,从怎样为民父母、如何德配天地等方面展开论述。孔子的论述令子夏激动不已,他猛然站起来,表示一定要记录下来。所以,《论礼》最后记载说:“子夏蹶然而起,负墙而立,曰:‘弟子敢不志之?’”

第二,《论语》材料是孔子弟子集撰的结果。

《论语》是“门人相与辑而论纂”的结果,唐人颜师古注说:“辑与集同;纂与撰同。”这样,所谓“辑而论纂”,其实就是“集撰”或者“撰集”。

说到“撰集”,我们不由想到孔安国与《孔子家语》的关系。孔安国本人正是这样表述自己与《孔子家语》之间的关系的,他在《孔子家语后序》中谈到:

元封之时,吾仕京师,窃惧先人之典辞将遂泯没,于是因诸公卿大夫,私以人事募求其副,悉得之。乃以事类相次,撰集为四十四篇。

在《孔子家语》“后孔安国序”[1]中,其表述与此大体相同:

又集录《孔氏家语》为四十四篇。

《孔子家语》“后孔安国序”中引述了孔衍的“奏言”。孔衍表述为:

又撰次《孔子家语》。[2]

所谓“集录”,就是将已经存在的材料加以聚汇;所谓

---

〔1〕《孔子家语》较早的序文有三个:一为孔安国所作的序,本文称“孔子家语后序”或简称为“孔安国序”;一为王肃所作序;这两者之间,包含孔子世系及孔衍奏言的部分,就是这里所说的“后孔安国序”。该篇序文作者不详,但可知此人应是《家语》的传承之人。根据序文的语气、表述,不难推测他即使不是孔衍的同一辈人,也是距他不远的后辈。

〔2〕按:元马端临《文献通考·经籍考·经部》作此。而《四库全书》本《孔子家语》后所附该序文则作“又撰《孔子家语》”。清代多以《家语》为伪,将“撰次”省作“撰”,这反映了清人的认识倾向。

"撰次",则不仅仅是汇聚材料而已,而且这种汇聚要按照一定的内在逻辑。

汉代的孔子后裔们(包括孔安国本人)所说孔安国与《孔子家语》的关系,对我们认识孔子"门人"与《论语》的关系颇具启示意义。尽管学术界对孔安国与《孔子家语》具体关系的认识还有一些分歧,但这不会影响我们据而讨论"撰集"一词的具体含义。

按照《孔子家语后序》的说法,孔安国以前,《孔子家语》的材料经过了辗转流传,到他那个时期,这些材料"与诸国事及七十子辞妄相错杂","与《曲礼》众篇乱简合而藏之秘府"。孔安国通过私人关系得到了《孔子家语》,但这些却同样是一堆"乱简",没有次序可言。于是,孔安国对这些材料进行了分类、比次、编排,即所谓"以事类相次",也就是"撰集",从而成为现在的样子。

最初,《论语》的编撰情况恐怕也是如此。在孔子弟子"相与辑而论纂"之前,这些材料应该是已经存在的,其前提便是孔子弟子们的随时记录。

第三,《论语》的编纂在孔子"既卒"之后。

孔子弟子对《论语》的"撰集",时间是在"夫子既卒"之后。

那么,何谓"既卒"?《尚书·金縢》有"武王既丧"的说法,《史记·鲁世家》作“武王既崩”。无论“既丧”还是“既崩”,都应当表示武王去世以后不太长的时间。[1]“既”有已、已经之义,如《左传》僖公二十二年:“宋人既成列,楚人未既济。”《尚书·尧典》:“九族既睦,平章百姓。”又,《孔子家语·正论解》记孔子曰:“古者天子崩,则世子委政于冢宰三年。成汤既没,太甲听于伊尹;武王既丧,成王听于周公。其义一也。”此处“既丧”与“既没”并言,应当与《汉书·艺文志》所讲的“既卒”一样。《文选·辩命论》注引《傅子》还有一种说法:“昔仲尼既殁,仲弓之徒追论夫子之言,谓之《论语》。”“丧”、“没”、“崩”、“卒”、“殁”都是人“去世”的同义语。看来,“既卒”也是古代的通行用法,即表示去世以后不久。

认识到《论语》结撰在孔子“既卒”以后很有必要。长期以来,学术界占主流的看法是《论语》“不纯”和“写定很晚”。比如有学者说“《论语》的结集,时间可能晚得多,不是在公元前五世纪,而是在公元前二世纪的景、武之际”,不承认《论语》有“原始结集”一事,认为不论其结集时间、篇目多少、《论语》传本抑或文字真伪,都还存在问题。[2]显然,这样的看法与《汉书·艺文志》的

---

〔1〕 杨朝明:《也说〈金縢〉》,《庆祝杨向奎先生教研六十年论文集》,河北教育出版社1998年版。

〔2〕 朱维铮:《〈论语〉结集脞说》,《孔子研究》1986年创刊号。

相关记载是不一致的，因为所谓“既卒”虽然表达的是在孔子去世以后，但不可能是孔子去世后那么长的时间。

## 二、《论语》由子思主持编撰而成

《汉书·艺文志》的记载表明：《论语》是孔子弟子在孔子去世不久后整理编撰既有材料而成。但是，《论语》编撰的具体时间是什么时候，又是怎样编撰的，这些问题《汉书·艺文志》并没有提供更多更明确的说法。因此，后世学者进行研究，并在今本《论语》中寻找内证，也提出了种种看法，而分歧却依然很大。但是，《汉书·艺文志》的相关记载虽然简单，可还是为研究《论语》的成书问题提供了很多有价值的线索。

《汉书·艺文志》著录的《论语》类文献共有“十二家二百二十九篇”，在作者看来，这些都应该与今本《论语》具有同样的性质。比如，《孔子三朝》七篇，颜师古注曰：“今《大戴礼》有其一篇，盖孔子对鲁哀公语也。三朝见公，故曰三朝。”这也属于孔子应答时人而为当时弟子所记的内容。

最值得认真思考的是《孔子家语》也被列入《汉书·艺文志》中的“《论语》类”文献。《孔子家语》与《论语》两书之间的关系，对于说明《论语》的成书很有价值。这里著录的《孔子家语》二十七卷，与今之十卷本《孔子家语》有别。学者们知道,古代图书在形成与流传过程中,卷帙的分合是十分正常的现象,这里的二十七卷本与王肃注的十卷本或有不同,但二者的主要内容应该一致。颜师古说这个二十七卷本"非今所有《家语》",这可能是收藏在西汉秘府中的本子,不过此本不如经孔安国整理、后由王肃作注的本子更为细致。

孔安国在《孔子家语后序》中谈到《孔子家语》与《论语》的关系,他说:

> 《孔子家语》者,皆当时公卿士大夫及七十二弟子之所谘访交相对问言语也,既而诸弟子各自记其所问焉,与《论语》、《孝经》并时。弟子取其正实而切事者,别出为《论语》,其余则都集录之,名之曰《孔子家语》。

长期以来,人们以《孔子家语》为伪书,孔安国序也被认为是伪作,因此,孔安国所说的这些话向来不被人们所注意。而今,《孔子家语》的重要价值被越来越多的学者所认识,孔安国的叙述也应当给予应有的重视了。

《孔子家语》与《论语》、《孝经》"并时",三者在时代上一致。《汉书·艺文志》说:"《孝经》者,孔子为曾子陈孝道也。夫孝,天之经,地之义,民之行也。举大者言,故曰《孝经》。"看来,无论是《论语》、《孝经》还是《孔子家语》,其材料都来自孔子弟子。所以孔安国又谈到《家语》的特征说：

> **凡所论辩，疏判较归，实自夫子本旨也。属文下辞，往往颇有浮说，烦而不要者，亦由七十二子各共叙述首尾，加之润色，其材或有优劣，故使之然也。**

弟子们从孔子那里得来“第一手材料”，然后“叙述首尾”，进行适当加工。由于材料出于众手，故“其材或有优劣”。与《论语》、《孔子家语》不同的是，《孝经》是“孔子为曾子陈孝道”的专篇，如果这些材料都出于孔子弟子，是孔子弟子“接闻于夫子之语”，那么《孝经》应当出于曾子，而《论语》和《孔子家语》则应当出于众手。与《孔子家语》不同，《论语》则经过了材料的认真拣选，《汉书·艺文志》所说的“论纂”或即此意。

学术界有一种看法值得注意，即认为“论语”的“论”有“选择”、“别择”之意。清朱骏声《说文通训定声·屯部》曰：“论，假借为抡。”《国语·齐语》曰：“权节其用，论比协材。”韦昭注：“论，择也。”《荀子·王霸》曰：“君者，论一相，陈一法，明一指，以兼覆之，兼照之，以观其盛者也。”杨倞注：“论，选择也。”

关于“语”的意思，《说文解字》说：“语，论也。”《广雅》说：“语，言也。”是则“孔子家语”应该就是“孔子家”的论说集或言论集，也就是在“孔子家”中编辑而成的论说集、言论集。如果《论语》书名的“论”为“选择”之意，那么《论语》应该是选自“孔子家”之“语”中的材料。当然，这并不一定意味着今本《论语》就一定出自《孔子家语》其书。这样理解《论语》书名的含义，与孔安国所说完全一致。或者说，这种看法更接近《论语》成书的历史事实。

那么，现在的问题就是《论语》最初成书于何人之手了。

从新发现的材料看，《论语》中孔子称谓的差异，有些可能是在传抄中形成的，并不能作为《论语》成书较晚的证据。今本《论语》后十篇中称“孔子”的地方，定州八角廊汉墓竹简本有的称“子”。如《阳货》篇：“子张问仁于孔子。孔子曰：‘能行五者于天下，为仁矣。’”《尧曰》篇：“子张问于孔子曰：‘何如斯可以从政矣？’子曰：‘尊五美，屏四恶，斯可以从政矣。’”在简本中，以上两章中的“孔子”均称“子”。另外，今本《论语》称“子”的地方，竹简中有的则称为“孔子”，说明《论语》中的称谓在抄写过程中会有一定变化。因此，《论语》的成书时间不能完全以此来判断。

《论语》中记载有曾子临终之言，该书成书时间的上限在曾子去世之后当然没有什么问题，问题在于《论语》成书时间的下限。而郭店楚简的发现，使我们还可以继续思考《论语》结集时间的下限。

郭店楚墓竹简研究的成果证明，其中的儒家著作属于久已佚失的《子思子》，同时也证明《隋书·音乐志》引沈约所云“《中庸》、《表记》、《坊记》、《缁衣》，皆取《子思子》”是有根据的。《礼记·坊记》中已经出现了“论语”之名，《坊记》曰：

> 子云：“君子弛其亲之过，而敬其美。”《论语》曰：“三年无改于父之道，可谓孝矣。”高宗云：“三年其惟不言，言乃欢。”

《坊记》为《礼记》中的一篇，而《礼记》乃是汇聚原有典籍而成，《坊记》也当为戴圣取自子思之书。西汉时期，孔子后裔孔衍曾经上奏朝廷，希望重视《孔子家语》。孔衍的奏言中说：“戴圣皆近世小儒，以《曲礼》不足，而乃取《孔子家语》杂乱者，及子思、孟轲、荀卿之书以裨益之，总名曰《礼记》。今见其已在《礼记》者，则便除《家语》之本篇，是为灭其原而存其末也。”孔衍所说，其言不虚。

如果《坊记》引用的《论语》之言还有可能是《礼记》编者所添加，那么，郭店楚简的引述则应当可以旁证乃至坐实《论语》的早出。郭店楚简的《语丛》中也引述了《论语》中的句子：《语丛三》第五〇、五一简，据研究，可以隶定为“志于道，据于德，依于仁，游于艺”，这段话，明显与《论语·述而》一致。《语丛三》第六四、六五简，两简有中线作为界隔，第六四简编线以上有“亡（毋）意亡

(毋)古(固)”四字,编线下有“亡(毋)物不物”四字;第六五简中线以上是:“亡(毋)义(我)亡(毋)必”,编线下有“皆至焉”三字。栏线上面的应当接着读,下面实际是对上面的解说。这样,二简应当是“毋意、毋固、毋我、毋必”。《论语·子罕》曰:“子绝四:毋意、毋必、毋固、毋我。”顺序虽有差别,但二者至少应当同源。

看来,战国时的楚国不仅有《子思子》流传,也有《论语》流传。郭店楚墓竹简中有不少语句与其他文献记载的孔子言语相近,情况大致都是如此。出土郭店楚简的古墓,其年代约在公元前300年左右,墓葬中的书籍成书时间应在其前。这就意味着公元前300年以前,《论语》已经在南方的楚国流传,也证明子思在其著作中引述《论语》很有可能。

《坊记》中明引《论语》,而且《坊记》与郭店楚简的许多篇章明显属于《子思子》,则子思生活的时代《论语》应当已经成书。由于材料有限,子思生卒年不十分清楚。钱穆先生研究子思在世时间约为公元前483年～前402年,今有学者研究子思在世时间约为公元前491年～前400年,[1]是则《论语》成书的下限当在公元前

〔1〕 钱穆:《先秦诸子系年·子思生卒考》,商务印书馆2001年版;孔德立:《〈孔丛子〉与子思生年问题》,《齐鲁学刊》2004年第2期。

400年以前。《论语》中记有曾子临终之语，则《论语》的成书时间上限应当在曾子去世的公元前428年，所以，《论语》成书的具体时间可以限定在公元前428年至公元前400年间的二十几年之中。

关于《论语》的编纂者，有人认为是孔子众弟子，有人认为是仲弓、子游、子夏，有人认为是有子，有人认为是曾子弟子。在前人研究的基础上，有学者提出《论语》为曾子领纂[1]，笔者认为这个说法近于实际。我们进而还认为，《论语》由子思主持完成应当更为合理。[2]

子思为曾子弟子，在曾子去世后地位特殊，有儒学领袖风范。说《论语》出于子思，不仅与以前学界的论证相合之处较多，更重要的是符合《论语》内容所反映出来的信息，与孔子之后儒学传承的实际十分吻合。

《论语》的材料来自众弟子所记，其中除了对不同的人有不同称谓以外，对于诸事的不同的记录方式、语气也透露了其汇编聚集的痕迹。

《论语》为孔门弟子所记，刘向认为是孔子弟子“辑而论纂”，王充《论衡·正说篇》说为“弟子共记孔子之言

---

〔1〕 贾庆超：《曾子领纂〈论语〉说》，《东岳论丛》2003年第1期。

〔2〕 杨朝明：《新出竹书与〈论语〉成书问题再认识》，《中国哲学史》2003年第3期。

行”，应该都是可信的。《论语》不仅以“子曰”的形式叙述孔子言语，而且记有许多孔子与弟子的问答，其中涉及弟子有名姓者就有三十人，这些材料当不会出于一人或者少数几人，其内容应该多是由众多弟子记录而成。

这就出现了一个矛盾：一方面，《论语》出于曾子门人，阅读《论语》，其中厚重的曾子言行会给人留下深刻的印象，除了曾子门人，他人一般不会如此编辑；另一方面，论者又指出，《论语》形成于孔门后学分化的背景之下，而孔门的严重分化又难以聚集这么多的材料。要解决这样的矛盾，合理的推论只能是众弟子将材料汇聚到一起，最后主要由一人进行整理、选辑、编订，而这位整理编订者应在孔门之中地位尊隆，而且应是曾子门人。符合这种条件的人只有子思。

我们认为，研究《论语》的成书应当与《孔子家语》联系起来考虑。孔安国的《孔子家语后序》说《孔子家语》和《论语》都出于“诸弟子各记其所问”，说《孔子家语》与《论语》“并时”。尔后，“弟子取其正实而切事者，别出为《论语》，其余则都集录之，名之曰《孔子家语》”。所以，如果说《论语》有“语录”性质，那么《孔子家语》则与“文集”相近。《孔子家语》是弟子记录的汇编，其中虽然有后来增加、整理的成分，但基本还是原始面貌的保留。

有人推测，《论语》的结集可能在孔子去世后不久，因为“以常情而论，孔子殁，‘微言’绝，而且弟子中已有不同学派，七十子在聚会治夫子之丧时，能不考虑今后大家离去，‘微言’分散，不利于传夫子之道吗？所以说这时倡议纂辑《论语》，时机最为成熟，汇集资料最为方便。”[1]此说很有道理。《孔子家语》中有《终记解》一篇，记录孔子临终前的一些情形，似乎可以说明这样的推测有道理。只是此时所汇聚起来的可能是弟子们各自记录整理的孔子言行，它应该就是《孔子家语》的雏形。而从孔子言语中“取”（或“选择”）出“正实而切事”的《论语》，应该是这之后的事情。

《孔子家语》之所以被称为“家”，因为其中记录了孔子的身世、生平，又有《本姓解》叙述其家世源流，说明《孔子家语》属于“孔氏家学”的范畴。而《孔子家语》与《论语》“并时”的情况表明，二者的整理与编订者只能是子思。

## 三、《论语》的文本特征

显而易见，《论语》不同于其他许多著作之处在于它是“语录体”。也是因为如此，《论语》具有了孔安国所说

〔1〕黄立振：《〈论语〉源流及其注释版本初探》，《孔子研究》1987年第2期。

的"正实而切事"的突出特征。

在《孔子家语后序》中，孔安国谈到孔子后学编撰《论语》时，其选取材料的标准是"正实而切事"。所谓"正实"，不仅说明了《论语》材料与孔子的关系，而且与子思作为《论语》的编订者有关。

如何理解孔子遗说材料的来源，2002年出版的《上海博物馆藏战国楚竹书(二)》中的《从政》篇对此颇具启发意义。《从政》篇现存竹简中，仅仅"闻之曰"就出现了至少十三次，经认真比较研究，《从政》篇中的"闻之曰"与"子曰"相同，说的正是"闻于孔子之言"。以"闻之曰"起始的每一节都集中论说一个主题，彼此相对独立。如前所述，《礼记》中有《坊记》、《中庸》、《表记》、《缁衣》，据《隋书·音乐志》，沈约曾说这四篇属于《子思子》。将《从政》篇的这些竹简与现存于《礼记》中的《子思子》四篇进行对照，不难发现其结构非常一致。《孔丛子·公仪》记穆公对子思所说"子之书所记夫子之言"，表明《子思子》中有很多是专门记述孔子的话的。《从政》篇与郭店楚简、《礼记》四篇等子思著作又在内容上有密切关联，所以，我们认定《从政》篇应该属于《子思子》的佚篇。[1]

---

〔1〕杨朝明：《上博竹书〈从政〉篇与〈子思子〉》，《孔子研究》2005年第2期。

发现《从政》篇属于《子思子》有重要的意义：一则说明《子思子》书中有多篇都是以“子曰”或“闻之曰”的形式大量排比孔子言论，二则说明了其中子思所记述的孔子语录的性质和可靠性问题。《孔丛子·公仪》记曰：

穆公谓子思曰：“子之书所记夫子之言，或者以谓子之辞也。”子思曰：“臣所记臣祖之言，或亲闻之者，有闻之于人者，虽非其正辞，然犹不失其意焉。且君之所疑者何？”公曰：“于事无非。”子思曰：“无非，所以得臣祖之意也，就如君言，以为臣之辞。臣之辞无非，则亦所宜贵矣。事既不然，又何疑焉？”

子思之言交代了《子思子》所记孔子遗说的特征，即子思所谓“或亲闻之者，有闻之于人者，虽非其正辞，然犹不失其意”。由此可知，《子思子》中大量的孔子言论，有不少应该就是“闻之于人者”，虽然“不失”夫子之“意”，但可能“非其正辞”。相比而言，《论语》所记则应当属于孔子之“正辞”，也就是孔安国所说的“正实”。

在《论语》中，孔子应答弟子、时人的话自不必说，显然都是孔子弟子等人记录整理的结果，即使“弟子相与言”之语，也能够透露出他们在表达孔子的思想。例如《颜渊》篇记曰：

> 司马牛忧曰："人皆有兄弟，我独亡。"子夏曰："商闻之矣：死生有命，富贵在天。君子敬而无失，与人恭而有礼。四海之内皆兄弟也，君子何患乎无兄弟也？"

在这里，子夏所闻，或者即是来自孔子。而按照《论衡》以及朱熹《四书集注》的说法，这里的"死生有命，富贵在天"，应当就是子夏闻于孔子之言。

如果《颜渊》篇的记述还不能确定子夏所闻就一定来自孔子，那么，《季氏》所记孔子弟子陈亢与伯鱼的对话则透露了孔子弟子主要是通过"闻"的方式了解孔子的教诲。显然，这些教诲被弟子记录整理下来，就见于现在的《论语》等典籍中。《季氏》记载说：

> 陈亢问于伯鱼曰："子亦有异闻乎？"对曰："未也。尝独立，鲤趋而过庭。曰：'学《诗》乎？'对曰：'未也。''不学《诗》，无以言。'鲤退而学《诗》。他日又独立，鲤趋而过庭。曰：'学《礼》乎？'对曰：'未也。''不学《礼》，无以立。'鲤退而学《礼》。闻斯二者。"陈亢退而喜曰："问一得三。闻《诗》，闻《礼》，又闻君子之远其子也。"

《子张》篇中的记述更具有典型意义：

> 子夏之门人问交于子张。子张曰："子夏云何？"对曰："子夏曰：'可者与之，其不可者拒

**之。'"子张曰:"异乎吾所闻:君子尊贤而容众,嘉善而矜不能。我之大贤与,于人何所不容?我之不贤与,人将拒我,如之何其拒人也?"**

作为孔子的再传弟子,子夏门人向子张求教问题。子夏所言与子张不同,最后子张还是以自己从孔子那里听到的相告,《论语》这里所表述的还是孔子的思想。《子张》篇中又记述说:

**曾子曰:"吾闻诸夫子:人未有自致者也,必也亲丧乎!"**

**曾子曰:"吾闻诸夫子:孟庄子之孝也,其他可能也。其不改父之臣,与父之政,是难能也。"**

曾子的这两段话,都是直接转述的孔子言论。

实际上,在与弟子相处的日子里,孔子往往与不同的弟子讲述不同的内容,所以,《公冶长》篇记载说:"子贡曰:'夫子之文章,可得而闻也。夫子之言性与天道,不可得而闻也。'"子贡"不可得而闻"的内容,其他弟子未必也是如此。孔子弟子亲闻于夫子,其"正实"可靠不言而喻。

除了"正实",《论语》还具有"切事"的特点。所谓"切事",子贡所言恰恰也有透露。关于"夫子之文章,可得而闻也;夫子之言性与天道,不可得而闻也",人们的理解不同:一则理解为孔子很少谈论性与天道的问题,所以子贡不能听到；二则理解为孔子关于性与天道的议论高深微妙，连子贡自己也难于知解。但不论是哪种理解，都说明与“性与天道”相比，孔子更关注社会生活中的现实问题。这是《论语》作为“语录体”的选材标准问题，而不是孔子是否谈论性与天道的具体问题。

与《孔子家语》相比，《论语》的“切事”特点更加明显。有人认为《孔子家语》是王肃伪作，朱熹就不同意这一说法。据《朱子语录》记载，他认为《孔子家语》“非王肃所作”，但其书“多疵”；又说《孔子家语》“是当时书”，但“记得不纯”。所谓“不纯”，无非是因为《孔子家语》乃是将孔子遗说的材料“都集录之”，而不是像《论语》那样进行了拣选。

《论语》“切事”的特点也应该与子思的纂辑有关。子思既然是总体上来编撰孔子语录，而且是要在众多的材料中选择孔子遗言，那么，他就一定会考虑哪些孔子言论更具有直接教化社会人心的作用，哪些更符合孔子的最终关切点。显然，《论语》有特定的选材标准，正因如此，《论语》不会记录孔子的所有言语，更不会记录孔子的所有事迹。

## 四、怎样全面准确理解孔子学说

由材料来源、结集成书的种种特征所决定，《论语》毫无疑问是研究孔子的可靠材料。但是，如果认为只有

《论语》才是研究孔子的可靠材料,那就大错特错了。如果那样认为,孔子儒学研究就会丧失很多珍贵的文献材料。

孔子长期从事教育,他的弟子们记录整理了大量的孔子遗说,它们多以"子曰"、"孔子云"之类的形式保留下来。对于"孔子遗说",历来研究者众多,分歧却也极大。长期以来盛行的疑古思潮,由怀疑古史到怀疑古书,中国古代文化典籍是被怀疑的重点。由于人们对于古书成书和传流规律了解不够,很多古籍被打入"伪书"行列,多数典籍的成书年代被严重后置。中国思想史学科"受灾"最为严重,不少珍贵材料被"武断地加以剔除"。

有学者说,经过疑古学者的剥离,与孔子有关且可信的资料"似乎只有《论语》一书了"。其实,《论语》本身的可靠性也受到了质疑。长期以来,流行的看法是《论语》陆续成书于孔子后学,经过了一个漫长的过程。尤其是清朝以来,疑古高潮迭起,《论语》也像几乎所有的典籍一样受到怀疑。学者们的研究主要从《论语》的流传着眼,人们认为,《论语》等书既然有递相传授的过程,就必然会造成"不纯"。

崔述的观点最具代表性,他论定《论语》一书有"窜乱",有"续附",《论语》编订初始,各篇不出于一人之手，而是“各不相谋”，其后才汇为一本，又有“采自他书以足成之者”。崔述的根据主要是前十篇与后十篇文体上有所不同，认为尤以最后五篇为不足信。

对崔述的观点，顾颉刚先生叹服不已，倍加赞赏。这样的观点成了后来学界对《论语》一书的主流看法。崔述的观点还影响到国外，受到外国学者的推崇。如美国学者顾立雅（H.G.Creel）、日本学者木村英一也是如此，后者研究《论语》各篇，一一落实其写成的时间，甚至“考证出”某些篇成于孔子再传、三传、四传甚至五传弟子之手，这与崔述的看法大体一致。某些西方学者对《论语》的怀疑更有过之而无不及。据说，20世纪30年代，受疑古思潮的影响，英国的汉学家韦利坚持认为，《论语》一书二十篇，只有第三至第九篇是可靠的，其余各篇均系后人所加。这一疑古考证已经成为西方汉学的经典著作，至今仍有较大的影响。有一对学者夫妇——布鲁克斯夫妇（白牧之、白妙子），他们只相信第四篇的前二十章是可靠的，其余都是孔子的学生们在240年的时间内逐步加上的。这一观点引起了较大的争议，新闻媒体对这一观点作了各种发挥与引申。由于认识与方法的严重偏差乃至错误，本来思想体系博大的“孔夫子”变成了“空夫子”。

近三十年来出土了大批的学术文献，尤其是阜阳汉简、定州汉简、马王堆汉墓帛书、郭店战国楚简以及上海博物馆收藏的战国楚竹书等，不仅可以补充孔子和早期儒学研究的资料，而且可以纠正以前研究中的偏失。显然，"孔子遗说"研究应当主要结合新出土文献，分别对有关的孔子材料进行文献学、思想史的深入考察，进而在认真对待传统记载、深刻反思既往研究、全面分析新的学术信息基础上，对孔子遗说的形成、特征以及我们应持的态度，作出客观的、尽量接近历史真实的估价。

我认为，对孔子遗说的研究应该注意以下几点：第一，将研究放在中国上古文化的大背景中进行。以前，人们对我国古代尤其是三代文明发展的水平估价不足，而大量的出土材料已经使原来不少朦胧、模糊的认识变得清晰、生动起来，为此项研究提供了极好的条件。第二，将孔子回归到他所处的时空中去研究。按照"知人论世"原则，让孔子真正回归到春秋末年的鲁国，回归到当时的文化背景之下，结合西周以来鲁国的礼乐传统，结合春秋时期鲁国的文化品格，来探索孔子的心灵世界。第三，既要克服疑古思潮造成的巨大束缚，也不要盲目信古，充分利用考古新发现，将新出文献与传世文献认真比较，综合分析，从而补偏救弊，不受既有观念束缚，检核既往成果，做到言之有据，无征不信。

依照我们的看法，关于孔子遗说的许多问题，早期记载本来比较清晰，但由于后人对这些记载的解释不当，有的成书年代被严重后置，古书序列混乱；有的被定为伪书而弃之不用；还有的连学派属性也被误指（如《易传》）。孔子与六经、孔子遗说的研究，是整个所谓“原典”文化研究的基础。孔子“祖述尧舜，宪章文武”，熟悉古代典籍。在他看来，六经各有特点，但都有益于社会政治。孔子非常重视六经的“王道”教化功能，从而整理了六经，这是最值得珍视的宝贵遗产。在长期的教学实践中，孔子的大量说教被弟子后学记录下来，后来，这些记录流传广泛，受到普遍重视。曾子和作为孔子之孙的子思曾经辑集孔子遗说，《论语》、《孔子家语》、保留在《礼记》中的有关篇章、郭店儒简、上博竹书《从政》，还有保存在《孔丛子》中的四篇孔子遗说，可能都出于他们的整理。只有了解这一点，才能更好地理解《论语》，才能准确而全面地了解孔子学说。

## 五、关于《论语》全书的结构

研读《论语》，自然是为了理解孔子，学习孔子学说。然而，作为孔子的“语录”，《论语》中的片言只语往往具有很多歧解，实际情况往往是：人们研究《论语》与孔子，常常将其中的一句话进行分析解读，而没有注意从全书的结构出发，没有综合其他相关记载，于是便人云亦云、莫衷一是，甚至与本义大相径庭、南辕北辙。我们曾说，《论语》所记载的孔子的言论是人们从孔子那里听来的，孔子逝世后，孔子门人相与“辑而论纂”，从而形成了《论语》。就是这样一个孔子弟子“辑而论纂”的过程，他们在给我们留下极其宝贵的资料的同时，也的确留下了不少疑难和“秘密”。所以，《论语》一书的特征，使我们不得不十分注意从总体上把握孔子思想。

那么，怎样才能做到全面理解孔子思想？我认为，首先不应该仅仅停留在《论语》中的一条又一条的“语录”上，应当整体观照《论语》全书。

实际上，面对《论语》之中简洁的语录，面对其中一条又一条的“善言嘉语”，人们往往感到疑惑：我们的理解对吗？《论语》中的材料是随意堆砌还是精心编排？该书在多大程度上反映了孔子的思想？面对后人对《论语》积如丘山的注释和解说，人们在追问：为什么大家的理解往往出现那么多的差异？我们怎样才能更加接近孔子那颗伟大的心灵？

要正确解读《论语》，必须揭开《论语》的“秘密”，从而把握本书的整体结构，理解《论语》要表现的真正的孔子。其实，《论语》的“秘密”不在别处，恰恰就在人们最熟悉、人人都知道的《论语》开篇的那一章：

**学而时习之，不亦说乎？有朋自远方来，不亦**

乐乎？人不知而不愠，不亦君子乎？

理解这一章的关键在于第一句。我们的分析见本书正文，此不赘述。按照我们的理解，在《论语》首章，孔子表达的是这样的思想：

假如我的学说被时代或社会所接受，那不就太令人高兴了吗？退一步说，假如时代没有接受，可是有很多赞同我的思想的人从远处而来，不也很快乐吗？再退一步说，社会没接受，人们也不理解我的思想主张，我也不怨愤恼怒，不也是有道德修养的君子吗？

关于这一章的理解，传统的说法影响太大了，虽然已经有学者研究并且指出其更确切的含义，却没有引起人们的注意。

在那样的时代，孔子是苦闷的，他多么希望有人理解自己。在孔子所作的《易传》中有“君子以朋友讲习”的句子，什么是朋友？后儒的解释是：“同门曰朋，同志曰友。”孔子十分盼望有真正与自己志同道合的人，与自己一同谈学论道，但真正理解孔子的人毕竟太少了，连他的弟子有时也未必真的了解他，由此我们就不难理解孔子为什么有时与弟子们那么亲密，有时对弟子又那么严厉。

孔子周游列国走到陈、蔡两国之间曾断粮七日。在困厄之中，孔子不畏艰难，仍保持乐观态度，继续讲诵，弦歌不废。子路生气了，他对孔子的思想感到疑惑；子贡也不理解，他请求孔子将博大精深的学说稍稍降低一下标准。只有颜回理解孔子，他认为："老师的学说博大精深，致使天下人都不能接受您。虽然这样，您还是推广并实践它，世人不任用，是各国统治者们的耻辱。学说不被接受仍然坚定信念，方显出君子的本色。"听到颜回的话，孔子十分激动，也感到十分欣慰。

孔子的理想与抱负只有颜回能够理解，然而，就是这样一位可爱的弟子，竟然先孔子而去世，难怪颜回的去世使孔子那么伤感！

孔子临终前七日的那天早晨，他背着手，拖着手杖，悠闲地在门口漫步。他口里唱道："泰山其颓乎！梁木其坏乎！哲人其萎乎！"孔子唱完，回头走进屋子，正对着门，安静地坐下来。[1]作为一位迟暮的老人，孔子感到自己将不久于人世，将不得不撒手许许多多的牵挂，他似乎再也没有机会，更没有能力去关注苍生，他终于不用再游说，不用再奔波了。

---

〔1〕《孔子家语·终记解》："孔子蚤晨作，负手曳杖，逍遥于门，而歌曰：'泰山其颓乎！梁木其坏乎！哲人其萎乎！'既歌而入，当户而坐。"与《史记·孔子世家》所记稍异。

那么，将要永别人世的孔子在想什么？在孔子的心目中，将要坍塌的泰山何指？哪是将要折坏的梁木？谁又是将要病逝的哲人？子贡来到后，孔子说的话清楚地表明了他的自信，他说："天下无道久矣，莫能宗予！"孔子始终在考虑拯救世道人心，他对自己的学说竟然是那样自信！

时隔世移，在不少人心目中，孔子的形象业已变得模糊。可是，当回首春秋末期的乱世时，我们看到的依稀是一位荒野中的赶路人，一位风雨中的狂歌者。在他几十年的人生旅途中，孔子似乎总是痴心不改地追寻着、探索着，他给我们留下了智者的教诲、仁者的训导……但是，直到他去世，人们仍然不能够理解他，仍然没有当政者能够任用孔子，没有人能够为他提供施展政治抱负的舞台。

作为孔子的孙子，子思应当比我们更了解孔子。在《孔丛子》中，有关于子思与孔子对话的记录。孔子对孙子寄予了希望，开始时他认为孙子小小的年纪怎么能够理解呢？但子思从孔子的叹息中知道孔子担心"子孙不修"，羡慕"尧、舜之道"，这令孔子感到欣慰，高兴地说："吾无忧矣。"《论语》出于子思，他一定会精心编辑，哪里会随意堆砌有关材料？

经过选择、编排，《论语》中的孔子言论缺少了具体语境，而且其中的语录比较简略，增加了人们认识的难度。后人考定《论语》有“窜乱”，有“续附”，各篇“各不相谋”，不出于一人之手，现在看来，都缺乏有力证据。

孔子的坚毅支撑着他的信念，他的信念使他变得更加坚毅。孔子当然希望学说用世，他为追求政治理想而矢志不渝。但孔子所处非“时”。儒家强调“穷则独善其身，达则兼济天下”，《郭店楚墓竹简》中有一篇《穷达以时》，《论语》首章中的“时”也是此意。孔子曾说：“夫遇不遇者，时也。”他认为：“君子博学深谋而不遇时者众矣。”孔子到处碰壁，是时势使然，但孔子是坚强的，他有强烈的治世情怀，并“知其不可而为之”，甚至显得有些“愚顽不化”，尽管世人不了解自己，但他仍然坚信自己的学说，坚守自己的政治主张，这也体现了孔子对自己人生际遇的思考。

这样，当我们回看《论语》时，发现它其实有内在的严密逻辑。《论语》首篇围绕做人这一个中心问题展开，以下各篇分别谈为政以德、守礼明礼、择仁处仁等，层层剥离，依次展开。《论语》首篇十分重要，宋代有学者说：“今读《论语》，且熟读《学而》一篇。若明得一篇，其余自然易晓。”这的确是通读《论语》掌握其真谛的中肯之言。是的，我们现在不能正确理解其中的“善言嘉语”，正是因为将本来是一个整体的《论语》读散了！

《论语》注重做人、修身，这正是曾子门派的特征，这一特征或许就是孔安国所谓的“切事”。子思学于曾子，从上博竹书《从政》等篇看，子思不仅谈论心性问题，也十分关注为人、为政等社会的现实，他谈论心性也是他深刻思考社会人生的表现。正因如此，子思纂辑《论语》，才首重做人。梁人皇侃《论语义疏》说：“此篇论君子、孝悌、仁人、忠信、道国之法、主友之规，闻政在乎行德，由礼贵于用和，无求安饱以好学，能自切磋而乐道，皆人行之大者，故为诸篇之先。”子思这样条次编辑，既符合乃祖孔子原意，又与其师曾子保持一致，还与子思自己的思想通贯。

在孔子的思想体系中，“仁”、“礼”、“中庸”、“道”、“义”、“和”等等都是重要组成部分。然而，孔子思想的核心是什么，学术界还有不同认识。其实，孔子的思想虽然有一个不断发展的过程，但也的确有一个始终不离的中心，这就是孔子对现实社会秩序的关切。由此，他的学说始终是围绕“修己以安人”而展开，或者说，孔子的不同言论，都是他这一学说体系中的不同部分。

我们曾说，如果说孔子是一位思想家，那么他首先是一位政治思想家。没有当时“天下无道”、“礼坏乐崩”的历史事实，就不会产生孔子的伟大思想。孔子思想产生的早期，他所关注最多的是“礼”，即周礼。孔子步入社会之初，声名日隆，从学的弟子众多，原因都在于他对周代礼乐的精深造诣。这一时期，孔子谈论最多的也是周礼，他所念念不忘的，是怎样以周代礼乐重整社会。随着时间的推移，孔子对社会的认识逐渐深化。他到处推行自己“礼”的政治主张，企图用自己的学说改造社会，但事与愿违，处处碰壁。他不得不进一步思考“礼”之不行的深层原因，于是，他开始越来越多地提到“仁”，思考“仁”与“礼”之间的关系。这一时期，孔子“仁”的学说得到了充分的拓展和完善。进入“知命”之年以后，孔子的人生境界逐渐提升，以至于最后达到了“从心所欲，不逾矩”的佳境。他晚而喜《易》，并作《易传》，对自己的哲学思想进行了具体的阐发，他“中庸”的方法论观点也臻于成熟。如果把孔子的一生进行这样整体的分析，或许会有助于对孔子思想核心问题的理解，也会更有利于读懂《论语》，进而把握孔子思想的精髓。

# 目 录

# 学而篇第一

**【概说】**本篇为《论语》首篇，共十六章。该篇记有孔子言论八章，另有有子的论述三章、曾子论述二章、子夏论述一章，还有子贡与子禽、子贡与孔子的对话二章。

该篇围绕立身处世这一中心问题展开，主要谈论由孝而忠等修身做人的问题。不少学者说该篇的线索是“学习为了做人”，不确。其实，前人对该篇多有误解，如梁人皇侃从文章表面立说，认为：“此篇论君子、孝悌、仁人、忠信、道国之法、主友之规，闻政在乎行德，由礼贵于用和，无求安饱以好学，能自切磋而乐道，皆人行之大者，故为诸篇之先。既以‘学’为章首，遂以名篇，言人必须学也。”（《十三经注疏·论语注疏》卷一）

《论语》各篇有无主旨，历来有不同看法。皇侃认为每篇都有主旨，只是他对第一章理解有问题。朱熹也同意每篇都有主旨，他说：“此为书之首篇，故所记多务本之意，乃入道之门，积德之基，学者之先务也。”清人翟灏《四书考异》以为不然，刘宝楠也认为皇疏“妄有联贯”，他说：“《论语》章次依事类叙，无所取法，与《孟子》篇章迥殊。”所以，他编《论语正义》，将皇侃所概括的各篇主旨尽行删除，不为不失！

《论语》首篇十分重要，前人已经指出了这一点。《朱子语类·论语二》引宋人吴寿昌说：“今读《论语》，且熟读《学而》一篇。若明得一篇，其余自然易晓。”显然，这是通读《论语》掌握其真谛的中肯之言。

1.1　子曰：“学而时习之，不亦说乎？有朋自远方来，不亦乐乎？人不知而不愠，不亦君子乎？”

**【诠释】**传统说法认为本章是讲对待学习、交友和他人能否理解的态度，这样的理解可能未必准确。本章表述了孔子对待自己理想与信念的态度。孔子胸怀仁人爱物之道，具有和谐天下的政治抱负，他当然希望自己的主张得到全社会的认可，但是，正如《郭店楚墓竹简·穷达以时》中所说：“有其人，无其世，虽贤弗行矣。”如果天下无道，时世不济，那么，即使很少人能够理解或者根本没有人理解，也应坚信自己的学说。

正确理解本章,是正确认识《论语》全书乃至孔子生平思想的关键。关于对本章新的理解,已有学者加以指出,如刘家齐:《“学而时习之”章新解》(《齐鲁学刊》1986年第6期),李启谦:《关于“学而时习之”章的解释及其所反映的孔子精神》(《孔子研究》1996年第4期),杨朝明:《新出竹书与〈论语〉成书问题再认识》(《中国哲学史》2003年第3期),杨朝明:《〈论语〉首章与〈孔子家语·屈节〉篇——孔子政治命运悲剧的两个诠释》(庞朴主编:《儒林》第一辑,山东大学出版社,2005年8月)。

《孔子家语·终记解》记有孔子临终前七日之事。这天早晨,孔子起来后,背着手,拖着手杖,悠闲地在门口漫步,口里唱道:“泰山其颓乎!梁木其坏乎!哲人其萎乎!”意思是,泰山大概要坍塌了吧!栋梁大概要折坏了吧!哲人大概要病逝了吧!唱完进屋,对着门坐着。这时。他的弟子子贡快步走进去见孔子。孔子叹息着说:“夫明王不兴,则天下其孰能宗余?”圣明的君王不出现,那么天下谁能尊崇我的学说呢?《孔子家语》的这一记载被司马迁采入《史记》,其中“夫明王不兴,则天下其孰能宗余”,《史记·孔子世家》作“天下无道久矣,莫能宗予”。孔子留下的最后的话意味深长,他知道自己将不久于人世,在即将撒手人寰的时候,以泰山、梁木、哲人自喻，感叹无道的现实，感慨自己的学说未能行世，这也映照出孔子一生都在追求学行天下。

《论语》既为子思等人编辑而成，《论语》首篇首章一定与孔子的人生主题相应。他们把本章放在首篇，又作为首章，必定不应只是谈论学习、交友一类的事情，而应有较为重要的意义。

学：有做动词用的"学习"，有做名词用的"学术"、"学说"等义，这里应为后者，指思想主张及对社会、人生的总体认识。朱熹以前者作解，认为"学"即学习，清人毛奇龄不同意这样理解，他在《四书改错》中说："学者，道术之总名。"程树德《论语集释·学而上》表示赞同，他指出："'学'字系名辞，《集注》解作动辞，毛氏讥之是也。"《论语》中有孔子"士志于道"（《里仁》）之说，又有孔子自谓"吾十有五而志于学"（《为政》）的记录，"学"与"道"为同位词。《庄子·天下》篇有"百家之学"的说法，亦与这里的"学"同义。《论语》中有"德之不修，学之不讲"（《述而》）、"学如不及，犹恐失之"（《泰伯》）、"下学而上达"（《宪问》）等，其中的"学"都是此义。

而：假如，如果。假设连词，《论语》中这种用法十分普遍。

时：有时机、经常、时代等意思，这里应该与"世"相通，即时代、社会、现世。与《郭店楚墓竹简》中"穷达以时”的“时”相同。《吕氏春秋·诬徒》曰“羁神于世”，高诱注：“世，时也。”这种用法，古籍中常常见到，如《彖辞》：“时止则止，时行则行”、《孟子·公孙丑上》：“当今之时”、《墨子·兼爱下》：“吾非与之并世同时，亲闻其声，见其色也”、《楚辞·离骚》：“固时俗之流从兮，又孰能无变化”等等。

习：应用、实践。古籍中常常有“习礼乐”（《史记·孔子世家》）、“习射”（《礼记·射义》）、“习威仪”（《左传》隐公元年）等用法。本章有“采用”之意。

说：通“悦”，喜悦、高兴。这里的“喜悦”与下文的“乐”（即快乐）、“愠”（即愤怒）都是表达人的内心感受，也表明《论语》本章三个分句不应割裂开来进行理解。“说”与“乐”，显然都表示内心高兴，但层次上的不同显而易见。

有朋：通“友朋”，即“朋友”。汉代学者认为“同门曰朋”，这里指志同道合的人。《易传》有“君子以朋友讲习”之语，正可以作为注解。

君子：一般指有学问、有地位、有修养的人。孔子一生谦恭，不以“圣人”、“贤人”自居，但始终以“君子”自期。

《论语》首篇首章记孔子谈论“人不知”问题，既与首篇末章意思相通，相互照应，也与末篇末章有所呼应。首篇末章记孔子曰："不患人之不己知，患不知人也。"末篇末章记孔子曰："不知命，无以为君子也；不知礼，无以立也；不知言，无以知人也。"此外，《论语》中相关的内容还有很多，例如："不患无位，患所以立；不患莫己知，求为可知也"（《里仁》）；"不患人之不己知，患其不能也"（《宪问》）；"莫我知也夫"（《宪问》）；"君子病无能焉，不病人之不己知也"（《卫灵公》）。

**【解读】**孔子说："如果我的学说被社会普遍接受，在社会实践中加以应用它，那不是很令人感到喜悦吗？即使不是这样，有赞同我的学说的人从远方而来，不也是很快乐吗？再退一步说，不但社会没采用，而且也没有人理解，自己也不怨愤恼怒，不也是有修养的君子吗？"

1.2　有子曰："其为人也孝弟，而好犯上者，鲜矣；不好犯上，而好作乱者，未之有也。君子务本，本立而道生。孝弟也者，其为仁之本与！"

**【诠释】**孔子是伟大的思想家，他思索的重心在于社会的治乱问题，由此形成了早期儒家以修己安人为核心内容的思想体系。他们希望社会和谐有序，希望人人自觉守礼，而要做到这些，就需要人人做到"仁"。孔子说:“人而不仁,如礼何?人而不仁,如乐何?”(《论语·八佾》)人只有做到“仁”,才能结束社会礼崩乐坏的局面。那么,何谓“仁”?在不同的场合,对不同的人,孔子有不同的解释。从字源上讲,从人从二、左右结构的“仁”是后起之字。《郭店楚墓竹简》的材料显示,“仁”的古字应当从身从心、上下结构,表示常常反省自身,即《论语》本篇记载的曾子所说的“吾日三省吾身”。人之反省和修养自身,最基本的就是要做到孝亲,所以《中庸》记孔子说:“仁者,人也,亲亲为大。”“仁”是所有的人都应该具有的品质,是人区别于其他动物的根本标志。人只有修养自身,具有仁德,做到孝亲,才能逐步外推,进而“不独亲其亲,不独子其子”(《孔子家语·礼运》)、“泛爱众”(《论语·学而》),才能具有仁爱之心,进而自觉守礼尊君。这样,“孝弟”作为政治秩序的根本,人们由孝悌而守礼、敬上,社会秩序便得到了充分保障。本章在于阐述孝道。“孝弟”是仁爱的基础,是做人的根本,各种道德都是由此派生、推衍出来的。

有子:孔子弟子。姓有,名若,字子有,后人尊称为有子。春秋末年鲁国人。今本《论语》载有子言论四处,三处称子(有子),一处称名(有若)。但称名者为与鲁哀公问答,故此章为特例,并不与前者矛盾。另外,冉有、闵子骞也偶有称子,说明他们也是当时较有影响的人物。

值得注意的是,《论语》主要记述孔子言语,而孔子弟子的言论相对较少,可是,在首篇第二章即记述了有子的话。实际上,《论语》之中有子的话有如此地位,与有子在孔子弟子中的地位直接相关。《孟子》中说他“智足以知圣人”(《公孙丑上》),又说“有若似圣人”(《滕文公上》),在传习孔子思想学说方面,有若曾经得到多数人认可。所以,孔子去世后,当孔子弟子思慕恩师的时候,子夏、子张、子游等人便推出有若,“欲以所事孔子事之”,但曾子不同意这样的做法(《孟子·滕文公上》)。这件事情说明有子毕竟不同于孔子,但也彰显了有子在孔子弟子中非同寻常的地位。

需要辨明的是,《史记·仲尼弟子列传》说“有若状似孔子”,好像有若在长相上接近孔子。其实,情况很可能是,有若所学很得孔子思想之真谛,受到普遍敬重。《礼记·檀弓上》就记有子游对有子的赞语:“甚哉!有子之言似夫子也。”所以大家才希望像侍奉孔子那样对待有若。《史记》所谓“有若状似孔子”很可能是司马迁对《孟子》中“有若似圣人”一说的误解。对此,南宋学者王十朋已有分辨,他认为:“子游之徒知有子似夫子素矣。所谓‘似’者,必有如辨曾子之言之类,岂以貌似之故虚欲师事之耶?虽然,直似之耳,欲以事孔子事之则不可,故曾子不许之，而有子未尝居师之位也……世皆知颜子之后有曾子，而不知有子者，亦回、参之亚匹也。序《论语》者知之，故首记夫子之言，次记有子之言，又次记曾子之言，未必言之次第如是也，其必寓推尊之意焉。以谓夫子既没之后，其道可尊，其人可子，其言可法者，莫先乎有子、曾子也。”（见王十朋：《梅溪集·梅溪前集》卷十九《论语三说》）他的分析很能服人。《孔子家语·七十二弟子解》仅仅说到有若“为人强识，好古道也”，而《史记·仲尼弟子列传》则记载了与《孟子》所记载相近的故事，说明《史记》此处的记载很可能来自《孟子》。

孝弟（tì）：孝顺父母，敬爱兄长。弟，通“悌”。《尔雅·释训》：“善父母为孝，善兄弟为友。”孝、敬与忠、顺相连，《孝经》说：“事父孝，故忠可移于君；事兄敬，故顺可移于长。”

鲜（xiǎn）：稀少，罕见。

道：本意为道路，这里是其引申义，为抽象的道德概念，指仁人爱物、修身治国的法则。

为仁：行仁。为，动词。一般解“为”作“是”，恐误。仁，如前所述，包括修身、爱人等多种含义。此处“为仁”，与《论语·颜渊》“为仁由己”、《论语·卫灵公》“子贡问为仁”和《孟子·公孙丑上》“莫如为仁”、《孟子·滕文公上》“为富不仁矣，为仁不富矣”等相同。

与：同“欤”。语气助词，表示疑问。

**【解读】**有子说：“一个人在做人方面能够孝敬父母，敬重兄长，却喜欢冒犯君上，这是十分罕见的；不喜欢冒犯君上却喜欢作乱，没有这种人。君子都致力于从根本上做起，根本牢固建立后，才能够产生仁人爱物、修身治国之道。孝敬父母，敬重兄长，应该是施行仁爱的根本所在吧。”

## 1.3　子曰：“巧言令色，鲜矣仁！”

**【诠释】**巧言：花言巧语。

令色：伪善的面貌。令，善、美好。

鲜矣仁：为“仁鲜矣”的倒装，谓语提前。

汉人包咸：“巧言，好其言语；令色，善其颜色，皆欲令人悦之，少能有仁也。”（《十三经注疏》引）朱熹：“巧，好；令，善。好其言，善其色，致饰于外，务以悦人，则人欲肆而本心之德亡矣。”此章言语简洁，却是修身做人之借鉴，为识人用人所必知。

**【解读】**孔子说：“花言巧语，面目伪善，这类人的仁德一定是很少的。”

1.4　曾子曰：“吾日三省吾身：为人谋而不忠乎？与朋友交而不信乎？传不习乎？”

【诠释】本章强调儒家最为重视的修己问题。孔子等早期儒家思想的代表人物特别注重修身，即修养自身，常常说到“修己”（《论语·宪问》）、“克己”（《论语·颜渊》）、“求之于己”（《郭店楚墓竹简·成之闻之》）、“敦于反己”（《郭店楚墓竹简·穷达以时》）。朱熹：“日省其身，有则改之，无则加勉。”此即儒家一再强调的“慎独”思想。自省修养，贵在慎独。这与儒家推崇的“大学之道”正相呼应。

曾子：姓曾，名参（读音有争议），字子舆。少孔子四十六岁，鲁国人。其父曾点，字子皙，一称曾皙。亦孔子弟子。

《论语·先进》记载孔子与子路、曾皙、冉有、公西华师徒五人谈话，孔子让他们各言其志。子路欲使国家人人有勇气，冉有欲使人人富足，公西华愿意做小司仪。曾点说：“暮春者，春服既成，冠者五六人，童子六七人，浴于沂，风乎舞雩，咏而归。”孔子说：“吾与点也。”说明曾点与孔子也有某些默契，或者从这个记录中也可说明《论语》与曾子的关系。

本章继孔子、有子言论后接着记载曾子言论，宋代以来有学者提出,《论语》一书实成于有子、曾子门人之手。朱熹《论语集注序说》引程子曰:"《论语》之书,成于有子、曾子门人之手,故此书独二子以子称。"关于有子,本篇首章已有叙述。曾子则践履孔子思想,是孔门之中颇有影响的人物。曾子不仅在孔门弟子中年龄较小,去世较晚,更为重要的是,他是孔子孙子子思的老师,在孔子去世之后对子思有教导之功,影响较大,《论语》等书即完成于子思等曾子弟子之手。因此,在《论语》的记载中,曾子的身份显得比较特殊。

三省:多次省察。三,多次。省,反省、省察。《荀子·劝学》篇说:"君子博学而日参省乎己,则知明而行无过矣。"参省,即三省。

谋:做事情。

忠:诚实、尽心。

传(chuán):老师的传授。

习:实践。与"学而时习之"的"习"一样,都是指在实际中应用。

**【解读】**曾子说:"我每天都要多次反省自己,例如,为他人做事情有没有不诚实、不尽心的地方呢?与朋友交往中有没有不守信的地方呢?老师的思想学说在实际行动中是否有没能贯彻的呢?"

1.5　子曰："道千乘之国，敬事而信，节用而爱人，使民以时。"

**【诠释】**儒家强调以礼治国，本章记述孔子所论修身治国的基本原则。

道：一作"导"，二者相通。有引导、治理之意。千乘之国：一乘兵车用四匹马驾驶。春秋时期，战争以车战为主，兵车多少意味着国力的强弱。千乘之国，大国也。《诗经·閟宫》谓鲁国"公车千乘"，即在夸耀自身的强盛。马融谓："道，谓为之政教。"包咸曰："道，治也。千乘之国者，百里之国也。"

节用：节约用度。例如，鲁僖公二十一年鲁国大旱时，臧文仲提出的御旱之策中就有"贬食省用"(《左传》僖公二十一年)。爱人：爱护士大夫以上阶层的人。人，广义指一切人，狭义指士大夫以上阶层的人。节用而爱人是西周以来的治国传统，据《说苑·政理》篇："武王问于太公曰：'治国之道若何？'太公对曰：'治国之道，爱民而已。'曰：'爱民若何？'曰：'利之而勿害，成之勿败，生之勿杀，与之勿夺，乐之勿苦，喜之勿怒，此治国之道，使民之义也，爱之而已矣。民失其所务，则害之也；农失其时，则败之也。"

使民以时：春秋社会以农业为命脉，应该不违农时，勿夺农时。《左传》襄公四年："修民事，田以时"；《国语·鲁语上》："若布德于民而平均其政事，君子务治而小人务力；动不违时，财不过用"；《孟子·梁惠王上》："不违农时"。

**【解读】孔子说："治理具有一千辆兵车的大国，应当恭敬从事，诚信无欺，节约用度，爱护百姓，征用劳动力应当不违农时。"**

1.6　子曰："弟子，入则孝，出则悌，谨而信，泛爱众，而亲仁。行有余力，则以学文。"

**【诠释】**按照刘宝楠《论语正义》的说法，本章论述品德与学习的关系。刘氏曰："此章明人以德为本，学为末。男子后生为弟。言为人弟与子者，入事父兄则当孝与弟也，出事公卿则当忠与顺也。弟，顺也。入不言弟，出不言忠者，互文可知也。下孔子云'出则事公卿，入则事父兄'也。""出则事公卿，入则事父兄"见于《子罕》篇。宋黄震《黄氏日钞》则说："此章教人为学，以躬行为本，躬行以孝弟为先。文则行有余力尔后学之。"

弟子：本义为为人弟、为人子者，这里泛指年轻人，其中当然也包括孔子弟子。

泛：广泛。

亲仁：亲近有仁德的人。

文：文献，六艺之类。黄震《黄氏日钞》曰：“所谓文者，又礼、乐、射、御、书、数之谓，非言语文字之末。”

【解读】孔子说：“年轻的人们，在父母跟前要孝顺父母，离开自己的房子就要敬爱兄长，谨慎恭敬而且诚实守信，广泛地友爱众人，亲近具有仁德的人。做好了这些以后，如果还有余力，就应当继续学习《诗》、《书》、《礼》、《乐》等知识。”

1.7　子夏曰：“贤贤易色；事父母，能竭其力；事君，能致其身；与朋友交，言而有信。虽曰未学，吾必谓之学矣。”

【诠释】子夏所论述的依然是处世为学之道。分别论说对待妻子、父母、君上、朋友所应持有的态度。

子夏：孔子弟子。姓卜，名商，字子夏。少孔子四十四岁。

贤贤易色：重视内在品质，不过分看重容貌。易，平易，轻看，不过分看重。“贤贤易色”另有两解：一是“变易颜色”，即见到贤人，脸上显示出恭敬的神色，一是“易其好色之心以好贤”，即用好色之心好贤。孔府退厅东厅的启事厅，曾经悬挂有明朝姜克礼对联，曰：“以利己之心交朋必善，以好色之念求学必真。”通观本章，

“贤贤易色”应该说的是选择或对待妻子的方式，不应该是泛指一般对待美色的态度。

竭：《说文》：“竭，负举也。”负举必尽力，故“竭”又可解为“尽”。竭其力即尽其力。致：送，奉献。

**【解读】** **子夏说：“对于妻子，应当重视她的品行，而不过分看重容貌；侍奉双亲，能够尽心竭力；服事君上，能够不惜生命；与朋友交往，言语诚实守信。这样的人即使没有学习过，我一定也说他是学习过了。”**

1.8　子曰：“君子不重则不威，学则不固。主忠信，无友不如己者。过，则勿惮改。”

**【诠释】** 本章是孔子论述君子自我修养的方式。谈论了做人要庄重和忠信、做学问不固执成见和积极改进两层意思。“主忠信，无友不如己者。过，则勿惮改”，于《子罕篇第九》第二十五章重出。

重：庄重。威：威严。

学：学术。

固：顽固、固守。

传统观点，“君子不重则不威，学则不固”有两种解释。

其一：“固，蔽也。言君子当须敦重。若不敦重，当无

威严。又当学先王之道,以致博闻强识,则不固蔽也。”(见《十三经注疏·学而第一》)

其二:“固,谓坚固,言人不能敦重,既无威严,学又不能坚固,识其道理也。”明须敦重也。(见《十三经注疏·学而第一》)

通观本章,应当以第一种说法更为恰当。本章前为假设,后为具体做法。“君子不重则不威”,一个人具有威严乃相对于他人而言,此句照应“主忠信,无友不如己者”。“学则不固”应为“君子学则不固”,其中的“君子”承前省略。该句是说如果力学修身做人的道理,人就不会固执保守,此句照应“过,则勿惮改”。

主:以……为主。有亲近义。

友:以……为友。

惮(dàn):害怕,畏惧。

无友不如己者:不结交不仁之人。无,通“毋”,不要。《群书治要》引东汉徐干《中论》:“君子不友不如己者,非羞彼而大我也。不如己者,须己慎者也。然则扶人不暇,将谁相我哉?”《吕氏春秋》引曾子《制言》:“吾不仁其人,虽独也,吾弗亲也。故周公曰:‘不如吾者,吾不与处,损我者也。与吾等者,吾不与处,无益我者也。吾所与处者,必贤于我。’”刘宝楠《论语正义》曰:“由曾子及周公言观之,则不如己者即不仁之人,夫子不欲深斥，故言不如己而已。”朱熹《论语集注》卷一中也说：“友以辅仁，不如己，则无益而有损。”显然，孔子的本意是远离缺乏仁德的人。

**【解读】孔子说：“君子不庄重，就缺乏威严；君子致力于学术，就不会固执。要以忠信为主，不要亲近缺乏仁德的人。发现自己的过错，就要勇于改正。”**

1.9 曾子曰：“慎终追远，民德归厚矣。”

**【诠释】** 孝是醇化社会风俗基本的、重要的手段，本章论述孝道及其对改善民风的作用。

慎终追远：按照礼的要求安葬和祭祀去世的父母等先人。与《为政》篇“死，葬之以礼，祭之以礼”义近。慎终：慎重地办理丧事。终，人之刚死。追远：追念死去的祖先，指祭祀祖先。

厚：淳朴、厚道。

历史上，学者们对此有很多很好的解说。例如，孔安国曰：“慎终者，丧尽其哀。追远者，祭尽其敬。君能行此二者，民化其德，皆归于厚也。”（《论语集解义疏》卷一）《礼记·祭统》曰：“孝子之事亲也，有三道焉：生则养，没则丧，丧毕则祭。养则观其顺也，丧则观其哀也，祭则观其敬而时也。尽此三道者，孝子之行也。”朱熹

《论语集注》卷一也说:“慎终者,丧尽其礼。追远者,祭尽其诚。民德归厚,谓下民化之,其德亦归于厚。盖终者,人之所易忽也,而能谨之;远者人之所易忘也,而能追之,厚之道也。故以此自为,则己之德厚,下民化之,则其德亦归于厚也。”

**【解读】**曾子说:“慎重对待父母亲的丧事,追念祭祀远代先人,这样就会醇化社会风气,使人民的道德变得仁厚起来。”

1.10　子禽问于子贡曰:“夫子至于是邦也,必闻其政。求之与?抑与之与?”子贡曰:“夫子温、良、恭、俭、让以得之。夫子之求之也,其诸异乎人之求之与!”

**【诠释】**本章反映了孔子从教化角度了解民情,从而又以民情推断政治教化的认知方式。这一记载也得到其他材料的佐证。例如,《礼记·经解》曰:“孔子曰:‘入其国,其教可知也。其为人也温柔敦厚,《诗》教也;疏通知远,《书》教也;广博易良,《乐》教也;洁静精微,《易》教也;恭俭庄敬,《礼》教也;属辞比事,《春秋》教也。故《诗》之失,愚;《书》之失,诬;《乐》之失,奢;《易》之失,贼;《礼》之失,烦;《春秋》之失,乱。其为人也,温柔敦厚而不愚,则深于《诗》者也。疏通知远而不诬,则深于《书》者也。广博易良而不奢，则深于《乐》者也。洁静精微而不贼，则深于《易》者也。恭俭庄敬而不烦，则深于《礼》者也。属辞比事而不乱，则深于《春秋》者也。'”《礼记·经解》的这一记载也见于《孔子家语·问玉》。

子禽：姓陈，名亢(kàng)，字子亢，一字子禽，少孔子四十岁。孔子弟子。陈国人。一说其为子贡的学生，误。

子贡：姓端木，名赐，字子贡。孔子弟子。卫国人。能言善辩，善于经商。与孔子关系甚密，是孔子的得意弟子之一。

是邦：这个国家。邦，国，诸侯。

政：政治、教化。

抑：或者。

温良恭俭让：温和、良善、恭敬、俭朴、礼让。《论语正义》云：“敦柔润泽谓之温，行不犯物谓之良，和从不逆谓之恭，去奢从约谓之俭，先人后己谓之让。”

其诸：副词。表示大概、可能等不肯定语气。

**【解读】子禽向子贡问道：“老师到了一个国家，一定得知这个国家的政事。这是打听得来的，还是人家主动告诉他的呢？”子贡说：“老师是用温和、善良、恭谨、节俭、谦逊取得的。老师获取的方法，大概**

与他人求取的方法是有所区别的吧？”

1.11　子曰：“父在，观其志；父没，观其行；三年无改于父之道，可谓孝矣。”

**【诠释】**本章论述孝道，表达了儒家伦理中从不改父道而考察孝行的思想。

其：指父之子。

没：死亡。

三年无改于父之道：“三年”指三年之丧，“于父之道”谓传统的守丧之制，亦即三年之丧。本句谈论为人之子的根本问题，也就是“孝”的问题。

对本句的理解，历来存有争议。旧注多将“三年无改”、“于父之道”连读，意思是数年不改变父亲指引的正道。父教其子，必循正道，故人们便在所谓“父之道”上用力理解，其实，本句的重点是“于父之道”，是为人子者应尽的孝道。春秋末年的孔子时代，已经有不少不行三年之丧的议论，孔子弟子中也有所谓“三年之丧，期已久矣”的看法，而孔子对此十分反感，他认为为人子者应该考虑“子生三年，然后免于父母之怀”（《论语·阳货》），如果一个人连三年之丧都做不好，则难称其为孝。对此，前人已有指出，如叶适《习学记言》曰：“此当以‘三年无改’为句。终三年之间而不改其在丧之意，则于事父之道，可谓孝矣。”此亦即孔子所谓“无违”，所谓“葬之以礼，祭之以礼”（《论语·为政》）。

**【解读】孔子说：“观察一个人，他父亲在世的时候要看他的志向；他父亲去世以后，要看他的行为。三年之中认真遵循守丧之礼，可以说是孝了。”**

1.12　有子曰：“礼之用，和为贵。先王之道，斯为美，小大由之。有所不行，知和而和，不以礼节之，亦不可行也。”

**【诠释】**儒家主张“以和为贵”、“以礼节和”。礼贵得中，知有所节，能得中庸之常道，不偏不倚，恰到好处。无论对个人、家庭，还是社会、国家乃至整个世界，“和”都极其重要。要保持“和”，重要的是守礼、有道。

和：和合，人心和顺，人与人之间关系和睦、和谐。《贾子·道术》曰：“刚柔得道谓之和，反和为乖。”“和”为礼之所有，行礼以和为贵，和可以看成礼。礼主分，乐主和，故皇侃、邢昺说：“和，谓乐也，乐主和同，故谓乐为和。”

斯：这个，指“和为贵”。

由之：以此为出发点，按此原则行事。

知和而和：知道和合可贵而一味和合。

节：节制。

**【解读】** 有子说："礼的应用，以和谐为可贵。以前圣王们治理国家，最可宝贵之处就在这里，不论大小事情，都遵循了这样的原则。如果有的地方行不通，那一定是为了和谐而一味地追求和谐，而不知道用礼加以节制，所以也就行不通了。"

1.13 有子曰："信近于义，言可复也。恭近于礼，远耻辱也。因不失其亲，亦可宗也。"

**【诠释】** 本章谈论为人处世应当谨慎开始。因为信与义不同，恭与礼也不相同，所以，应当注意：信须视义而行，不能任何事情都信誓旦旦，否则就难以兑现；恭敬也不可过头，因为过头就会变成虚伪、献媚，可能反而遭受耻辱。还要先看准正派可亲之人，然后才去依靠他，否则会反受其累。在生活中谨记这些原则十分重要。朱熹《论语集注》卷一解释说："此言人之言行交际，皆当慎之于始而虑其所终，不然，则因仍苟且之间，将有不胜其自失之悔者矣。"

信近于义，言可复也：这里说言语之信应当以义为标准，须视义而行。所以，《孟子·离娄下》篇中说："大人者，言不必信，行不必果，惟义所在。”历代学者也大都这样认为，如梁皇侃《论语义疏》曰：“复，犹覆也。义不必信，信非义也，以其言可反复，故曰近义。”刘宝楠《论语正义》曰：“人言不欺为信，于事合宜为义。若为义事，不必守信，而信亦有非义者也。言虽非义，以其言可反复不欺，故曰近义。”《庄子·盗跖》篇有这样一个故事：鲁国男子尾生与一女子相约在桥下相会，女子迟迟不来，而大水暴涨，可是这位尾生一味守信不去，以致最终抱柱而死。所以人们认为，尾生虽守信而非义也。因此，《淮南子·氾论训》说：“尾生与妇人期而死之……信而溺死，虽有直信，孰能贵之？”

近：接近、靠近，引申为符合。近于义：与本篇第六章“亲仁”义近。

复：再，有兑现诺言之意。

恭近于礼，远耻辱也：恭敬合乎礼的要求，才能避免遭受耻辱。梁皇侃《论语义疏》曰：“恭不合礼，非礼也。以其能远耻辱，故曰近礼也。”朱熹《朱子语类》卷二十二《论语四》举例说：“如见尊长而拜，礼也，我却不拜。被诘问，则无以答，这便是为人所耻辱。有一般人不当拜而拜之，便是谄谀，这则可耻可辱者在我矣。”远：有两种理解。其一指空间距离远，名词；其二表示离开、远离，动词。本章应为后者。

因不失其亲，亦可宗也：一个人的品行，从他结交、亲近的人那里也能够看得出来。他不失其亲，则此人可以宗敬。由此察人识人，也是一个重要途径。《大戴礼记·曾子立事》：“观其所爱亲，可知其人矣。”刘宝楠《论语正义》曰：“谓观其所亲爱之是非，则知其人之贤与不肖。若所亲不失其亲，则此人之贤可知，故亦可宗敬也。”因：凭借，依靠。宗：主。引申为依靠。

**【解读】有子说：“信约接近或者符合道义，诺言可以兑现。恭敬符合礼教，就能避免耻辱。凭借他亲近应当亲近的人，也能确定他是可靠的人。”**

1.14 子曰：“君子食无求饱，居无求安，敏于事而慎于言，就有道而正焉，可谓好学也已。”

**【诠释】**本章论述人不宜追求和贪图物质享受，应好学善道，从实践中学习。君子为了求道难以顾及安饱。一个人勤敏于所学，则有成功。勤于政事，说话谨慎，不断向有道德的人学习，请教，并进行自我矫正，从而提高自己，这样才是好学的人。

宋邢昺说：“‘君子食无求饱，居无求安’者，言学者之志，乐道忘饥，故不暇求其安饱也。”（《十三经注疏·学而第一》）朱熹《论语集注》说：“不求安饱者，志有在而不暇及也。”

就：靠近。

正：匡正、矫正。

也已：语气词连用，表示肯定。

**【解读】**孔子说：“君子在饮食方面不贪图饱足，在居处方面不贪图安逸；对待工作应当勤快，对待言语应当谨慎；主动接近有道德学问的人，用这种方式匡正自己，这样的人可以说是好学了。”

1.15　子贡曰：“贫而无谄，富而无骄，何如？”子曰：“可也。未若贫而乐，富而好礼者也。”子贡曰：“《诗》云：‘如切如磋，如琢如磨’，其斯之谓与？”子曰：“赐也，始可与言《诗》已矣，告诸往而知来者。”

**【诠释】**本章是讲人应有志于道，学问应不断精进的道理。在贫困时不谄媚，在富足时不傲慢，这是清正做人的基本原则，一般人都容易做到。而不论贫困还是富有，总能做到乐道好礼，则需要更高的境界。在讨论中，子贡心领神会，认识到孔子的要求属于更高的层次。

谄（chǎn）：谄媚、奉承、巴结。骄：傲慢，夸耀自己。

贫而乐：与孔子称赞颜回的安贫乐道相仿佛。有学者认为原文脱一“道”字，当作“贫而乐道”。其实，此处的“乐”也有乐道之义。《论语·雍也》记孔子称赞颜回“好学”。孔子又夸赞颜回说：“一箪食，一瓢饮，在陋巷，人不堪其忧，回也不改其乐。”颜回之“乐”在于其“好学”，就是乐道，就是喜欢学术、学问。所以，郑玄说：“乐谓志于道，不以贫为忧苦。”此即《淮南子·精神训》“乐道而忘贱，安德而忘贫”，或者《淮南子·诠言训》“乐道而忘贫”的意思。

如切如磋，如琢如磨：出自《诗经·卫风·淇奥》，意思是切割骨角、象牙、玉石，然后加以细细研磨、雕琢，成为器皿。后来浓缩为成语“切磋琢磨”，含有探求、研讨的意思。

始可与言《诗》已矣：现在可以开始与你讨论《诗》了。这是孔子对子贡准确理解事理和《诗》的肯定。已矣：复合语气助词，用于句子末尾，与“矣”同义，但语气有所加重。《经传释词》曰：“‘已’为语终之词，则与‘矣’同义，连言之则曰‘已矣’。”本句亦见于《八佾》篇第三第八章。

告诸往：告诉他从前的事情。诸：之以。

**【解读】子贡请教孔子，说：“贫困了不谄媚，富足了不傲慢，怎么样呢？”孔子说：“可以了。不过还不如贫困时好学乐道，富足时爱好礼义的人。”子贡说：“《诗》中说：‘好像象牙经过切削和刀锉，好像美**

玉经过雕琢和研磨。'说的应该就是这个意思吧？"孔子说："赐呀，现在可以开始与你一起讨论《诗》了，告诉你以往的事情，你可以推知未知的道理。"

1.16　子曰："不患人之不己知，患不知人也。"

**【诠释】**本章孔子教育人们应当立足自身，为人处世首先反省自己，而不是责备别人。只要自己具备了道德学问，具备了识人处世的能力，别人不了解自己并不可怕。刘宝楠《论语正义》曰："此章言人当责己而不责人。凡人之情，多轻易于知人，而患人不知己，故孔子抑之云：'我则不耳。不患人之不己知，但患己不能知人也。'"此句与本篇第一章相互承接，首尾呼应。又证明了本书对《论语》首篇首章新的理解是合理的。

《里仁》篇第四第十四章记孔子曰："不患无位，患所以立；不患莫己知，求为可知也。"本章可以与之参照。

患：担心、忧虑。

己知：即"知己"的倒装，宾语前置。了解自己。

**【解读】**孔子说："他人不了解自己并不足以令人担心，最为令人担心的是自己缺乏处世识人的道德学问，以至于不能了解他人。"

# 为政篇第二

**【概说】**本篇共二十四章，其中记载孔子论述十四章，孔子答问十章。篇名取首章“为政以德”中的前两字，恰可以概括本篇大意。全篇即围绕实行德政展开，具体谈论了为政必须注重教化，以道德感化和教育民众；为政必须得人，任用贤人君子，实行德政，并论述了贤人君子所应有的品质。

到底《论语》各篇有无思想主旨，《论语》是否任意罗列材料，如果不准确把握早期儒家思想的特质，往往会对此得出错误结论。以本篇第二章为例，孔子评论《诗经》曰“思无邪”，表面看来，本篇第一章谈论为政以德的问题，第三章又谈论刑、政、德、礼，仿佛与本章评论作为“文学作品”的《诗》没有任何关联，从而极容易使人产生《论语》中的材料没有任何秩序的错觉。

其实，该章被编排在《为政》篇的第二章，十分耐人寻味。孔子十分重视经书的教化作用，以"六经"作为社会人心教化的工具。孔子十分重视《诗》，《孔子家语·弟子行》说："孔子之施教也，先之以《诗》、《书》。"《大戴礼记·卫将军文子》说："吾闻夫子之施教也，先以《诗》。"《孔丛子·杂训》也说："夫子之教，必始于《诗》、《书》而终于《礼》、《乐》。"孔子还说："入其国，其教可知也。其为人也温柔敦厚，《诗》教也。"(《孔子家语·问玉》、《礼记·经解》)在孔子看来，《诗》除了具有作为诗歌的基本功能外，还可以"迩之事父，远之事君"(《论语·阳货》)。孔子和早期儒家《诗》教思想的本质在于"政教"，从新出土的上博竹书《诗论》也可看出孔子《诗》教思想的"德教"内涵，从而可以更准确地理解"思无邪"的含义。这样，该章在这里的编排，不仅不是随意的材料堆砌，反而是《论语》经过了认真编辑的证据(详见陈霞：《〈论语〉"思无邪"与孔子的诗教思想》，《管子学刊》2005年第4期)。

本篇中值得注意的还有第二十一章。孔子认为把"孝友"的风气影响到政治也是参与政治，论述了"孝"与政治的关系。更为重要的一点是，本篇多有弟子问孝的内容，这正是政治的根本所在。本篇记述孟懿子、孟武伯、子游、子夏问孝，孔子论述不一，但都分属于孝道的不同层面。论孝内容较多，也说明本篇的言论都是围绕“为政”这个中心，与主题切合。前人认为：“此篇所论孝、敬、信、勇，为政之德也；圣贤君子，为政之人也。故以‘为政’冠于篇首，遂以名篇。”《论语》篇名当然是约取该篇首章中前面的词语，但编者对每篇首章一定进行了精心安排，本篇材料看似杂乱，实则不然。

2.1　子曰：“为政以德，譬如北辰，居其所而众星共之。”

**【诠释】**这一章是本篇的总纲，以下各章论述基本围绕这一主题展开。孔子认为，为政主要就是教化，教化的工具就是道德。以德治国，就可以无为而治，包含了丰富的政治哲理。儒家倡导修身，《大学》说：“自天子以至于庶人，壹是皆以修身为本。”儒家对为政者的道德要求更高。由修身起始，进而齐家、治国、平天下，为政以德，以德治国，恰是由内圣达至外王的一个过程。

这里涉及两个问题，值得注意：

第一，德治的主体问题。孔子的本意在于使为政者本人有德，因以治国，而非强民有德。前人早就指出：“‘为政以德’，不是欲以德去为政，亦不是块然全无所作为，但德修于己而人自感化。”还有人说：“‘为政以德’者，不是把德去为政，是自家有这德，人自归仰，如

众星拱北辰。”(俱见《朱子语类》卷二十三《论语五》)

第二,为政者如何以德治国。为政者内心的道德外化为美好行为,用德行教育、感化群众。为政者一方面要修德,一方面要用德,二者之中应以修德为主,把提高为政者的道德素养放在首位。

为政以德:以德为政,用道德治理国家。以:介词,用。

北辰:北极星。《朱子语类》说:“以其居中不动而言,为天之枢轴。”

所:处所、位置。

共(gǒng):同“拱”,拱卫,环绕。

**【解读】孔子说:“凭着自身的道德修养治理国家,就会像北极星那样,自己处在一定的位置上,众星都环绕着它。”**

## 2.2 子曰:“《诗》三百,一言以蔽之,曰:‘思无邪。’”

**【诠释】**本章是从为政的角度论述《诗经》的主旨。孔子诗教内容广泛。以本章为本篇第二章,说明了孔门诗教在其政治教化思想中的地位。

三百:《诗经》本三百零五篇,“三百”乃举其整数。

蔽:概括。

思无邪：思想纯正而无邪念。该句本出于《诗经·鲁颂·駉》，孔子借来评论《诗经》全书。在《诗经》中，“思”为语首词，无实际意义。春秋时期引诗赋诗常常断章取义，孔子在这里引用，或亦如此。无邪：诚，正，真。

**【解读】孔子说：“《诗经》三百篇，用一句话概括它，就是‘思想纯正’。”**

2.3 子曰：“道之以政，齐之以刑，民免而无耻。道之以德，齐之以礼，有耻且格。”

**【诠释】**本章论述以德、礼治理天下，才能使人民知耻，从而心悦诚服，自觉地遵礼守道，真正达到天下大治。关于德政与刑政的关系，或何者为治国之切要，历史上一直存在不同看法。

其实，德政是治国的根本，孔子与早期儒家对此有很多精到的论述。如：“古之刑省，今之刑繁。其为教，古有礼然后有刑，是以刑省，今无礼以教而齐之以刑，刑是以繁。”（《孔丛子·刑论》）“太上以德教民，而以礼齐之，其次以政焉。导民以刑，禁之刑，不刑也。化之弗变，导之弗从，伤义以败俗，于是乎用刑矣。”（《孔子家语·刑政》）“吾闻古之善御者，执辔如组，两骖如舞，非策之助也。是以先王盛于礼而薄于刑，故民从命。”（《孔丛

子·刑论》)

在孔子思想中,刑乃是为了“止刑”,即所谓“刑以佐教”。如孔子说:“公父氏之听狱,有罪者惧,无罪者耻。”(《孔丛子·刑论》)他赞赏公父氏,不仅仅因为他明察秋毫,断案量刑准确,能使有罪者惧,更重要的是他还能使“无罪者耻”,通过断狱让人们明白其中的是非曲直。孔子又说:“齐之以礼,则民耻矣;刑以止刑,则民惧矣。”刑之设不独为刑,更在于止刑,惩恶不是终极目的,劝善才是最高宗旨。

《商君书·画策》说:“国皆有法,而无使法必行之法。”法家也认识到仅仅以法律治国是不够的。在孔子看来,敬刑乃所以为德,他说:“古之知法者能远狱,今之知法者不失有罪。不失有罪,其于恕寡矣;能远于狱,其于防深矣。寡恕近乎滥,防深治乎本……敬刑所以为德矣。”(《孔丛子·刑论》)孔子思索的中心在于政治之本,在于德。

道:通“导”,引导、诱导、疏导。

政:政令,政法。

齐之以刑:齐,规范、统制。采用刑罚约束人民。上博竹书《从政》篇有“教之以刑”,与之相近。

免而无耻:为了避免刑罚,而不顾忌耻辱。

有耻且格:有是非之心而且真心归附。有耻:有耻辱观念。《论语·子路》篇记孔子曰:“行己有耻。”格:正,纠正。引申为归附、归化。

**【解读】**孔子说:“用政纪来教导民众,用刑罚来规范民众,民众往往会为了侥幸得到逃脱而不顾忌耻辱;用道德来教导民众,用礼义来规范民众,民众就会有明确的是非之心而且真心归附。”

2.4 子曰:“吾十有五而志于学,三十而立,四十而不惑,五十而知天命,六十而耳顺,七十而从心所欲,不逾矩。”

**【诠释】**本章为孔子自述人生各时期的不同境界。夫子自述明志、立身、求道的经历,可以使人追随夫子,明白人生有其阶段性。每个人的生命旅程虽然各不相同,但立身进德,明“志”十分重要。

志于学:有志于学问。学:名词,学问、学说。这里的孔子“志于学”与《论语·里仁》篇的“志于道”、《论语·述而》篇的“志于道”可参照理解。

立:与“位”相通,意思是找到了自己的位置,站稳脚跟。引申为言行独立,有自己的见解,可以立足社会。

不惑:遇事不迷惑。

知天命:对此历来注解纷纭。所谓知天命,乃是知道天道运行的规律,即认识问题深刻,了解社会、人生的基本规则。

在中国哲学中,“天命” 是一个十分重要的概念。“天命”与“天道”有联系又有区别,如果说“天道”是具有本体论意义的客观范畴,那么“天命”则属于天人关系的范畴。从孔子到荀子,早期儒家均注重天人关系,他们在思考社会与人生等问题的时候, 将自己的学说建立在天道观与人性论的基础之上。由“天道”而“人性”,“天命”是一个重要的环节,“天道”通过“天命”降而在人,赋予人以“人性”。以此为出发点,儒家进一步思考“人道”,使自己的主体意识反映自身的本质属性,从而沟通“人道”与“天道”。

耳顺:有人认为是指听人说话能辨明是非,未必。古人解为声入心通,无所违逆,知之之至,不思而得,所闻皆道也。义近。其实,更准确的意思可能是:闻听事情之然,即知事情之所以然。正像《论语·里仁》篇所记孔子之言:“人之过也,各于其党。观过,斯知仁矣。”在这样的境界中,孔子可以由结果推知原因,可以判断事情的发展趋向,他已清楚,人形形色色,错误形形色色,什么样的错误就由什么样的人来犯。仔细观察这个人所犯的错误,就可以知道他是什么样子的人,什么样的人说出什么样的话。既然如此,不论什么样的言语,都不足以令人大惊小怪了。

**【解读】**孔子说:“我十五岁,有志于学问;三十岁,已经在社会上找到了自己的位置;四十岁,对纷繁的事物都有了自己的主见;五十岁,认识到了天道运行的规律,从而心存虔诚与敬畏;六十岁,已经心明眼亮,因而可听逆耳之言,也可退步忍让;七十岁,已经完全可以随遇而安,随心所欲,却不会超越法度。”

2.5　孟懿子问孝。子曰:“无违。”

樊迟御。子告之曰:“孟孙问孝于我,我对曰:‘无违。’”樊迟曰:“何谓也?”子曰:“生,事之以礼;死,葬之以礼,祭之以礼。”

**【诠释】**本章从为政的角度论述孝道原则。为政之要在于做人,做人之要在于孝亲。所谓孝亲,首先要按照礼的要求对父母先人事生送死。

孟懿子:姓仲孙,名何忌。“懿”为谥号。鲁国的大夫。其父亲为孟僖子,据《左传》昭公七年记载,孟僖子临终前,嘱咐他向孔子学礼。

无违:不违背礼制。违背礼制称为“违”,古籍中有关的记载很多,如《左传》桓公二年:“君人者将昭德塞违……今灭德立违，而置其赂器于大庙，以明示百官，百官象之，其又何诛焉？”又曰：“君违不忘谏之以德。”

樊迟：孔子弟子。姓樊，名须，字子迟。

御：驾车。

死，葬之以礼，祭之以礼：与《论语·学而》篇“慎终追远”义近。

**【解读】**孟懿子向孔子请教孝道。孔子说：“不要违背礼制。”

樊迟为孔子赶车，孔子告诉他说：“孟孙向我请教孝道，我回答他说：‘不要违背礼制。’”樊迟说：“是什么意思呢？”孔子说：“父母在世的时候，要按照礼的要求侍奉他们；父母去世以后，要按照礼的要求安葬他们，按照礼的要求祭祀他们。”

## 2.6　孟武伯问孝。子曰：“父母唯其疾之忧。”

**【诠释】**本章继续论述孝道。强调应该从具体的事情上去深入思考。孔子特别强调推己及人，父母精心关怀照料子女，子女应当同样向父母尽孝。就像孔子评论宰我所说的“三年之丧，期已久矣”，应该考虑“子生三年，然后免于父母之怀”（《论语·阳货》）那样。孔子说：“能近取譬，可谓仁之方也已。”（《论语·雍也》）他往往以具体的事情、切身的感受,来表达深奥的道理。

孟武伯:孟懿子之子仲孙彘。“武”为其谥号。

其:代词。一说指代父母。全句应当标点为:“父母,唯其疾之忧。”意思是对于父母,子女最担心的是他们的病痛。一说指代子女。意思是父母最担心子女的病痛,子女因此知道父母对自己的关怀,由此应知孝敬父母。二者均可通。后者义长,今取后者。

**【解读】孟武伯向孔子请教孝道。孔子说:“父母最担心子女的病痛。”**

2.7　子游问孝。子曰:“今之孝者,是谓能养。至于犬马,皆能有养。不敬,何以别乎?”

**【诠释】**本章同样论述孝道。“敬”是孔子思想中的重要概念,孔子从人与禽兽之别的角度,指出为孝必敬。孔子等早期儒家代表人物思考人的问题,往往从人的本质属性上切入。孟子说:“人之所以异于禽兽者几希,庶民去之,君子存之。”(《孟子·离娄下》)人之为人,应当区别于其他动物。孔子说:“仁者,人也。亲亲为大。”(《礼记·中庸》)人应该做到孝亲、亲亲,这是最基本的。如果仅满足于“能养”,显然似与禽兽无别。

子游:孔子弟子。姓言,名偃,字子游。少孔子四十五岁。

至于犬马，皆能有养：此句有歧解。据《论语集解》，东汉包咸认为，犬以守御，马以代劳，皆养人者。既然犬马也能养活人，而人亦养活人，如果不敬，便与犬马养活人没有不同；李光地《论语劄记》、翟灏《四书考异》认为，犬马也能养活自己的父母；刘宝楠《论语正义》引刘宝树说，犬马乃是比喻小人。我们认为，本句重点讲孝子之敬，强调人对父母应当与对待其他任何事物有所区别。人能赡养父母，也能饲养犬马。人要亲亲、孝亲，对待父母必须恭敬，否则就与对待犬马无别。

【解读】**子游向孔子请教孝道。孔子说："现在的所谓孝，说的是能够养活父母。可是，人们连犬马都能够养活，如果没有虔敬之心，那与饲养犬马有什么区别呢？"**

2.8　子夏问孝。子曰："色难。有事，弟子服其劳；有酒食，先生馔，曾是以为孝乎？"

【诠释】本章仍然论述孝道，同样是说孝要注重内涵，不宜停留在事情的表面上。孔子论述孝道，实际是围绕"为政"的主题展开。为君、为臣都应心存爱、敬，做到内心的诚敬。

色难：和颜悦色较难。《论语集解》引东汉包咸说："色难者，谓承顺父母色乃为难。"《论语集注》卷一中说："子夏能直义而或少温润之色。"孔子根据其失而启发之。《礼记·祭义》之说可为注解，其中说："孝子之有深爱者，必有和气；有和气者，必有愉色；有愉色者，必有婉容。"可见，真诚的和颜悦色，乃基于对于父母深深的敬爱。

弟子：泛指为人弟为人子的年轻人，这里指子女。

先生：泛指长辈，这里指父母。

馔(zhuàn)：食用，吃喝。也指食品、食物，如《周礼·天官》："掌其厚薄之齐，以共王之四饮三酒之馔。"有时用作"给……食物"的意思，故古有"馔宾"之说，即款待宾客。

曾(céng)：竟，竟然，难道。副词。

**【解读】子夏向孔子请教孝道。孔子说："子女经常在父母面前和颜悦色很难。有了事情，年轻人替他们去做；有了酒饭，让长辈首先享用，难道这就可以认为是孝了吗？"**

2.9　子曰："吾与回言终日，不违，如愚。退而省其私，亦足以发，回也不愚！"

**【诠释】**本章记孔子赞扬颜回的沉稳踏实。孔子反对假、大、空之类的夸夸其谈，主张人们修身进德，增长学问，应该在实际行动上踏实努力。这与本篇第十三章“先行，其言而后从之”意义相近。

回：颜回，姓颜，名回，字子渊。孔子的得意弟子，不幸早死。

省其私：观察他私下里的言行。朱熹《论语集注》认为是“见其日用动静语默之间，皆足以发明夫子之道”。未必准确。省，观察。私，指颜回个人的言行。

发：发明，发挥。

**【解读】**孔子说：“我给颜回讲学一整天，他却始终没有提反对意见，就好像愚笨的人那样。我事后考察他私下里的言行，发现他完全能够理解并发挥我的看法，颜回并不愚笨啊！”

2.10　子曰：“视其所以，观其所由，察其所安，人焉廋哉？人焉廋哉？”

**【诠释】**本章记孔子谈论考察人的方法。本章与《大戴礼记·文王官人》“考其所为，观其所由，察其所安，此之谓视中也”句子相近，可以对读。

视、观、察：皆有“看”的意思，但程度不同。

所以：所从事事情的出发点。以：凭借。指动机、原因、因由。

所由：以前做过的事情。所经由的道路、途径。《论语》中有不少这样的用法，如《学而》“先王之道斯为美，小大由之”，《雍也》“行不由径”、“谁能出不由户？何莫由斯道也？”，《泰伯》“民可使，由之”等。

所安：乐于做、安心做的事情。《大学》曰：“知止而后有定，定而后能静，静而后能安。”人有自己的目标、奋斗方向，才可能做到定、静、安。人安于何事，很能反映一个人的胸怀和境界。

焉廋(sōu)：怎能隐藏。焉：何，怎么。廋：隐藏，掩盖。

**【解读】**孔子说：“看一个人为了什么做事情，观察一个人做事情时所采用的方式或方法，考察一个人安心于做什么事情。那么，这个人哪里能够隐藏自己的真正面目呢？这个人哪里能够隐藏自己的真正面目呢？”

2.11　子曰：“温故而知新，可以为师矣。”

**【诠释】**“温故而知新”的法则适用于很多方面。而从为政的角度看，“前事不忘，后事之师”，人应该善于总结经验与教训。这与《子张》篇第十九所记载的子夏所言“日知其所亡，月无忘其所能”，意思相通。

温故：温习过去的人和事。

知新：智慧得到长进、提高。知：定州汉墓竹简本的《论语》作“智”。新：动词。提高，长进。

**【解读】孔子说：“温习从前的知识或经历，能够使自己的智慧得到提高、长进，这样的人就可以做老师了。”**

## 2.12　子曰：“君子不器。”

**【诠释】**本章是说君子之德的表现之一就是不自我表现，自我夸耀。

器：本义是器皿或者器具。这里有“能力”或者“才能”的意思。《易·系辞下》曰：“君子藏器于身，待时而动。”《礼记·王制》：“瘖聋、跛躄、断者、侏儒、百工，各以其器食之。”这与《孔子家语·五仪解》的记载一致：“孔子曰：‘所谓君子者……仁义在身而色无伐。’”色无伐，王肃注：“无伐善之色也。”伐，夸矜。表示才能不外露，即不炫耀才能。《论语·公冶长》：“颜渊曰：‘愿无伐善，无施劳。’”伐，自我夸耀。伐善，夸耀自己的长处。

关于“君子不器”，理解起来的确不容易。

我们平时常听人说某人“有用”，似乎有些简单粗暴，这是把人当成某种东西。有人解释说：形而上者谓之道，形而下者谓之器。人不应该成为某种器具，成为达成某种功利目的的手段。也就是康德说的人必须成为自身的目的，而非人之外事物的手段。作为一个君子，他真正的独立价值体现在他致力于道，也就是对真理的追求。一个真正的君子往往不是实用的、功利的。通俗地进行理解，君子或者说贤者和圣人志于道，即真理规律，不急功近利，所以不会刻意追求实用之学，成为一种人形工具，而是超越这个工具，把真理的追求作为终极目的。每个人都是一个独特的生命，君子尊重自己，顺应自己的天性，保持自己内心的追求，只能做自己，而不是被世俗异化，成为追求功利的某种器物或附属品。

**【解读】**孔子说："君子不夸耀自己某一个具体方面的能力。"

2.13 子贡问君子。子曰："先行，其言而后从之。"

**【诠释】**本章是指想说什么的时候，最好先去做，然后再说出来。意思是应该多做少说，不讲空话，多做实事，言行一致。

定州汉墓竹简本《论语》本章作"先行，其言从之"。

旧多以“先行其言”犹言“其言先行”，意思是先实行想说的。不确。

**【解读】**子贡询问关于君子的问题。孔子说：“先实际去做，有些话在行动以后再说。”

2.14　子曰：“君子周而不比，小人比而不周。”

**【诠释】**本章论述人应当与周围的人搞好关系，而不是相互勾结起来，搞阴谋，搞小宗派。能否做到这一点，是区别君子与小人的道德标准之一。

周：细密，周道；团结。

比(bì)：勾结。

小人：与“君子”相对。刘宝楠《论语正义》曰：“经传言：‘小人有二义：一谓微贱之人，一谓无德之人。’此文小人，则无德者也。”

**【解读】**孔子说：“君子与周围的人能够搞好关系而不是勾结，小人则往往勾结而不能与他人搞好关系。”

2.15　子曰：“学而不思则罔，思而不学则殆。”

**【诠释】**本章论述学与思的关系，主张学、思结合。

关于学、思之间的关系，孔子还说："吾尝终日不食，终夜不寝，以思，无益，不如学也。"(《论语·卫灵公》)《荀子·劝学》篇说："吾尝终日而思矣，不如须臾之所学也。"仿佛诠释孔子之言，强调不要只是空想，应当到书本中汲取知识。这些话，可以结合起来加以综合理解。

罔(wǎng)：迷惘，蒙蔽。

殆：疑惑，思维枯竭。

**【解读】孔子说："只是一味读书而不知道动脑筋思考，就会惘然无得；只是一味地空想而不读书，就会思维枯竭。"**

## 2.16 子曰："攻乎异端，斯害也已！"

**【诠释】**此章讲"禁人杂学"。孔子教育弟子治正学，拒邪说，走正道。

攻：攻习、学习。传统上有两种解释：其一，攻击。如《论语·先进》："小子鸣鼓而攻之"；《论语·颜渊》："攻其恶，勿攻人之恶"，都应当解为"攻击"。其二，攻读，研究。与"功"通，即"治学"的"治"。定州汉墓竹简本《论语》作"功"。今从后者。

异端：背离正道的学说、观念。有人认为是诸子百家之书，指那些"六经正典"之外的"杂书"，也有人认为指“虽小道,必有可观者”(《论语·子张》)中的“小道”,均未必正确。我们认为,“异端”应当概指无益于国计民生的学说,例如《孔子家语·执辔》篇中子夏所言“易理”、“《山书》”之类,子贡评论其为“微则微矣,然则非治世之待也”,其中也包括《孔子家语·始诛》篇中所谓“言伪而辩”(言论错误而雄辩)、“记丑而博”(记述怪异的事物却十分广博)的一类邪说。

**【解读】**孔子说:“**攻习那些偏离正道的学说,这是很有危害的事情。**”

2.17　子曰:“由,诲女知之乎?知之为知之,不知为不知,是知也!”

**【诠释】**孔子讲做事要实事求是,为政也应如此,只有这样,才能虚心学习,不耻下问,不断进步,获取真知。

由:姓仲,名由,字子路,一字季路。孔子弟子,少孔子九岁。在孔子弟子中,子路喜强好勇,性情率真直爽,是孔子喜爱的弟子之一。

本章中的“知”有两种意义:

其一,“诲女知之乎”中的“知”以及“知之为知之,不知为不知”中的“知”应为“知道”、“明白”。

其二,“是知也”中的“知”应为“智”,即“聪明”、“明智”。

**【解读】孔子说:“仲由呀!教给你的道理都明白没有?明白就是明白,不明白就是不明白,这才是聪明。”**

**2.18　子张学干禄。子曰:“多闻阙疑,慎言其余,则寡尤;多见阙殆,慎行其余,则寡悔。言寡尤,行寡悔,禄在其中矣。”**

**【诠释】**孔子教育子张为政应该多听、多看,谨慎言行,以保持禄位。

子张:姓颛孙,名师,字子张。孔子弟子,少孔子四十八岁。他似乎热衷于从政,古籍记载他多次向孔子问政。如《论语·公冶长》记有子张谈论“令尹子文三仕为令尹”的事情,《论语·尧曰》记有子张问孔子“何如斯可以从政”的问题,《孔子家语》更有《入官》篇,专记子张问孔子为官之道,孔子告之,子张遂记录整理孔子之言而成该篇。

干禄:求取禄位。干:求也。《孟子·尽心下》有“经德不回,非以干禄也”,其中的“干禄”,一般解释为“干求爵禄”。《诗·大雅·旱麓》有“岂弟君子,干禄岂弟”。笼统而言,“干禄”即“求取富贵利禄”。子张向孔子请教“干禄”,结合子张的性格特点,应当理解为求取禄位更合适。

阙疑：存疑。亦"知之为知之，不知为不知"之意。

寡尤：减少过失。尤：错误，过失。

阙殆：与"阙疑"对称，亦存疑之意。

寡悔：减少懊悔。

**【解读】** 子张向孔子学习怎样求得官位俸禄。孔子说："多听听，保留有疑问的地方，其余有把握的问题，慎重地进行谈论，就会减少错误。多看看，保留有疑问的地方，其余足以自信的事情，慎重地去做，就会减少懊悔。说话减少错误，做事减少懊悔，官位俸禄就在这里面了。"

2.19　哀公问曰："何为则民服？"孔子对曰："举直错诸枉，则民服；举枉错诸直，则民不服。"

**【诠释】** 本章论述为政者要任贤使能，以直压枉，以正压邪，以顺应民心，只有这样，才能治国服人。

哀公：春秋末年的鲁国国君，定公之子。名蒋，"哀"为其谥号。公元前494—公元前476年在位。

举直错诸枉：提升正直的人，将其置放在邪曲的人之上。举：举用，任用，提拔。直：正直，这里指正直的人。错：放置，置放。枉：邪恶，指邪恶的人。

**【解读】** 鲁哀公问道："怎样做就能使百姓服从？"

孔子说："提升正直的人，将其置放在邪曲的人之上，百姓就服从了；如果提升邪曲的人，将其置放在正直的人之上，百姓就会不服从。"

2.20　季康子问："使民敬、忠以劝，如之何？"子曰："临之以庄，则敬；孝慈，则忠；举善而教不能，则劝。"

**【诠释】**本章记孔子回答季康子所问"怎样在使民时做到敬、忠、劝"，此为为政的要诀，假如为政者不能做到这些，就会失去民众的敬重。人皆知为政用民应该敬、忠、劝，而不知具体如何做到。正如人都知为人子应"孝"，却仍有许多人向孔子请教"孝"一样。

季康子：鲁哀公时的正卿季孙肥。"康"是其谥号。

使民：用民。敬、忠、劝：恭敬、忠诚、互相劝勉。三者并列。以：相当于"和"。连词。

临：靠近。上对下靠近曰"临"。庄：庄重、严肃。

孝慈：孝顺、慈爱。子女对父母孝，父母对子女慈。

举善而教不能：按照朱熹《论语集注》的说法，即"善者举之，而不能者教之"。举善：与上一章中的"举直"用法相类。不能：能力较弱的人。

**【解读】**季康子问道："役使百姓的时候恭敬、忠诚、劝勉，怎样去做呢？"孔子说："用庄重的态度对待百姓，就是恭敬；孝敬父母，慈爱百姓，就是忠诚；

能够举用善人，教育能力稍差的人，就是劝勉。”

2.21　或谓孔子曰：“子奚不为政？”子曰：“《书》云：‘孝乎惟孝，友于兄弟，施于有政。’是亦为政，奚其为为政？”

**【诠释】**本章论述孝友与为政之间的关系，涉及的同样是治家与治国关系的大问题。在孔子看来，为政者应存孝友之心，以之施于国家政治，必然十分有益，从这个意义上讲，他认为孝友也是为政。本篇很多论述“孝”的问题，实际上正是围绕为政问题展开的。

奚：何。“子奚不为政”，定州汉墓竹简本《论语》作“子何不为正”。为政：参与政治。

书：这里指《尚书》。

孝乎惟孝，友于兄弟，施于有政：见于《古文尚书·君陈》，其原文作：“孝恭惟孝，友于兄弟，克施有政。”孔子以意引书，断章取义，这是春秋时期引《诗》引《书》惯例。“孝乎惟孝”之“乎”，《尚书》诸本皆作“恭”，《论语》汉石经本、皇侃本、《经典释文》本作“于”，今本《论语》作“乎”，定州汉墓竹简本《论语》亦作“乎”。

惟孝：应当孝敬者，指父母。与下文“兄弟”对言。

友于兄弟：兄弟之间友爱。

施于有政：施，影响、延及。有政：杨伯峻《论语译注》称“有”字无义，加于名词之前，是古代构词法的一种形态。政，通“正”，卿相大夫，指为政者。杨树达说：“政谓卿相大臣，以职言，不以事言。”（《增订积微居小学金石论丛·〈论语〉‘子奚不为政解’》）定州汉墓竹简本《论语》此字亦作“正”。

**【解读】** 有人对孔子说：“你为什么不参与政治呢？”孔子说：“《尚书》中说：‘孝敬父母，友爱兄弟，将这种风气影响到卿相大臣。’这也是参与政治。为什么一定要做官才是参与政治呢？”

2.22 子曰：“人而无信，不知其可也。大车无輗，小车无軏，其何以行之哉？”

**【诠释】** 本章孔子用驾车作比喻，说明“信”的重要性。孔子生活的时代，车马十分普遍，所以，孔子论事常常以驾车作比。如《孔子家语》有《执辔》篇，就是孔子以驾车比喻治国，他说：“夫德法者，御民之具，犹御马之有衔勒也。君者，人也；吏者，辔也；刑者，策也。夫人君之政，执其辔策而已。”孔子认为，古代御天下的天子与三公也是如此，他们“以内史为左右手，以德法为衔勒，以百官为辔”。总之，孔子本章的论述同样不离为政治国的主题。

信：信誉、信用。

其可：其，代“人”。可，可以。

大车无輗(ní)：牛车没有輗。大车：载物的牛车。輗，牛车辕前横木两端的木销。牛车没有木销，则横木不能连接，如此就无法套牛行进。

小车无軏(yuè)：马车没有軏。小车：载人的马车。軏，马车辕前横木两端的木销。马车没有木销，则横木不能连接，如此就无法套马行进。

**【解读】**孔子说：“人如果没有信誉，真不知道他在社会上如何立足。这就好像牛车没有輗，马车没有軏，它如何能行走呢？”

2.23　子张问：“十世可知也？”子曰：“殷因于夏礼，所损益，可知也；周因于殷礼，所损益，可知也。其或继周者，虽百世，可知也。”

**【诠释】**本章为孔子回答子张所问关于治国的礼仪制度的问题。孔子认为，每个朝代都有继承与创新的问题，世事变迁，礼法自有损益。但是，只要人类社会存在，只要人们生活在一起，就需要维持人与人之间的尊重、关怀与和谐，就离不开礼法纲常。在本质意义上，孔子谈论了“变”与“不变”的关系，在他看来，礼仪制度的细节虽每代有变，而其实质内容永远不会变。

因：继承，因袭。

损益：增减，变化。损，去除、减少。益，添加、增加。

其或：有假定、假使的意思。

【解读】子张请教孔子道："以后十代的礼仪制度可以预先知道吗？"孔子说："殷商沿袭夏朝的礼仪制度，所去除的和增加的内容，都可以知道；周朝沿袭殷商的礼仪制度，所去除的和增加的内容，也都可以知道。假如有继周朝而立的，即使是以后一百个朝代，也是可以知道的。"

2.24 子曰："非其鬼而祭之，谄也。见义不为，无勇也。"

【诠释】孔子反对"淫祀"，批评无"勇"，主张祭祀当祭则祭，事情该做就做。为政治国同样也应正直守礼，见义勇为。

非其鬼：非自己的先人。鬼：古代人认为人死为鬼。

谄：献媚，奉承，巴结。

见义不为，无勇也：见到该做的事情不去做，是没有勇气。义：事之宜也，应做的事情。

【解读】孔子说："不是自己的先人而去祭祀他，是谄媚。遇上应当挺身而出去做的事却不去做，是没有勇气。"

# 八佾篇第三

**【概说】**本篇共二十六章，其中记载孔子言论十七章，孔子与弟子及时人问对八章，另记载时人（仪封人）对孔子的评论一章。讨论内容包括丧礼、祭礼、射礼、乐歌、礼之本原及礼乐意义等，总体上属于礼乐文化或广义的“礼”的范畴。据此，本篇的主题即讨论“礼”及礼乐文化的政治意义和社会意义问题。

该篇在《论语》全书中的编次位置颇值得玩味。在整体编排上，《论语》首列《学而》，次则《为政》，继以本篇。按我们的理解，《学而》篇首章“学而时习之”中的“学”当为名词，意为道术，即孔子的思想主张和政治抱负。孔子志于济世救民，故次以《为政》；而后，继以本篇，则寄寓了孔子为政“导之以德，齐之以礼”、“为国以礼”的政治旨趣。这进而证明了《论语》绝非孔子相关资料的随意堆砌，而是经过孔子后学尤其是子思的精心编排，这种编排同时也体现了子思等人对孔子思想逻辑理路的深切体认和准确把握。

在本篇内各章的编次上，编者也颇费心思。举例而言，本篇以季氏“八佾舞于庭”僭制开篇，季氏为鲁之宗亲，更是周公苗裔（周公制礼作乐，乃周代礼乐文化之代表，亦为孔子最敬仰之先哲），周公之后竟率先僭制失礼，自然更深刻地反映出礼坏乐崩的社会剧变。又如将“林放问礼之本”置于季氏违礼诸事之间，林放除《论语》本篇及《汉书·古今人表》等处的少量记载外，再无任何显赫事迹，而竟知问礼之根本，岂不既与季氏形成鲜明对比，又反映了其时礼乐思想之兴衰？类似例子很多。这种编次凸显了本篇主题，并进一步反映了编者的编订旨趣，值得细细体味。

3.1　孔子谓季氏，“八佾舞于庭，是可忍也，孰不可忍也？”

**【诠释】**本章指斥季氏（即季平子）“八佾舞于庭”之举为僭制违礼。《八佾》全篇以讨论礼制、礼义为主，儒家思想认为“礼”是维护社会有序运转的必要条件，其特征之一就是上下有别的差等性。这种差等表现在形式上，即是根据身份、地位不同而配以不同规格的礼仪与礼器。以祭祀乐舞而言，表演人数按祭主身份而各有定数。按周制，天子八佾，诸侯六佾，大夫、士则依次递减，季氏“八佾舞于庭”实属僭越之举。此处孔子评论季氏“八佾舞于庭”，实即揭示了春秋末年“礼坏乐崩”的社会背景，为全篇的讨论奠定了基调。

孔子身处乱世，尤其重视“礼”维护社会政治秩序的功能，对周代礼乐文化的奠基者周公也格外尊崇。季氏行八佾之舞虽可能有保存礼乐的初衷，但此举本身却属僭制违礼，尤其季氏还是周公之后，孔子是以深深叹息。

谓：说，评论。

季氏：即季孙氏，鲁国正卿，出于鲁桓公之子季友。据《左传》昭公二十五年及《汉书·刘向传》，此季氏应指季孙意如，昭公臣，谥平子。

八佾(yì)：佾，乐舞的行列，每佾八人。按周制，“天子用八、诸侯用六、大夫用四、士用二”(《左传》隐公五年)，各有差等。杜预以为列又递减二人，即天子用八八六十四人、诸侯用六六三十六人、大夫用四四十六人、士用二二四人，非是，《宋书·乐志》有驳。

庭：堂下庭院。

是可忍也，孰不可忍也：这都可以忍心去做，还有什么不可以忍心去做的呢？忍，忍心，狠心之意。或以为容忍，忍受，盖深疾之辞，不确。一，“谓”为评论之辞，其对象为季氏，则“忍”的主体亦应以季氏为妥，意为忍心、狠心；二，据《左传》昭公二十五年及《汉书·刘向传》记载，季氏“八佾舞于庭”与下章“三家者以《雍》彻”皆在昭公二十五年，时孔子年三十五岁，避乱在齐，而于鲁国无位，似乎谈不上“容忍”与不能“容忍”；三，季氏“八佾舞于庭”与“三家者以《雍》彻”事属同一性质，观彼处孔子反应，并无强烈敌忾之意，则此处孔子态度亦不应理解为不能“容忍”；最后，考虑到季氏作为周公之后的身份和孔子对周公的特殊感情，“是可忍也，孰不可忍也”与其说是孔子的深疾之辞，不如说是他对季氏僭制之举的深深叹息、惋惜之情。

**【解读】** 孔子评论季孙氏说：“他竟用八佾的规格在自家庭院中演奏乐舞，他连这等违礼的事都忍心去做，还有什么事不能忍心去做呢？”

3.2　三家者以《雍》彻。子曰：“‘相维辟公，天子穆穆’，奚取于三家之堂？”

**【诠释】** 本章与上章季氏“八佾舞于庭”事在同年，且属同一性质，皆以周公之后而为僭制违礼之事，是以孔子刺讥之。

三家：即孟孙、叔孙、季孙三家，鲁国当政大夫，亦即“三桓”，皆出于鲁桓公之公子。

《雍》：原出《诗·周颂》，传为周武王祭毕文王撤去祭品时歌唱的乐诗，属天子之乐。诸侯、大夫用之，则为僭越。

彻：“撤”之假借字。撤祭，指祭毕撤去祭品。

相：辅助，此指助祭。

辟（bì）公：指诸侯。

穆穆：指容止端庄肃穆。

**【解读】孟孙、叔孙、季孙三家在祭毕祖先后演奏着《雍》诗撤去祭品，孔子评论说：“《雍》诗中说：‘助祭是诸侯，天子主祭端庄肃穆。’这在三家的祭堂上能取哪一点呢？”**

3.3 子曰：“人而不仁，如礼何？人而不仁，如乐何？”

**【诠释】**“仁”和“礼”都是孔子思想的重要范畴，本章初步涉及二者的关系问题。

“仁”字在历代理解不一。概括说来，汉唐学者多解释为仁爱、仁民爱物，宋儒则往往指为天理、正理，二者各有所得。而从字形构造角度考虑，“仁”字在先秦古文中主要有两种写法，一为从人从二结构，一为从身从心结构(𢗼)。这两种字体皆属会意,这似乎恰从两个角度诠释了古人对“仁”字本意的认识。中国古代是典型的宗法伦理型社会,因而如何处理人际关系、人我关系便成为先哲关注的一个重要问题。从人从二,意含对他人应有仁爱之心;从身从心,则意指求己、修身。“仁”字的早期构形反映了社会存在对个人道德行为的双向规范和要求,也间接反映了古人对“仁”之内涵的本来认识。

在早期儒家看来,“仁”与“礼”是相统一的。“礼”是宗法伦理社会的内在要求，其实质是为了规范政治社会与文化秩序，自然对政治社会中的个人有所规范和要求。而“仁”字从身从心结构(𢗼),其内涵是“心”考虑“身”,对“身”发生作用,即对自身进行修正。《左传》昭公二十五年记载:“人之能自曲直以赴礼者，谓之成人。”“自曲直”就是修己,按照《左传》的解释,修己的途径和要求就是“赴礼”,达到并符合“礼”的要求。结合本章内容,这个“礼”显然不是指外在的礼仪与礼文,而是指礼义,即“礼”的本质与内涵。因而相应地在本章中,孔子批评的正是那种只讲表面化的礼仪、礼文,而不知修己、礼义为何物,即“不仁”的人或行为。

前人曾疑本章专为“八佾舞于庭”与“三家者以《雍》彻”事而发此论。我们认为,理解这一问题应当考虑到以下方面:一,《论语》的编排特点;二,本篇亦经过精心编次；三，第一、二、六章明记季氏或三家僭制失礼，及本篇各章确实经过精心地编排。所以，前人所疑很有道理。

**【解读】**孔子说："人如果不修仁德，如何能讲礼？人如果不修仁德，如何能讲乐？"

3.4　林放问礼之本。子曰："大哉问！礼，与其奢也，宁俭；丧，与其易也，宁戚。"

**【诠释】**林放懂得问礼之本，探求礼之本原，正与季氏等三家形成鲜明对比，是以得夫子嘉许。在孔子看来，礼不在于奢侈铺张，而在于是否合乎规范，是否符合礼义，丧祭尤其如此，"慎终追远，民德归厚矣"（《论语·学而》）。早期儒家重视丧祭敦睦亲族、养成民风的功能，因而对祭祀不重豪奢，而重在是否有哀戚之心。

本章可与《孔子家语·论礼》篇中孔子论"五至三无"部分内容相印证。孔子指出，"无体之礼，敬也；无服之丧，哀也"（《孔子家语·六本》），"无体之礼，威仪迟迟；无服之丧，内恕孔悲"（《孔子家语·论礼》）。这些记载又见于《礼记·孔子闲居》和新出上博竹书《民之父母》，可见其有可靠来源。综合这些资料，可知孔子对待礼仪并不重礼文之奢华，而强调达礼之本原，"提倡情感上的质朴与纯真”，具体到丧礼上，则提倡行礼者内在的哀戚之心（参见庞朴：《话说“五至三无”》，《文史哲》2004年第1期）。

林放：鲁人。据《汉书·古今人表》应为孔子弟子。从《论语》直称其名看，其社会地位应该不高。

易：指礼文周备、铺张。

**【解读】林放问礼的本原是什么。孔子说：“这是个大问题啊！礼仪，与其奢华，宁可俭约；丧祭之礼，与其铺张，宁可哀戚。”**

## 3.5　子曰：“夷狄之有君，不如诸夏之亡也。”

**【诠释】**本章从字面看可有两种解释：一是诸夏不如夷狄。夷狄尚且有君，不像其时诸夏礼坏乐崩，目无君长。二是夷狄不如诸夏。夷狄即使有君，因其文化落后，无完备礼仪制度，仍不如诸夏。

由于本章是孔子对春秋历史的评价，故应结合孔子的整体春秋史观进行分析。基于这一视角，我们认为第一种理解可能更近于孔子的思想实际。《春秋》讲夷夏之辨，但这种夷夏观念主要是文化意义上的，并不以种族、血缘为判断标准。夷狄之国如接受华夏文化，接受君君、臣臣、父父、子子观念，即被纳入华夏诸国之列，如楚、吴、越等。这里的“君”，不单指字面意义上的国君，更指和谐的政治秩序，具有这种和谐秩序的“夷狄”，着实胜于礼坏乐崩的“诸夏”。正如杨树达《论语疏证》所指出的：“有君谓有贤君也……《春秋》之义，夷狄进于中国，则中国之。中国而为夷狄，则夷狄之。盖孔子于夷夏之界，不以血统种族及地理与其他条件为准，而以行为为准。”

夷狄：古代对周边文化落后的少数民族的统称，有东夷、南蛮、西戎、北狄等说法。

诸夏：指周朝及其所分封的华夏各诸侯国，又称中国。诸夏往往与夷狄对举。

**【解读】孔子说：“夷狄之国尚且有君长，不像诸夏却没有。”**

3.6 季氏旅于泰山。子谓冉有曰：“女弗能救与？”对曰：“不能。”子曰：“呜呼！曾谓泰山不如林放乎？”

**【诠释】**按周制，只有天子、诸侯才可祭祀境内名山，季氏以周公之后、鲁国正卿竟僭制而旅祭泰山，弟子冉有作为季氏之臣却不能劝止，孔子是以深切叹息。关于以林放与泰山对举，我们认为，所谓“泰山不如林放”，实际暗喻季氏的见识连林放也不如，此处实以林放之卑微而知礼，反讥泰山（季氏）之位尊而不知礼。另据冉有为季氏之臣，则此季氏应为季孙肥，谥康子。

旅：旅祭，祭山。

泰山：齐鲁境内名山，古代帝王常在此行封禅天地之礼，后尊为五岳之首。

冉有：即冉求，字子有，孔子弟子，小孔子二十九岁。

曾（zēng）：副词，难道，竟。

**【解读】季氏要旅祭泰山，孔子对冉有说："你不能制止这件事吗？"冉有回答说："不能。"孔子说："哎呀，难道说泰山之神竟连林放也不如吗？"**

3.7　子曰："君子无所争。必也射乎！揖让而升，下而饮，其争也君子。"

**【诠释】**周代为礼乐社会，贵族阶层的一切活动皆纳入"礼"的规范中，本章是孔子对乡射之礼的论述，邢昺《疏》所谓"言射礼有君子之风也"。在教学中，孔子以《诗》、《书》、《礼》、《乐》教，然归根究底是以礼教化，以养成弟子之君子人格。射礼同样如此。对于乡射，孔子重视射礼内涵的贯彻与体现，并以此敦促射者反身修己、谦和礼让。《中庸》记载孔子说："射有似乎君子，失诸正鹄,反求诸其身。”正可与本章章旨相发明。又《仪礼》有《乡射礼》、《大射》篇,《礼记》有《射义》篇,皆可与本章参看。

揖让而升,下而饮:此句应连读,意同“揖让而升,揖让而下,揖让而饮”。此即李零《丧家狗——我读〈论语〉》所谓:“射礼,每对选手,轮到自己,才登堂,登堂要打躬作揖,互相谦让;射毕下堂,下堂也要打躬作揖,互相谦让;最后,胜者罚负者饮酒,还要登堂,也要打躬作揖,互相谦让。”

**【解读】**孔子说:“君子没有什么可争的事情。如果有的话,一定是比赛射箭吧。彼此作揖谦让,然后登堂比射;射毕,彼此作揖,然后下堂;最后重又上堂,彼此作揖,胜者罚负者饮酒。这样的竞争真是君子之争啊!”

3.8　子夏问曰:“‘巧笑倩兮,美目盼兮,素以为绚兮’,何谓也?”子曰:“绘事后素。”曰:“礼后乎?”子曰:“起予者商也!始可与言《诗》已矣。”

**【诠释】**孔子重《诗》教。《孔子家语·弟子行》记载卫将军文子与子贡的对话说:“吾闻孔子之施教也,先之以《诗》、《书》。”《史记·孔子世家》记载:“孔子以诗书礼乐教,弟子盖三千焉,身通六艺者七十有二人。”孔子认为,《诗》中有先王之道与“礼之义”,故取以教化弟子;又孔子之前贵族社会已有赋《诗》“断章取义”的风气,孔子继承了这一传统,发掘《诗》中的先王之道与“礼之义”,以阐发自己的政治思想与人生追求。子夏作为孔子高徒,精通《诗》学,且特重《诗》中的微言大义,故能体会到孔子思想的细微处。

巧笑倩兮,美目盼兮,素以为绚兮:前两句出自《诗经·卫风·硕人》,后一句一般认为是佚诗,也有人认为是后人对前两句所作的评析。原意是形容女子笑靥可人,美目宛转,像洁白底子上画着多彩的线条。孔子特别指出,要在洁白的底子上涂以色彩。子夏领会夫子《诗》教本旨,理解到应在质朴、纯真的基础上施以礼文装饰。倩,脸上露出笑靥(酒窝儿)。盼,眼睛黑白分明的样子。素,本色,白色。绚,文采。起,启发。

**【解读】** 子夏问:“《诗经·卫风·硕人》说:‘美人的笑靥是多么可人啊,她美丽的眼睛黑白分明啊,就像洁白的底子上绘着多彩的花纹。’这说的是什么意思呢?”孔子说:“先有洁白底子,再绘上色彩。”子夏说:“那么礼文要在质朴、纯真之后吗?”孔子说:“卜商啊,你真是能启发我的人,现在可以与你讨论《诗》了。”

3.9　子曰:“夏礼,吾能言之,杞不足征也;殷礼,吾能言之,宋不足征也。文献不足故也。足,则吾能征之矣。”

**【诠释】**孔子认为夏、商、周三代的礼乐制度之间是损益发展的关系，周代礼乐在基本结构与精神上承自夏、商,而损益其不足,故三代文化在根本上是一脉相承的。由于周之礼乐文化是三代文明发展的结晶,故孔子对其十分重视,并加以认真学习。但由于历史发展、社会变迁,很多历史记载及文物已湮没无闻,甚至对于前代故国也缺乏相关的记载与文化遗留,孔子欲详知其礼而不能征验,是以感叹不已。这同时反映了孔子在治学中信而有征的求实精神。

杞:古国名,周初所封,都城原在今河南杞县,后因国家弱小,屡经迁移。

宋:古国名,微子所建,故城在今河南商丘县南。三代时有灭其国而存其祭祀的传统,因桀、纣有罪而其先王禹、汤无罪,故周朝因其旧民另立一国以存其祭祀。杞、宋分别为夏、殷之后。

文献:文,指记载礼制的文字资料;献,指熟悉历代典策的贤人。

**【解读】**孔子说:“夏朝的礼,我能够讲述,但它的后代杞国不足为证啊;殷商的礼,我能够讲述,但它的后代宋国不足为证啊。这是因为它们的文件和贤者不够完备的缘故。如果有足够的文件和贤者的话，我就可以拿来证明我的讲述了。”

3.10 子曰：“禘自既灌而往者，吾不欲观之矣。”

**【诠释】**本章实际是孔子对禘祭中僭制现象的含蓄批评。禘，禘祭。《尔雅·释天》：“禘，大祭也。”西周金文中禘或作“帝”，或作“啻”，皆同“帝”，即祖神。“帝”与“根蒂”之“蒂”和“嫡庶”之“嫡”，盖皆意指祖先所从出。禘祭即是以祖先配天而祭，因而只有天子才有资格举行。只是由于周公对周朝有莫大之功，故成王特赐周公可以行禘祭，而鲁以后诸公沿用此祭，僭用此礼，故而孔子不愿观看。

灌：祼(guàn)之假借字，据李零《丧家狗——我读〈论语〉》说，应该是以圭瓒(zàn)酌郁鬯(chàng)灌地降神的仪式。圭瓒是一种盛酒的勺；郁鬯是一种用黑黍酿成的酒，调以郁草制成的香料。

**【解读】**孔子说：“禘祭的仪式，从第一次灌礼以下，我就不愿再观看了。”

3.11 或问禘之说。子曰：“不知也。知其说者之于天下也，其如示诸斯乎？”指其掌。

【诠释】本章应与前章并观。禘祭为祭祖配天之礼，因而关系到君君、臣臣之义，如果能知此义此礼，也即明了礼治的内涵，则治国亦可得心应手。《中庸》所谓“明乎郊社之礼、禘尝之义，治国其如示诸掌乎”，可与此二章参看。

【解读】**有人向孔子请教关于禘祭的学说。孔子说：“我不知道，但懂得禘祭学说的人，对于治理天下，就像把东西放在这里一样简单吧。”一面说，一面指着他的手掌。**

3.12　祭如在，祭神如神在。子曰：“吾不与祭，如不祭。”

【诠释】朱子《论语集注》说此章是门人记孔子祭祀之诚意，甚是。祭祀而若无慎终追远的诚意，仪式无论如何规整，也将只是虚文，而这正是孔子反对的。

祭如在：前人一般解释为“祭鬼（祖）如鬼（祖）在”，虽有增字解经之嫌，但按诸后文，这种理解是合乎原意的。

吾不与祭，如不祭：此从黄怀信《论语新校释》读，意为“不亲自参与祭祀则不得与鬼神相值，故曰祭如不祭”。

**【解读】**孔子祭祀祖先的时候，便好像祖先真在那里；祭祀神的时候，便好像神真在那里。孔子说：“我若是不能亲自祭祀，祭了如同没祭一样。”

3.13　王孙贾问曰：“与其媚于奥，宁媚于灶，何谓也？”子曰：“不然。获罪于天，无所祷也。”

**【诠释】**邢昺《疏》曰：“此章言夫子守礼，不求媚于人也。”

王孙贾：当为周朝王者之孙，此时仕于卫为灵公大夫。

与其媚于奥，宁媚于灶：奥、灶皆是隐喻。奥，本为室之西南角，尊长居之，也是祭神方位，在此似指卫君。灶，烧火做饭的设施，引申为灶神，以喻当权用事之人，如南子、弥子瑕等，因为当灵公之时，政权操于南子、弥子瑕之手。此应为王孙贾向孔子请教应如何在卫国政局中自处，盖王孙贾为周朝王者之孙，仕于卫乃客卿，所以有不安之意。或以为王孙贾以灶自喻，暗示孔子巴结自己，恐非。

获罪于天，无所祷也：孔子的回答也是隐喻。从字面上讲，意思是得罪上天，祈祷什么神也没用。实际是回答王孙贾，若自身行为不端，巴结什么人都没有用。

**【解读】**王孙贾问道："'与其献媚于奥，宁可献媚于灶'，这话是什么意思？"孔子说："这种说法不对，如果得罪了上天，那祈祷什么神也没有用。"

3.14　子曰："周监于二代，郁郁乎文哉！吾从周。"

**【诠释】**本章是孔子对周代文化的整体认识。孔子认为夏、商、周三代文化是损益发展的，周代礼乐文明并非全然新创，而是在夏、商基础上有所借鉴、有所损益，发展而成。在对夏、商、周三代文化进行比较的基础上，孔子认识到周文化继承了夏、商的主体结构与基本精神，更加充实灿烂，故而对其非常向往，主张"从周"。

郁郁：形容事物盛美、繁多，此指富有文采。郁，定州汉墓竹简《论语》作"彧"，二字通假。

**【解读】**孔子说："周朝的礼仪制度借鉴了夏、商二代的文化，多么富有文采啊！我赞同周朝的。"

3.15　子入太庙，每事问。或曰："孰谓鄹人之子知礼乎？入太庙，每事问。"子闻之，曰："是礼也。"

**【诠释】**此章记述孔子"慎礼"之态度。孔子很早就以博学知礼闻名，孟僖子临终前命二子从孔子学礼即是明证。但孔子自称“学而知之”，并非天生博学，其知礼也有一个过程。对于自己不懂的礼制、礼仪、文物，孔子以实事求是、虚心求教的态度待之，并认为这才合乎“礼”的规范。事实上，不是“生而知之”，而是这种虚怀若谷的态度最终成就了博学知礼的孔子。

太庙：古代开国之君称太祖，太祖之庙称太庙，此指鲁国周公之庙。

鄹人：指孔子父亲叔梁纥，曾为鄹邑大夫，古常称某邑大夫为“某人”。鄹，又作“陬”，在今山东省曲阜市东南。

**【解读】孔子进了周公庙，每件事都发问。有人便说：“谁说叔梁纥的儿子懂得礼呢？进了太庙，每件事都要向别人请教。”孔子听到这话后，说：“这正是礼啊。”**

## 3.16　子曰：“射不主皮，为力不同科，古之道也。”

**【诠释】**本章是孔子对乡射礼的一段评述。按古代射礼，“张布为侯”（即箭靶），而“栖熊虎豹之皮于中而射之”，由于“射有五善”（“和志”、“和容”、“主皮”、“和颂”、“兴武”是为五善），不仅以中皮为善，更兼取礼仪容节，以教化风俗。由本篇第七章及《中庸》“射有似乎君子，失诸正鹄，反求诸其身”可见，孔子十分重视射礼的教化功能。而春秋末年礼坏乐崩，射者不重礼容，只以中皮为善，使射礼失去其教化功能，孔子是以积极倡言行“射不主皮”的“古之道”。

为力不同科：意谓人们发力有不同等级。为力：发力。科：品级，类别。

**【解读】孔子说：“射箭不仅以中皮为善，人们发力有不同的等级，这才是古代的射礼之道。”**

3.17　子贡欲去告朔之饩羊。子曰：“赐也！尔爱其羊，我爱其礼。”

**【诠释】**饩羊本为告朔之牺牲，而鲁自文公始告朔之礼渐怠，子贡以为与其应付虚文，不如省下那只羊；孔子则认为如去此饩羊，则告朔之礼就彻底废了，因而主张保留这一仪式，表现了他对先王之礼珍惜、保存的态度。

告朔：每年秋冬之交，周天子把第二年历书颁给诸侯，内容包括有无闰月，每月朔日是哪一天等，称为“颁告朔”。诸侯则接受历书，藏于祖庙。每逢初一，要杀一只羊，祭于祖庙，称“告朔”，然后回朝听政，称“视朔”或“听朔”。在孔子看来，“告朔”乃是周礼，实际象征着周王朝对各诸侯国的宗主权与管辖权，因而必须爱护、维护此礼。朔：阴历每月初一。

饩(xì)羊：杀而不烹的活羊。

【解读】子贡要将“告朔”时祭告祖庙所杀的活羊省去不用。孔子说：“赐啊！你爱惜那只羊，我却爱惜那‘告朔’的礼。”

3.18　子曰：“事君尽礼，人以为谄也。”

【诠释】此章评述君臣之礼，感慨当时臣事君多无礼，而若有人如孔子者事君尽其臣礼，反会被无礼者指为谄媚。

【解读】孔子说：“侍奉君主而竭尽臣节，反会被人以为是谄媚。”

3.19　定公问：“君使臣，臣事君，如之何？”孔子对曰：“君使臣以礼，臣事君以忠。”

【诠释】春秋末年，王纲解纽，礼坏乐崩，“臣弑其君者有之，子弑其父者有之”（《孟子·滕文公下》），政治社会呈现严重危机。在统治者看来，首当其冲者应是君臣互信的危机，而定公之问即为此而发。孔子认为，要恢复和谐的政治社会秩序，必须“君君、臣臣、父父、子子”，即刘宝楠《论语正义》所谓“言君当思所以为君，臣当思所以为臣，父当思所以为父，子当思所以为子”。孔子及儒家认为种种人伦关系皆是双向的，君臣作为人伦关系中的重要一种，自然亦应各尽其职，“君使臣以礼，臣事君以忠”，从而实现二者关系的稳定与和谐。

**【解读】** **鲁定公问：“君主使令臣下，臣下侍奉君主，应该怎样才好？”孔子回答说：“君主使令臣下要依礼，臣下侍奉君主要忠诚。”**

3.20 子曰：“《关雎》乐而不淫，哀而不伤。”

**【诠释】** 本章是孔子对乐诗《关雎》的评述。《关雎》是《诗经》之始，在很大程度上奠定了《诗经》亦即孔子《诗》教的主旋律，所以《关雎》“乐而不淫，哀而不伤”也是孔子《诗》教的内在特征。乐主和，“乐而不淫，哀而不伤”一方面实现了乐之“和”；另一方面由于不过于喜乐和哀伤，得性情之正，故而亦达到荀子所谓的“礼义之中”(《荀子·不苟》)。

关雎：《诗经》首篇篇名。清人刘台拱认为：“《诗》有《关雎》，《乐》亦有《关雎》，此章据《乐》言之。古之乐章皆三篇为一……乐而不淫者，《关雎》、《葛覃》也；哀而不伤者，《卷耳》也。”很有道理。

**【解读】孔子说：“《关雎》，快乐而不放荡，悲哀而不痛苦。”**

3.21 哀公问社于宰我。宰我对曰：“夏后氏以松，殷人以柏，周人以栗，曰使民战栗。”子闻之，曰：“成事不说，遂事不谏，既往不咎。”

**【诠释】**哀公向宰我询问社主用材，宰我如上回答并论及“周人以栗，曰使民战栗”，表明其答复中有政治文化的意味。实际上，据《白虎通·宗庙》篇，原文可能为：哀公问主于宰我，宰我对曰：“夏后氏以松，松者，所以自竦动。殷人以柏，柏者，所以自迫促。周人以栗，栗者，所以自战栗。”实际透露出宰我对三代政治文化的一种看法。而孔子云：“成事不说，遂事不谏，既往不咎。”显然对宰我的立场、观点持并不认可的态度。

孔子主张“为政以德”，而宰我心目中的三代政治文化竟是“竦动”、“迫促”、“战栗”，充满了威权意味，故而令孔子难以接受。

社：社主。社，郑本作“主”，前引《白虎通》亦作“主”，定州汉墓竹简《论语》也作“主”。

**【解读】哀公向宰我询问社主用材。宰我回答说：**

“夏后氏用松木，殷商人用柏木，周人用栗木，意即使人民战战栗栗。”孔子听到这话后，说：“已经做了的事不要再解释了，已经完成了的事不要再挽救了，已经过去了的事不要再追究了。”

3.22　子曰：“管仲之器小哉！”

或曰：“管仲俭乎？”曰：“管氏有三归，官事不摄，焉得俭？”

“然则管仲知礼乎？”曰：“邦君树塞门，管氏亦树塞门。邦君为两君之好，有反坫，管氏亦有反坫。管氏而知礼，孰不知礼？”

**【诠释】**本章是孔子对管仲为人的一段评述，透露出孔子对“俭”德尤其是“礼”治的一些看法。管仲是辅佐齐桓公称霸诸侯的杰出人物，但在孔子看来，管仲“有三归”、“官事不摄”、“树塞门”、“有反坫”，属于违礼僭制行为，实是有违臣节，因而对其加以批评。

当然，这只是就事而论。总体上，孔子对管仲的评价是很高的。如《宪问》篇记载孔子说：“……桓公九合诸侯，不以兵车，管仲之力也。如其仁！如其仁！……管仲相桓公，霸诸侯，一匡天下，民到于今受其赐。微管仲，吾其被发左衽矣。”孔子看到管仲协助桓公维护和平、保存文化的功绩，而以“仁”称许之，这又是孔子站在历史的高度对管仲做出的评价。

三归：历代解释很多。据黄怀信《论语新校释》说，归，指归第；三归，指三处可归之府第，即三个家庭。

摄：兼职。

塞门：用以间隔内外的门屏、影壁。

反坫（diàn）：置放礼器、酒具的土台，在两楹之间。

**【解读】**孔子说：“管仲的器量小啊！”

有人问：“管仲俭约吗？”孔子回答说：“管仲有三处府第，他手下的办事人员又不兼职，哪里算得上俭约？”

“那么管仲知礼吗？”孔子回答说：“国君树立塞门，管仲也树立塞门；国君为了与友邦国君交好，设立反坫，管仲也设立反坫。如果说管仲知礼，那么还有谁不知礼？”

3.23　子语鲁大师乐，曰：“乐其可知也：始作，翕如也；从之，纯如也，皦如也，绎如也；以成。”

**【诠释】**本章是孔子对乐的一段论述，从中可见孔子与乐的密切关系。又《子罕》篇记载，子曰：“吾自卫反鲁，然后乐正，《雅》、《颂》各得其所。”正可与本章参看。

语（yù）：告诉。

大(tài)师：乐师之长。

翕(xī)如：乐声突起貌。

从(zòng)：随后，接下来。

纯如：乐曲清纯貌。

皦如：乐调明快貌。

绎如：乐音绵延、余音袅袅貌。

**【解读】**孔子对鲁国大师说："音乐是可以明白的：开始时，乐声突起；接着，有清纯之感；紧接着，乐曲明快；再接着，乐音绵延袅袅；最后结束。"

3.24 仪封人请见，曰："君子之至于斯也，吾未尝不得见也。"从者见之。出曰："二三子何患于丧乎？天无道也久矣，天将以夫子为木铎。"

**【诠释】**此处从仪封人的角度观察孔子，表明孔子有德有道，必将拯救乱世。

仪封人：仪地方的长官。仪，卫国边境的小城，今址不详。

请见(xiàn)：请求被孔子接见。

从者：跟随孔子的弟子。

见(xiàn)之：使他见到孔子。

木铎(duó)：铜质木舌的铃子，用于宣传政令。这里仪封人用来比喻孔子，言统治者将以孔子为制定法度、宣扬教化之人。

**【解读】**仪地方的长官请求被孔子接见，说："凡是君子来到这地方，我没有见不到的。"于是随从弟子使他见了孔子。他出来说："你们这些年轻人怎么担心不得意哪？天下无道很久了，老天爷要让夫子做人民的先导呢！"

3.25　子谓《韶》："尽美矣，又尽善也。"谓《武》："尽美矣，未尽善也。"

**【诠释】**孔子对《韶》、《武》进行了不同的评价，由此可见孔子对政权过渡的政治态度，也间接反映了孔子对君臣之礼的看法。《韶》为舜乐，《武》为周武之乐，舜、武皆为儒家尊奉之圣王，故《韶》、《武》均为"尽美"；又由于舜位乃尧禅让而来，可为风范，武王之位则由伐纣灭商而来，毕竟是以臣犯君，于君臣之礼有悖，故又称《韶》"尽善"，《武》未为"尽善"。

**【解读】**孔子评论《韶》乐说："美极了，又好极了。"评论《武》乐说："美极了，但还不够好。"

3.26　子曰："居上不宽，为礼不敬，临丧不哀，吾何以观之哉？”

**【诠释】**本章是孔子对春秋末年贵族阶层失礼现象的概括描述，实际也是对全篇内容的总结提炼。在孔子看来，政治社会危机的根本原因在于统治者失其礼仪法度，其表现即是“居上不宽，为礼不敬，临丧不哀”，这才是社会失序的根本症结所在。因此，孔子博学于文、倡言礼治，希冀“君君、臣臣、父父、子子”，最终实现上下有序的王道政治，而这亦是本篇论礼的主旨所在。

居上：在上位。

宽：宽容、大度。

临：参加，面对。

**【解读】**孔子说：“居于统治地位不宽以待人，行礼时不严肃认真，参加丧礼的时候没有哀戚之情，这样的人我怎么看得下去！”

# 里仁篇第四

**【概说】**本篇共二十六章,其中记载孔子论述二十四章,另有孔子与弟子问答一章、子游论述一章。篇名取第一章“里仁为美”前两字。全篇主要围绕“仁”加以论述，讲如何修德修身，也有关于父子及乡里关系的论述。本篇紧接上篇《八佾》,前者论礼,本篇论仁,此正与《八佾》篇所记孔子之言“人而不仁,如礼何?人而不仁,如乐何”相应,昭示了前后之间的密切联系。

儒学是“修己安人”之学,关注的是社会治乱问题,有其自成体系的思想。其中,“仁”的思想十分重要,与“礼”、“义”、“智”、“孝”、“悌”、“忠”、“信”等其他思想概念相互关联。与古希腊哲人不同的是,孔子等早期儒家代表人物阐释思想概念,往往用描述性的语言。《论语》中论“仁”之处很多,然而“仁”的确切概念是什么?我们只能结合孔子所处的社会背景和文化背景，就他的具体论述进行考察。

后世对“仁”的注解，可谓众说纷纭，莫衷一是，如“从人从二”、“相人偶”等等。另外，以“人”、“亲”、“爱”等解“仁”也有道理，然而这种理解未必全面、准确。

《里仁》篇是《论语》中记载孔子论“仁”最集中的一篇，对本篇的准确诠解有助于正确认识孔子“仁”的思想。鉴于先哲们的语言呈现描述性的特点，我们与其各自揣度，不如直接回到孔子的言语来理解孔子“仁”的思想。如所谓“不仁者不可以久处约，不可以长处乐”、“唯仁者能好人，能恶人”、“观过，斯知仁矣”等，皆是孔子对“仁”的描述性阐释。另外，仁者“爱人”、“孝弟也者，其为仁之本与”(《学而》)、“入则孝，出则弟，谨而信，泛爱众，而亲仁”(《学而》)、“克己复礼为仁”(《颜渊》)等也都是孔子对“仁”的典型描述。

“仁”应当理解为一个多层次的动态的过程。《郭店楚墓竹简》文字资料显示，“仁”的战国文字写法为从身从心，上下结构，表示应时常反省自身，与曾子所说“吾日三省吾身”(《论语·学而》) 意思相近。从这一点看，“仁”的本义应与“修己”、“修身”、“求诸己”紧密相关。“仁”的实现是仁爱外推的动态过程：首先自身应具有德行及爱人之心即仁心，然后“亲亲”(《礼记·中庸》)，再将这一仁心外推至“不独亲其亲”、“不独子其子”

(《孔子家语·礼运》)、“泛爱众”(《学而》),乃至“仁厚及于鸟兽昆虫”(《孔子家语·五帝德》)等自然万物。己与人、己与社会的关系即体现在实现仁的动态过程中,也就是“为仁”的过程。

明确“仁”具有多层次、动态性的内涵,有助于认识本篇各章及其他篇章的相关问题,进而也有助于理解儒家的思想特质。

4.1　子曰:“里仁为美。择不处仁,焉得知?”

**【诠释】**孔子认为选择居处要以有无仁德之风为标准。居于有仁德风尚的地方,对自己进德修身很有帮助。这一章与后面“德不孤,必有邻”一章意义相关联,都从邻里角度来论述,体现了儒家的“亲仁”思想。

《孔子家语·王言解》记载:“孔子曰:‘……昔者明王之治民也,法必裂地以封之,分属以理之,然后贤民无所隐,暴民无所伏。使有司日省而时考之,进用贤良,退贬不肖,然则贤者悦而不肖者惧。哀鳏寡,养孤独,恤贫穷,诱孝悌,选才能。此七者修,则四海之内无刑民矣。’”可见,孔子认为古时明王有别地治民之法,选择居于仁里,则自己亦有美名。从个人角度来说,能选择居于仁里,则说明其本心并没有失去是非、善恶标准。

从群体角度来说，对于大多数人来说，遇善则为善，遇恶则为恶，居于仁里有助于德行修养的提高。儒家追求社会的大治、“大同”或者“大顺”，人己之间、邻里之间的关系和顺是儒家治世的要求，所以孔子对居地的风俗仁厚与否非常重视。

另外，孟子认为：“矢人岂不仁于函人哉？矢人惟恐不伤人，函人惟恐伤人。巫匠亦然。故术不可不慎也。孔子曰：‘里仁为美。择不处仁，焉得智？’夫仁，天之尊爵也，人之安宅也。莫之御而不仁，是不智也。”（《孟子·公孙丑上》）蒋沛昌《论语今释》认为，这是指仁德是人们最安稳的立身之地，自处以仁德为美好。做人处世不以仁德为根本，达不到仁民爱物的思想境界，也就达不到智慧的高度。也就是说，人的内心要安于仁，以仁为人心的居地，时刻志于仁。

同时，《荀子》中也有可以帮助理解孔子本意处。如《劝学》篇说：“故君子居必择乡，游必就士，所以防邪辟而近中正也。”选择有仁者居住的地方、有仁德风俗的邻里居住，才会防止邪辟，才有助于接近中正，这与孔子的认识是一致的。

里：《尔雅·释言》：“里，邑也。”《说文》：“里，居也。”里，从田从土，意为街巷、里弄。

择不处（chǔ）仁：选择没有仁德风俗的居处。择，或以为作“宅”,然宅亦有择意。处,居住。

知:读去声,通“智”。

【解读】孔子说:“邻里以有仁德的风俗为美。选择没有仁德风俗的居处,怎能算得上聪明呢?”

4.2　子曰:“不仁者不可以久处约,不可以长处乐。仁者安仁,知者利仁。”

【诠释】孔子勉励进德修身。孔子认为,不具仁德的人,不可以长久地处于困顿中,也不可以长久地处于安乐中。

在孔子弟子中,颜回是安贫乐道的典型人物。孔子曾称赞他说:“贤哉,回也!一箪食,一瓢饮,在陋巷,人不堪其忧,回也不改其乐。贤哉,回也!”(《论语·雍也》)颜回所乐者并不是居处、饮食,而是夫子之道,因而绝不因生活的困顿、贫穷而丢弃德行,为非作歹。从孔子称赞颜回之语中的一“忧”一“乐”,可知不仁者与仁者之差异。不仁者处于困顿中,多有不善之行;不仁者处于安乐富贵中,又多有骄逸之态,而仁者不会如此。

仁是本于心、本于己的,心、己是仁之体。正如孟子所说:“君子所性,虽大行不加焉,虽穷居不损焉,分定故也。君子所性,仁义礼智根于心。其生色也,睟然见于面，盎于背，施于四体，四体不言而喻。”（《孟子·尽心上》）孟子此意甚合于孔子。仁根于心，所以说仁者安于仁，讲的是仁的体。心向往仁德，施于四体并进而推诸外物，使己与人无不润泽于仁德，所以说智者利仁，则是讲仁之用。

约：指简约、困顿之义。

乐：指安乐、富贵之义。

仁者安仁：前“仁”为名词，“仁者”指有仁德之人；后“仁”用为动词，指行仁。指有仁德之人以行仁为安。

知者利仁：本句的“仁”亦用为动词，指行仁。指有智慧的人以行仁为利。

**【解读】**孔子说：“没有仁德的人不可能长久地处于困顿中，也不可能长久地处于安乐富贵中。有仁德的人以行仁为安，有智慧的人以行仁为利。”

## 4.3　子曰：“唯仁者能好人，能恶人。”

**【诠释】**本章论仁者好恶之心。仁者爱人为古之常论，然而仁者亦有所恶。孔子与子贡曾有一段对话，子贡问：“君子亦有恶乎？”孔子答曰：“有恶：恶称人之恶者，恶居下流而讪上者，恶勇而无礼者，恶果敢而窒者。”（《论语·阳货》）可与此处对照理解。孔子要说的是，仁者能体人之性，所以能好人之所好，恶人之所恶。

现实生活中，常常有这样一种人，他们对任何事物都漠不关心，“事不关己，高高挂起”，只要不危害自己的利益，一切便置若罔闻。尽管这些人看起来“十分超脱”，其实他们很可能缺乏基本的好恶是非之心，这样的人往往也缺乏仁德。儒家关心社会人心，关注现实，他们有明确的是非观念、好恶之心，与超然世外者不同。从这样的角度来理解，孔子此言的重点不是具体的“好人”、“恶人”，而是强调“仁者”，意思是只有具有仁德的人才能够喜欢一类人，厌恶一类人。

好(hào)：喜爱。

恶(wù)：厌恶。

**【解读】**孔子说：“只有有仁德的人才能喜爱某人，才能厌恶某人。”

4.4　子曰：“苟志于仁矣，无恶也。”

**【诠释】**本章孔子同样论好恶问题。上一章言能好人、能恶人，是表明仁者性情之正，这一章言无恶是表明仁者的体物之心；也有论者认为这一章是要申明仁主于爱，如真正地志于仁，是没有一丝厌恶人的念头的；还有学者引用贾谊《新书·道术篇》记“心兼爱人谓之仁”，进而论志于仁则全是爱人之心，没有一丝的厌恶人之念。在我们看来，这些理解均有所偏失。首先我们应当明确的是，儒家的仁爱不等于墨家的“兼爱”。

“恶”，理解为“厌恶”不确。本章中的“恶”当读如本字，即“邪恶”的“恶”。如果以“厌恶”之义来理解本章之“恶”，这与上一章论“仁者能好人，能恶人”相矛盾，尽管解释起来迂曲回旋，但终难相洽。孔子本意应该是：如果一个人能真正志于仁，则在行为上就不会有恶行了。上一章所论属于意识层面，言仁者有体人之心而能好人，能恶人。这一章所论属于行为层面，言心若真正志于仁，则在行为上就不会有恶行了。如孟子所言：“君子所性，仁义礼智根于心。其生色也，睟然见于面，盎于背，施于四体，四体不言而喻。”（《孟子·尽心上》）人有仁爱之心，“施于四体，四体不言而喻”，表现在行为上，则“无恶也”。

苟：表示假设，如果、假如。

恶：邪恶，恶行。

**【解读】孔子说：“如果一个人立志于行仁，就不会有什么恶行了。”**

4.5　子曰：“富与贵，是人之所欲也；不以其道得之，不处也。贫与贱，是人之所恶也；不以其道得之，不去也。君子去仁，恶乎成名？君子无终食之间违仁，造次必于是，颠沛必于是。”

**【诠释】**本章孔子从对待富贵、贫贱的态度上来论仁。富贵是人之所喜好的，贫贱是人之所厌恶的，然而仁者不会无原则地一味追求富贵或摆脱贫贱。正如孔子曾说：“不义而富且贵，于我如浮云。”(《论语·述而》)孟子亦曾说：“非其道，则一箪食不可受于人；如其道，则舜受尧之天下，不以为泰。”(《孟子·滕文公下》)又如《中庸》所谓：“素富贵，行乎富贵；素贫贱，行乎贫贱。”在早期儒家看来，仁者或君子是不应苟于富贵的。

孔子认为，君子之所以可以有“不处”富贵、“不去”贫贱的决心与气魄，是因为成就君子之名所依靠的是仁德，而不在于富贵、贫贱之间。

富与贵：财多为富，位高为贵。贫与贱：财少为贫，位卑为贱。这里指的是政治、经济和社会地位。

不以其道得之：不用合乎仁道的方式来实现其所欲、所恶。得：达到，获得。

恶(wū)乎：何也，怎样，怎么能够。

终食之间：一顿饭的时间。

造次：仓促匆忙。颠沛：受挫折，贫困。

**【解读】**孔子说：“财富与高位，是人人都想拥有的;不以合乎仁道的方式来拥有,君子不会接受。贫困与卑贱,是人人都厌恶的;不以合乎仁道的方式去摆脱,君子也不会做。君子若抛弃仁德,又怎样来成就美好的名声呢?君子哪怕一顿饭的工夫也不会离开仁德,仓促匆忙时有仁德在,颠沛流离时也有仁德在。”

4.6 子曰:“我未见好仁者,恶不仁者。好仁者,无以尚之;恶不仁者,其为仁矣,不使不仁者加乎其身。有能一日用其力于仁矣乎?我未见力不足者。盖有之矣,我未之见也。”

**【诠释】**本章孔子论为仁之难易。孔子在这里论述了两种人,一种是好仁的人,一种是恶不仁的人。《礼记·表记》记载:“子曰:‘仁有三,与仁同功而异情。与仁同功,其仁未可知也。与仁同过,然后其仁可知也。仁者安仁,知者利仁,畏罪者强仁。’”孔子说“仁有三”当指安仁、利仁、强仁。在本章中,好仁者属安仁之人,恶不仁者应属利仁或强仁之人。细品孔子本意,言“未见好仁者,恶不仁者”,是说为仁之难;又言“有能一日用其力于仁矣乎?我未见力不足者”,是说为仁之易。言为仁之难,使弟子敬畏之;言为仁之易,是要勉励弟子力行之。

尚：超过。

【解读】孔子说："我没见过真正爱好仁德的人，也没有见到真正厌恶不仁的人。爱好仁德的人，那是再好不过了；厌恶不仁的人，他行仁的目的是使不仁的事物不靠近自身。有没有人能在一整天内将其心力用在行仁上？我没见过力量不够的。或许有这样的人吧，只是我没见到罢了。"

4.7　子曰："人之过也，各于其党。观过，斯知仁矣。"

【诠释】本章从人际交往角度论仁。世上有各种各样的人，不同的人会有不同的过失。梁皇侃云："犹如耕夫不能耕，乃是其失。若不能书，则非耕夫之失也。"从这个角度来理解"人之过也，各于其党"，其意甚明。

在前一章引《礼记·表记》之后，郑玄注曰："利仁、强仁，功虽与安仁同，本情则异。功者，人所贪也。过者，人所辟也。在过之中，非其本情者，或有悔者焉。"据此，孔子论"仁"是有不同层次的，观过，然后才能辨别什么是根于心之仁，什么是利仁或强仁。

人都会犯一定的错误，错误不同，则反映了人属于不同的类别，而且在如何对待过错上，亦能够反映出人的不同道德风尚。这也可与"视其所以，观其所由，察其所安。人焉廋哉！人焉廋哉”（《论语·为政》）合起来进行理解。

党：同类。

斯知仁矣：斯，就、则。知仁，知道是否是真正的仁。有人认为应作“人”，亦通。此不取。

**【解读】孔子说：“世上的人各种各样，同类的人往往会犯相同的过失。观察各人所犯的过失，方知其是否真正地行仁。”**

### 4.8　子曰：“朝闻道，夕死可矣。”

**【诠释】**本章说明孔子亟论闻道之迫切。在中国文化语境中，“道”往往有多重含义。“道”，有时指形而下的法则、原则、方法，有时指形而上世界的本体，有时则指道义。孔子这句话，给后世留下很大的解释空间。要考论孔子论“道”之实质，应当结合孔子整体的思想背景，参照孔子的相关论述，如“志于道，据于德，依于仁，游于艺”等，加以切实认识。

本章之中，孔子所论“道”可理解为儒家思想的理论根据，即正确的思想主张。在孔子看来，他所处的春秋时期是一个“无道”的时代，所谓“鲁自大夫以下皆僭离于正道”，“天下无道久矣”（《史记·孔子世家》），而令孔子最感痛心的则是统治者不能认同并推行自己的思想主张,“莫能宗予”,因而终孔子一生,他都在迫切期待有人理解他的主张,进而推行王道之治。这即是孔子论“道”的整体背景。

**【解读】**孔子说:“**早晨能够听到正确的治世主张,即使晚上死去也是值得的。**”

4.9　子曰:“士志于道,而耻恶衣恶食者,未足与议也。”

**【诠释】**本章论向学问道者应当首先过衣食之欲这一关。孔子曾论“君子食无求饱,居无求安”(《论语·学而》),与此章密切相关。在孔子看来,以穿破衣、吃粗饭为耻的人,未免存有贪图生活享乐的念头,难以进取。立志于修道而贪图享乐,那么就不足以与他谈学问、谈道了。

士:刘宝楠《论语正义》中说:“《白虎通·爵篇》:‘士者,事也;任事之称也。’……士居四民之首,其习于学,有德行道艺者,始出仕亦谓之士。故士为学人进身之阶。”或说,士是介于卿大夫与平民之间的一个阶层。

而:假设连词,表假设关系。

耻恶衣恶食:以穿破衣、吃粗饭为耻。耻,以……为耻。恶,不好的。

【解读】孔子说："士人志于行道，若又以穿破衣吃粗饭为耻，则不值得与他谈学论道。"

4.10 子曰："君子之于天下也，无适也，无莫也，义之与比。"

【诠释】本章论君子待人之态度。宋人邢昺将适、莫解释为厚、薄，认为本章言君子之于天下人无亲疏厚薄，而唯仁义是亲。其实这样理解并不准确。按儒家观点，君子尊尊、亲亲，爱有等差，与墨家"兼爱"不同。郑玄以为"适"为"敌"，表示敌对，义近；俞樾认为"适"作"敌"，有匹敌、相当的意思，引申为相抵触，可从。

适：古"敌"字常为"适"，引申为抵牾、抵触之义。

莫："慕"，贪慕之意。

比：合作，亲近。

【解读】孔子说："君子对待天下人，无妄加抵触之念，也无贪慕之心，只是亲近仁义之人。"

4.11 子曰："君子怀德，小人怀土；君子怀刑，小人怀惠。"

【诠释】本章孔子论君子与小人之别，勉励君子要修身进德。君子心存德、法，小人则意在土、惠。所以，君子常常反省自身，讲求修德修己，遵守先王礼法、法典；小人整日所思则在于房屋田产，汲汲于名利，哪怕是违礼乱法也在所不惜。

本章与前面“士志于道，而耻恶衣恶食者，未足与议也”、“富与贵，是人之所欲也；不以其道得之，不处也。贫与贱，是人之所恶也；不以其道得之，不去也”，均涉及义与利的问题。孔子认为，君子、士人当时时以仁、义为本，若将心思放在衣食、利益上，就不能真正地向学问道。所以下一章指出：“放于利而行，多怨。”同时，就“君子怀德，小人怀土”而言，本章与《宪问》篇“士而怀居，不足以为士矣”亦有相通之处。

怀：《说文》：“怀，思念也。”这里指人注意力所集中的地方，有关注之意。

刑：张有《复古编》曰：“从刀井，法也。”字形与汉石经一致。今本皆作“刑”，法典、礼法之义。我们认为，这里的“刑”可以与“型”相通，有法式、典范、榜样的意义。如《大盂鼎铭》中“今我唯即型宪于文王正德”，《诗·周颂·我将》中“仪式刑文王之典，日靖四方”，《诗·大雅·思齐》中“刑于寡妻，至于兄弟，以御于家邦”，皆有此意。意思是心有典范、法则。

惠：恩惠，个人利益。

【解读】孔子说："君子念念不忘的是道德；小人念念不忘的是田产。君子怀思的是先王礼法，心存典范与法则；小人一心想的是个人利益，求利而不顾礼法。"

4.12 子曰："放于利而行，多怨。"

【诠释】本章围绕"利"进行论述，意在劝勉人们修德行仁，不要一味追逐利益。儒家讲义利之辩，持先义后利的态度，但并不是不谈利，更不是完全排斥利。《荀子·大略》有大段对于义利问题的论述："义与利者，人之所两有也。虽尧、舜不能去民之欲利，然而能使其欲利不克其好义也。虽桀、纣亦不能去民之好义，然而能使其好义不胜其欲利也。故义胜利者为治世，利克义者为乱世。上重义则义克利，上重利则利克义。故天子不言多少，诸侯不言利害，大夫不言得丧，士不通货财。有国之君不息牛羊，错质之臣不息鸡豚，冢卿不修币，大夫不为场园，从士以上皆羞利而不与民争业，乐分施而耻积藏，然故民不困财，贫窭者有所窜其手。"可与本章参看。

如果一切事物都以利为标准，必然导致社会的混乱。如果人们重利轻义，更甚者，人与人之间无义可讲，那么损人利己的事就会随处可见，甚至损人不利己的事也会有人做，这必然多生怨恨。

放：孔安国注：“放，依也。”一般多解释为依据、放纵，非。《说文》：“放，逐也。”追逐。

**【解读】孔子说：“追逐个人的私利而行动，多会招来怨恨。”**

4.13 子曰：“能以礼让为国乎？何有？不能以礼让为国，如礼何？”

**【诠释】**孔子论礼让治国是古之传统，从而叹今世无道无礼。如《礼记·礼运》记孔子说：“大道之行也，天下为公。选贤与能，讲信修睦。”天下为公之时，修德是为政之要。表面上是在说礼，其实质在说仁。正如《论语·八佾》中记：“人而不仁，如礼何？人而不仁，如乐何？”因此，这里虽然谈礼，但与本篇的主旨相符。

本章可能有脱漏。《后汉书·刘般传》记贾逵上书曰：“孔子称能以礼让为国，于从政乎何有？”《列女传》记曹世叔妻上疏曰：“《论语》曰：‘能以礼让为国，于从政乎何有？’”毛奇龄指出：“汉时《论语》必有多‘于从政’三字者，且于本文较明白。”（程树德：《论语集释·考异》）

毛氏认为本章脱去“于从政”三字是很有道理的，而且从《论语》本身来看，这很可能是那时的惯常用法，如：《论语·子路》记载：“子曰：‘苟正其身矣，于从政乎何有？不能正其身，如正人何？’”《雍也》记载：“季康子问：‘仲由可使从政也与？’子曰：‘由也果，于从政乎何有？’曰：‘赐也，可使从政也与？’曰：‘赐也达，于从政乎何有？’曰：‘求也，可使从政也与？’曰：‘求也艺，于从政乎何有？’”

这样，本章原文应为：子曰：“能以礼让为国，于从政乎何有？不能以礼让为国，如礼何？”

所谓礼让，一般多认为指古代禅让。本章所言不一定指此，但应有一定背景。上古时，尧禅让于舜，舜让位于禹。《史记·伯夷列传》记载：“尧将逊位，让于虞舜，舜禹之间，岳牧咸荐，乃试之于位，典职数十年，功用既兴，然后授政，示天下重器。”而传说伯夷、叔齐兄弟对于君位也是相互礼让而不就。尧、舜、禹为儒家所尊奉的圣人，伯夷、叔齐也是深得孔子推崇之人，他们的礼让为国之风与春秋之世的诸侯互相攻伐形成鲜明对比。

为国：治国。《小尔雅》云：“为，治也。”

何有：多解释为“这有什么困难呢”。如果加上“于从政”三字，则本句的意思是：为官执政还有什么困难呢？

【解读】孔子说："能以礼让的精神治理国家，为官执政还有什么困难呢？不能以礼让的精神来治理国家，又能怎样推行礼呢？"

4.14　子曰："不患无位，患所以立。不患莫己知，求为可知也。"

【诠释】本章强调"所以立"、"求为可知"的条件，意在勉人修德修身。

《左传》襄公二十四年记载："大上有立德，其次有立功，其次有立言，虽久不废，此之谓不朽。"立德为古人做人做事的第一要义，稍次要追求立功，再次为追求立言。这里所说的次，有从时序上而言的，也有从逻辑上而言的。在本章中，孔子是要告诫弟子，自己要有可以立于位、可以被人知的德行与能力，而不要只是抱怨、担心没有地位或别人不了解自己。上海博物馆藏战国楚竹书《从政》云："闻之曰：'行在己而名在人，名难争也……是故君子强行，以待名之至也。'"据研究，《从政》篇当为子思所作，"闻之曰"为子思闻于孔子，其内容与本章同为孔子之言（杨朝明：《〈从政〉注释论说》，《新出儒家简帛文献注释论说》，台湾书房出版有限公司,2008年)。故二者内在相通,均强调个人修身进德,以待人知。

正如《荀子·非十二子》所云:“君子能为可贵,而不能使人必贵己;能为可信,而不能使人必信己;能为可用,而不能使人必用己。故君子耻不修,不耻见污;耻不信,不耻不见信;耻不能,不耻不见用。是以不诱于誉,不恐于诽,率道而行,端然正己,不为物倾侧:夫是之谓诚君子。”荀子认为,君子能够做到那些令人尊敬、信任的事,而不能要求别人必然来尊敬、信任自己。其中意蕴,亦与本章相合。

立:古“立”、“位”同字,汉石经《春秋》“公即位”作“即立”。

**【解读】**孔子说:“不忧虑自己没有职位,而应忧虑有没有足以任职的德行与能力。不忧虑别人不了解自己,而应忧虑有没有足以让人了解自己的德行与才能。”

4.15　子曰:“参乎!吾道一以贯之。”曾子曰:“唯。”子出,门人问曰:“何谓也?”曾子曰:“夫子之道,忠恕而已矣。”

**【诠释】**本章应是借曾子的理解来表述孔子思想的

精髓。孔子与曾子年龄相差较大,《史记·仲尼弟子列传》记载曾子“少孔子四十六岁”,属孔子弟子中年龄较小者。有人认为曾子得孔子密授而突然领会夫子之道,如后世禅宗的顿悟,恐未必符合本章原意。但在孔子弟子中,曾子属于积极践履老师思想的人,所谓曾子鲁钝,绝非指他领悟孔子思想不准、不深。从文献记载看,曾子是孔子十分出色的弟子,深得孔子信任,《大学》、《孝经》等经典传自曾子确有依据。

一以贯之:《论语·卫灵公》记载:“子曰:‘赐也,女以予为多学而识之者与?’对曰:‘然,非与?’曰:‘非也,予一以贯之。’”与本章密切相关。子贡认为老师是博学而强记的人,然而孔子认为不完全是这样,而用“一以贯之”来开导子贡。孔子强调自己有一个“一以贯之”的思想主旨:道。这个“道”乃是“一”。“一以贯之”,即以“一”贯穿孔子之道,这是从孔子思想的内在依据层面论说的。

忠恕:《论语·卫灵公》记:“子曰:‘其恕乎!己所不欲,勿施于人。’”从这一句看,孔子自己认为“恕”即“己所不欲,勿施于人”。《中庸》也有类似记载:“忠恕违道不远,施诸己而不愿,亦勿施于人。”按照朱子的注解,即“尽己之心为忠,推己及人为恕”(朱熹:《中庸章句》)。“忠恕”思想一般被认为是孔子思想的精髓所在。

**【解读】**孔子说："参，我的道是可以用'一'贯穿起来的。"曾子说："是的。"孔子出去后，其他弟子问曾子："这是什么意思？"曾子说："老师的道，只是忠恕而已。"

4.16 子曰："君子喻于义，小人喻于利。"

**【诠释】**孔子论君子、小人之别，意在申明仁义。关于君子、小人之分，学者认识角度往往不同：一从地位而言，在上者为君子，在下者为小人；一从道德而言，有德者为君子，君子思仁义，反之为小人。君子、小人之分，本应从两方面合而论之。《中庸》曰："故大德必得其位，必得其禄，必得其名，必得其寿。"有德者得其位，是古之制，有其位而思其政，思如何教化人民。孔子又说"政者，正也"，为政者必先正其身、正其德。这一过程是系统的，相互制约的。如《荀子·王制》记载："虽王公士大夫之子孙也，不能属于礼义，则归之庶人。虽庶人之子孙也，积文学，正身行，能属于礼义，则归之卿相士大夫。"

君子晓明仁义，为人行事以仁义为本，是为有德。这并不说明君子完全弃绝利益，而是以义统利，先义后利。小人不能通晓大义，为人做事皆以利去衡量，最终导致因利而害义。

喻:晓明,明白。

**【解读】**孔子说:“君子通晓大义,小人精明于利。”

4.17　子曰:“见贤思齐焉,见不贤而内自省也。”

**【诠释】**本章论如何修德以存仁义。自己看见道德、学问都很好的贤者,就努力向他看齐,从而让自己具备更好的道德修养与学问,这是提高自己德行的方法。自己看到不贤的人,就反省自身,看是否有类似的缺点,从而去除不善,这是自己去恶的方法。孔子此言亦在于勉励人们进德修身。

**【解读】**孔子说:“看见贤者应想着向他看齐,看见不贤的人则应反省自身。”

4.18　子曰:“事父母几谏,见志不从,又敬不违,劳而不怨。”

**【诠释】**本章孔子论侍奉父母之道。儒家很重视孝道,认为孝是为人的重要的、基本的方面。父子、兄弟、夫妇、君臣、朋友是天下五种重要的人伦关系,是为五伦。儒家认为父子、兄弟为天合,君臣、朋友为人合,夫妇兼天与人合。《论语》本篇论述仁道,其中连续几章论述敬事父母之道，亦可见“孝”之于“仁”的重要性。

《礼记·坊记》记载：“子云：‘从命不忿，微谏不倦，劳而不怨，可谓孝矣。’”与本章的意思相近，同样是论孝道，且具体要求无大差别。

几(jī)：隐微，引申为委婉。

违：违背，触犯。

劳：心忧。如《诗经》云“实劳我心”、“劳心忉忉”、“劳心怛怛”。

**【解读】** 孔子说：“侍奉父母时，父母如有不对的地方，要婉转地劝说，看到自己的意见没有被听从，仍然恭敬而不触怒父母，虽然心忧但不怨恨。”

4.19　子曰：“父母在，不远游，游必有方。”

**【诠释】** 本章承上章继续论如何侍奉父母。为人子者不远游，其原因一是不使父母担忧自己，一是当父母需要侍奉时，儿女能够及时地出现在父母身边以便服侍。如《礼记·曲礼》记载：“夫为人子者，出必告，反必面，所游必有常。”意思是为人子女，出门禀告父母，回来也必须面告父母，出游的地方必须有常规。可与本章互相参证。

据记载，古时有关于出行的礼制规定，自卿大夫、士至于庶人，要有符节才能行得通。如《周礼·地官司徒》记载："凡通达于天下者，必有节，以传辅之。无节者，有几则不达。"凡通行天下的人，必须持有节，用传辅助节。没有节的人，遇有检查就不得通行。孔子之时，这一规定或许已不像《周礼》所记载的那么严格，但这一传统或许仍有一定保留。父母担忧游子，这可能是原因之一。

方：地方，地域，去处。

**【解读】**孔子说："父母在世，儿子不应出远门；如果要出远门，必须有确定的去处。"

4.20　子曰："三年无改于父之道，可谓孝矣。"

**【诠释】**本章是孔子论孝道。《学而》篇第十一章："子曰：'父在，观其志；父没，观其行；三年无改于父之道，可谓孝矣'。"这里是重出，只是详略不同。

**【解读】**孔子说："数年之中都不改变父亲指引的正道，可以说是孝了。"

4.21　子曰："父母之年，不可不知也。一则以喜，一则以惧。"

【诠释】孔子论事父母之道。子女不可不知道父母的年龄，其原因有二：一是为父母能得高寿而高兴，一是为父母年纪越大而在世之日越少而忧惧。

【解读】**孔子说："父母的年纪，做子女的不能不知道。一方面因为其寿高而欢喜，一方面因为其年老而惧怕。"**

4.22　子曰："古者言之不出，耻躬之不逮也。"

【诠释】孔子以古喻今，勉励人们要言顾行、行顾言。古人不轻易许诺，是因为他们以不能身体力行兑现所许诺言为耻。因而，孔子告诫人们，不应以多言为能事，而应注重切实的行动。

《礼记·缁衣》记载孔子说："大人不倡游言。可言也不可行，君子弗言也；可行也不可言，君子弗行也。则民言不危行，而行不危言矣。"孔子认为，在上位的人不提倡说华而不实的话。可说而不可做的话，君子不说；可做而不可说的事，君子不做。这样，民众就会说的不违背做的，而做的不违背说的了。而上博竹书《从政》篇中也有与之意义相同的记载："闻之曰：'可言而不可行，君子不言；可行而不可言，君子不行。'"据研究，这句话与《礼记》记载一致，乃是子思记述的孔子之言（杨朝明：《上博竹书〈从政〉篇与〈子思子〉》，《孔子研究》2005

年第2期)。《礼记·缁衣》又记孔子说:“言从而行之,则言不可饰也;行从而言之,则行不可饰也。故君子寡言而行以成其信,则民不得大其美而小其恶。”意思是说了就随着去做,说的话就不可掩饰;做了就随着去说,做的事情就不可掩饰。所以君子往往少说话而以行动成就自己的信用,那么民众就不可能夸大自己的好处而掩饰自己的毛病。均强调言行一致,与本章意思相通。

耻:以……为耻。逮(dài):赶上。

【解读】**孔子说:“古人不轻易许诺,是因为他们以行动不能兑现许诺为耻。”**

4.23 子曰:“以约失之者鲜矣。”

【诠释】孔子认为行仁以约则不会有太多过失,仍是在告诫人们要修德行仁,做人做事要有所约束。《礼记·表记》记载:“子曰:‘恭近礼,俭近仁,信近情,敬让以行,此虽有过,其不甚矣。夫恭寡过,情可信,俭易容也。以此失之者,不亦鲜乎?’”孔子认为,恭敬近于礼,节俭近于仁,诚信近于真情,恭敬谦让而行,这样即使有过失,也不至于严重。恭敬少过失,真情可信赖,节俭容易为人接纳,这样做而出现过失的,不是很少吗?孔子的这句话,有助于我们理解本章的意思。

约：约束。鲜（xiǎn）：少的意思，同“巧言令色，鲜矣仁”之“鲜”。

**【解读】孔子说：“在做人做事时，因为对自己有所约束而导致过失的情况是很少的。”**

4.24　子曰：“君子欲讷于言而敏于行。”

**【诠释】**孔子论言、行的关系，与本篇第二十二章言“古者言之不出，耻躬之不逮也”、《学而》篇第十四章论“敏于事而慎于言”寓意相类。

讷（nè）：说话迟钝。《说文》云：“讷，言难也。”《广雅·释诂》云：“讷，迟也。”这里比喻说话谨严。

**【解读】孔子说：“君子要说话谨慎迟缓，而做事要勤劳敏捷。”**

4.25　子曰：“德不孤，必有邻。”

**【诠释】**孔子认为，若有仁德则必有善邻。《里仁》篇主要讲仁，勉励人修身修德。将这一章与首章相联系看，“德不孤，必有邻”与“里仁为美”意思有相承接的地方。首章孔子讲择仁而居，意思是对于个人来说，选择有仁德的居处将有助于自己德行修为的提高。本章则从另一方面论述，认为有仁德的人则必有善邻，所以说“德不孤”。《公冶长》篇第三章论“鲁无君子者，斯焉取斯”，论说君子德行与其师友及环境的关系，也是此意。《周易·系辞上》所谓：“方以类聚，物以群分。”

**【解读】孔子说：“有仁德的人不会孤单，必有好的邻居相伴。”**

4.26 子游曰：“事君数，斯辱矣；朋友数，斯疏矣。”

**【诠释】**本章论君臣、朋友相处之道，强调人在行仁过程中也当讲求方法。臣对君要忠，然而方法不对也会见辱；己与朋友交要信，然而方法不对也会疏远。《论语·颜渊》记载：“子贡问友。子曰：‘忠告而善道之，不可则止，无自辱焉。’”与朋友交往时，如果过于烦琐，可能会导致疏远。

数(shuò)：烦琐。《礼记·祭义》记载：“祭不欲数，数则烦，烦则不敬。祭不欲疏，疏则怠，怠则忘。”意思是祭祀不要烦琐，烦琐了就会厌烦，厌烦了就不恭敬。祭祀也不能稀少，稀少了就会荒怠，荒怠了就会遗忘。可见，其中的“数”与“疏”相对。

**【解读】子游说：“侍奉君主过于烦琐，就会招致侮辱；与朋友交往过于密切，反而会变得疏远。”**

# 公冶长篇第五

**【概说】**本篇共二十八章(何晏《论语集解》将第十章分为两章,故题为二十九章;朱熹《论语集注》将第一、二章并为一章,故题为二十七章)。该篇主要记载了孔子对古今人物贤愚得失的评论。因首章所论人物为公冶长,故名《公冶长》。篇中前半部分为孔子评论弟子德行;后半部分主要是评论古今知名人物的得失长短,还有孔子自言其志的章节,其中"老者安之,朋友信之,少者怀之",是对其"大同"理想的很好诠释。

全篇围绕孔子对人物的评价展开,材料看似比较零散,其实与上篇《里仁》仍存在着密切的关系。《里仁》强调人要近"仁",以"里仁为美";人要践行仁德,"无终食之间违仁"。本篇承此而来,内容仍以谈论仁德为主。孔子评人论事无不以"仁"为标准。在孔子思想中,"仁"是一个含义极广的道德规范,它包括众多德目,如恭、宽、敏、惠、忠、信、孝、悌、智、勇等，都是“仁”精神的体现。在本篇中，孔子从仁德的诸角度品评古今人物之得失，并与弟子从各个侧面探讨了仁德的特征。综合各种评价，我们可以透视孔子心目中“仁”的内涵。

篇中第十三章尤其值得注意，此章对解读孔子性命思想至关重要，但迄今仍有待发之覆。就“夫子之言性与天道，不可得而闻也”，学者们多理解为孔子不讲性与天道，并进而认为孔子思想中缺乏对形而上问题的思索。其实，现存孔子遗说虽以“正实切事”为主，但孔子本人却并不乏对“性与天道”问题的深邃思考，除《论语》之外，《易传》、《孔子家语》等典籍中都有若干相关论述，而且，上博竹书《诗论》中也直接涉及孔子对“民性”和“天命”的看法。从这些文献记载来看，孔子思想中的“性与天道”内容应是不容否认的。

**5.1　子谓公冶长：“可妻也，虽在缧绁之中，非其罪也。”以其子妻之。**

**【诠释】**本章是孔子对公冶长德行的评价。我们不确知公冶长因何入狱，但孔子在其身陷囹圄的情况下，把女儿嫁给他，说明公冶长应是一位仁德之人。

谓：评说、谈论。

公冶长：孔子弟子。春秋末鲁国人，又说为齐国人。姓公冶，名长，字子长，传说懂鸟语。

妻（qì）：动词，以女嫁人，与之为妻。

缧（léi）绁（xiè）：捆绑人的绳索，代指牢狱。

子：古代兼指儿女。这里指女儿。

**【解读】孔子评论公冶长说："可以把女儿嫁给他。他虽然身陷牢狱，但这并不是他的罪过。"于是把自己的女儿嫁给了他。**

5.2　子谓南容："邦有道，不废；邦无道，免于刑戮。"以其兄之子妻之。

**【诠释】**本章是孔子对弟子南容的称赞，这也符合孔子自身处世的原则。面对邦有道或无道的局面，应当如何出处进退，是孔子经常谈论的话题。《论语》中孔子屡有言之，如《卫灵公》第七章："子曰：'直哉史鱼！邦有道，如矢；邦无道，如矢。君子哉蘧伯玉！邦有道，则仕；邦无道，则可卷而怀之。'"又如本篇第二十一章："子曰：'宁武子，邦有道，则知；邦无道，则愚。其知可及也，其愚不可及也。'"孔子对他们的态度是有一定区别的，他对史鱼仅称"直哉"，而称赞蘧伯玉为"君子"。孔子对宁武子、南容能够审时度势表示赞许，表明他是十分注重权变的。孔子主张“用之则行，舍之则藏”（《论语·述而》）、“天下有道则见，无道则隐”（《论语·泰伯》），能够依时而动，审时度势来决定自己出仕与否，所以孟子称赞他“圣之时者”。南容能在国家清平之时才能不被埋没，混乱之际能够明哲保身，实属不易。孔子对他十分欣赏，遂将自己的侄女嫁给他。《论语·先进》亦说：“南容三复白圭，孔子以其兄之子妻之。”孔子有个哥哥叫孟皮，大概先于孔子去世，所以孔子替他女儿主婚。

南容：即南宫适（kuò），字子容。郑玄注《礼记·檀弓》、朱熹《论语集注》认为南容即孟僖子之子南宫阅（即仲孙阅），又称南宫敬叔。恐误。

不废：不被废弃。

刑戮（lù）：因犯法而受刑罚或被处死。

**【解读】孔子评论南容说：“国家政治清明之时，不被废弃；国家政治黑暗之时，也不会因犯法而受刑罚或处死。”于是把自己的侄女嫁给他。**

5.3　子谓子贱：“君子哉若人！鲁无君子者，斯焉取斯？”

**【诠释】**本章一方面是孔子赞扬宓子贱之德，另一方面是称赞鲁国多仁人君子。朱熹《论语集注》曰：“子贱盖能尊贤取友以成其德者。故夫子既叹其贤，而又言若鲁无君子，则此人何所取以成此德乎？因以见鲁之多贤也。"黄式三《论语后案》进一步指出："鲁至昭、定以后，治化日替。有夫子之教，诸君子聚于一门，子贱所取，正圣门诸贤敬业乐群之益。言鲁者……亦见习俗移人，贤者不免。苟独学孤陋，将无以自进于道德也。"

子贱：孔子弟子，春秋末鲁国人。姓宓（mì），名不齐，字子贱。少孔子四十九岁（一说少孔子三十岁）。曾任单父宰，他治理单父，能仁民、举贤，提倡孝悌，故身不下堂，鸣琴而治。常以贤者为师，终成君子之德。其事迹可参阅《史记·仲尼弟子列传》。

若人：即此人，指宓子贱。

斯焉取斯：斯，代词。前者指代宓子贱，后者指代君子品格。

**【解读】**孔子评论宓子贱说："宓子贱这个人真是个君子啊！如果鲁国没有君子，他从哪里取来这样的品德呢？"

5.4　子贡问曰："赐也何如？"子曰："女，器也。"曰："何器也？"曰："瑚琏也。"

**【诠释】**本章是孔子对子贡的评价。瑚琏乃礼器中之贵重者,孔子以此来喻子贡,是称赞子贡的才能,认为他可堪当大任。但孔子也曾经说:“君子不器。”(《论语·为政》)即认为君子不应当像器皿,只有某一方面的才干,在此孔子似乎认为子贡尚未达到“不器”的境界。

赐:端木赐,字子贡。孔子弟子。

器:器皿。

瑚琏(lián):瑚、琏,本为二物,皆指古代祭祀时盛粮食的器物。何晏《论语集解》引包咸曰:“瑚琏,黍稷器也。夏曰瑚,殷曰琏,周曰簠簋,宗庙器之贵者也。”皇侃《论语义疏》引栾肇曰:“然夏、殷各一名,而其形未测。及周则两名,其形各异,外方内圆曰簠,内方外圆曰簋,俱容一斗二升。以簠盛黍稷,以簋盛稻粱。”一说,瑚琏当为“胡连”,古连、辇字通。瑚琏即胡辇,任重致远的大车。

**【解读】**子贡问道:“我怎么样啊?”孔子说:“你好比一个器皿。”子贡问道:“是什么器皿?”孔子回答说:“你就像那贵重华美的瑚琏一样。”

5.5 或曰:“雍也,仁而不佞。”子曰:“焉用佞?御人以口给,屡憎于人。不知其仁,焉用佞?”

**【诠释】**本章阐述孔子对仁人在言语方面的要求。

“仁”充实于人的内心，必然会表现在人的言语、神态和行为上，所以孔子很注意通过察言观色来判断一个人的仁德修养。他说，“巧言令色，鲜矣仁”(《论语·学而》)，“刚、毅、木、讷，近仁”(《论语·子路》)，“仁者，其言也讱”(《论语·颜渊》)。在孔子看来，人有仁德就足够了，不需要口才辩解。《孟子·尽心下》记载孟子回答弟子万章的问题时引用了孔子的话：“……恶佞，恐其乱义也；恶利口，恐其乱信也……”孔子认为，巧言利词、夸夸其谈的人容易搞乱仁义和忠信，很难说具备仁德。

雍：孔子弟子冉雍，字仲弓，少孔子二十九岁，春秋末年鲁国人。仲弓热衷于从政，文献中多次记载他与孔子谈论为政的问题，如《论语·子路》记有“仲弓为季氏宰，问政”。《孔子家语·刑政》记述了孔子与他谈论刑罚和政教的问题，《上海博物馆藏战国楚竹书·中弓》篇记述了“中弓”(即“仲弓”)的材料，其中也记载了仲弓向孔子询问为政的相关问题。孔子十分欣赏他的政治才能，赞许他有人君之度，“可使南面”(《论语·雍也》)，并对其有“犁牛之子骍且角，虽欲勿用，山川其舍诸”(《论语·雍也》)的比喻。荀子对仲弓十分推崇，认为他是孔子思想的完整继承者(详可参看杨朝明《从孔子弟子到孟、荀异途——由上博竹书〈中弓〉思考孔门学术分别》，《齐鲁学刊》2005年第3期)。

佞：有口才，能言善辩。

御人以口给(jǐ)，屡憎于人：御：抵挡，应对。给：言语便捷。御人以口给，用伶牙俐齿来应对别人。孔安国《〈论语〉注》说："佞人口辞捷给，数为人所憎。"何晏《论语集解》："佞人口辞捷给，数为人所憎恶。"

**【解读】**有人说："冉雍这个人有仁德，但口才不好。"孔子说："要口才好干什么？以伶牙俐齿来对付别人，往往会遭人厌恶。我不知他是不是有仁德，但为什么一定要口才好呢？"

5.6　子使漆雕开仕。对曰："吾斯之未能信。"子说。

**【诠释】**孔子主张学而优则仕，希望通过出仕为官来推行自己的政治主张。在此，孔子对漆雕开的赞许并不意味着他以不仕为上，而是他不愿意弟子仅热衷于功名利禄，汲汲追求仕进。孔子曾说："三年学，不至于谷，不易得也。"(《论语·泰伯》)求学多年，而没有做官的念头，是很难得的。但"修身"则是出仕的前提，正如子路使子羔为费宰时，孔子批评他说："贼夫人之子。"(《论语·先进》)在为政与读书的关系上，孔子希望自己的弟子能够先学习后为政，这也是其闻漆雕开不仕则悦的真正原因。

漆雕开：复姓漆雕，名开，字子开，又字子若，春秋末鲁国人，孔子弟子，少孔子十一岁。一说漆雕开即漆雕启，“开”本“启”字，为避景帝讳改为“开”。

仕：仕进，做官。

吾斯之未能信：我对这个还没有信心。杨伯峻《论语译注》说：“这句是‘吾未能信斯’的倒装形式，‘之’是用来倒装的词。”吾，漆雕开自称。一说“吾”为“启”字之讹。程树德《论语集释》认为，《论语》中记载弟子回答老师而称“吾”，仅此一次，其为讹字无疑。斯：此也，指出仕之事。

说：通“悦”。

**【解读】孔子叫漆雕开去做官。他回答说：“我对此事还没有信心。”孔子听了从内心感到高兴。**

5.7　子曰：“道不行，乘桴浮于海。从我者，其由与！”子路闻之喜。子曰：“由也好勇过我，无所取材。”

**【诠释】**历代注家对本章的理解多有争议。有的认为，孔子在其道不行时有隐逸之意；也有人认为，所浮之“海”即东夷，东夷之国崇尚仁德，孔子欲去东夷推行其道。结合孔子生平考虑，不难看出，孔子思想并不排除有隐退消极的内容。孔子虽一生心怀大志，希望自己的思想学说为时代所认可、行用，但在“礼崩乐坏”的春秋乱世，他的理想却是难以实现的，孔子本人也明白这一点，所以也会产生“乘桴浮于海”的隐退想法。

道：“道”的含义十分广泛，这里指思想、学说、道德、主张等。

桴(fú)：以竹木编成的水上行驶工具，大曰筏，小曰桴。

好勇过我：其中的“我”应当是“义”(义之繁体“義”)之误。《国语·周语中》有相关记录。

材：剪裁，裁度。传统上有三种解释：一说为木材，意指找不到做船的木材；一说同“哉”，意指子路仅有勇而已，没有其他可取的地方；一说同“裁”，裁度，意指不知道如何剪裁自己。我们认为，最后一说更近孔子原意，子路为人性格耿直，果敢有勇，性情粗犷，所以孔子多次教导他，让他不要凭血气之勇行事，也就是要善于剪裁、约束自己。

**【解读】**孔子说：“假如我的主张行不通了，我就只能乘着木筏漂流到海外去，跟随我的，大概只有仲由吧！”子路听了，心中欢喜。孔子又说：“仲由的勇敢超过了‘义’的规度，这样的勇是不足取的。”

5.8　孟武伯问：“子路仁乎？”子曰：“不知也。”又问。

子曰:“由也,千乘之国,可使治其赋也,不知其仁也。”“求也何如?”子曰:“求也,千室之邑,百乘之家,可使为之宰也,不知其仁也。”“赤也何如?”子曰:“赤也,束带立于朝,可使与宾客言也,不知其仁也。”

**【诠释】**本章是孔子论仁。在孔子看来,仁是道德修养的最高境界,一般人很难达到,所以孔子不轻易许人以仁。子路、冉求、公西华只是具有某些具体的才干,很难说其道德修养已经达到了仁的境界。

赋:兵赋,泛指军旅之事。

求:冉有。孔子弟子。

邑:古人聚居之所,分公邑和采邑两种,公邑直辖于诸侯,采邑为卿大夫的封地。

家:古代卿大夫的封地,即采邑。

宰:古代卿大夫的家臣和采邑的长官均称宰。如冉求为季氏宰,即家臣之长;闵子骞辞费(季氏采邑,音bì)宰,指采邑的长官。

赤:即孔子弟子公西华,姓公西,名赤,字子华。

**【解读】**孟武伯问孔子:“子路是有仁德的人吗?”孔子说:“不知道。”孟武伯又问。孔子说:“仲由这个人,一个拥有千辆兵车的大国,可以让他去管理军政,但我不知道他是不是仁德之人。”孟武伯又问:

“冉求怎么样呢？”孔子说：“冉求这个人，一个千户的大邑，一个拥有百辆兵车的大夫封地，可以让他当总管，但我不知道他是不是仁德之人。”孟武伯再问：“公西华怎么样呢？”孔子说：“公西华这个人，穿上礼服，立于朝堂之上，可以让他接待宾客，但我不知道他是不是仁德之人。”

5.9　子谓子贡曰：“女与回也孰愈？”对曰：“赐也何敢望回？回也闻一以知十，赐也闻一以知二。”子曰：“弗如也，吾与女弗如也。”

**【诠释】**本章是对颜渊悟性的高度评价。孔子强调学习要有悟性，要做到对知识的融会贯通，才能够举一反三。在孔子与子贡看来，颜回悟性极高，能闻一知十，这也是孔子喜爱他这个学生的原因，同时也反映了颜渊在孔子与诸弟子心目中有着极高的位置。

愈：胜过。

吾与女弗如也：这句话传统上有两种理解：一种是以“与”为连词，意思是我和你都比不上他；另一种是以“与”为动词，同意、赞同，全句应当标点为“吾与女，弗如也”，意思是我同意你的话，你是不如他。两者均可通，今取前者。女，同“汝”。

【解读】孔子对子贡说："你和颜回哪个更强些？"子贡回答说："我怎么敢和颜回比？他得知一件事，可以推知十件事。我得知一件事，只能推知两件。"孔子说："是不如他，我和你都不如他。"

5.10　宰予昼寝。子曰："朽木不可雕也，粪土之墙不可杇也；于予与何诛？"子曰："始吾于人也，听其言而信其行；今吾于人也，听其言而观其行。于予与改是。"

【诠释】孔子一贯强调学习要勤奋，人要"敏而好学"、"学而不厌"，坚决反对懒惰。《论语》中屡有孔子对"饱食终日，无所用心"之人的斥责。宰予学习不够勤奋，因而受到孔子的严厉批评。另外，孔子还认为知人、识人不要看表面现象，要看是否言行一致，表里如一。

何晏《论语集解》将本章"子曰：始吾于人也"以下分为另一章。这两处"子曰"都是因宰予昼寝所引起的，仍合为一章为宜。

昼寝：白天睡觉。一说，"昼寝"是"画寝"之误，以为是他为住宿的房子进行美化、描画。恐非。"昼寝"乃是古书常用之词。如《韩诗外传》第十八章："卫灵公昼寝而起，志气益衰……"《列子·黄帝篇》："黄帝……昼寝而梦，游于华胥氏之国。"

粪土之墙:用污秽的泥土所砌之墙。

杇(wū):抹子,涂饰墙壁用的工具。这里用作动词,涂饰、粉刷之意。

于予与何诛:与,用于句中表示停顿语气。《论语》中常出现这种用法,如《宪问》:“道之将行也与?命也。”《子张》:“我之大贤与,于人何所不容?”诛,谴责。这句话的意思是,对于宰予我还有什么可责备的。

是:指上文“听其言而信其行”的做法。

**【解读】**宰予白天睡大觉。孔子说:“腐烂的木头没法雕刻,用污秽的泥土砌成的墙壁没法粉刷。对于宰予,还有什么可责备的?”孔子又说:“开始我对人,是听到他的言语便相信其行为;如今我对人,是听到他的言语,而观察其行为。从宰予开始我改变了看人的态度。”

5.11　子曰:“吾未见刚者。”或对曰:“申枨。”子曰:“枨也欲,焉得刚?”

**【诠释】**本章是孔子谈论刚德之人的难得。在孔子看来,“刚”是近于仁的一种美德,“刚、毅、木、讷,近仁”(《论语·子路》)。“刚”的特点是无欲,如果人有过多的欲望或被欲望所诱惑,便容易屈服而不刚。孟子所说

“富贵不能淫，贫贱不能移，威武不能屈”(《孟子·滕文公下》)正可以作为孔子“无欲则刚”说法的注脚。

申枨(chéng)：人名。史籍记载中其名不一，有“申棠”、“申续”、“申缭”、“申党”等多种说法，难以确考。

【解读】孔子说：“我没有见过刚毅不屈的人。”有人说：“申枨是这样的人。”孔子说：“申枨的欲望太多，如何能刚毅不屈？”

5.12　子贡曰：“我不欲人之加诸我也，吾亦欲无加诸人。”子曰：“赐也，非尔所及也。”

【诠释】本章是孔子与子贡在谈论恕道。这里，子贡之语实际上就是孔子所说的“己所不欲，勿施于人”。在《论语》中，类似的表达多次出现，由此我们可以看出这一思想在孔子的学说中占有十分重要的位置。不仅如此，在当今社会中，“己所不欲，勿施于人”甚至被尊为“道德金律”，被推许为全球伦理或普世伦理。

孔子认为，“己所不欲，勿施于人”就是“恕”道。《论语·卫灵公》记载，子贡问孔子“有一言而可以终身行之者乎”，孔子回答说：“其恕乎！己所不欲，勿施于人。”所谓“恕”，意思与“仁”相近。许慎《说文解字》：“恕，仁也。”当仲弓向孔子请教“仁”时，孔子说：“出门如见大宾，使民如承大祭。己所不欲，勿施于人。在邦无怨，在家无怨。”（《论语·颜渊》）因此，“己所不欲，勿施于人”既是恕道，又是“仁”的体现。朱熹《中庸章句集注》对“忠恕违道不远，施诸己而不愿，亦勿施于人”一句注解说：“尽己之心为忠，推己及人为恕。”“推己及人”就是将自己内在的仁爱之心推延于外，使仁爱之心充斥全社会，以实现天下大同的理想。而“己所不欲，勿施于人”就是推己及人的基本要求，也就是自己不愿做的或者不想要的，就不能要求别人去做，或者强加给别人。如果从更高层次上说，就是要做到“己欲立而立人，己欲达而达人”，假若真的能做到这一点，就可以实现儒家“天下归仁”的理想。

当然，要真正做到这一点，首先要注重内求，注重修己，在此前提下，才能平治天下，实现仁道。因此，在孔子看来，“己所不欲，勿施于人”是一个人可以终身奉行的一贯之道，这是一种很高的道德境界，是子贡难以做到的。

本章可与4.15章、6.30章、12.2章、15.3章、15.24章参看，这样对孔子的“恕”道会有一个总体认识。

**【解读】**子贡说：“我不愿别人把不义的事情强加于我，我也不想把不义的事情强加到别人身上。”孔子说：“赐呀，这不是你所能做到的。”

5.13　子贡曰："夫子之文章，可得而闻也。夫子之言性与天道，不可得而闻也。"

**【诠释】**对于本章的理解，历来歧义颇多。传统上这句话理解为："老师关于文献方面的学问，我们听得到；老师关于性命和天道的言论，我们听不到。"(杨伯峻：《论语译注》)从而造成了对孔子不谈性命天道的误解，并进而认为孔子思想中缺乏对形而上问题的思索。其实，孔子本人并不乏对"性与天道"问题的深邃思考。虽然《论语》中相关的记载较少，但《易传》、《孔子家语》等儒家文献中都有若干相关论述，而且上博竹书《诗论》中也直接涉及孔子对"民性"和"天命"的看法。《郭店楚墓竹简·性自命出》(《上海博物馆藏战国楚竹书》称为《性情论》)的出土，为我们重新认识孔子的性命学说带来了契机。从这些文献记载看，孔子思想中具有丰富的"性与天道"方面的内容是可以肯定的。

当然，在古代也有学者认识到孔子对性命问题的看法。如戴震在《孟子字义疏证·序》中指出："自夫子言之，实言前圣所未言；微孔子，孰从而闻之？故曰'不可得而闻'。"黄式三《论语后案》也说："夫子述而不作，其文辞多人所常闻者，若其言性，而推原于天道，非夫子不能言，非亲炙有素而嗜于学者不能遍观而尽识。”戴、黄二人认为，“性与天道”是孔子个人的创见，是学生从其他人那里无法听得到的。这种观点应该是基本上符合《论语》原意的。

孔子的思想有一个不断发展的过程，这已经成为学界的共识。他早年思考的是社会的治理问题，主张积极入世，注重对礼、仁的探求。到了晚年，孔子有了丰富的生活体验，饱经沧桑忧患，不可避免地会深入思考天道、性命之类的问题。孔子晚而喜《易》与这一转变密切相关。据马王堆帛书《易传·要》篇记载，孔子晚年对《易》的认识发生过一定的转变。孔子早年仅把《易》作为一种卜筮之书来看待，对《易》并不十分重视。而后来他在读《易》的过程中发现了“古之遗言”，对《易》十分爱好，达到了“居则在席，行则在囊”的地步。对于这一转变，子贡极不理解，因而他曾经询问孔子：“夫子亦信其筮乎？”孔子对此做了一番解释。当子贡明白孔子之所以好《易》的缘由，特别是领会了孔子关于天道性命的思想时，不禁感叹“夫子之文章，可得而闻也；夫子之言性与天道，不可得而闻也”，意谓孔子平时所讲的文献方面的知识，在别处也能听到；至于他说的性与天道方面的道理，在别处就听不到了。也就是说，子贡认为孔子关于天道性命的观点是最独特、最好的。

文章:《诗》、《书》、《礼》、《乐》等文献方面的知识。

性:天性,人的本性。

天道:自然界的日新变化之道。《礼记·哀公问》篇云:"敢问君子何贵乎天道也?"孔子对曰:"贵其不已。如日月东西相从而不已也,是天道也;不闭其久,是天道也;无为而物成,是天道也;已成而明,是天道也。"

**【解读】** 子贡说:"老师平时所讲的文献方面的知识,在别处也能听到;至于他说的性与天道方面的道理,在别处就听不到了。"

## 5.14 子路有闻,未之能行,唯恐有闻。

**【诠释】** 本章表述了子路直率正直、勇于实践的性格。《礼记·杂记下》云:"君子有三患:未之闻,患弗得闻也;既闻之,患弗得学也;既学之,患弗能行也。"君子有三件可担忧的事情:没有听说过的东西,担忧没有听说它;听说了,又担忧没法学会它;学会了,又担忧不能实行它。正可与本章相互参照理解。

有:同"又"。

**【解读】** 子路听到一项道理,若未能实行,便生怕知道另一项。

5.15　子贡问曰："孔文子何以谓之'文'也？"子曰："敏而好学，不耻下问，是以谓之'文'也。"

**【诠释】**本章是夫子评论孔文子。《逸周书·谥法解》曰："学勤好问曰文。"孔文子聪敏好学，身居高位却不耻下问，孔子认为他可称得上"文"的谥号。

孔文子：春秋时卫国大夫孔圉（仲叔圉），辅佐卫灵公，为执政上卿。

**【解读】**子贡问："孔文子何以得谥为'文'啊？"孔子说："他为人聪敏，爱好学习，不以向不及自己的人求教为耻，所以得谥为'文'。"

5.16　子谓子产："有君子之道四焉：其行己也恭，其事上也敬，其养民也惠，其使民也义。"

**【诠释】**本章孔子赞美子产之德。在儒家思想中，君子是理想人格的化身，也是个人品德修养完善的典型。"君子"首先要"修己"，即培养自身的道德修养。但是儒家讲求积极入世，"修己"并非最终目的，最终追求是"安人"、"安百姓"，即治国平天下。子产在郑国执政期间，对郑国进行改革，举贤任能，给郑国带来新气象。子产在外交上也取得很大成功，又对人民有恩惠，使用人民也合乎时宜，十分符合儒家君子人格的要求，所以受到孔子的称赞。

子产：春秋时期郑国的大夫公孙侨，郑穆公之孙，字子产，又字子美。因居东里，又称东里子产。自简公起为相，后历定公、献公、声公三朝，是杰出的政治家和外交家。孔子十分推崇他，称他为“惠人”、“古之遗爱”。

**【解读】孔子评论子产说：“他有四种君子的德行：他自己的行为态度庄严恭敬，他侍奉君主严肃尊敬，他养护人民有恩惠，他役使人民合理适当。”**

## 5.17 子曰：“晏平仲善与人交，久而敬之。”

**【诠释】**本章是孔子称赞晏平仲善于交友。

晏平仲：晏婴。春秋时期齐国大夫。

久而敬之：这句话传统上有两种解释：一是人敬晏子，是“久而人敬之”；二是晏子敬他人。前一种说法于义为长。人们与晏子交往越久就会对他越敬重，这正体现了晏子善于与人结交。

**【解读】孔子说：“晏平仲善于与人相交，交往越久，别人越发尊敬他。”**

## 5.18 子曰：“臧文仲居蔡，山节藻棁，何如其知也？”

【诠释】本章是孔子批评臧文仲的违礼行为。《礼记·明堂位》记载："山节，藻棁，复庙，重檐……天子之庙饰也。"臧文仲身为大夫，却依此来装饰龟室，显然是一种僭越行为。有学者认为，臧文仲"居蔡"也是僭越诸侯之礼。恐非。程树德《论语集释》指出："蔡即大蔡，乃天子之龟而赐鲁为宗器者。依《家语》，文仲盖世为鲁国守蔡之大夫也。然则居蔡非僭，居蔡而以天子之庙饰以之媚神为不智耳。"程氏之说其义甚明。《论语·雍也》记载，樊迟问知，子曰："务民之义，敬鬼神而远之，可谓知矣。"孔子认为专心致力于合乎义理的事情，尊敬鬼神而远离之，可以算是聪明了。在孔子眼中，臧文仲僭越天子庙饰、以人媚神的行为显然是不明智的表现。

臧文仲：臧孙辰。春秋时期鲁国的大夫。"文"为其谥号。历仕庄、闵、僖、文四朝。

居蔡：居，藏放，使居住。蔡，用于占卜的大龟。

山节藻棁（zhuō）：房子的斗拱雕刻成山形，短柱上饰有水草图案。山节，使雕刻成山形的斗拱。藻，水草名。棁，梁上的短柱。

知：同"智"。

【解读】孔子说："臧文仲养叫蔡的大龟，龟室的斗拱雕刻成山形，梁上的短柱上饰有水草图案。这个人的聪明怎么这样呢？"

5.19　子张问曰："令尹子文三仕为令尹，无喜色；三已之，无愠色。旧令尹之政，必以告新令尹。何如？"子曰："忠矣。"曰："仁矣乎？"曰："未知。焉得仁？"

"崔子弑齐君，陈文子有马十乘，弃而违之。至于他邦，则曰：'犹吾大夫崔子也。'违之。之一邦，则又曰：'犹吾大夫崔子也。'违之。何如？"子曰："清矣。"曰："仁矣乎？"曰："未知。焉得仁？"

**【诠释】**本章亦是论为仁之难。可与第八章参照理解。

令尹子文：令尹，春秋时楚国最高的官职，相当于其他诸侯国的相，掌军政大权。子文，即斗谷於菟，曾为楚国令尹。

已：罢免。

未知。焉得仁：对于这句话，历代注家有两种理解：一说，知读为"智"。持此观点的理由是子文曾举子玉为令尹，使楚败于晋，所以不可谓智。一说，未知即"不知道"。后一种说法更接近孔子原意。前说带有臆断色彩，孔子就子张的问题而回答，并没有提到子文举子玉事。在此孔子说"未知"只是一种委婉的说法，犹如本篇第七章孔子回答孟武伯之问。

崔子弑其君：春秋时期齐国大夫崔杼杀其君庄公。

陈文子：春秋时期齐国大夫，陈完之曾孙，名须无，谥文。

**【解读】**子张问孔子："令尹子文多次当令尹，没有喜悦的容色；多次被罢免，没有怨恨的容色。他自己当令尹时的一切政令，一定告诉接替他的人。这个人怎么样？"孔子说："可算是忠诚了。"子张说："可以算是仁人吗？"孔子说："不知道。这怎么算得上是仁人呢？"

子张又问："崔杼杀了齐国国君，陈文子有马四十匹，都抛弃不要，离开了齐国。到了他国，说：'这里的执政者像我们国家的大夫崔杼一般。'又离开。到了另一个国家，又说：'这里的执政者也像我们国家的大夫崔杼一般。'又离开。这个人怎么样？"孔子说："可算是清白了。"子张说："可以算是仁人吗？"孔子说："不知道。这怎么算得上是仁人呢？"

5.20　季文子三思而后行。子闻之，曰："再，斯可矣。"

**【诠释】**孔子一贯提倡谨言慎行，但过于谨慎则会导致人做事犹豫不决，畏首畏尾。在此，孔子之语是针对季文子而言，并非所有事情均是再思即可。正如陈天祥

《四书辨疑》引王滹南之语:“事有不必再思者,亦有不止于三思者,初无定论也”,并论述说,“夫子之言止是言文子过思之蔽,非谓天下之事皆当止于再思”。对于性格鲁莽的弟子子路,孔子就做出了相反的教导:“必也临事而惧,好谋而成者也。”(《论语·述而》)

季文子:春秋时期鲁国执政大夫。鲁桓公的少子季友之孙子。字行父,谥文。

三思:多次考虑。三是虚指。

**【解读】**季文子凡事要思考多次才能行动。孔子听后说:“思考两次也就可以了。”

5.21　子曰:“宁武子,邦有道则知,邦无道则愚。其知可及也,其愚不可及也。”

**【诠释】**本章是孔子对宁武子的评论。在孔子的思想中,既有“知其不可而为之”的积极进取的一面,而面对无道的现实,又有“乘桴浮于海”、“舍之则藏”的隐逸思想。这里宁武子并不是“愚”,而是“隐”,类似于蘧伯玉的“卷而怀之”(《论语·卫灵公》)。在孔子看来,这是很难做到的,言语之中透露出对宁武子的赞许。本章可与本篇第二章、第七章相参看。

宁武子:春秋中期卫国人。姓宁,名俞,谥武。

【解读】孔子说："宁武子这个人，在政治清明时就显得很明智，在政治黑暗时就假装愚笨的样子。他的聪明别人赶得上，他假装愚笨是难以赶上的。"

5.22　子在陈，曰："归与！归与！吾党之小子狂简，斐然成章，不知所以裁之。"

【诠释】本章是述孔子在陈思归之意。按《史记·孔子世家》记载，这段话是在鲁季康子召冉求回国时孔子所说。孔子自五十四岁开始周游列国，希望能推行他的政治主张。然而终不见用于各国，因此在鲁召冉求时，大发感慨，表示与其流浪在外，不如回国从事教授生徒的工作。陈天祥《四书辨疑》云："夫子知其终不用也，于是特欲成就后学，以传道于来世。虑其门人狂而志大，简而疏略，徒以斐然之文而成章篇，违理害道，不知裁正，恐有误于后人，故欲归而裁正之也。"

与：语气词。

狂简：激进。

斐然成章：文采可观。

裁：剪裁，引申为教育、指导。

【解读】孔子在陈国，说："回去吧！回去吧！我们家乡的那些弟子们性情激进，文采斐然可观，我真不知道该如何去指导他们。”

5.23 子曰：“伯夷、叔齐不念旧恶，怨是用希。”

**【诠释】**本章孔子是讲为人处世要不计前嫌。《孔子家语·颜回》中有一段记载也可以体现孔子的这一思想，颜回问孔子朋友之间如何相处，孔子回答说：“君子之于朋友也……不忘久德，不思久怨，仁矣夫。”在孔子看来，处理人际关系时，能够做到不计较原先的仇怨，对人宽容，心中自然也就没有什么可怨恨的，这样甚至可以称之为“仁”了。

《大戴礼记·卫将军文子》曰：“孔子曰：‘不克不忌，不念旧恶，盖伯夷、叔齐之行也。’”与本章的记载意思一致。

伯夷、叔齐：商末诸侯孤竹君的两个儿子。孤竹君死后，他们互相让位，后皆逃至周文王处。武王灭商后，耻食周粟，最后饿死在首阳山上。

旧恶(è)：过去的仇怨。

怨是用希：关于“怨”，存在歧义：一说是别人对他们的怨恨，一说是他们自己心中的怨恨。《论语·述而》记载：“入，曰：‘伯夷、叔齐何人也？’曰：‘古之贤人也。’曰：‘怨乎？’曰：‘求仁而得仁，又何怨？’”这两处“怨”的主语应该是一致的，都是指伯夷、叔齐。是用，连词，所以，因此。希，同“稀”，很少，罕见。

**【解读】**孔子说：“伯夷、叔齐不记过去的仇怨，他们心中的怨恨也就很少。”

5.24　子曰：“孰谓微生高直？或乞醯焉，乞诸其邻而与之。”

**【诠释】**本章为孔子论直。在孔子看来，别人借东西，有则有，没有则当直言相告，无须借物与人。朱熹《论语集注》说：“夫子言此，讥其曲意殉物，掠美市恩，不得为直也。”孔子认为微生高之举是一种沽名钓誉的行为，不可谓直。

微生高：春秋时期鲁国人。《庄子·盗跖》中有尾生守信的故事，说他与女子相约于桥梁下面，女子未来，他一直等着，水涨了也不肯离去，终被淹死。《汉书·古今人表》有尾生高。微、尾古通，所以人们多以为微生高即尾生、尾生高。

醯（xī）：醋。

**【解读】**孔子说：“谁说微生高这个人直爽？有人向他借点醋，他不直接说没有，却向邻居讨来给人。”

5.25　子曰："巧言、令色、足恭，左丘明耻之，丘亦耻之。匿怨而友其人，左丘明耻之，丘亦耻之。"

**【诠释】**孔子十分反对"巧言令色"之人，《论语》中类似记载数见不鲜。他提倡人要正直坦率，言行一致，不能表里不一。

足恭："足"字有歧解，朱熹《论语集注》认为，足是过分之意，足恭即过分地恭顺；邢昺《论语注疏》、钱穆《论语新解》认为应是手足之足。钱穆指出，此处巧言，指以言语悦人；令色，以颜色容貌悦人；足恭，从两足行动上悦人。后一种说法是正确的。史籍中多有将言、色、足三者相提并论的说法。《礼记·表记》："君子不失足于人，不失色于人，不失口于人。""失足、失色、失口"亦即相当于"足恭、令色、巧言"。《大戴礼记·曾子立事》："足恭而口圣……君子弗与也。""足恭"与"口圣"相对成文。《论语》中亦有将此三者并列而言的说法。《乡党》："过位，色勃如也，足躩如也，其言似不足者。"这里即从色、足、言三个方面强调对国君的尊敬。

左丘明：春秋时期鲁国史学家。相传曾任鲁国太史，作《左传》和《国语》。

匿(nì)怨：内心藏有怨恨而不形之于面色。

**【解读】**孔子说："花言巧语，伪善的容貌，两只脚做出恭敬逢迎的姿态去讨好别人，左丘明以为可耻，我也以为可耻。内心藏有怨恨，却在表面上仍与人交朋友，左丘明认为可耻，我也以为可耻。"

5.26　颜渊、季路侍。子曰："盍各言尔志？"

子路曰："愿车马衣轻裘与朋友共敝之而无憾。"

颜渊曰："愿无伐善，无施劳。"

子路曰："愿闻子之志。"子曰："老者安之，朋友信之，少者怀之。"

**【诠释】**本章是子路、颜回、孔子各自言其志向。朱熹对这一章非常重视，他在《论语集注》中引程子之语："夫子安仁，颜渊不违仁，子路求仁。"又说："子路、颜渊、孔子之志，皆与物共者也，但有小大之差尔。"又说："先观二子之言，后观圣人之言，分明天地气象。"他也认为本章有"圣贤气象"在内。

孔子说"老者安之，朋友信之，少者怀之"，蕴涵着极丰富的思想，是孔子追求的社会理想境界。"老者安之"直接与孝道、仁道相连。如果老者不安，必定是社会在"孝"的方面出了问题。而孝乃是为仁之本，"孝"做不好,儒家所倡导的“天下归仁”的理想就无法实现。朋友关系也是儒家所提倡的人伦关系中的一个重要方面。孔子说:“天下之达道五,所以行之者三:曰君臣也,父子也,夫妇也,昆弟也,朋友之交也。”(《中庸》)孟子进一步阐述说:“父子有亲,君臣有义,夫妇有别,长幼有序,朋友有信。”(《孟子·滕文公上》)朋友之间能否相互信任关系到能否形成良好的社会秩序,而能否用仁爱之心使年轻人得到关爱,关乎整个社会的发展。

在这里,孔子描绘了一种和谐有序的理想社会状态,这与他的“大同”社会理想完全一致。《礼记·礼运》中说:“大道之行也,天下为公。选贤与能,讲信修睦。故人不独亲其亲,不独子其子,使老有所终,壮有所用,幼有所长,矜寡孤独废疾者,皆有所养。”康有为《论语注》指出:“此明大同之道,乃孔门微言也。”二者的描述虽有不同,内涵却完全一致。

当然,这里还包含了修身问题。人只有做到了孝、诚信、仁爱,理想社会状态才能实现。在这里,孔子也是勉励弟子努力行仁。本章也可与“子路、曾皙、冉有、公西华侍坐”章合观。

侍:在尊长身旁陪伴侍候。

盍(hé):何不。

愿车马衣轻裘与朋友共敝之而无憾:本句可以有

两种读法，一种是至“共”字为句，“敝之”属下读。另一种是至“敝之”断句，“而无憾”另读。两种说法于文意上没有大的区别，今姑从前者。据程树德《论语集释》，这里的“轻”字当为衍文。大概是因为《雍也》篇中的“衣轻裘”致误。憾，怨恨，不满。

伐善：夸耀自己的长处。伐，自我夸耀。

施劳：夸大自己的功劳。施，夸大。一说，刘宝楠《论语正义》曰：“施劳与伐善对文。《礼记·祭统》注：‘施，犹着也。’《淮南子·诠言训》：‘功盖天下，不施其美。’谓不夸大其美也。‘善’言德，‘劳’言功。”另一说，“无施劳”谓“不以劳事置施于人”，见何晏《论语集解》引孔安国注。前者更加符合文意，今从之。

安：动词的使动用法，使之安。下面信、怀与之同。

**【解读】颜渊、季路侍立孔子身旁。孔子说：“你们何不谈谈自己的志向？”**

**子路说：“我愿把车马、衣裘与朋友共同使用，即使坏了也没有什么不满。”**

**颜渊说：“我愿意不炫耀自己的长处，不夸大自己的功劳。”**

**子路说：“我们也想听听老师您的志向。”孔子说：“我希望使老人能享受安乐，朋友能信任交往，年轻人能得到关怀。”**

5.27　子曰:“已矣乎!吾未见能见其过而内自讼者也。”

**【诠释】**本章强调君子的修身问题。孔子等早期儒家代表人物特别注重修身,并把自省作为进德修业的基本功夫,强调人要“见不贤而内自省”(《论语·里仁》)、“敦于反己”(《郭店楚墓竹简·穷达以时》)、“闻道反己”(《郭店楚墓竹简·性自命出》)。人尤其要随时自察过失而严格责己。孔子的学生曾子很能力行这一主张,他经常做到“吾日三省吾身”,即检查自己“为人谋而不忠乎?与朋友交而不信乎?传不习乎”(《论语·学而》)。

自讼:自己责备自己。朱熹《论语集注》曰:“内自讼者,口不言而心自咎也。人有过而能自知者鲜矣,知过而能内自讼者为尤鲜。能内自讼,则其悔悟深切而能改必矣。”

**【解读】**孔子说:“算了吧!我还未见到能发现自己的过错,而且能够自责其过的人。”

5.28　子曰:“十室之邑,必有忠信如丘者焉,不如丘之好学也。”

**【诠释】**本章孔子谈论自己的勤学。孔子认为学习是获得知识、提高修养、培养仁德的途径。他对待学习十分认真，“学如不及，犹恐失之”（《论语·泰伯》）。他一生勤学好问，不放弃一切学习的机会，郯国的国君到鲁国来朝见鲁公，谈论少昊氏何以以鸟名官，孔子听说后，便前往求教（可参《左传》昭公十七年）；孔子曾适周问礼于老聃；进入鲁国太庙时，遇有不明白的事情便一一询问请教；他还向师襄学琴，问乐于苌弘；他的弟子子贡就称他“夫子焉不学，而亦何常师之有”（《论语·子张》）。对于自己的好学孔子是毫不讳言的，《论语·述而》中他描述自己：“其为人也，发愤忘食，乐以忘忧，不知老之将至云尔。”他还说，自己并非“生而知之者”，只不过“好古，敏以求之”而已。正是他的虚心好学，学无常师，才成就了他的博学。

十室之邑：只有十户人家的小村庄，极言地方之小。这是春秋战国时期常见的说法。如《大戴礼记·曾子制言》：“禹见耕者五耦而式，过十室之邑则下，为秉德之士存焉。”上博简《君子为礼》：“子赣（贡）曰：‘夫子治十室之邑亦乐，治万室之邦亦乐。’”

**【解读】**孔子说：“就是只有十户人家的小地方，一定也有像我这样忠信诚实的人，只是不像我这么喜欢学习罢了。”

# 雍也篇第六

**【概说】**本篇共三十章，其中十四章直接记载孔子论述，其余十六章以孔子与弟子及时人问对形式记录孔子言论。本篇取首章前两字命名，关于本篇主旨，邢昺认为："此篇亦论贤人、君子及仁、知、中庸之德，大抵与前相类，故以次之。"朱熹认为前十四章大意与前篇《公冶长》相同。南怀瑾也说："《公冶长》篇代表修德之体；《雍也》代表进业之用。《公冶长》篇，是对前四篇整个学问系统作一对话式讨论。"方骥龄《论语新诠》说前篇重在论仁心，本篇重在论义行。仁内而义外，两篇可谓相得益彰。

实际上，本篇在《公冶长》篇谈论"仁德"的基础之上，继续论述"临民之道"、"为仁"之法、"中庸之德"、"文质并重"及"博施于民而能济众"等思想观念。其中的"质胜文则野，文胜质则史，文质彬彬，然后君子"、

“知之者不如好之者，好之者不如乐之者”、“敬鬼神而远之”、“已欲立而立人，已欲达而达人”等名句，千百年来一直为人们所称道。同时，该篇记载了仲弓、颜渊、子游、子夏、子贡、子路、冉求、宰我等孔子著名弟子的相关情况，因而也是研究孔子弟子的宝贵资料。

6.1 子曰：“雍也可使南面。”

**【诠释】**本章是说孔子认为冉雍已具备了为官从政的基本条件。冉雍出身贫贱，他的父亲行为不良，有人以此作为攻击冉雍的借口。孔子驳斥说：一头耕牛，也可以生出献祭用的小牛来。父亲不好，儿子不一定也不好。另据《公冶长》篇记载，有人在孔子面前谈论仲弓，认为“雍也，仁而不佞”。孔子为他辩护说：“焉用佞？御人以口给，屡憎于人。不知其仁，焉用佞？”冉雍气量宽宏，沉默厚重，深得孔子的器重。冉雍曾做过季氏宰，以“德行”著称，被列为孔门四科十哲之一。荀子很推崇冉雍，把他与孔子并列为“大儒”。

雍：姓冉名雍，字仲弓。鲁国人。生于公元前522年，卒年不详。孔子弟子，比孔子小二十九岁。

南面：面南。古代以面向南为尊位，天子、诸侯和官员听政都是面向南方而坐。所以这里孔子是说可以让冉雍去从政做官治理国家。有人将“可使南面”释为“雍是可以南面而王,君临天下的大才”,不确。

【解读】孔子说:“冉雍这个人,可以去做官,治理国家。”

6.2 仲弓问子桑伯子。子曰:“可也,简。”仲弓曰:“居敬而行简,以临其民,不亦可乎?居简而行简,无乃大简乎?”子曰:“雍之言然。”

【诠释】本章孔子与仲弓借点评子桑伯子来讨论临民之道。仲弓围绕孔子回答的“简”字,提出了自己的见解。仲弓认为做事要简明扼要,果断利落,不烦琐,不拖拉。不过,一定要把握好“度”,不要因一味追求简要而做事极不细心。孔子认为仲弓说得很有道理,对其作出了肯定答复。

据《说苑·修文》篇记载,孔子曾见子桑伯子,子桑伯子不衣冠而处。弟子曰:“夫子何为见此人乎?”曰:“其质美而无文,吾欲说而文之。”孔子去,子桑伯子门人不悦,曰:“何为见孔子乎?”曰:“其质美而文繁,吾欲说而去其文。”孔子认为,文质彬彬,然后君子。子桑伯子“其质美而无文”,无文则野。朱熹认为孔子说子桑伯子“可”,“仅可而有所未尽之辞”,用今天的话说也就是不能算是最好。

本章五个“简”字意不尽同。第一个“简”字意为简要而不烦琐;“居敬而行简”之“简”指推行政事简而不繁;“居简而行简”前一“简”字是存心简约,即为人不严肃认真,不能依礼严格要求自己,后一“简”字表粗心大意;“无乃大简乎”之“简”,意为简单。

子桑伯子:鲁人。有人认为可能是庄周所称子桑户。

可:尚可,可以。

居敬:心存恭敬,为人严肃认真,依礼严格要求自己。

临:面临、面对。此处有“治理”的意思。

无乃:岂不是。 大:同“太”。

【解读】仲弓向孔子打听子桑伯子这个人怎么样。孔子说:“此人尚可,办事简要而不烦琐。”仲弓说:“居心恭敬严肃而行事简要,这样来治理百姓,不是也可以吗?平时就追求简单,不能深思熟虑,却以简要的方法办事,这岂不是太简单了吗?”孔子说:“冉雍,这话你说得对。”

6.3 哀公问:“弟子孰为好学?”孔子对曰:“有颜回者好学,不迁怒,不贰过,不幸短命死矣。今也则亡,未闻好学者也。”

【诠释】颜回出身贫贱,一生没有做官。他敏而好学,安贫乐道,能闻一知十,并注重仁德修养,深得孔子欣赏和喜爱,因此被列为孔门四科十哲之首。本章孔子称颜渊为好学,而特举"不迁怒,不贰过"二事,可见孔门之学,主要在何以修心为人,此为学者之本。也可见古之谓学,并不专指学习文化知识,"进德"才是修业之本。诚如程树德所说:"古人之学,在学为人。今人之学,在求知识。语云:'士先器识而后文艺。'不揣其本,而惟务其末,呜呼!"如果只学文化知识而不注意修德,此乃本末倒置,为学者不可不知。在孔子看来,"不迁怒,不贰过"是好学者应该达到的最高境界,唯有颜回才能达到这种境界,其他弟子望尘莫及。

不迁怒,不贰过:有多种解释。朱熹注曰:"迁,移也。贰,复也。怒于甲者,不移于乙;过于前者,不复于后。颜子克己之功至于如此,可谓真好学矣。"梁漱溟《孔家思想史》认为:"不贰过有两层意思:一是知过。知过非常之难,根本问题是在此。我们平常做了许多错事,我们往往不知道。一是改过。知过后便不再有过,就是所谓一息不懈,所以说过而能改不为过矣。"钱穆《论语新解》则认为:"贰过,贰,复义。偶犯有过,后不复犯,是不贰过。"

短命者：寿命不长，有人认为颜子三十八而卒。

亡：与“无”同。

**【解读】**鲁哀公问孔子道：“你的学生，哪个是好学的呀？”孔子回答说：“有个叫颜回的是好学的，他有怨能不迁向别处，有过失能不再犯。可惜他短寿死了，现在则没有听到好学的了。”

6.4　子华使于齐，冉子为其母请粟。子曰：“与之釜。”请益。曰：“与之庾。”冉子与之粟五秉。子曰：“赤之适齐也，乘肥马，衣轻裘。吾闻之也：君子周急不继富。”

**【诠释】**本章主要反映了孔子“周急而不继富”的思想。郑玄认为本章孔子意在“非冉求与之太多”，以后注者对此无甚争议。但是，对于孔子给子华之粟的数量却存在不同看法：朱熹认为，冉求为子华的母亲请粟，实不应该，故孔子与之较少。而冉求请孔子多给一些，但孔子认为不宜多给，于是冉求愈请多给，孔子给之愈少。孔子先“与之釜”，冉求再要则“与之庾”，也就是说用庾代釜。钱穆《论语新解》说：“釜、庾皆古代的计量单位，一釜等于六斗四升。二斗四升为一庾，谓于一釜外再增一庾，非以庾易釜。”钱说比较符合实际。

子华：公西赤之字，孔子早年弟子，擅长外交。

冉子：即冉求，姓冉名求，字子有，通称冉有，亦称有子，比孔子小二十九岁，鲁国人。冉求生性谦退，是孔门弟子中多才多艺的人，深受孔子称赞。冉求长于政事，尤其善于理财，曾任季氏宰。他也长于带兵作战，鲁哀公十一年（公元前484年）任左师统帅，以步兵执长矛的战术打败了齐国。趁这次得胜的机会，他说服季康子迎回了在外流亡十四年的孔子。冉求后被列为孔门四科十哲政事科之一。

粟：在古文中，粟与米连用时，粟指带壳的谷粒，去壳以后叫做小米；粟字单用时，就是指米。这里指俸禄。

釜：古代的计量单位，一釜等于六斗四升。釜，在春秋、战国时代流行于齐国。现有战国时的禾子釜和陈纯釜，都作坛形，小口大腹，有两耳。

庾：古代的计量单位，二斗四升为一庾。

益：增加。

秉：古之量器，一秉等于十八斗。

周急不继富：急，穷迫。周，补其不足。继，续其有余。子华之去，乘肥马，衣轻裘，虽有母在家，固不待别有给养。故冉求虽再请，孔子终不多与。

**【解读】子华出使到齐国去，冉子代他母亲请养米。孔子说：“给她一釜吧！”冉子请求再增加一些，孔子说：“加一庾吧！”冉子给子华的母亲米五秉。孔**

子说："赤这次去齐国，车前驾着肥马，身上穿着轻裘。我听说，君子应周济穷急之人而不应周济富人。"

6.5 原思为之宰，与之粟九百，辞。子曰："毋！以与尔邻里乡党乎！"

**【诠释】**本章应与上章结合起来理解。上章冉求为公西华的母亲请粟，孔子认为他"乘肥马，衣轻裘"，完全没有必要再给他母亲这么多粮食。而原思家贫，孔子与之粟九百，原思不要那么多，孔子却劝他收下周济邻里乡党。从这两件事情，我们可以看出圣人的处事方式，既讲原则而又区别对待。公西赤到齐国去会过得很好，完全有能力负担他母亲的生活，而原思的乡亲家境贫寒，因此孔子要原思收下粮食，周济穷人，这充分体现了孔子的仁爱思想。俗话说得好：与其替人锦上添花，不如为人雪中送炭。孔子更愿做雪中送炭之人，解人之所急。

原思：孔子弟子原宪，字子思。

为之宰：为孔子家宰。

与之粟九百：钱穆认为，当是九百斛。据方骥龄考证，九百斛，相当于当时450亩地所收之粟，未免过多。

当为九百斗。

辞：推辞。原思嫌孔子多与，故推辞请退还。

**【解读】原思任孔子家的总管，孔子给他小米九百做俸禄，原思觉得太多，推辞不受。孔子说："不要推辞！把多余的送给你的邻里乡亲吧！"**

6.6　子谓仲弓，曰："犁牛之子骍且角，虽欲勿用，山川其舍诸？"

**【诠释】**本章孔子称赞仲弓是可用之才。冉雍被孔子赞为"可使南面"，而据《史记·仲尼弟子列传》记载，冉雍的父亲地位低贱，冉雍可能因自已出身低微而有自卑感。所以，孔子在这里以耕牛所产的小牛作比喻，教育仲弓不要自卑。孔子说："不患人之不己知，患其不能也。"（《论语·宪问》）可见，一个人的成功与否，与其出身并无太大关系，重要的在于自己应有高尚的道德和突出的才干。只要具备了这样的条件，就会受到重用，就能得到人们的认可和尊重。

谓：评价，评论。

犁牛：耕牛。

骍(xīng)且角：祭祀用的牛，毛色为红，角长得端正。骍，红色。

山川：山川之神。此喻上层统治者。

其舍诸：其，有“怎么会”的意思。舍，舍弃。诸，“之于”二字的合音。

**【解读】孔子在评论仲弓的时候说：“耕牛产下的牛犊长着红色的毛，角也长得整齐端正，人们虽想不用它做祭品，但山川之神难道会舍弃它吗？”**

6.7　子曰：“回也其心三月不违仁，其余则日月至焉而已矣。”

**【诠释】**本章孔子在高度赞扬颜回三月不违仁的同时，也表明了为仁之难。孔子曾说：“人而不仁，如礼何？人而不仁，如乐何？”（《论语·八佾》）又说：“富与贵，是人之所欲也；不以其道得之，不处也。贫与贱，是人之所恶也；不以其道得之，不去也。君子去仁，恶乎成名？君子无终食之间违仁，造次必于是，颠沛必于是。”（《论语·里仁》）可见，为仁与守仁是孔子对其弟子的道德要求。只有像颜回那样，恒心永在，贵在坚持，方可成为仁者。

三月不违仁：三月，与下文的“日月至焉”相对，“三月”指长期，不一定实指三个月。仁指心言，亦指德言。违，离。心不违仁，心不离仁。

其余：其他的人。

日月至焉：日月，指短时间，偶尔。至，即不违。此句是说其他人偶尔不离仁，与颜渊长久不离仁相对。如钱穆所言："违，言其由此地到彼地去；至，言其由彼来此。如人在屋，间有出时，是违。如屋外人，间一来人，是至。不违，是居仁也。至焉，是欲仁也。颜渊已能以仁为安宅，余人则欲仁而屡至。日月至，谓一日来至，一月来至。所异在尚不能安。"

【解读】孔子说："颜回这个人，他的心可以在长时间内不离开仁德，其余的学生则只能在短时间内做到仁而已。"

6.8　季康子问："仲由可使从政也与？"子曰："由也果，于从政乎何有？"曰："赐也，可使从政也与？"曰："赐也达，于从政乎何有？"曰："求也，可使从政也与？"曰："求也艺，于从政乎何有？"

【诠释】本章孔子向季康子介绍仲由、子贡、冉求三位得意门生。孔子认为他们三人各有所长，可以为官。南怀瑾《论语别裁》则解读为三人虽各有所长，但都不适合从政，理由是，季氏当时在鲁国为权臣，嚣张跋扈，孔子不愿让自己的学生去插上一脚，所以他故意推辞掉，一个也不放行。钱穆《论语新解》认为季康子问孔子的三位学生是否适合做官，孔子认为三位学生各有特长，都是当官的材料，做官又有何难？钱穆的说法应当更为合理。

本章孔子对仲由、端木赐和冉求做了较高评价，认为他们已经具备了担任重要职务的能力，为官又有何难？从相关记载看，他们三人在从事国家行政事务方面各有特长。仲由出身微贱，家境贫寒，却生性豪爽，为人耿直，有勇力才艺。仲由闻过则喜，能虚心接受别人的批评。孔子对他评价很高，说他有才能，足以掌管拥有千辆兵车的诸侯国的军政大事。仲由做过鲁国的季氏宰，做过卫国大夫孔悝的邑宰，被列为孔门四科十哲之一。子贡口才出众，曾担任鲁国或卫国之相，最善于从事外交活动，曾在齐、吴、越、晋诸国间游说，使吴国攻齐，从而保全了鲁国。子贡与子路，一文一武，犹如孔子的左右手。子贡善于经商，家境非常富有，是春秋时期著名的富商。孔子逝世后，子贡为孔子守墓六年，师生之情胜过父子。子贡同样被列为孔门四科十哲之一。冉求曾做过季氏的家宰。

果：果断、决断。

达：通达、顺畅。

艺：有才能技艺。

何有：反问语气，即今天常说的“何难”，有什么困难呢？此为当时的常用语，《论语》中多见，如《里仁》篇：“能以礼让为国乎，何有？”

【解读】季康子问孔子：“仲由这个人，可以让他管理国家政事吗？”孔子说：“仲由做事果断，对于管理国家政事有什么困难呢？”季康子又问：“端木赐这个人，可以让他管理国家政事吗？”孔子说：“端木赐通达事理，对于管理政事有什么困难呢？”又问：“冉求这个人，可以让他管理国家政事吗？”孔子说：“冉求有才能，对于管理国家政事有什么困难呢？”

6.9 季氏使闵子骞为费宰。闵子骞曰：“善为我辞焉！如有复我者，则吾必在汶上矣。”

【诠释】闵损以德行著称，是孔门弟子中为数不多的主张不做官的人。据《论语集注》载程颐说：“仲尼之门，能不仕大夫之家者，闵子、曾子数人而已。”孔子特别表彰闵损的孝行，说他顺事父母，友爱兄弟。孔子说：“孝哉闵子骞，人不间于其父母昆弟之言。”(《论语·先进》)《说苑》记载：闵损幼年时遭后母虐待，他父亲知道后，非常愤怒，要把后妻赶走，闵损反而为后母求情。他说，母在一子寒，母去三子单。因为后母生了两个孩子，如果后母被赶走了,那么三个孩子就都没人照顾了。他的孝行感动了父母,也深得世人赞赏。闵损守身自爱,“不仕大夫,不食污君之禄”,后被列为孔门四科十哲之一。

闵子骞:姓闵名损,字子骞。鲁国人。孔子弟子,少孔子十五岁。

费(bì):季氏的封邑,在今山东费县西北一带。季氏不臣于鲁,而其邑宰亦屡叛季氏,故欲使闵子骞为费宰。

善:婉言,好言。

复我:再来召我。

在汶上:是说要离开鲁国到齐国去。汶上:水名,即今山东大汶河,当时流经齐、鲁两国之间。

**【解读】**季氏派人请闵子骞去做费邑的长官,闵子骞对来请他的人说:“请你好好替我推辞吧!如果再来召我,那我一定跑到汶水那边去了。”

6.10　伯牛有疾,子问之,自牖执其手,曰:“亡之,命矣夫!斯人也而有斯疾也!斯人也而有斯疾也!”

**【诠释】**本章所表现的是孔子与伯牛师生之间的深厚情谊和依依永别之情。在孔子弟子中,伯牛(即冉耕)以“德行”著称。孔子从窗子中与伯牛告别,古人有不同的看法。朱熹注释说:“礼:病者居北牖下。君视之,则迁于南牖下,使君得以南面视己。时伯牛家以此礼尊孔子,孔子不敢当,故不入其室,而自牖执其手,盖与之永诀也。”另说冉耕患了麻风病,不愿意见人。故孔子去探望他的时候,站在窗外面去握他的手。我们推测,这应是冉耕有传染病之类的“恶疾”而孔子前去探望,冉耕为了保证孔子的安全,不让他到屋里,只让他从窗口探望,这是对孔子的尊重和保护。而孔子并不因为对方有恶疾而远远避开,却紧紧拉住冉耕的手,这正是师生之间真情的体现和流露。

伯牛:即冉耕,字伯牛。鲁国人。孔子弟子,比孔子小七岁。

有疾:有恶疾,今之麻风病。《淮南子·精神训》载伯牛为“厉”病。厉、癞声近,盖癞病也。

牖:南面的窗子。古人居室,北墉而南牖,墉为墙,牖为窗。

亡之:一说,亡同无,无之,谓伯牛无得此病之道。又一说,亡,丧也,其疾不治,将丧此人。据下文“命矣夫”语气,当从后解。

命矣夫:矣夫,句末语气助词,无实际意义,表感叹。孔子来探望伯牛,伯牛得此病,而病又不可治,故孔子叹曰“命也”。

斯人：这样的人，这里指伯牛。

【解读】冉伯牛生了病。孔子去探望他，在屋的南窗外握住他的手和他永诀。孔子说："丧失了此人，这真是命啊！这样的人会有这样的病！这样的人会有这样的病啊！"

6.11　子曰："贤哉，回也！一箪食，一瓢饮，在陋巷，人不堪其忧，回也不改其乐。贤哉，回也！"

【诠释】本章孔子盛赞颜回安贫乐道的乐观精神。孔子尝言："饭疏食饮水，曲肱而枕之，乐亦在其中矣。"(《论语·述而》)《四书集注》引程子曰："颜子之乐，非乐箪瓢陋巷也……箪瓢陋巷非可乐，盖自有其乐尔。其字当玩味，自有深意。"颜子所乐，乃是孔子修己安人之道，其志远大，故绝不汲汲于饮食口腹之欲。

箪(dān)：古代盛饭用的圆形竹器。

巷：古代村中的小道，即今之小胡同。

堪：忍受。

乐：乐于学。

【解读】孔子说："颜回的品质是多么高尚啊！一竹筐饭，一瓜瓢水，住在简陋的小巷中，别人都不能忍受这种穷困清苦的生活，颜回却没有改变他好学

**的乐趣。颜回的品质是多么高尚啊！”**

6.12　冉求曰：“非不说子之道，力不足也。”子曰：“力不足者，中道而废。今女画。”

**【诠释】**本章记述冉求对学习孔子学说产生了畏难情绪，认为自己的能力不够，在学习过程中感到非常吃力。但孔子认为，冉求并非能力问题，而是其思想在作怪。孔子认为冉求所谓的“力不足”，是中途而废，是画地为牢，知难而退，自甘堕落，因而对其提出严厉批评。

说：同“悦”。

中道而废：半途而废。

女画：你能进而不愿进，甘于放弃。女，同“汝”。画，同“划”，划定界限，这里指停止。

**【解读】冉求说：“我不是不喜欢老师的学问，只是自己力量不足呀！”孔子说：“如果是能力不够，可能会走到半路而不得不停下来，然而现在是你还没走就自己止步不前了。”**

6.13　子谓子夏曰：“女为君子儒，无为小人儒。”

**【诠释】**本章孔子教育子夏应该做“君子儒”，不要做“小人儒”。对于“君子儒”和“小人儒”，历来有两种不同的看法：有人认为“君子儒”是儒中的君子，“小人儒”是儒中的小人；另有人释“儒”为“师”，“君子儒”即是说做君子的老师，“小人儒”即是说做小人的老师。前说较优。

在孔子以前，“儒”本属一种行业，而后孔子广收弟子，创立儒家学派。本章“儒”当作行业讲。同一行业，亦有人品高下、志趣大小之分，故亦有君子、小人之别。孔子设教，希望弟子应为君子儒，无为小人儒，乃是孔子及儒家教世人为人从政的宗旨。

**【解读】**孔子对子夏说：“你要做君子之儒，不要做小人之儒。”

6.14　子游为武城宰。子曰：“女得人焉尔乎？”曰：“有澹台灭明者，行不由径，非公事，未尝至于偃之室也。”

**【诠释】**孔子极为注重发现人才、任用人才，这段对话反映出他对举贤才的重视。

子游：姓言名偃，字子游，比孔子小四十岁，吴国人。言偃长于文学，曾在鲁国做官，出任武城的邑宰，大力推行礼乐教化，后被列为孔门四科十哲之一。

武城：鲁国的小城邑。

宰：官职名称。春秋时各国均设置宰官，太宰为朝廷大臣，总管内朝事务和财务。古代卿、大夫之家臣也称“宰”，如子路为季氏宰。地方县邑长官亦称宰，如子游为武城宰。

焉尔乎：语助词。

澹(tán)台灭明：字子羽。孔子弟子。春秋时期鲁国武城人。他以为人正派、刚烈、博学、门徒众多而被誉为鲁之名士。

行不由径：行，走路，此指做事。径，原意为小路。行不由径，指做事合乎正道，光明磊落。

**【解读】** 子游做武城宰，孔子说：“你求得人才了没有？”子游说：“有一个叫澹台灭明的，他做事合乎正道，光明磊落，非为公事，从不到我屋里来。”

6.15 子曰：“孟之反不伐，奔而殿，将入门，策其马，曰：‘非敢后也，马不进也。’”

**【诠释】** 据《左传》哀公十一年记载，鲁国与齐国作战，鲁军大败。作为统帅之一的孟之反留在后面掩护大军撤退，当大家都安全撤回而迎接他最后到达时，他却故意鞭打着马说：“不是我敢于殿后，而是我的马跑不快呀！”孔子对他给予了高度评价。

孟之反：名侧。鲁国大夫。

不伐：不夸耀。

奔而殿：军败逃跑曰奔，在后面断后曰殿。军败殿后者有功。

**【解读】孔子说：“孟之反不喜欢夸耀自己。败退的时候，他留在最后掩护全军。快进城门的时候，他鞭打着自己的马说：‘不是我敢于殿后，是马跑得不快。’”**

6.16　子曰：“不有祝鮀之佞，而有宋朝之美，难乎免于今之世矣。”

**【诠释】**本章孔子感叹时人好佞、好色之风。孔子习惯借人、借物说理，本章所重，不在鮀与朝二人，而在“佞”与“美”的品行问题。美色是人之所喜好的，如果美而不佞，仍不免于衰世。邢昺曰：“此章言世尚口才也……言人当如祝鮀之有口才则见贵重，若无祝鮀之佞而反有宋朝之美，难乎免于今之世害也。”朱熹《论语集注》云：“言衰世好谀悦色，非此难免，盖伤之也。”钱穆《论语新解》说本章可解为“苟无祝鮀之佞，而仅有宋朝之美，将不得免于今之世。”杨伯峻《论语译注》译为：

"假使没有祝鮀的口才，而仅有宋朝的美丽，在今天的社会里怕不易避免祸害了。"钱、杨之解于文意最为顺适。

祝鮀(tuó)：祝，宗庙官名。祝鮀，卫大夫，字子鱼，有口才。

佞：口才。定州汉简本《论语》此"佞"字作"仁"。

而：杨伯峻引王引之《经义述闻》说："而犹与也，言有祝鮀之佞与有宋朝之美也。"或说而表转折，相当于却。今从后说。

宋朝：宋公子，出奔于卫，有美色。《左传》昭公二十年和《左传》定公十四年都有关于他因美貌而引起祸端的记载。

**【解读】孔子说："一个人，若不能像祝鮀一样能说会道，即使有宋朝般的美色，也难免受害于今之世。"**

6.17　子曰："谁能出不由户？何莫由斯道也？"

**【诠释】**本章孔子用"出必由户"来说明"道"之重要。孔子将他主张的"王道"思想比作人出入的门户，没有门就不能出入室内外。但是，孔子所主张的道在当时有许多人不予重视、不采纳、不遵守、不执行。他内心感到很不理解，所以发出了这样的疑问。人人出屋都会从门户里出去，可是为什么治世却不走王道这条大道呢？孟子对这一说法进行了发挥，说："夫义，路也；礼，门也。惟君子能由是路，出入是门也。《诗》云："周道如厎（同砥，磨刀石），其直如矢；君子所履，小人所视。"（《孟子·万章下》）可以参看。

何莫：何无。言人不能出不由户，何故无人由道而行。

**【解读】**孔子说："谁能出外不经过门户？为何没有人走这条道呢？"

6.18 子曰："质胜文则野，文胜质则史。文质彬彬，然后君子。"

**【诠释】**"文"与"质"是对立的统一，互相依存，不可分离。质朴与文采是同样重要的。"质"是指人类朴素的本质，"文"则指文化的累积。"质胜文则野"就是指人没有文化，就会像原始人一样粗野、落后。"文胜质则史"就是指文化过于发达后，人类失去了原来朴素的本质，显得虚浮而没有根基。所谓"文质彬彬"，指既要有文化修养，又不要迷失了本性，只有这样，才能够称得上是真正的君子。

文:华饰。

野:鄙野。《礼记·仲尼燕居》云:“敬而不中礼谓之野。”

史:古之史官,这里指虚浮。

彬彬:文饰与质朴相得益彰的样子。即今之德才兼备。

**【解读】孔子说:“质朴胜过文采,就未免粗野。文采胜过了质朴,则显得虚浮。文、质相得益彰,才称得上真君子。”**

6.19　子曰:“人之生也直,罔之生也幸而免。”

**【诠释】**本章论“人之生也直”,讲的是对人的基本要求。孔子认为,不正直的人能活着能免祸,只是一种侥幸。“正直”与“邪罔”犹如健康者与病人之间的关系一样,患病者也能正常活下去,但仅仅是侥幸而已。故孔子曰“死生有节”,又曰“幸而免”。孔子常说“直”,如“质直而好义”(《论语·颜渊》)、“举直错诸枉,能使枉者直”(《论语·颜渊》)、“以直报怨”(《论语·宪问》)等,所谓“直”,包括耿直、坦率、正直、正派的意思。在孔子看来,生性“直”的人才能生存,不“直”的人虽然也能生存,然而虽生犹死。

直：正直。是儒家重要的道德规范，是人立身处世之本。

罔：不正直，欺罔。

【解读】孔子说："人能生存是由于正直，那些不正直的人也生存下来是由于侥幸避免了灾祸。"

6.20 子曰："知之者不如好之者，好之者不如乐之者。"

【诠释】本章意在说明学习的三种不同的境界。在孔子看来，学习中有"知之者"、"好之者"和"乐之者"三种不同的人。知其所知是前提，有所知才会有所好，有所好才会有所乐，故这三种境界层层深入，循序渐进。

朱熹《论语集注》引尹氏曰："知之者，知有此道也。好之者，好而未得也。乐之者，有所得而乐之也。"又引张敬夫曰："譬之五谷，知者知其可食者也，好者食而嗜之者也，乐者嗜之而饱者也。知而不能好，则是知之未至也；好之而未及于乐，则是好之未至也。此古之学者，所以自强而不息者欤？"由此观之，乐知是学习的最高境界。南怀瑾说"好之"与"乐之"是一个意思，此说未必恰当。当然"好之"与"乐之"有必然的联系，"好之"与"乐之"是相互促进，相互补充的。一个人只有从学习中得到某种乐趣，才会“好之”，而这种“好之”必然带来更大的学习乐趣。

**【解读】**孔子说：“知道它的人不如爱好它的人，爱好它的人不如以它为乐的人。”

6.21　子曰：“中人以上，可以语上也；中人以下，不可以语上也。”

**【诠释】**在孔子看来，道有高下，智有深浅。如孔子所说：“生而知之者，上也；学而知之者，次也；困而学之，又其次也；困而不学，民斯为下矣。”(《论语·季氏》)善导人者，必因才而笃之。中人以下，骤语以高深之道，不惟无益，反将有害。惟循序渐进，才可日达高明。朱熹指出：“言教人者，当随其高下而告语之，则其言易入而无躐等之弊也。”

中人：中等之人。

语：告诉。

上：形而上的大道，即抽象而高深的学问。

**【解读】**孔子说：“中才以上的人，可以和他讲高深的知识；中才以下的人，莫和他讲高深的知识。

6.22　樊迟问知。子曰：“务民之义，敬鬼神而远之，可谓知矣。"问仁。曰:"仁者先难而后获,可谓仁矣。"

**【诠释】**本章孔子重点向樊迟讲述务民之义,临民之道。《论语》樊迟三问"仁",两问"知",一问"孝"。而孔子所答各不相同。《颜渊》篇樊迟问仁,子曰:"爱人。"樊迟问知,子曰:"知人。"《子路》篇樊迟问仁,子曰:"居处恭,执事敬,与人忠。虽之夷狄,不可弃也。"此处则说"务民之义,敬鬼神而远之",谓知。"先难而后获",谓仁。有人认为当樊迟此次问"知"、"仁"之时,或正值樊迟即将出仕,故孔子以居位临民之事教育他。

知:通"智"。明智,聪明。

务:使人致力于某事。

民之义:即"人之义"。《孔子家语·礼运》篇曰:"父慈、子孝、兄良、弟悌、夫义、妇听、长惠、幼顺、君仁、臣忠,十者谓人之义。"义,合乎道义。

远:(使)远离而不迷惑。

先难:在遇到困难的时候站在前面。

后获:在要得到收获的时候站在后面。

**【解读】**樊迟问怎样才算是明智。孔子说:"使民做事合乎道义,使民众敬重鬼神却不迷惑于鬼神,这就可以说是明智的办法了。"问怎样才算合乎仁道。孔子说:"仁德的人在遇到困难时冲在前面,在得到收获时站在后面，这可以说是仁德之人。”

6.23　子曰：“知者乐水，仁者乐山。知者动，仁者静。知者乐，仁者寿。”

**【诠释】**本章借山水来形容仁者和智者，可谓形象生动而又深刻。本章首说仁、知之性，次明仁、知之用，三显仁、知之效。朱熹《论语集注》云：“知者达于事理而周流无滞，有似于水，故乐水；仁者安于义理而厚重不迁，有似于山，故乐山。动静以体言，乐寿以效言也。动而不括故乐，静而有常故寿。”《论语》中似此富于艺术性之美的言辞尚多，鸢飞戾天，鱼跃于渊，俯仰之间，天人合一，而亦融合德性与艺术，此之谓美善合一。

**【解读】**孔子说：“明智的人喜欢水的品格，仁德的人喜欢山的品格；明智的人追求变动，仁德的人追求宁静；明智的人生活快乐，仁德的人生命长久。”

6.24　子曰：“齐一变，至于鲁；鲁一变，至于道。”

**【诠释】**齐有太公之余风，管仲兴霸业，其俗急功利，其民喜夸诈。鲁有周公伯禽之教，其民崇礼尚信，庶几仁厚近道。道，指王道。孔子对当时诸侯，独取齐、鲁两国，言其政俗有美恶，故为变有难易。

**【解读】**孔子说："齐国一改变，可以达到鲁国这个样子；鲁国一改变，就可以达到先王之道。"

6.25 子曰："觚不觚，觚哉！觚哉！"

**【诠释】**觚(gū)，行礼酒器。上圆下方，容二升。朱熹《论语集注》引程子曰："觚而失其形制，则非觚也。举一器，而天下之物莫不皆然。故君而失其君之道，则为不君；臣而失其臣之职，则为虚位。"又引范氏曰："人而不仁则非人，国而不治则不国矣。"孔子盖意在讥讽当时君不君、臣不臣、父不父、子不子的混乱现象。

**【解读】**孔子说："觚早不是觚了，还称什么觚呀！还称什么觚呀！"

6.26 宰我问曰："仁者，虽告之曰'井有仁焉'，其从之也？"子曰："何为其然也？君子可逝也，不可陷也；可欺也，不可罔也。"

**【诠释】**本章孔子旨在说明仁者当明辨是非，可欺不可辱。而自古学者争论的焦点在于对"井有仁焉"应如何理解。"井有仁焉"，或说原来"仁"下有"者"字，则该句为："井有仁者焉"；或说此"仁"字当作"人"，则"井有人焉"。宋代朱熹以及今人黄怀信、李零等从后说。我们认为，此"仁"即如本字。其实，本章宰我以仁者听说井中有"仁"设喻，问孔子仁者是否应该求"仁"而到井中。很明显，此说具有明显的愚弄语气，因此孔子有"何为其然也？君子可逝也，不可陷也；可欺也，不可罔也"的回答。

宰我：即宰予，字子我，也称宰我，鲁国人。宰予口齿伶俐，能言善辩，被列为孔门四科十哲之一。他常被派遣出使各国，如"使于齐"、"使于楚"等。他遇事有自己的主见，常与孔子讨论问题，并有其独到的见解。后任齐国临淄大夫，因参与陈恒弑君事件而被杀。

从：追随。

何为其然也：为何要这样做呢？

罔：愚弄。

**【解读】**宰我问道："假设有人告诉仁者说'井中有仁'，他应追随仁进入井中吗？"孔子说："为何要这样做呢？仁者可以为求仁而死，但不能被人陷害；他可以被欺骗，但不能被愚弄。"

6.27　子曰："君子博学于文，约之以礼，亦可以弗畔矣夫。"

**【诠释】**本章论述孔子教育学生的方法。《子罕》篇的记载可与此参看，其曰："颜渊喟然叹曰：'仰之弥高，钻之弥坚。瞻之在前，忽焉在后。夫子循循然善诱人，博我以文，约我以礼，欲罢不能。既竭吾才，如有所立卓尔。虽欲从之，末由也已。'"

文：这里指六艺等文献。

畔：同"叛"，背叛。

**【解读】**孔子说："君子广泛地学习文献，在日常生活中用礼节约束自己的言行，也可以不离经叛道了。"

6.28　子见南子，子路不说。夫子矢之曰："予所否者，天厌之！天厌之！"

**【诠释】**关于孔子与南子相见之事，一般认为是南子要见孔子，孔子不得已而见之。南子是卫灵公夫人，当时实际上左右着卫国政权，据说有淫乱行为。孔子在卫，正值卫灵公嫡孙辄与其父蒯聩争权。世子蒯聩因耻南子淫乱而欲杀之，得罪灵公。卫人则立嫡孙辄。此时，卫君辄只有十六岁，实权掌握在南子手中。孔子见南子，子路以为是孔子欲事南子不助卫君辄，故不悦。

矢：正告。《尚书·盘庚》："率吁众戚，出矢言。"

否(pǐ)：卦名，《周易》六十四卦之一，上乾下坤，表示天地不交，上下隔阂之象，此指遭遇困顿。

厌：厌弃。

**【解读】**孔子去见南子，子路很不高兴。孔子正告子路说："我遭遇逆境，不得顺心随意，天都厌弃，天都厌弃！"

6.29　子曰："中庸之为德也，其至矣乎！民鲜久矣。"

**【诠释】**"中庸"是孔子及儒家的重要思想之一。《论语》中提及"中庸"一词，仅此一条。《礼记·中庸》中孔子说："中庸其至矣乎？民鲜能久矣！"与本章近同。中庸也是儒家的最高德行标准。《中庸》郑注："中庸者，以其记中和之为用也；庸，用也。""中庸"就是"用中"的意思。孔子力倡中庸之道，但也意识到用中之难，他曾说："天下国家可均也，爵禄可辞也，白刃可蹈也，中庸不可能也。"(《礼记·中庸》)意谓中庸为最高层次之道德，掌握和坚持中庸之道是世上极难的事情。《论语集注》引程子曰："不偏之谓中，不易之谓庸。"中庸就是不偏不倚的平常道理，即是"无过，无不及"，恰到好处。

至：极，最高。

鲜：少。

**【解读】**孔子说："中庸作为一种道德，可算是至极的了！一般民众，很少能达到这种境界。"

6.30　子贡曰："如有博施于民而能济众，何如？可谓仁乎？"子曰："何事于仁！必也圣乎！尧、舜其犹病诸！夫仁者，己欲立而立人，己欲达而达人。能近取譬，可谓仁之方也已。"

**【诠释】**本章重点谈儒家学说中两个重要的道德范畴"圣"与"仁"。"圣"是孔子及儒家思想人格修养中最高的境界，是具有崇高德行且德仁兼备的人。在孔子的心目中，只有尧、舜、禹、汤、文王、武王、周公等古圣先王才可称为"圣"者。他赞美尧说："大哉，尧之为君也！巍巍乎！唯天为大，唯尧则之。荡荡乎！民无能名焉。巍巍乎！其有成功也。焕乎！其有文章。"（《论语·泰伯》）孔子既赞其煌煌功业，又美其彪炳圣德。"圣"是极少数人才能达到的境界。"仁"是孔门道德修养中的核心标准。"仁"可力致，"圣"则非力而能致者也。"仁"的最大特点便是推己及人，"己所不欲，勿施于人"，"己欲立而立人"。《说苑》记载孔子曰："夫富而能富人者，欲贫而不可得也；贵而能贵人者，欲贱而不可得也；达而能达人者，欲穷而不可得也。”反身而诚，由己及人，从自己出发，推及他人，虽然没有办法像圣人那样博施济众，但能做到这些，也就初步达到了“仁”的境界了。《论语集注》指出：“以己及人，仁者之心也。”

博施于民而能济众：广泛地给予民众实惠，紧急时又能救济大众。

何事于仁：哪里只是达到仁。事于，做到。

病：心有所不足。

己欲立：自己想要在社会上立足。立，站得住，指能在社会上独立生存。

立人：使别人立足于社会。立，使……立足。

己欲达：自己想要在社会上行得通。达，通达。

达人：使别人在社会上行得通。

近取譬：取近譬，联系身边的事物。

仁之方：实现仁德的方法。

**【解读】** 子贡说：“如有人，广泛地给予民众实惠，紧急时又能救济大众，这样如何呢？可以称他为仁者吗？”孔子回答说：“岂止是仁呢？一定是圣人了。就是连尧、舜也会感到力量不足呀！所谓仁者，自己要想有所成就，也帮助别人有所成就；自己想通达，也帮助别人通达。能够以己之心推及别人之心，将心比心，这是实现仁德的方法。”

# 述而篇第七

**【概说】**本篇共三十八章，朱熹《集注》合第九、十两章为一章，故题三十七章。本篇虽多为短章，但内容皆关乎孔子，故虽多而不觉杂乱。

邢昺以为："此篇皆明孔子之志行也，以前篇论贤人君子及仁者之德行，成德有渐，故以圣人次之。"(《十三经注疏·论语注疏》卷七)钱穆《论语新解》从之。邢、钱二氏的见解可从。方骥龄《论语新诠》曰："《述而》一篇为孔子一生之缩影，不在其身世之传述，而在乎精神上之描摹。"本篇围绕孔子之教、学、志、行等展开，集中反映了孔子的理想信念、志向行事，对于立体而全面理解孔子具有极重要的价值。由此亦可看出，《论语》内容编排有一定之规，虽不似现代著述严谨，然绝非杂乱堆砌。

7.1 子曰："述而不作，信而好古，窃比于我老彭。"

**【诠释】**本章是孔子对自己文化观的明确表述，也是本篇的核心思想，贯穿于孔子一生。邢昺说："此章记仲尼著述之谦也。作者之谓圣，述者之谓明。老彭，殷贤大夫也。老彭于时，但述修先王之道而不自制作，笃信而好古事。孔子言，今我亦尔，故云比老彭。犹不敢显言，故云窃。"此说不确。后世很多学者对此也存在极大的误解。近现代以来，学者以此来否定孔子曾有著作，否定孔子与六经的关系，尤其是孔子作《春秋》、作《易传》。其实，"述而不作"，非仅指"著述"典籍而言，"述"之本义不同于今之所谓"著述"、"著作"。皇侃云："孔子曰：言我但传述旧章而不新制礼乐也。"云"述、作"乃就礼乐制度而言，则庶几近之。朱熹云："孔子删诗书、定礼乐、赞周易、修春秋，皆传先王之旧而未尝有所作也，故其自言如此。盖不惟不敢当作者之圣，而亦不敢显然自附于古之贤人，盖其德愈圣而心愈下，不自知其词之谦也。然当是时作者略备，夫子盖集群圣之大成而折衷之，其事虽述，而功则倍于作矣。此又不可不知也。"

其实，"述而不作，信而好古"，固然是孔子的自谦之词，但这更是一种宏观的文化观念，所彰显的是孔子对文化事业的担当与抱负。《中庸》云："仲尼祖述尧舜，宪章文武。”即是对此最好的概括。“述”与“作”相对而言。《中庸》记子曰：“无忧者，其唯文王乎。以王季为父，以武王为子。父作之，子述之。”作，创造之意；述，承继之意，与《论语》所言“述、作”正同。

孔子生活于中华文明有了数千年发展积淀的春秋时代，之前光辉灿烂的文明成果深深吸引了他，于是他为此投入了一生精力进行学习、理解、转化、诠释、传授与弘扬。作为其父母之邦的鲁国，是周代礼乐文化保存最为完整的地方，因此孔子得以自幼接触周公创制的礼乐文明，加之他“好古，敏以求之”，四方游历，转益多师，以至“博学于文”，对先王之道和礼乐文明有了精深的理解。而他生活的时代，又是“礼坏乐崩”的春秋末期，种种政治与社会的危机和挑战，深深激发了其“挽狂澜于既倒”的抱负与担当，于是他以“述而不作”为志向，希冀能保存先王之道，使天下重新回归到礼乐和合的文明秩序。孔子的“述而不作”并非纯粹“复古”，而是“寓作于述”、“以述为作”的辩证文化观。随着现代社会“单线进化论”所带来的负面影响日益严重，“述而不作”的文化观对于保存人类曾经创造的辉煌文明成果，为真正的“创新”积累养料和渊源的重大意义将愈发凸显。如果我们能够懂得“述”与“作”的辩证关系，在创新与保守之间达成一种辩证的平衡，那么中华民族的文化复兴大业将更加顺遂。

述而不作：只传述、继承、延续而不创造、发明。《说文》曰："述，循也。""作，起也。"皇侃疏曰："述者，传于旧章也。作者，新制作礼乐也。"朱熹《集注》曰："述，传旧而已。作，则创始也。"钱穆注曰："作，创始义，亦制作义。"

信而好古：信古并好古。理解孔子之所谓"信古"，是正确理解孔子"述而不作"的一把钥匙。信古，指肯定并继承前代文化成果。下文孔子亦自称"好古，敏以求之。"虽然孔子的确"好古"，但却并非完全"信古"。从《论语》、《孔子家语》等各种文献记载来看，孔子对于古代的记载、传说之认知十分理性，并非一味信古。他对于所"述"的对象，也有着理性的甄别和抉择，并非"照单全收"，这其中即蕴涵着他的"作"。

老彭：历来对此的解释争论不休。一说老彭为两人，即老子和彭祖；一说老彭为一人，即指彭祖。后说可从。包咸注曰："殷贤大夫，好述古事。"《大戴礼记·虞戴德》曰"昔商老彭及仲虺"，亦云是商人。钱穆、杨伯峻、李零皆主此说。

**【解读】孔子说："传述继承而不创作发明，相信古代文化而又喜好之，我私下自比为我所尊敬的老彭。"**

7.2 子曰:“默而识之,学而不厌,诲人不倦,何有于我哉?”

【诠释】本章分别讲到了孔子的学和教,前两句讲学习,后一句讲教人。这与本篇以下数章可呼应。“子曰:‘盖有不知而作之者,我无是也。多闻,择其善者而从之;多见而识之;知之次也。’”“子曰:‘若圣与仁,则吾岂敢?抑为之不厌,诲人不倦,则可谓云尔已矣。’公西华曰:‘正唯弟子不能学也。’”而这也正是孔子为学、教人的真实写照。孔子一生沉浸于古代文化的学习之中,也将自己毕生的精力倾注到自己学说的传播、教授之中。帛书易传《缪和》篇载孔子曰:“君子于仁义之道也,虽弗身能,岂能已哉?日夜不休,终身不倦,日日载载,必成而后止。”可与此参读。

默而识(zhì)之:把学习的内容默默地记在心中。识,记住。朱熹《集注》曰:“识,记也。默识,谓不言而存诸心也。”识,亦作志。

学而不厌:学,主要指对古代文化、典籍的学习,可以概括为“学道”。厌,与下文“倦”同义,厌倦。

何有于我哉:对我来说又(算)什么呢?何有,黄式三《论语后案》云:“不难词。全经通例,经中所言‘何有’

皆不难之词。”刘宝楠《论语正义》云:“何有皆为不难也。”《论语集解》引郑玄曰:“人无有是行,于我独有之。”朱熹曰:“言何者能有于我也。三者已非圣人之极至,而犹不敢当,则谦之又谦之辞也。”程树德以为:“盖如《集解》则近于夸大,如《集注》则近于作伪,二者均不可从。”其实,此处乃孔子自信之词,非自谦也,亦非自夸也。孔子不自居圣人与仁人,但却对于自己之好学精神始终充满自信。“十室之邑,必有忠信如丘者,不如丘之好学也。”同时,亦彰显其持“恒”精神。不厌、不倦皆为“恒”之体现,而学不厌、教不倦的“持之以恒”,成就了孔子,无怪乎弟子慨叹“正唯弟子不能学也”。貌似简易,实难能可贵。或许圣人与凡人之辨即在此。

**【解读】孔子说:“把学习的内容默默地记在心里,努力学习而不厌倦,努力教诲学生而不知倦怠,我还担心什么呢?”**

7.3　子曰:“德之不修,学之不讲,闻义不能徙,不善不能改,是吾忧也。”

**【诠释】**孔子之学乃“修德之学”。本章所言“德”、“学”、“徙义”、“改过”四者非特孔子个人所忧虑之事,乃所有“学者”所应忧虑者。《朱子语类》:“修德是本,为要修德,故讲学,徙义、改过即修德之目。”钱穆从之。四者看似并列之四端,其实,徙义、改过,皆是修德题中应有之意。而讲学与修德则应视为并列对举之两事。虽讲学目的在于修德,欲修德而讲学。然讲学于孔门具有独立价值。《易·蹇·象传》云:“君子以反身修德。”《兑·象传》亦曰:“君子以朋友讲习。”《益·象传》则谓:“君子见善则迁,有过则改。”与此章关系皆十分密切。于此亦可知孔子与《易传》之关系非同寻常。

讲:讲习。汪中《述学》:“讲,习也;习,肄也。”

义:应当做的。《中庸》:“义者,宜也。”

徙:正平本作“从”。《说文》:“徙,移也。”《颜渊》篇:“主忠信,徙义。”邢疏:“徙,迁也。”李零则以为徙为趋赴之义。当为得之。

**【解读】**孔子说:“不修道德,不讲学问,知道应当做的却不能迁而从之,不好的毛病却不能改掉,这是我的忧虑啊。”

7.4 子之燕居,申申如也,夭夭如也。

**【诠释】**本章记孔子闲居在家时之“气象”。与《乡党》篇有相映成趣之妙。《乡党》所记孔子神态、举止多在“执礼”状态，而本章所记则为在家闲居之情形，自然迥异。皇疏引孙绰云：“燕居无事，故云心内夷和外舒畅者也。”何晏引马融曰：“申申、夭夭，和舒之貌也。”

燕居：闲居。《礼记》有《仲尼燕居》、《孔子闲居》二篇。郑玄《目录》云：“退朝而处曰燕居；退燕避人曰闲居。”

申申如：皇疏曰：“心和也。”朱熹《集注》引杨氏曰：“申申，其容舒也。”钱穆曰：申舒貌。其心和畅。而颜师古注《汉书·石奋传》“申申如也”则曰：“整饬之貌。”刘宝楠《正义》引胡绍勋《拾义》曰：“言其敬。”皆不可取。

夭夭如：朱熹《集注》引杨氏曰：“夭夭，其色愉也。”刘宝楠《正义》引胡绍勋《拾义》曰：“言其和。”钱穆曰：弛婉貌。其心轻安。

**【解读】孔子退朝在家时，一副神貌舒展、内心和畅的样子。**

## 7.5 子曰：“甚矣吾衰也，久矣吾不复梦见周公！”

**【诠释】**本章记孔子晚年时之感叹。孔子“信而好古”，尤钟情于周公开创之“礼乐文明”，一生以“为东周”为职志，孜孜以求，颠沛造次，周游列国十四载，以求“得君行道”。孔子于周公倾心崇服，日夜思考恢复礼乐文明之伟业，故得以经常梦见周公。然最终无功而返，返鲁后已垂垂老矣，理想几近破灭，只得退于洙泗之滨，教授生徒，整理六经，此时心志不同于以往，是以浩叹。朱熹《论语集注》曰："孔子盛时志欲行周公之道，故梦寐之间如或见之。至其老而不能行也，则无复是心而亦无复是梦矣，故因此而自叹其衰之甚也。"孔子发此慨叹，一则可能出于实情描述，但更可能乃孔子对"道"之不行的一种隐喻。另，方骥龄《论语新诠》引《楚辞·涉江》"年既老而不衰"注："懈也。"《素问·疟论》"衰则气复方入"注："谓病衰退也。"进而指出，衰字可作"懈怠"、"退步"解。因此此处"乃孔子自责其'懈怠''退步'耳。""适足以证明孔子力学不倦之精与专。"可备一说。

周公：姬旦，周文王之子，武王之弟。在灭商兴周的过程中功勋卓著，后辅助成王巩固了周王室之统治。他制礼作乐，为周代乃至中华文化奠定了基调，深深影响了孔子和儒学，被后世尊为儒家"元圣"，唐宋之前多以"周孔"并称。

**【解读】**孔子说："我衰老得太厉害了，很久没有梦到过周公了。"

7.6　子曰："志于道，据于德，依于仁，游于艺。"

**【诠释】**本章乃孔子述为学之方，既是夫子自道，又为弟子开启法门。郭店楚简《语丛三》亦载此句。程树德引《反身录》云："志道则为道德之士，志艺则为技艺之人，故志不可不慎也，是以学莫先于辨志。"此正"法上"之义。孔子曰："吾十有五而志于学。"此学，非学习义，乃学说学术义，亦即道也。清刘沅《四书恒解》："志者，专一向往也。"求道，须志向专一，持之以恒。《集解》训志为慕，所谓"道不可体，故志之而已"，则玄学家言，不足信据。德者，得也。道之得于身，谓之有德，故次言之。据，《集解》训"杖"，亦不可从。刘宝楠《正义》训为"守"，庶几得之。此据字，应为据守之义。《中庸》记颜回"择乎中庸，得一善，则拳拳服膺而弗失之矣"，可为"据德"之写照。然竹简本该字李零读为"狎"，即"熟习"义，可备一说。依，依倚之义。朱熹以为乃"不违之谓"，与依倚义合。可与《里仁》"君子无终食之间违仁，造次必于是，颠沛必于是。"相参读。仁，在此为德之具体一目，故又次之。游艺，《礼记·少仪》："士依于德，游于艺。"《学记》："不兴其艺，不能乐学。故君子之于学也，藏焉，修焉，息焉，游焉。夫然，故安其学而亲其师，乐其友而信其道。是以虽离师辅而不反。"恰可与本章对读。刘宝楠以"游"乃"不迫遽之意"，可谓得之。艺，六艺，礼、乐、射、御、书、数也，故殿之。虽然，不可因此忽视"艺"，艺乃入学进德修道之基础，无此则空谈义理，终难有成。学者不可不慎也。

志：立志，专心向往。

据：据守。

依：依倚，亲近，不违。

游：游玩涵泳。

**【解读】孔子说："要立志向道，据守住德，依倚于仁，优游于六艺。"**

7.7　子曰："自行束脩以上，吾未尝无诲焉。"

**【诠释】**本章为孔子教育思想之自述，极为重要。但历来歧解纷纭，难有定谳。《孔子家语·本姓解》有曰："齐太史子与……谓南宫敬叔曰：'今孔子先圣之嗣……凡所教诲，束脩已上，三千余人。'"与之相应。

束脩：历来有两说影响最大。第一，十条干肉。《礼记·少仪》："其以乘壶酒、束脩、一犬赐人。"郑玄注："束脩，十脡脯也。"脩，即脯。古代用于上下亲友间相互酬赠，后多指致送老师之酬金，以正式拜师。邢疏以为"礼至薄者"。朱熹亦云：束脩其至薄者。圣人之于人，无不欲其入于善，苟以礼而来学，则是有求道之心，圣人未尝不教之也。十条干肉脯，此为学生拜见老师的见面礼，较为微薄。第二，束带修饰。《后汉书·延笃传》李贤注："束脩谓束带修饰。"郑注《论语》云："束脩谓年十五以上也。"二说皆有理据，此取第二说。束带修饰表示已到一定年龄，已能解悟道理。孔子乃开私学之"第一"人，"有教无类"，办学不分贫富贵贱，故到一定年龄来此求学，孔子皆不拒。

**【解读】**孔子说："凡是束带修饰，到了一定的年龄的人向我求学，我没有不加以教诲的。"

7.8 子曰："不愤不启，不悱不发。举一隅不以三隅反，则不复也。"

**【诠释】**本章乃孔子教学方法之说明。孔子自"而立之年"始设帐讲学，至七十三岁辞世，一生有"弟子三千，身通六艺者七十有二人"，漫长的教学生涯和教学实践，使其积累了大量教育与教学的理论与方法，譬如"因材施教"、"举一反三"等可谓丰矣富矣！这一儒家教育教学理论，影响后世极为深远。"万世师表"之赞，与其伟大的教育实践和理论密切相关，尽管此赞语内涵绝非仅限于所谓"教育"领域。

不愤不启：愤，《说文》："愤，懑也。"《方言》："愤，盈也。"刘宝楠云："人于学有所不知不明，而仰而思之，则必兴其志气，作其精神，故其心愤愤然也。”此正是朱熹《集注》所谓“心求通而未得”之形象写照，可谓得之。启，开也，发也，教也，有启示开导之义。

不悱不发：悱，口悱悱也。即朱熹《集注》所云“口欲言而未能之貌”。发，开也，有启发之义。

隅：角。四隅，方者四角谓之四隅。或具体指屋角而言。另有解为“方向”者，亦可通。

复：重复。朱熹云：“复，再告也。”不复，即不重说二遍，并非不再教诲之义。因为一隅、三隅之说，乃简单推理，如此尚且不能，非不能也，是不为也。子贡说：“回也闻一知十，赐也闻一知二。”若以此意，则孔子弟子多不合格，故知“闻一知二”与“举一反三”恐非同义之说。

**【解读】**孔子说：“不到他心里急于知道而不得，我不开导他；不到他想说而说不出来，我不启发他。给他指出了一个角，却不能推知另外三个角，我就不再重复教他。”

## 7.9　子食于有丧者之侧，未尝饱也。

**【诠释】**本章亦见于《礼记·檀弓上》，前脱“子”字。《集解》云：“丧者哀戚，饱食于其侧，是无恻隐之心。”“未尝”二字，明孔子一贯如此。推想此举当是出于“礼”

之考虑，“礼”关乎“情”，即出于同情，而不能饱食，则正是仁心之体现也。“礼”与“仁”于此相合无间。

**【解读】**孔子在有丧事的人旁边吃饭，从未吃饱过。

7.10　子于是日哭，则不歌。

**【诠释】**此与上章，朱熹合为一章。《礼记·曲礼上》：“哭日不歌。”《礼记·檀弓下》：“吊于人，是日不乐。”虽未明言乃孔子之行，但与此对读，则若合符节。哭，指吊丧。是日，即指吊丧之日，乃泛指而非定指。孔子一生爱好音乐，即便处于极端困厄之时，依然能弦歌不绝，可见音乐之于孔子何等重要。然当吊丧之日，便不再歌唱，乃仁心之彰显。与上章意思正同。

**【解读】**孔子如果这一天吊丧而哭，那么就不再歌唱。

7.11　子谓颜渊曰：“用之则行，舍之则藏，惟我与尔有是夫。”子路曰：“子行三军，则谁与？”子曰：“暴虎冯河，死而不悔者，吾不与也。必也临事而惧，好谋而成者也。”

**【诠释】**本章虽涉颜回与子路，但仍为夫子志向之表白，所谓“用之则行，舍之则藏”是也。当然，从中也可看出夫子对颜回、子路之评点，是亦孔子教学之一景象也。

孟子誉孔子为“圣之时者”，所谓“可以速而速，可以久而久，可以处而处，可以仕而仕”，是也。孔子亦如此评价自己和颜回。孔子自谓“舍之则藏”，然揆诸孔子一生，似有不合。其实此所谓“藏”，非隐藏之义，乃“离去”之义，如此则与孔子行事相合无间。颜回深受孔子喜爱和器重，于此可窥一斑。而子路之好强好勇，于此亦展露无遗；颜回与子路之性格差异，于此明白显现。

有是夫：能做到这样吧。是，代指“用之则行，舍之则藏”。钱穆以为代指“道”而言，不确。

行三军：行军打仗，指有军事行动。此乃假设之语。

与：共，同，一起。或训为“赞许”，亦可通，但不似训“共同”为胜。

暴虎冯(píng)河：《尔雅·释训》：“暴虎，徒搏也。冯河，徒涉也。”暴虎，徒手搏虎。裘锡圭考证认为：暴，本字作“虣”，象执戈搏虎，指不乘田车打虎。可备一说。冯河，徒身涉河，即不靠舟船过河。

临事而惧：面临事务要谨慎小心，把事当事。所谓“战战兢兢，如履薄冰，如临深渊”是也。此所谓“事”，主要指战事而言。《尸子·发蒙篇》引孔子曰：“临事而惧，希不济。”《大戴礼记·曾子立事》：“居上位而不淫，临事而栗者，鲜不济矣。”

好谋而成：喜欢谋划而始作决断。成，决也、定也。或训为成功，亦可通。

**【解读】孔子对颜回说：“有人任用，就入世行道；没人任用，就离开，只有你和我能做到吧！”子路说：“老师如果要行军打仗，会与谁一起干呢？”孔子说：“空手搏虎，徒身涉河，死了也不后悔的人，我是不会与他共事的。如果要找的话，那一定是面临任务而谨慎小心，喜欢谋划而做决定的人吧。”**

7.12　子曰：“富而可求也，虽执鞭之士，吾亦为之。如不可求，从吾所好。”

**【诠释】**“富而可求也”，《史记·伯夷列传》引作“富贵如可求”。

本章乃孔子论出处进退，见其心志，可与上章比读。“富而可求”，“用之”也；“不可求”，“舍之”也。

此涉及富(利)与义之问题。孔子对于富贵之态度，今人颇有误解。其实，他非但不排斥富贵，而且认定此乃人人之所欲，孔子之理想恐即在于使人人得到富贵。《里仁》明言：“富与贵，是人之所欲也。”然“不义而富且贵”则被孔子视之如“浮云”。他主张富贵之“得之”须

“以其道”,“以其道”即合义。“求富”,在古代与“干禄”、“出仕”义近。而出仕与否,于孔子而言在于是否合于道义。“邦有道,谷”,故“富而可求”,其隐含之前提是政治清明,即“邦有道”。如果天下有道,则天下安定、社会和谐,即使做一个执鞭贱职,亦心甘情愿。《季氏》“四子侍坐”章,“吾与点也”之叹,恰与此相通。此乃孔子之社会理想。而孔子之所以汲汲于“得君行道”,正因“富不可求”,孔子说:“邦无道,谷,耻也。”此语实为指责春秋乱世,天下无道,礼坏乐崩。孔子所好者,道也。从吾所好,即“求道”也。欲求道,则必入仕。然孔子之“入仕”非为“求富”,而为“行道”也。至于道之行与不行,则系于命矣,这正是孔子所慨叹之“遇不遇者,时也”(《孔子家语·在厄》),亦即子夏所闻之“生死有命,富贵在天”。是故孔子周游列国,“干七十余君而不遇”,遂退居洙泗之滨,整理典籍,教授生徒,以继承弘扬王道思想。

而:如果。假设连词,《论语》中此用法俯拾皆是。

执鞭之士:有二义,一是指为王公贵族出行执鞭开道的,一是指为市场执鞭守门的。前者见于《周礼·秋官》,后者见于《周礼·地官》,皆为贱职。此处以第一义为胜。杨树达《论语疏证·述而》引《秋官》“条狼氏”条,职责是为天子、诸侯担任开道或者警戒工作之类,并加按语云:“《秋官·序官》,条狼氏是下士,故云执鞭之士。”

所好:喜欢的事,此指道。

**【解读】**孔子说:“如果天下有道,财富可求,即使是做一个执鞭的低级官吏,我也干。如果不可求的话,就干我想干的。”

7.13 子之所慎:齐,战,疾。

**【诠释】**本章言孔子所慎三事:斋戒、战事、疾病。齐,通“斋”。斋戒乃古人举行祭祀前所行之整洁身心诸活动,事关神明。《左传》成公十三年云:“国之大事,在祀与戎。”则斋与战,皆关乎国家大事。疾,事关生死。正如方骥龄《论语新诠》云:“身体发肤,受之父母,父母唯其疾之忧,岂可不慎?慎疾,亦孝道也。”

**【解读】**孔子所谨慎小心的事是:斋戒、战争、疾病。

7.14 子在齐闻《韶》,三月不知肉味,曰:“不图为乐之至于斯也。”

**【诠释】**孔子在齐,其时年三十五六岁。本章所记即此时事。本章可见孔子痴迷音乐之程度、领略音乐之能力、艺术境界之高蹈，皆非常人所能及。从各种记载来看，孔子对音乐十分热爱亦十分重视。由此章不仅见其对音乐之热爱，从中亦可体悟“乐教”之根据。乐与德有深厚之关系。钱穆谓此体现了孔子之艺术心情，盖得之矣。艺术之陶冶，对于道德境界之提升有巨大功效，此自孔子始便为儒家所重视。《史记·孔子世家》云：孔子在齐国时，与齐国太史讨论音乐，“闻韶音，学之，三月不知肉味”，多出“学之”的过程，似较此为合理。

《韶》：传为舜时之乐。

三月：非实指，言其久也。

乐：音乐。或作“快乐”解，亦可通。

斯：指这样的境界。一说指齐国。误。

**【解读】**孔子在齐国欣赏《韶》乐，竟然很长时间尝不出肉味，说：“没想到音乐能达到这样的境界。”

7.15　冉有曰：“夫子为卫君乎？”子贡曰：“诺；吾将问之。”入，曰：“伯夷、叔齐何人也？”曰：“古之贤人也。”曰：“怨乎？”曰：“求仁而得仁，又何怨？”出，曰：“夫子不为也。”

**【诠释】**本章所记为公元前492年，卫灵公去世，出公即位，孔子离开卫国前事。本章关键在“求仁而得仁，又何怨”。此虽是孔子评伯夷、叔齐之语，然无异于夫子自道。本章又可见子贡之善于言辞。孔子是否帮助卫国国君，弟子不便直问，子贡用伯夷、叔齐之事发问，旁敲侧击，委婉曲达，妙不可言。

为：帮助。

卫君：卫出公辄。卫灵公孙，卫公子蒯聩之子。蒯聩因不满南子而见逐于外。灵公死后，蒯聩之子辄即位。蒯聩得晋国之助回国争位，卫人拒之。本章即指此时事。

仁：仁德。钱穆解为心安，可备一说。

**【解读】**冉有说："老师会帮助卫国国君吗？"子贡说："嗯，我进去问问吧。"进到孔子屋内，问道："伯夷、叔齐是什么样的人啊？"孔子答道："古代的贤人啊。"子贡问："他们有怨恨吗？"孔子说："求取仁德而得到仁德，怎么会有怨恨呢？"子贡出来，说道："老师是不会帮助卫国国君的。"

7.16　子曰："饭疏食饮水，曲肱而枕之，乐亦在其中矣。不义而富且贵，于我如浮云。"

**【诠释】**本章盖为孔子周游时事。可见孔子之独立人格与"舍之则藏"之操守。"饭疏食饮水，曲肱而枕之"，在常人乃苦事，在孔子则为"乐"，非孔子之会享受生活也，亦非孔子有庄子逍遥心也，实乃孔子“求仁求义”之人生信念所以致此也。孔子未尝“曲学阿世”而与权贵同流合污。孔子不以一己之富贵为念，而时时关切天下、心系众生。其造次、颠沛所为努力者，在求王道之治，天下有道，世界大同。然而他从未为达此目的而攀附阿谀，宁愿困厄，亦须保持心灵独立，此亦“求仁而得仁”之一例。本章可与孔子赞誉颜回：“贤哉回也！居陋巷，一箪食，一瓢饮，人不堪其忧，回也不改其乐，贤哉回也。”一章相对读。此正宋儒所谓“孔颜乐处”也。

饭疏食：吃粗饭。饭，动词。疏食有二解：一指粗粮，古代以稻粱为细粮，稷为粗粮；一指糙米。《经典释文》则作“蔬食”，则指有蔬无肉。

水：冷水。古代以汤指热水，水指冷水。

曲肱（gōng）而枕之：弯着小胳膊当枕头。形容生活之窘迫。

**【解读】孔子说：“吃粗粮，喝冷水，弯着胳膊当枕头，从中也可以感受到快乐。如果通过不正当的方式取得财富与地位，于我而言好似天边浮云。”**

7.17　子曰：“加我数年，五十以学《易》，可以无大过矣。”

**【诠释】**本章关涉孔子思想及易学史甚重，但古来分歧亦多矣。首先有所谓“鲁读”问题。“鲁读”问题源于唐陆德明《经典释文》卷二十四《论语音义》所记：“‘学易’，如字。《鲁》读‘易’为‘亦’，今从古。”即是说《鲁论语》此章作“加我数年，五十以学，亦可以无大过矣。”如此一来，则此章无法反映孔子与《易经》之关系。后世学者便据此为证，极力否定孔子曾学《易》。自清代惠栋以后，持此说者甚多，如钱玄同、钱穆、李镜池、郭沫若及本田成之等等。刘大钧、林忠军从陆德明《释文·周易音义》中有关“易”字之注释找到旁证，指出陆氏所谓“鲁读易为亦”，乃就读音而言。李学勤先生指出：“《古论》作‘易’，《鲁论》作‘亦’，异文的产生是因为音近通假或者传讹所致。”并对此做了进一步论证：“易”与“亦”在上古音中韵部不同，“易”在锡部，“亦”在铎部，直到西汉两部仍不相通，因此，“实际上，‘易’、‘亦’音近而讹，从古音来看，只能是两汉之际以后的事。《史记》既然作‘易’，作‘亦’的异文是没有多少价值的”，“也是不足为据的”。这一看法得到许多学者的支持。吕绍纲先生指出：“若易字为亦，说孔子希望自己从五十岁开始学习，于理难通。况且易、亦古代不同韵部，不大可能读易为亦。”

1973年出土的西汉中期定州汉简《论语》作“亦”，

能否整体推翻李学勤先生之结论呢？王葆玹曾以为：“应当承认《古论》关于‘五十以学《易》’的记述是更为可靠的……不论定县简本呈何种面貌，似都无助于推翻孔子确曾论《易》的结论，因为简本文字为西汉隶书，抄写时间应在《古论》之后。”其实从《论语》的版本源流入手，可知《鲁论》只是《古论》之改编本，《古论》更原始，更可靠。《鲁论》将“易”写作“亦”，当系笔误。将读音相同或相近的字互相替代假借以致造成笔误，是中国早期手抄本的常见现象。故尽管竹简本作“亦”，与《鲁论》同，证明在西汉中期有“易”“亦”通假现象，二字通假的时间晚至两汉之际的说法是否吻合史实，尚有待音韵学家进一步研究，但《鲁论》作“亦”在文义、版本、语感、史据和情理诸方面皆比《古论》作“易”逊色得多。综上所述，李学勤先生下面的说法应该得到肯定：“《论语·述而篇》所载孔子自言‘五十以学《易》’等语，是孔子同《周易》一书直接有关的明证。虽有作‘亦’的异文，实乃晚起，与作‘易’的本子没有平等的价值。”

对本章章义之理解，故自郑玄之后异解纷呈，对此程树德《论语集释》辑之颇详，可参看。其中或有胶柱鼓瑟之病，难使章旨豁然贯通，为解决此弊，学者们纷纷提出“别解”。归纳起来，所谓别解主要有以下数种：一，改变章文句读，如清代龚元玠《十三经客难》谓："先儒句读未明，当'五'一读，'十'一读，言或五或十，以所加年言。"此说于理不通。二，改变章文理解，如明代孙应鳌《四书近语》云："非以五十之年学《易》，是以五十之理数学《易》也。"以大衍之数五十作解，凿之太深，不足凭信。三，改变章文文字，如朱熹《集注》谓："'加'作'假'，'五十'作'卒'"，改经求解，不足为训；又如俞樾《群经平议》疑"五十"为"吾"之讹；或改"五十"为"九十"、"七十"，或疑"五十"乃"用"字之残讹，皆属臆测之辞，理据不足。帛书《要》篇载有孔子与子贡的对话，子贡对"夫子老而好易"大惑不解，认为孔子有违"它日之教"。由此可知，孔子在"老而好易"之前，确曾学《易》，然只"学"而不"好"，此前学《易》乃一般性学习，尚未得《易》之深邃哲理，仅仅视之为卜筮之书，故不曾以之教授生徒。

从孔子此语语气、语义观之，此语当是孔子深入学《易》之后的追悔之言。何以见得？因为如果是在学《易》之前，则如何知道学《易》后会无大过？故"五十以学易"章所记乃孔子在晚年对《易》有精深研究之后，思想境界大为提高，对天道人道之理解更加深入的情况下所作的追悔之言。吕绍纲《周易阐微》云："孔子在垂老之年发这番学《易》恨晚的感慨，意谓如果让我年轻几岁，五十岁开始学《易》，就可以不犯大过错了。既有自谦之意，也是赞扬《周易》之词。"这种理解比较到位。而从各种角度来看，孔子学《易》大概在五十几岁到六十岁之间。

加：《史记》作"假"，二字通假。

大过：大的过错。或与《易·大过》之"大过"有密切关系。

**【解读】孔子说："再借给我几年时间，退回到五十岁开始学《易》，就不会有大的过失了。"**

## 7.18　子所雅言，《诗》、《书》、执礼，皆雅言也。

**【诠释】**本章短短十余字，却重复"雅言"，似不易理解，故古来解释纷纭。其实，《论语》固然精练，但并非不会出现矛盾。如"子绝四"章，"子绝四：毋意、毋必、毋固、毋我。"显然"绝"与"毋"属双重否定，看似矛盾不通，实只要正视这样矛盾的存在，就自然不会曲解。或断句为："子所雅言：诗、书。执礼，皆雅言也。"则"所"与"皆"又冲突，故不从。

雅言：古来有两种主要解释，一，正言，即通用语言，犹今之普通话。二，常言。朱子采第二种说法。雅，与"夏"通假，"雅言"即"夏言"。周、夏统治中心相近，故周代以夏音(今陕西一带)为官方通用语言。孔子在鲁,平日所用为鲁方言。当时天下分裂,交流频繁,通用语言显得更加重要。而孔子以“天下”为念,故诵读诗书,执行礼仪,都用正言,而不用方言。

【解读】孔子有用普通话的时候:读《诗》、读《书》、执行礼仪,都是用普通话。

7.19　叶公问孔子于子路,子路不对。子曰:“女奚不曰,其为人也,发愤忘食,乐以忘忧,不知老之将至云尔。”

【诠释】本章是孔子六十岁左右,周游列国在楚国叶地时事。此为孔子自述其心志也。“发愤忘食,乐以忘忧,不知老之将至”,再一次突显了孔子“安贫乐道”、“老而弥坚”的伟大人格。发愤忘食,乃孔子形容其勤奋,不仅指学习用功,更彰显为道之推行不停奔波的努力。乐以忘忧,写出孔子之乐观精神,对自身事业和人格精神之无限自信。孔子生不逢时,一生困苦,但却不气馁不退却不放弃,恐怕其中有一种伟大的淑世情怀。

叶(shè)公:楚国大夫沈诸梁,字子高。叶地的长官。叶,今河南叶县。

奚:为什么。

【解读】叶公向子路询问孔子是怎样的人,子路没有回答。孔子说："你为什么不告诉他：他的为人啊，发愤时连吃饭都能忘了，快乐时连忧愁都忘了，不知道自己马上就垂垂老矣了，如此而已。"

7.20　子曰："我非生而知之者，好古，敏以求之者也。"

**【诠释】**孔子将人分为四类：生而知之者、学而知之者、困而学之者、困而不学者，见《季氏》篇。本章孔子否认自己是"生而知之者"，乃"好古，敏以求之"的"学而知之者"。很多记载中显示孔子有神奇的预见力，今人以为乃后世儒家对孔子的神化，其实那些所谓"预测力"不过是由于其学问广博而形成的分析能力的体现。

敏：勤勉敏捷之义。

**【解读】**孔子说："我不是天生而有知识的人，我是喜好古代文化，并勤勉敏捷以追求学习的人啊。"

7.21　子不语：怪力、乱神。

**【诠释】**本章历来多句读为"子不语：怪、力、乱、神"，将"怪力乱神"分为四事，则是指孔子不谈鬼神之事。然而孔子谈鬼神屡见诸经籍，如《中庸》记孔子曰："鬼神之德其盛矣乎！视之而弗见，听之而弗闻，体物而不遗。使天下之人齐明盛服，以承祭祀，洋洋乎如在其上，如在其左右。"《礼记》、《孔子家语》皆载孔子答宰我鬼神之问。且《春秋》多记怪、力、乱、神，孔子亦有多处语"怪"之事迹，如陈庭辨矢，季氏穿井得羊、防风骨节专车等，可见此种理解与史实不符。故应依皇侃《义疏》引李充之言，断作"子不语：怪力、乱神"。如此句读，方合乎孔子思想实际。《中国思想史研究通讯》第七辑载姜广辉为台湾周春塘《说智慧，话慈悲》所作《序言》，提及周氏《从历史和文化的观点读〈论语〉"子不语怪力乱神"章》亦作此句读，可参考。李充曰："怪力、乱神，有与于邪，无益于教，故不言也。"

语：告人，告诉。

怪力：李充曰："力不由理，斯怪力也。"指背乎寻常而用不适当之力。

乱神：李充曰："神不由正，斯乱神也。"指祀不当祀之神。

**【解读】**孔子不向人讲怪力和乱神之事。

7.22　子曰："三人行，必有我师焉：择其善者而从之，其不善者而改之。"

**【诠释】**本章体现孔子之学。孔子学无常师，子贡尝曰："夫子焉不学？而亦何常师之有？"(见《子张》篇)与此可相参证。然本章之理解亦颇有分歧。何晏集解云："言我三人行，本无贤愚，择善从之，不善改之，故无常师。"邢疏曰："此章言学无常师也。言我三人行，本无贤愚相悬，但敌体耳，然彼二人言行，必有一人善，一人不善，我则择其善者而从之，不善者而改之。有善可从，是为师矣，故无常师也。"而朱子《集注》则曰："三人同行，其一我也。彼二人者一善一恶，则我从其善而改其恶焉，是二人者皆我师也。"诸说颇嫌穿凿。钱坫《论语后录》云："子产曰：'其所善者，吾则行之；其所恶者，吾则改之，是吾师也。'此云善不善当作是解，非谓三人中有善不善也。"此说亦可通。

其实，此三人行盖虚指也。必以言三人者，除去自己，尚有二人，我可比较择取也。三人之中，或有善不善，"见贤思齐，见不贤而自内省也"(《论语·里仁》)。

行：德行，品行。非"行于道路"之义。

**【解读】**孔子说："三数人中，其德行必有我可以师法的：选择其善的地方而师从，那些不好的地方且我也有的就改正。"

7.23　子曰："天生德于予，桓魋其如予何？"

**【诠释】**本章乃孔子周游途经宋国时事。《史记·孔子世家》曰:“孔子去曹,适宋,与弟子习礼大树下。宋司马桓魋欲杀孔子,拔其树。孔子去,弟子曰:‘可以速矣。’孔子曰:‘天生德于予,桓魋其如予何?’”孔子一生屡遭厄难,如在匡地为匡人所困,孔子曰:“文王既没,文不在兹乎?天之将丧斯文也,后死者不得与于斯文也;天之未丧斯文也,匡人其如予何?”正与此章遭桓魋之难相仿佛,而孔子之自信有“天命”,亦同彼处。可见,孔子对文化使命有一种“神圣”体认与自觉意识。此种精神,乃古今中外伟人之应对危难、创造伟业之内在动力与精神支柱。人谓孔子乃无神论者、纯粹现实主义者,谬矣。孔子于天命十分重视,其思想中颇含一种宗教意蕴,此不可不察者也。李泽厚以为此不过是“壮胆的话”,则失之浅矣。

桓魋(tuí):宋国司马向魋,桓公之后,因称。桓魋曾为己造石椁,三年未成。孔子曾批评其“若是其靡也,死,不如速朽之愈也!”(《礼记·檀弓上》)可能正是此次他欲加害孔子的原因之一。而另一原因恐怕是其唯恐孔子在宋久留从而威胁其利益与政治地位。

**【解读】**孔子说:“上天把德性降生在我身上,桓魋能把我怎样呢?”

7.24　子曰："二三子以我为隐乎？吾无隐乎尔。吾无行而不与二三子者，是丘也。"

**【诠释】**本章具体背景不明。体现孔子之教"无所隐"，一视同仁，无所保留。《季氏》篇陈亢问孔鲤以异闻，可与此参读。孔子博学多闻，但施教"因材"，因此对不同的弟子有不同的教导，又持"不愤不启，不悱不发"之理念，因致弟子疑孔子有所隐匿保留。弟子以"言"疑，孔子此言"行"，盖孔子以为身教胜于言传。然孔子教人自有其一套方法，如启发教学、因材施教、不语怪力乱神之类，则孔子必有所"隐"，且人皆有隐，圣人亦不能免，故不可求之过凿。

二三子：孔子对弟子的称呼。

隐：隐匿，保留。

乎尔：一说是语末助词，一说当"于尔"解。尔，即你们。

**【解读】**孔子说："你们这些学生以为我有所隐瞒吗？我对你们是毫无保留的。我没有什么事情不对你们公开的，这正是我孔丘啊。"

7.25　子以四教：文、行、忠、信。

**【诠释】**本章述孔子之教。然而“文”之所指不明，一般理解为六经之类。行与忠、信为统摄关系，此处竟然并提，亦难理解。以至于陈天祥《四书辨异》以为“弟子不善记也”、“传写有差”。本章是孔子弟子总结之词，未必得孔教之真之全。方骥龄《论语新诠》以为，“文”是“文质”之文，人之威仪风度也；行指“待人接物之方”，犹今之公共关系。可备一说。

文：指《诗》、《书》、《礼》、《乐》等六经或六艺之学。

行：德行、品行。

忠、信：忠信并提，屡见于《论语》及其他文献。

**【解读】**孔子从四个方面教导弟子：学问、德行、忠心、诚信。

7.26　子曰：“圣人，吾不得而见之矣。得见君子者，斯可矣。”子曰：“善人，吾不得而见之矣；得见有恒者，斯可矣。亡而为有，虚而为盈，约而为泰，难乎有恒矣。”

**【诠释】**本章两“子曰”，当非同时之论，因其所论极相近而合为一章。或曰，下“子曰”为衍文，恐非是。或曰应分两章，亦不必。本章反映孔子思想中的“退化论”倾向，亦彰显其对“恒”之重视。

孔子曾经对鲁哀公谈论“人之五仪”，将人分为“庸人、士人、君子、贤人、圣人”五等，并予以阐述。孔子心目中的圣人，多指“圣王”而言，即有德有位之人，如尧、舜、禹、汤、文、武、周公。孔子生活的时代，礼坏乐崩，圣人自然是见不到的。《集解》云：“疾世无明君。”似乎得之。孔门弟子和时人多以孔子为圣，但他不敢自居。钱穆云：“圣人君子以学言，善人有恒者以质言。”此恐不确。圣人、君子以德以位言，善人亦以德以位言。于“善人为邦百年”可见也。然圣人、君子与善人是何关系？善人到底如何理解，尚难定论。所谓有恒者，似乎应与《中庸》“素富贵，行乎富贵；素贫贱，行乎贫贱；素夷狄，行乎夷狄；素患难，行乎患难，君子无入而不自得焉”相参证。依李零之说，一般人难以摆脱追求物质利益之限制，因此进德修业，确乎难矣。“有恒”虽不算“德”，但却是为“德”为“善”之基础。《易》有恒卦，孔子亦曾多次论述《恒》卦，见于《论语》及今、帛本《易传》。

亡：同“无”。

为：旧说多以训“伪”，伪装之义。这里似乎应是“追求”的意思。

约而为泰：约，贫困。泰，骄奢。钱穆训泰为安泰，不可从。

**【解读】孔子说：“圣人我是见不到了，能见到君子已经很好了。”又说：“善人，我不能见到了，能见**

到有恒心的人就可以了。没有的追求有，空虚的追求充足，穷困的追求奢华，如此人是很难有恒心的。”

7.27　子钓而不纲，弋不射宿。

【诠释】本章乃描述孔子平日行事之富有仁德也。虽仅九字，却是圣人德性之流露。钱穆以为此乃“游于艺之事，非依于仁之事”，其实，从此恰恰可见孔子仁爱万物之心，此与当下生态保护主义有相通之处。此种思想并不始于孔子，在文明社会早期即已出现。儒家将之吸纳进其思想体系，同时彰显其“仁厚及于鸟兽昆虫”(《孔子家语·五帝德》)的境界。

钓而不纲：钓是用钩钓鱼，所获者少；纲指用网打鱼，一说为用大绳悬多钩、横绝于流水而钓，能获多鱼。钓、纲皆为动词。

弋(yì)不射宿：弋是指用丝线系于箭而射。宿，此指归巢之鸟。

【解读】孔子钓鱼但不用网，孔子射鸟但不射归巢的鸟。

7.28　子曰：“盖有不知而作之者，我无是也。多闻，择其善者而从之;多见而识之。知之次也。”

**【诠释】**本章乃孔子论学习之法。孔子自谓“述而不作”,自然更反对“不知而作”。而求知之次序,不可不知。学习乃积累之过程,亦是一别择之过程。本章歧解在于“知之次”之理解。古来多以“生而知之、学而知之”理解“知之次”,以孔子自居“次等”之知即“学而知之”。其实此处应指为学求知之次序。方骥龄、李泽厚皆主此说。故此章乃述求知之方法:多闻多见是也。此处所谓“善”,李零以“好人好事”作解,非是。当以“好”解。此处指“闻见之知”而非“见贤思齐”之类德行修养,故“善者”指知识之准确、可信等。如孔子作《春秋》、述三代,有文献不足征之叹,即体现其对知识信息之甄别去取。

次:次序。旧以为次等,误。

**【解读】**孔子说:“大概有无知而妄自创作的,我没有这种毛病。多多地听,选择其中好的加以接受;多多地看并且记住。这是求知的次序啊。”

7.29 互乡难与言,童子见,门人惑。子曰:“与其进也,不与其退也,唯何甚?人洁己以进,与其洁也,不保其往也。”

**【诠释】**本章背景不详，章义亦较难理解。朱子即以为本章有错简，以为“人洁己以进，与其洁也，不保其往也”当在“与其进也”前，并疑“唯”字上下亦有阙文。朱子所疑较为合理。但本章仍大体可见孔子教育精神之伟大，可与“有教无类”等章对读，亦可见孔子之“宽容”精神，此正圣哲之伟大处。

互乡：当为地名。

难与言：不喜欢说话，不好打交道。盖其地风俗如此。有连“互乡难与言童子见”为句者，于文法不顺，故不从。

与：赞许。

进：进取、进步。与“退”相对。

保：守，此处“不保其往”即“既往不咎”之义，故应训为“计较”。

**【解读】**互乡的人难与其打交道，但孔子接见了那地方的一个小孩。弟子们很疑惑。孔子解释道：“应当赞赏其进步，而不赞许其退步。何必那么过分呢？人家有洁身自好之心以求进步，我们应当赞许其洁身自好之心，而不要去计较他的过去。

7.30　子曰：“仁远乎哉？我欲仁，斯仁至矣。”

【诠释】此章孔子论仁之易求。朱子《集注》云:“仁者,心之德,非在外也。放而不求,故有以为远者。反而求之,则即此而在矣,夫其远哉?”此引孟子“求放心”之说以为解,可谓得之。孔子所强调者在于反身自省,非待外求。在外者,知识也。而仁乃中心之德,仁之得与不得,无他,唯求与不求而已。故孔子强调“志于道”之“志”。另,《颜渊》篇:“一日克己复礼,天下归仁焉。”可与此参读,并见孔子教示求仁之“易”,亦可看做孔子教学之“鼓励法”。

【解读】孔子说:“仁德离我们很远吗?我想实现仁,仁就来了。”

7.31　陈司败问昭公知礼乎,孔子曰:“知礼。”

孔子退,揖巫马期而进之,曰:“吾闻君子不党,君子亦党乎?君取于吴,为同姓,谓之吴孟子。君而知礼,孰不知礼?”

巫马期以告。子曰:“丘也幸,苟有过,人必知之。”

【诠释】本章当为孔子周游在陈国时事。通过关于“昭公是否知礼”的问答,彰显孔子“礼”之观念。鲁昭公习于威仪之节,以知礼称。而陈司败并未明以“取于吴”询诸孔子,显然是故意刁难。孔子以“知礼”为答,并无不可。后以“取于吴”为由讽之,孔子亦不直接以为违礼,而委婉以己之过为辞,可见其为君讳之礼治思想,又见其应答之机智。其实,春秋时代同姓不婚之传统已被打破,昭公之举本不必责之。且据“臣不可言君亲之恶,为讳者,礼也”之传统,孔子显然只能如此回答。由此知是孔子之“知礼”而陈司败之不知礼。

陈司败:陈,陈国。司败,即司寇。

昭公:鲁国国君,名裯,襄公庶子,继襄公为君。后为三桓所逼,出奔齐国,死于齐。

巫马期:孔子弟子。姓巫马,名施,字子期,小孔子三十岁。

党:此为偏私、偏袒义。

君取于吴,为同姓:鲁昭公娶吴国女,吴、鲁皆为姬姓。取,同“娶”。

君而知礼,孰不知礼:而,假设之词,如、若义。此用法屡见于《论语》,如:“学而时习之,不亦说乎”、“管仲而知礼,孰不知礼”、“人而不仁,如礼何”等。

人必知之:人家一定给指出来。知之,按语义当为“使知之”的意思。

**【解读】**陈司败问孔子道:“鲁昭公知礼吗?”孔子说:“知礼。”

孔子走了出去,陈司败便向巫马期作了个揖,请巫马期前进几步，对他说道："我听说君子无所偏袒，难道孔子也会偏袒吗？鲁君娶夫人于吴，吴与鲁是同姓，于是叫她吴孟子。鲁君如果懂得礼，那谁还不懂得礼呢？"

巫马期把这些话转告了孔子。孔子说："我孔丘真是幸运啊！只要有错，人家一定给指出来。"

7.32　子与人歌而善，必使反之，而后和之。

**【诠释】**本章是孔子生活情景之展现。孔子爱好唱歌，生活之中充满音乐和快乐。

**【解读】**孔子和别人一起唱歌，如果唱得好，就一定请他再唱一遍，然后自己跟着唱。

7.33　子曰："文莫吾，犹人也。躬行君子，则吾未之有得。"

**【诠释】**本章体现孔子自谦之精神。此章可与下章对读。传统上，人们将"文莫吾，犹人也"断句为："文，莫吾犹人也"或"文莫，吾犹人也"。或以"莫"为疑词，"文"指诗、书、礼、乐典籍。或以"文莫"为"忞慔"之假借。栾肇《论语驳》："燕齐谓勉强为文莫。"《说文》："忞，强也。

慔,勉也。"《广雅》:"文,勉也。"黾勉、文莫为一声之转。我们认为,传统的解释可能存有问题。该章可与上篇"质胜文则野,文胜质则史。文质彬彬,然后君子"之语相互参考理解。文,与"文质彬彬"之"文"同,意为人之文化积累及其外在表现。"莫"通"摹",摹写、摹仿。意为我之外在表现乃我自身之真实写照,这与他人无复有别。"躬行"即身体力行。

**【解读】**孔子说:"我的外在表现是我自身的真实写照,这与他人没有什么分别。认真实践做一个君子,我还没有成功。"

7.34　子曰:"若圣与仁,则吾岂敢?抑为之不厌,诲人不倦,则可谓云尔已矣。"公西华曰:"正唯弟子不能学也。"

**【诠释】**或疑本章当与上章为一章,恐非是。此句无对话背景,似有阙文。其实,《论语》多为短章,难知其语境,非独本章为然。本章孔子辞他人所誉之"圣与仁",唯自许"为之不厌,诲人不倦",而此亦正如公西华所言"正唯弟子不能学",非常人所能做到,故钱穆以为,孔子居圣人之实,辞圣人之名。良是。本章可与上章参读。

**【解读】**孔子说:"像圣人和仁人,我怎么敢当呢?我不过是努力学习而不厌倦,教诲学生不知倦怠,如此而已罢了。"公西华说:"这正是我们学生学不了的。"

7.35 子疾病,子路请祷。子曰:"有诸?"子路对曰:"有之;诔曰:'祷尔于上下神祇。'"子曰:"丘之祷久矣。"

**【诠释】**本章通过孔子对子路请祷之事的反对,表现其对鬼神与祈祷的理性态度。子路于鬼神生死之事较为关心,孔子尝语之曰"未能事人,焉能事鬼"、"未知生,焉知死"。此处孔子又反对"祷"于神明以求病愈。孔子重天命尤重人事,持"尽人事以听天命"的态度。由本章亦可见子路对孔子感情之笃。吴嘉宾《论语说》云:"父兄病而子弟祷,此不当使病者知也。"而子路"请"祷,孔子是以不许,而又不直拒之,唯云"丘之祷久矣",以示无所事祷之意。或谓此是孔子生气子路不善言语而讥讽之。揆诸全章孔子之语气并无如此强烈,故不从。

疾病:疾、病连言指重病。

请祷:古注或解为"祷请",即子路祷请于神明。按之上下文义,当指子路请示孔子进行祷告,或子路请求进行祷告。

有诸:或以为指有子路祷请之事否?按之文义,当指有这回事吗?

诔:当为“讄”。《说文》段注曰:“讄,施于生者以求福。诔,施于死者以作谥。”

上下神祇:上下即指天地。天神曰神,地神曰祇。

**【解读】孔子病得很重,子路请求为之祈祷。孔子说:“有这回事吗?”子路回答说:“有啊。讄文说:‘替你向天神地祇祷告。’”孔子说:“我祷告已经很久了。”**

7.36　子曰:“奢则不孙,俭则固。与其不孙也,宁固。”

**【诠释】**本章是孔子对为人处世态度之抉择。孔子以为不逊与固陋虽俱为失德,然两害相权取其轻,宁固陋而勿不逊。此点于统治者尤其重要。故孔子主张为政者生活应节俭而勿奢华,奢华而致骄,骄之害大,甚或威胁其政权之生死存亡。

不孙:不逊,骄傲之意。孙,通“逊”。

固:固陋。

**【解读】孔子说:“奢华就会骄傲,节俭便会固陋。与其骄傲,宁愿固陋。”**

7.37　子曰:“君子坦荡荡,小人长戚戚。”

【诠释】本章以君子小人对举，体现孔子对君子小人内涵之深刻理解，此乃经验之谈，且有其心理依据。此处君子、小人非由“位”上说，乃自“德”上言。皇疏引江熙云：“君子坦尔夷任，荡然无私。小人驰兢于荣利，耿介于得失，故长为愁府也。”

荡荡：宽广貌。

戚戚：心胸局促，与荡荡相对。或训忧惧。不可从。长，非谓时时也，乃形容“戚戚”之长久也。

【解读】孔子说：“君子心胸坦荡无私，小人则心地局促忧戚。”

7.38 子温而厉，威而不猛，恭而安。

【诠释】本章描述孔子之神态，乃孔门弟子眼中之孔子形象。温与厉、威与不猛、恭与安皆为相对之辞，常人有其一，难有其二。非修养极深厚，厉行中庸之道者，孰能如此？儒家追求之中庸于孔子身上体现如此。

温而厉：温和但是透着严厉端庄。

威而不猛：有威严但不可怕。

恭而安：神情恭敬而安详。

【解读】孔子温和而严厉，威严而不可怕，恭敬而安详。

# 泰伯篇第八

**【概说】**本篇共二十一章。上篇记孔子之志行，是“己立己达”之事，而本篇多述孔子对古代圣贤政治品德之颂扬，并及曾子言辞一组，乃“立人达人”之要求。邢疏曰：“此篇论礼让仁孝之德，贤人君子之风，劝学、立身、守道、为政，叹美正乐，鄙薄小人，遂称尧、舜及禹、文王、武王。以前篇论孔子之行，此篇首末载贤圣之德，故以为次也。”

孔子所论古代圣贤如尧、舜、禹、武王、周公、泰伯等，其政治品格尤其是谦让之德，乃孔子儒家所特别强调和推崇者。本篇集中记载孔子对此数位古代圣贤谦德之颂扬，辅之以孔子之为政思想，体现儒门之政治品格与精神。

8.1　子曰：“泰伯，其可谓至德也已矣。三以天下让，民无得而称焉。”

**【诠释】**本章置于篇首，为本篇之总纲。方骥龄《论语新诠》云：“谦让为儒家思想之主体，以此章列于本篇之首，不特总括全篇主意，且足以反应春秋时代之所以乱，皆不能谦让之故也。如依下一章言之，人能恭而有礼、慎而有礼、勇而有礼、直而有礼、文质彬彬，斯即谦让之至德也。”

泰伯：又作“太伯”。周太王古公亶父生有三子：泰伯、仲雍与季历。季历之子即姬昌。传说太王见姬昌幼有圣德，欲打破惯例，不将“位”传于长子泰伯，而传与三子季历以便传之姬昌。泰伯为实现父亲之愿望，不使父亲为难，便同二弟仲雍出走至吴，于是季历即位，后传之姬昌，是为周文王。

三以天下让：三，虚数，非实指，言其屡让。天下，指当时周部落而言。因为当时周仅为一小部落。或曰乃孔子预指后来周统一后的天下而言，以为泰伯亦可拥有天下，亦通。能以政权相让，非常人所能企及，可谓难能可贵。在后世，权力，尤其是最高权力成为天下之宝器，为夺得此宝器，天下为之乱，孔子儒家特别推崇泰伯之谦德，故孔子称之为“至德”。

称：称赞。

**【解读】**孔子说："泰伯，可以称得上是德性极高了。屡次把天下让给季历，老百姓都不知道如何来称赞他了。"

8.2 子曰："恭而无礼则劳，慎而无礼则葸，勇而无礼则乱，直而无礼则绞。君子笃于亲，则民兴于仁。故旧不遗，则民不偷。"

**【诠释】**本章前后文义不连贯，似为两章，然无实据，故仍旧。本章主要论君子"为政"，突出"礼"之重要性。孔子强调为政者本身之德行修养。此处论"恭、慎、勇、直"诸德目，然皆须"以礼节之"。此处之"君子"，指为政者。孔子之教的对象，首先即为政者——"君子"，他希望身份之"君子"皆成"德性"之君子。君子之德，是为表率，君子"笃于亲"，则民自然效法，从而"亲亲"，进而实现"仁"德，《中庸》云："仁者，人也，亲亲为大。"《大学》云："一家仁，一国兴仁；一家让，一国兴让；一人贪戾，一国作乱：其机如此。此谓一言偾事，一人定国。尧、舜率天下以仁，而民从之。桀、纣率天下以暴，而民从之。"可为此处注脚。

恭而无礼则劳：劳，疲劳。此指在上者而言。一说指劳民，不确。恭敬乃美德，然若不知礼而过于恭敬，至无所措手足从而使自己疲惫不堪。

慎而无礼则葸(xǐ):葸,胆怯、畏惧。谨慎乃美德,然若不知礼而过于战战兢兢、瞻前顾后,则易成胆小畏怯之弊。

勇而无礼则乱:勇固是美德,然如不以礼节之而一味好勇斗狠,则易引发祸乱。孔子经常提及乱与勇之关系。如《阳货篇》:"子曰:'好勇不好学,其蔽也乱。'"又:"子路曰:'君子尚勇乎?'子曰:'君子义以为上,君子有勇而无义为乱,小人有勇而无义为盗。'"《礼记·仲尼燕居》:"勇而不中礼谓之逆。"皆可参读。

直而无礼则绞:绞,急切偏激、尖酸刻薄。直是美德,然若不知礼而一味心直口快,则易偏激伤人。《阳货篇》:"子曰:'好直不好学,其蔽也绞。'"

故旧:旧交,老朋友。

偷:浇薄,人情淡漠。

**【解读】孔子说:"恭敬但不知礼则会疲劳,谨慎而不知礼则会胆怯,勇敢而不知礼则会闯祸,直率而不知礼则会伤人。在上位的君子对于亲族感情笃厚,老百姓就会走向仁德;不遗弃故交旧友,老百姓就不会人情淡薄。"**

8.3　曾子有疾,召门弟子曰:"启予足!启予手!《诗》

云：‘战战兢兢，如临深渊，如履薄冰。’而今而后，吾知免夫！小子！”

【诠释】本章至第七章皆为曾子语录。本章以曾子临终犹存谨慎之念，从而体现了曾子一贯之孝道思想。

启：动，抬一抬、动一动。李泽厚译为“摆正”，并以之为曾子“宗教性道德”之体现。今从之。

战战兢兢，如临深渊，如履薄冰：出于《诗经·小雅·小旻》。

免夫：免于刑戮。曾子强调孝道。《大戴礼记》有《曾子》十篇，其中有“立孝”、“大孝”诸篇论述孝道。而《孝经》相传亦为曾子所作，其中有“身体发肤，受之父母，不可毁伤”句，毁伤即指受刑戮而言。孔子尝云：“君子怀刑。”又称南容“邦无道可免于刑戮”，可与此参读。李零以为此是曾子病愈之后感慨“拣了一条命”，可备一说。

【解读】曾子得了重病，将门下弟子召来，说道：“摆正我的脚，摆正我的手！《诗》上说：‘战战兢兢，如临深渊，如履薄冰。’从今之后，我知道可以免于刑戮了。小子啊！”

8.4　曾子有疾，孟敬子问之。曾子言曰：“鸟之将死，其鸣也哀；人之将死，其言也善。君子所贵乎道者三：动容貌，斯远暴慢矣；正颜色，斯近信矣；出辞气，斯远鄙倍矣。笾豆之事，则有司存。”

**【诠释】**本章为曾子病重临终前对孟敬子提出的三项建议：动容貌、正颜色、出辞气，而不需关心具体礼仪细节。此处揭示儒家关于内在修养与外在礼容之关系的观点。程树德云：“敬子为人，证之《檀弓》，其举动任情，出言鄙倍……所言必系对症下药，盖敬子承屡朝奢僭之后，容貌颜色辞气之间多不中礼，且察察为明，近于苛细，故以此教之，即孟子所谓不屑之教诲也。后儒乃以为修身之要、为政之本，失其旨矣。”此实为知言。《论语》中多有类似例证，如子路问事鬼神、问生死，孔子所谓“未知生，焉知死”、“未能事人，焉能事鬼”，皆此类也，以此证孔子乃无神论者则谬矣。《礼记·冠义》：“礼义之始，在于正容体，齐颜色，顺辞令。容体正，颜色齐，辞令顺，而后礼义备。”《礼记·表记》云：“是故君子貌足畏也，色足惮也，言足信也。”可与本章参读。

孟敬子：鲁国大夫仲孙捷，孟武伯之子。

鸟之将死，其鸣也哀；人之将死，其言也善：此盖当时习语。后世多以此作为临终劝谏之用。

君子：指为政者。

贵乎道：贵，重。道，指君子之道。一说指礼而言，不可从。

动容貌，斯远暴慢矣：动容貌，盖指注重容貌之恭敬严肃。暴慢，粗暴、懈怠。远暴慢，一说指人不敢暴慢对之；一说自己身上无暴慢之弊。今从后说。

正颜色，斯近信矣：正颜色，端正脸色。近信，谓近于诚信。

出辞气，斯远鄙倍矣：辞，言语。气，语气、声调。出辞气，指注重言辞声调。鄙倍，粗野、过失。倍，同“背”，过失、错误。

笾(biān)豆之事：指礼仪中的细节琐事。笾豆，祭祀所用的器具。笾为竹制，豆为木制。

有司：此指管理祭祀典礼之小吏。

**【解读】**曾子病重，孟敬子前来探问。曾子说道：“鸟要死时，叫的声音是悲哀的；人要死时，说的话是善意的。在上位的君子，所重视的君子之道有三：注重严肃容貌，身上就远离暴慢之气；端正自己的脸色，就会近于诚信；注意调整言辞声调，就会远离粗野和过失。至于笾豆之类的具体礼仪细节，自有负责的小吏来管。”

8.5　曾子曰：“以能问于不能，以多问于寡，有若无，实若虚，犯而不校——昔者吾友尝从事于斯矣。”

**【诠释】**本章曾子所言“吾友”古注皆以为指颜回。颜回少孔子三十岁，曾子少孔子四十六岁，颜回早于孔子而卒，曾子则长寿。本章之语乃曾子回忆之口吻，以称赞颜回之德行。“以能问于不能，以多问于寡，有若无，实若虚”，不耻下问之义。《大戴礼记·曾子制言上》：“良贾深藏如虚，君子有盛教如无。”颇类道家之语，《老子》：“良贾深藏若虚，君子盛德，容貌若愚。”可能即是曾子语之所本。早期儒道思想皆主“谦德”，孔子观欹器，而悟“谦道”，今帛本《易传》皆有论“谦”道之辞，非徒道家为然也，盖先民之共同智慧也。又，《孔子家语·弟子行》：“满而不盈，实而如虚，过之如不及……是曾参之行也。”可见曾参亦能做到持谦之道。盖有人以此誉曾子，而曾子称“昔者吾友”，以自谦也。

犯而不校：犯，侵犯也。校，何晏《集解》引包咸曰：“校，报也。”朱子《集注》曰：“校，计较也。”二义相通。《韩诗外传》卷九：子路曰：“人善我，我亦善之；人不善我，我不善之。”子贡曰：“人善我，我亦善之；人不善我，我则引之进退而已耳。”颜回曰：“人善我，我亦善之；人不善我，我亦善之。”三子所持各异，问于夫子，夫子曰：“由之所言，蛮貊之言也；赐之所言，朋友之言也;回之所言,亲属之言也。”杨树达《论语疏证》云:据此言,正与犯而不校之义相合也。

**【解读】**曾子说:“有能力而向没有能力的人请教,知识丰富向知识贫乏的人请教,有像没有一样,充实像空虚一样,别人侵犯而不去计较——从前我的朋友(颜回)曾经这样做过啊。”

8.6 曾子曰:“可以托六尺之孤,可以寄百里之命,临大节而不可夺也,君子人与?君子人也。”

**【诠释】**本章为曾子论君子之德才。此所谓君子,主要是指国之卿大夫,他们关系国家之存亡,故儒家格外强调此等人之“才”、“德”。朱子曰:“才节兼全,方谓之君子。”

托六尺之孤:托付幼小的国君。六尺,身材幼小的小孩,年龄在十五岁以下。托孤,指将即将即位的幼主托付给老臣。此在中国历史上屡有发生,亦为文学戏剧作品所渲染,如刘备白帝托孤之类。

寄百里之命:寄托一个国家的命脉,即摄理国政。寄,寄托,托付。百里,古代小诸侯国的封地的大小。命,国之命脉。

临大节而不可夺:节,节操。大节,能考验节操的重大时刻、重大事件，以此代指国家生死存亡的时刻。夺，放弃，丧失。《子罕》篇："三军可夺帅也，匹夫不可夺志也。"可证。

【解读】曾子说："可以将幼主托付给他，可以把国之命脉寄托给他，在生死存亡关头而能保持志节，这样的人是君子吗？是君子啊。"

8.7 曾子曰："士不可以不弘毅，任重而道远。仁以为己任，不亦重乎？死而后已，不亦远乎？"

【诠释】本章曾子论士，最为有名。此乃儒家精神之最佳写照。《礼记·表记》：子曰："仁之为器重，其为道远。举者莫能胜也，行者莫能致也。取数多者，仁也。夫勉于仁者，不亦重乎？"曾子盖得孔子之真精神矣。

弘毅：弘，一说大也，一说宽广，一说乃"强"之讹。今从第一说。毅，刚毅。

【解读】曾子说："士不可以不弘大刚毅，担子沉重而道路遥远。把实现仁德于天下作为自己的担子，不是很沉重吗？到死才能停止，不是很遥远吗？"

8.8 子曰："兴于诗，立于礼，成于乐。"

**【诠释】**本章孔子论教化之道，即为政之道，而非仅教学之道。所谓成，完成义，亦即成人之道也。孔子有“六经之教”，此论及其半。诗，能启迪性情，即“温柔敦厚”之诗教，盖此为化民之先。礼，能规范人之举止、约束性情，即“恭俭庄敬”之礼教，盖此为化民之要。乐，感染陶冶之功能莫大乎此，即“广博易良”之乐教，盖此为化民之本。兴，起也，始也，是为第一步；立，初成也，是为第二步；成，完成，第三步也。古代重《诗》，聘问宴会赋诗乃一时风尚。礼乐，周公以来之正统。“礼主分，乐主合”，化民之道也。

**【解读】**孔子说：“兴起于诗，初成于礼，完成于乐。”

8.9　子曰：“民可使，由之；不可使，知之。”

**【诠释】**本章通常句读为：“民可使由之，不可使知之。”故争议最大，尤其近代以来，人以此为口实攻击孔子儒学，将之视为孔子愚民思想之表白。而维护孔子者，则做出不同的解释以求融通。如康有为改句读：“民可，使由之；不可，使知之。”然难得认可。郭店楚简有《尊德义》一篇，为正确理解此句提供佐证。《尊德义》云：“尊仁、敬庄、亲忠、归礼，行矣而无违，养心于子谅，忠信日益而不自知也。民可使，道之；而不可使，知之。民可道也，不可强也。”意为为君者应培养爱人之心，尊重贤人，亲近忠信之人，行动不能违背人之本性，此皆教君向善之举措。在此之后，孔子说“民可使，道之；而不可使，知之”，“道”与“由”相对应。前面论言而有信，接着所讲当然不会是如何愚民。《尊德义》使我们理解了孔子儒家本意不仅非愚民思想，反而突显孔子儒家教民爱民、以民为本之思想。《尊德义》所表现之思想乃要求执政者充分发挥其表率作用，即重身教而非言传。作为君主，若不能正身，何以正人？《尊德义》云：“下之事上也，不从其所命，而从其所行。上之好物也，下之有甚焉者也。”为人上者之导民需身体力行，而非以花言巧语。《孔子家语·入官》曰：“君子莅民，不可以不知民之性而达诸民之情，既知其性，又习其情，然后民乃从其命矣。”孔子将“知其性”、“习其情”作为“民可使”之前提，由此可见若要“民可使”或“从其命”，为君者须既了解民众习性又熟悉其实情。为君者之表率作用应建立于“知其性”、“习其情”基础之上。在“知性”、“习情”之后，为政者应“不临以高，不道以远，不责民之所不为，不强民之所不能”，如责民所不能，即不因其性；不因其性，则民不服其命；强民所不从，不因其情，则民引而不从。正与《尊德义》“民可道也，不可强也”思想相合。由此可知"民可使,道之",所指是尊其性而导,否则就引而不从。民不可使,为政者须尽力知其性、习其情,此符合儒家所高扬之修己主张。以往之误解,由于疏通文义时未能整体把握儒家思想,进而致句读有误。据以上之分析,该句可断为:"民可使,由之;不可使,知之。"意为要按照民众的恒常之性去教导,人民就服从命令;如果民众不服从命令,就要尽力了解民性民情,弄清其中之原因。而原因应从自身寻找,即先求诸己然后再求诸人。

【解读】孔子说:"老百姓如果听从,就顺从他们;如果不听从,就说明缺乏对他们的了解,就应深入去了解民性、民情。"

8.10　子曰:"好勇疾贫,乱也。人而不仁,疾之已甚,乱也。"

【诠释】钱穆以为本章言治道,诚是。李零谓此言之对象乃弟子而非国君。孔子教导弟子,盖培养为政之君子。后如子路、冉有、仲弓、子游之属,皆曾为政。为政之要在于教化。好勇与恶不仁,皆为孔子所认可,然曰百姓好勇而厌恶贫穷,则易生乱;恶不仁过度,则易偏激生乱。

疾:恶也,厌恶、憎恶。

【解读】孔子说:“其人好勇但恶贫,会生乱。对不仁之人憎恶过分,也会生乱。”

8.11 子曰:“如有周公之才之美,使骄且吝,其余不足观也已。”

【诠释】周公为孔子所推崇之圣人,才德兼备。孔子以周公为例,盖以此彰显德与才之关系也。孔子强调谦德,以为有才无德则为人不足观。有才者往往骄傲不可一世,而周公以经天纬地、安邦定国之才之位,能持谦如此,正体现儒家之理想人格。此盖孔子训导学生之语,强调为政者之重德也。

周公之才之美:第二个之字,相当于“而”。

骄且吝:骄,恃才傲物。吝,一说为吝啬,一说为封闭。今从后说。

其余:指其“才之美”也。

【解读】孔子说:“如果有周公那么大的才能,假使他恃才傲物而且封闭自我,那么其才能也是不足观的。”

8.12 子曰:“三年学,不至于谷,不易得也。”

**【诠释】**孔子弟子之求学于孔子，其初始目的大多为求干禄之本领，所谓“学而优则仕”也。孔子固不反对为政干禄，然却更欣赏弟子一心向道。如原宪以其可仕却依然不出仕，得到孔子赞誉。李泽厚云，概从孔子始“学”才具独立性。

至：想到，意念之至也。

谷：禄也。借指出仕为官。一说为善，误。

**【解读】**孔子说：“学了三年，仍不想出仕为官，很难得啊！”

8.13　子曰：“笃信好学，守死善道。危邦不入，乱邦不居。天下有道则见，无道则隐。邦有道，贫且贱焉，耻也；邦无道，富且贵焉，耻也。”

**【诠释】**本章孔子论出处进退之理。可与《述而》篇第七章、《宪问》篇第一章、《卫灵公》篇第七章参读。

笃信好学：笃，厚也。笃信，笃信于道也。《子张》篇：“执德不弘，信道不笃，焉能为有，焉能为亡。”好学，学道也。

守死善道：誓死守护道。上下互文，笃信、好学、守死者，皆此“善道”。一说“善”为喜好；一说“善”与“道”

并列为二，皆守死之对象；一说“善道”为“善其道”。后说可从。

见：现也，意为出仕。可与《述而》篇：“用之则行，舍之则藏。”《卫灵公》篇：“君子哉蘧伯玉！邦有道则仕，邦无道则可卷而怀之。”等相参证。

邦无道，富且贵焉，耻也：即同于《宪问》篇：子曰：“邦有道，谷；邦无道，谷，耻也。”

**【解读】**孔子说：“**笃实地信仰道，好好地学习道、誓死守卫道。不去危险的国家，不待在祸乱的邦国。天下有道就出来做官，天下无道就退隐。政治清明，自己贫贱，是耻辱；政治黑暗，自己富贵，是耻辱。**”

8.14　子曰：“不在其位，不谋其政。”

**【诠释】**本章又见于《宪问》篇。乃孔子论为政之理。在其位，谋其政，乃为政者之通则。不在其位而谋其政，则易于生祸乱。《易》曰：“君子思不出其位。”曾子曾引之以为孔子语之根据也。

**【解读】**孔子说：“**不在那个职位上，不谋虑那个职位上的政事。**”

8.15　子曰：“师挚之始，《关雎》之乱，洋洋乎盈耳哉。”

【诠释】本章孔子论音乐之魅力。

师挚：大师挚，见于《微子》。大师，即太师，管理音乐的长官。朱熹说是鲁乐师。

始：这里指乐曲开始。

乱：乐曲完成。

洋洋乎：叹美之词。

【解读】孔子说："从太师挚开始演奏，到结尾演奏《关雎》之曲，美妙的音乐充盈于耳啊！"

8.16 子曰："狂而不直，侗而不愿，悾悾而不信，吾不知之矣。"

【诠释】本章论为人。或说乃孔子论世风日下，人心不古。凡狂、侗、悾皆失也，然若济之以直、愿、信，则犹可。然二者俱失，则无可取者也。

狂而不直：狂，狂妄。直，直率、坦率、耿直。

侗（tóng）而不愿：侗，有二解：一，无知。二，诚悫。此为无知义。愿，谨愿，老实。

悾（kōng）悾而不信：悾，亦有二解：一，无知无能。二，诚实。此为无知无能义。信，诚信。

【解读】孔子说："狂妄而不直率，无知而不老实，无能而不诚信，我不知道怎么办了。”

8.17 子曰：“学如不及，犹恐失之。”

【诠释】本章论为学。钱穆曰：“学问无穷，汲汲终日，犹恐不逮。”可谓得之。或曰：如不及，欲得而未得。恐失之，既得之而恐失之也。前言知新，后言温故。今不取。

不及：来不及、赶不上。形容其急迫。

【解读】孔子说：“学习好像来不及似的，还又怕失去了。”

8.18 子曰：“巍巍乎，舜禹之有天下也，而不与焉。”

【诠释】本章及以下数章乃孔子称誉贤圣之语。本章赞舜、禹之无为而治。《卫灵公》篇：子曰：“无为而治者，其舜也与？夫何为哉？恭己正南面而已矣。”可参读。

巍巍乎：高大伟岸貌。

不与：有三说：一，舜、禹任贤使能，无为而治；二，得天下非求而得之，乃自然趋势使然；三，犹不相关，不以有天下为乐。钱穆以为兼此三说为一，方能彰显舜、禹之德。杨伯峻以“与”训参与，借指私有。今取第一义。

《论衡·语增》曰："舜承安继治，任贤使能，恭己无为而天下治。故孔子曰：巍巍乎舜禹之有天下也而不与焉。"

**【解读】**孔子说："伟大啊，舜、禹有天下却不与其事，无为而治。"

8.19　子曰："大哉尧之为君也！巍巍乎！唯天为大，唯尧则之。荡荡乎，民无能名焉。巍巍乎其有成功也，焕乎其有文章！"

**【诠释】**本章孔子赞尧之则天。

则：效法。

荡荡乎：广大貌。

名：称道。

焕乎：光明灿烂貌。

**【解读】**孔子说："尧这样的君主真伟大啊！高大啊！只有天那么高大，只有尧能效法天。广大啊！老百姓无法用语言称赞他。他的功绩真是崇高啊！他的礼乐法度真是光辉灿烂啊！"

8.20　舜有臣五人，而天下治。武王曰："予有乱臣十人。"孔子曰："才难，不其然乎？唐虞之际，于斯为盛。有妇人焉，九人而已。三分天下有其二，以服事殷。周之德，其可谓至德也已矣。”

**【诠释】**本章赞周之盛德。孔子所赞誉非在于人才，而在于“三分天下有其二”仍“服事殷”之谦德。或认为“三分天下有其二”以下乃独立的一章，可备一说。

舜有臣五人：何晏《集解》引孔安国说：五人指禹、稷、契、皋陶、伯益。此说本于《孟子·滕文公上》。

乱臣：治臣。

唐虞之际，于斯为盛：唐虞之际与周初皆人才之盛世也。于，即“与”。斯，指周初。

三分天下有其二，以服事殷：指周文王事。《逸周书·太子晋》：“如文王者，其大道仁，其小道惠。三分天下有其二，敬人无方，服事于商。既有其众，而反其身，此之谓仁。”

**【解读】**舜有五个大臣而天下大治。武王说：“我有治臣十人。”孔子说：“人才难得啊！不是这样吗？唐虞的时代和周初之际为人才最盛的时候。然而武王的十人之中，还有一位妇人，所以治臣不过九个而已。周文王得了三分之二的天下，还臣服于商朝。周的德行，可算得上最高的了。”

8.21　子曰：“禹，吾无间然矣。菲饮食而致孝乎鬼神，恶衣服而致美乎黻冕，卑宫室而尽力乎沟洫。禹，吾无间然矣。”

**【诠释】**本章孔子赞禹之俭于己身而勤于民事，此亦谦德之表现也。鬼神、黻冕皆祭祀之事。沟洫，则民事也。祭祀与民事，乃为政之大事。儒家对此十分重视，而禹堪为典范，故孔子称之。

间然：间，异议，批评。

菲：菲薄。

致孝乎鬼神：祭祀鬼神。此指祭祀时祭品之丰盛也。

黻(fú)冕：黻，祭祀用的礼服。冕，一种冠，祭祀用的礼帽。

尽力乎沟洫：沟洫，沟渠水利之事。此或指大禹治水事。

**【解读】**孔子说："对于禹，我没有批评了。自己的饮食菲薄但祭祀鬼神的祭品却很丰盛；自己的衣服很破烂但祭祀的礼服却很华丽，住的宫室很破败却尽力修治沟渠水利。对于禹，我没有批评了。"

# 子罕篇第九

**【概说】**本篇共三十一章。宋儒朱熹《论语集注》将第六、第七章合二为一,故作三十章。编者取首章“子罕言利,与命与仁”首二字作为篇名。该篇记孔子的言论占二十二章,孔子的答问二章,有关对孔子德行的评论六章,另有孔子对《诗经》的评论一章。

关于该篇的主旨,宋人邢昺在其《论语注疏》中说:“此篇皆论孔子之德行也,故以次《泰伯》尧、禹之至德也。”此篇首章正好可以说明孔子为人的品格,最后一章孔子以棠棣之华为喻,说明“事在人为”的道理,更确切地说是孔子心目中的道德标准。如台湾学者方骥龄《论语新诠》中说:“本篇……皆孔子不言利及命之说。孔子所不言之利,私利也;不言之命,个人之命运也。但孔子独重视取人为善、助人为善、许人为善之道……故首章‘子罕言利与命,与仁’。‘与仁’,殆即与人为善之谓,故全篇所编列之各章,无非为孔子与人为善之事实。孔门为学为人之主旨,德贵自觉而善贵及人,决不以独善其身为已足,故明知其不可为而为之,栖栖皇皇而不能自已,亦即本篇之要旨。最后一章引'唐棣之华'一诗发扬其理,子曰'未之思也,夫何远之有',用力行实践之义总束全篇,谓与人为善当力行实践,不可休止,非空言也。"其实,孔子这种重视道德和与人为善的品格古代学者也有论述,比如皇侃《论语义疏》亦曰:"此篇明时感者既少,故圣应亦希也,所以次前者;外远富贵,既为秕糠,故还反凝寂,所以希言,故《子罕》次《泰伯》也。"总之,该篇围绕德行这一中心问题展开。

9.1　子罕言利,与命与仁。

**【诠释】**这是该篇的首章,主要是论述孔子对"利"、"命"与"仁"的态度,对它的正确理解有助于对整篇的准确把握。

所谓"罕",少也。罕言,不是不言,不是一点不谈,而是不经常性地谈论。从《论语》及其他遗说的记载看,孔子也谈"利"的问题,不过他并不汲汲于追求"利",而是看"利"的获得是否符合"义"的道德规范,主张"先义后利"。比如《论语·里仁》记载孔子之言:"君子喻于义,小人喻于利”,《论语·述而》:“富而可求也,虽执鞭之士,吾亦为之。如不可求,从吾所好。”“不义”之利是为孔子所鄙视的,“不义而富且贵,于我如浮云”(《论语·述而》)。

该章主要分歧在于对前后两个“与”字的理解:一种认为是动词,有“赞许”、“赞成”之意;一种认为是并列连词,有“同”、“和”之意;第三种说法认为前一“与”字为并列连词,后一“与”字为动词,是“赞许”之意。

我们认为,第一种说法更符合原意。孔子对“仁”的推许,《论语》中比比皆是。孔子对“命”、“天命”也绝不罕言,郭店楚墓竹简《穷达以时》的出土则证实了这一认识。关于“与”的这种用法,《论语》中有很多例子,如《述而》记:“子曰:‘与其进也,不与其退也。’”《先进》记:“夫子喟然叹曰:‘吾与点也。’”“与”都是“赞许”的意思。《论语》中描绘的孔子,既肯定天命,也推许仁道,所否定的只是以“利”为价值的人生观。

**【解读】孔子很少主动地谈论私利,却认同天命,赞许仁德。**

9.2　达巷党人曰:“大哉孔子!博学而无所成名。”子闻之,谓门弟子曰:“吾何执?执御乎?执射乎?吾执御矣。”

【诠释】本章说明孔子道艺之赅博。在探求其原因时,与他人不同的是,孔子归根于自己的人生经历。孔子说:"吾少也贱,故多能鄙事。"又说:"吾不试,故艺。"孔子又多将治国以驾车为喻,如《孔子家语·执辔》篇中记载孔子说:"以德以法。夫德法者,御民之具,犹御马之有衔勒也。君者,人也;吏者,辔也;刑者,策也。夫人君之政,执其辔策而已。"孔子认为为政就是君主的"执辔"而已。在这里,他选择"执辔"作为自己的专长,则是情理之中的事情。

御、射均为六艺(礼、乐、射、御、书、数)之中微不足道的技艺,而孔子听到乡党人的赞誉,愿以其中较为基础和低等的"执御"为名,体现了他的自谦。如方骥龄说:"御,言其职卑,乃下士之流,即《述而篇》孔子所谓'执鞭之士'是也。御为尊者所勒御如车马然;但御可以供职,与尊者相亲,然后为尊者所识拔。孔子言学御,期学御后有待人录用之机会,自谦之至也。"

达巷:是党名,古代五百家为一党,"党人"犹言乡里人。如三国时期魏人何晏《论语集解》引郑玄曰:"达巷者,党名也,五百家为党。此党人之美孔子博学道艺,不成一名也。"这里达巷人称孔子为"大",与《论语·泰伯》记孔子之言"大哉尧之为君也"有异曲同工之妙,也体现了孔子在乡党人心中的位置。

博学而无所成名：有人认为意思是不能用一方面的专长来称赞他；有人认为意思是学问广博，可惜没有一艺之长以成名。前者以皇侃的《论语义疏》为代表，他说："大哉孔子，广学道艺，周偏不可一一而称，故云无所成名也，犹如尧德荡荡民无能名也。"后者以朱熹《论语集注》为代表，他说："盖美其学之博，而惜其不成一艺之名也。"结合《论语》全文以及孔子本人的学问特点进行综合思考，前一种说法较为恰当。

执：专执。御：驾马车。射：射箭。

**【解读】达巷里的老乡们议论说："孔子真是伟大呀！学问广博到了不能用一技之长来称赞他的地步。"孔子听到赞许他的这席话，自谦地对他的学生们说："我用什么作为我的专长呢？是赶马车呢，还是射箭呢？我选择赶马车吧！"**

9.3　子曰："麻冕，礼也；今也纯，俭，吾从众。拜下，礼也；今拜乎上，泰也。虽违众，吾从下。"

**【诠释】**本章是讲孔子对待礼制的态度。过去不少人认为孔子是一个典型的"复古主义者"，是古代社会"拉历史倒车"的代表，至今仍有不少人持此种看法。这显然是对孔子的严重误解！实际上，孔子主张与时偕行，从不泥古守旧，与所谓“愚顽不化”远远不能沾边。三代之中最为孔子所崇尚的是周礼，但对待周代礼乐文化，孔子并非是泥古不化的，遵从与否则要视其是否合“宜”而定。如《论语·卫灵公》中记孔子说：“行夏之时，乘殷之辂”，这是因为夏代的历法有利于农业生产，殷代的车子朴质实用，可见，孔子并不是一切以周为是。

麻冕：用麻绳做成的黑色冠帽。朱熹《论语集注》曰：“麻冕，缁布冠也。纯，丝也。俭，谓省约。缁布冠以三十升布为之，升八十缕，则其经二千四百缕矣。细密难成，不如用丝之省约。”用麻布做成的冕冠是符合古礼的，而用黑色的丝做成的礼帽只是其构成材料不同，但遵循古礼的本质还是存在的。

纯：黑色的丝。

拜下：拜，臣子对君主行的跪拜之礼。下，指朝堂之下。按照古代礼制规定，臣下拜见君主应先在堂下行跪拜之礼，君主说免礼之后再到堂上行一次礼，这才符合古礼的要求。而孔子所处的时代，礼崩乐坏，臣子们已经免去了堂下之礼，直接到堂上行君臣之礼。如何晏《论语集解》引王肃曰：“臣之与君行礼者，下拜然后升成礼。时臣骄泰，故于上拜也。今从下，礼之恭也。”这里，孔子从维护社会秩序及安定的角度出发，要求君、臣、父、子都能各安其道，才选择了违众的态度。

上:堂上。泰:骄泰,倨傲不恭。

【解读】孔子说:"礼帽用麻线织成的布来做,这是符合古代礼制规定的;现在大家都用丝织成的布来做,虽然在原料的制作上违背了古礼,但只是形式的不同,尊重古礼的实质还在。出于节俭和容易制成的角度考虑,我服从现在的做法。臣子拜见君王在堂下先行跪拜礼,这是符合传统礼制规定的;现在臣子们只在堂上行礼,这是骄泰的表现。虽然违背现在的做法,但我还是遵从在堂下先拜,然后再升堂而拜的古礼。"

9.4　子绝四:毋意,毋必,毋固,毋我。

【诠释】本章所记的是孔子为人处世所具有的四种优秀品格。孔子杜绝了意、必、固、我这四种可以扰乱其追求"先王之道"的不良行为,这也是孔子作为圣人之所以为"圣"的根本所在。如朱熹《论语集注》中说:"绝,无之尽者。'毋',《史记》作'无'是也。意,私意也。必,期必也。固,执滞也。我,私己也。四者相为终始,起于意,遂于必,留于固,而成于我也。盖意必常在事前,固我常在事后,至于我又生意,则物欲牵引,循环不穷矣。"虽然朱熹的理解未必准确,但他把四者连成一个整体却多有所发明。

绝：杜绝，一点也没有。毋：同“无”，没有。

意：凭空猜想。

必：必须，一定。如孔子评论颜回时的“用之则行，舍之则藏，唯我与尔有是夫”（《论语·述而》），体现的正是其审时度势的权变思想，也反映了他“择木之鸟”的处世品格。

固：固守、固步自封。《宪问》记载孔子之语：“非敢为佞也，疾固也”，体现的正是这一思想。

我：自以为是。

**【解读】孔子具备了四种优秀的品格：不凭空猜测，不绝对肯定，不固步自封，同时也不自以为是。**

9.5　子畏于匡，曰：“文王既没，文不在兹乎？天之将丧斯文也，后死者不得与于斯文也；天之未丧斯文也，匡人其如予何？”

**【诠释】**本章反映了孔子以后死者自居，以传承中华文明、继承文王之道为己任的历史责任感和使命感。孔子一向推崇文武之道，如《中庸》说他“祖述尧舜，宪章文武”，《论语·子张》记载子贡曾说孔子学修“文武之道”，而孔子也自认为是文武之道的继承者，可以说孔子思想与文王之道有着不可分割的联系。孔子在遭受困厄之时,将最终的决定力量归之于"天",表明了他对"天命"的认可。本章可与《论语·述而》第二十三章"天生德于予,桓魋其如予何"相对照参看。

畏:同"围",拘囚。匡:古代的地名,旧说不一。

文:文献,蕴涵文武之道的六艺之类的文献典籍。孔子正是用这些文献传授于弟子。如黄震《黄氏日钞》说:"所谓文者,又礼、乐、射、御、书、数之谓,非言语文字之末。"可以有助于我们对该句的理解。宋人金履祥《论语集注考证》引何北山曰:"所谓文者,正指典章文物之显然可见者。盖当周之末,文王、周公之礼乐悉已崩坏,纪纲文章亦皆荡然无有,夫子收入散亡,序《诗》、《书》,正礼乐,集群圣之大成,以昭来世,又作《春秋》,立一王之法,是所谓得与斯文者也。"在周游列国的过程中,孔子及其弟子们也可能收集到了不少的历史典籍。

兹:这里。何晏《论语集解》引孔安国曰:"兹,此也。言文王虽已没,其文见在此。此,自谓其身也。"

后死者:孔子自谓。

其如予何:能把我怎么样?

**【解读】孔子在匡地被拘囚了数日,他说:"集结传统文化的周文王死后,饱含着礼乐之道的文化遗**

产不都在我这里吗？上天要消灭这种文化，那就不会让我掌握这种文化了；如果天不欲灭亡这种文化，匡人又能把我怎么样呢？”

9.6　太宰问于子贡曰：“夫子圣者与？何其多能也？”子贡曰：“固天纵之将圣，又多能也。”子闻之，曰：“太宰知我乎！吾少也贱，故多能鄙事。君子多乎哉？不多也。”

**【诠释】**本章主要是探讨孔子多能的原因。子贡认为是上天将让孔子成为圣人，并使其多能；孔子则否认自己是生而知之的圣人，他认为这是自己年少贫贱，“多能鄙事”的缘故。如《史记·孔子世家》记载：“孔子贫且贱。及长，尝为季氏史，料量平；尝为司职吏而畜蕃息。由是为司空。”正可与孔子之言相印证。

太宰：官名。至于为哪国的太宰，历来学者有不同的说法。程树德《论语集释》总结说：“太宰有吴、宋、鲁、陈之四说，以书法言之，当以鲁太宰为正。《左传》隐公十年：‘羽父求太宰。’《正义》谓：‘以后更无太宰，鲁竟不立。’未知其说何据。此等处止宜阙疑。”杨伯峻《论语译注》说：“这位太宰已经不知是哪一国人以及姓甚名谁了。”我们也认为历来注疏《论语》者从各种角度进行论述，取得了不少有效成果，但都没有十分确凿的证据。

固：同"故"，本来、固然。将：将要。

**【解读】**太宰问子贡说："你们的老师是圣人吗？为什么这样多才多艺呢？"子贡回答说："这本是上天将让他成为圣人，又使他多才多艺的。"孔子听说后，说："太宰了解我呀！我因为小时候非常穷苦，所以会做很多鄙贱的事情。君子会有这么多技艺吗？不会这样多呀！"

9.7 牢曰："子云：'吾不试，故艺。'"

**【诠释】**本章承接上一章，继续讨论孔子多能的原因。我们可以看出孔子之多能，除了个人的努力以外，更重要的是时代所造就的。

东汉郑玄《论语郑氏注》曰："牢，弟子子牢也。试，用，言孔子自云，我不见用，故多能技艺也。"朱熹《论语集注》曰："试，用也。言由不为世用，故得以习于艺而通之。"该章与上章连接起来可以说是太宰、子贡、孔子以及子牢等四人解释孔子多能之原因。方骥龄《论语新诠》中说："孔子罕言利；子贡、子牢亦为孔子申述其罕言利之宗旨。"所以，我们说该篇有特定的主旨应该没有问题。

牢:孔子的弟子子牢。试:为时代所采用。艺:技艺。

**【解读】**子牢说:"孔子曾经说:'我的学说不被时代采用,所以多学了一些技艺。'"

9.8　子曰:"吾有知乎哉?无知也。有鄙夫问于我,空空如也。我叩其两端而竭焉。"

**【诠释】**本章是孔子用实际事例说明自己并不是一位不学而知的天才,而是运用分析的方法在不断探索中获得新知。此外,这也体现孔子"有教无类"以及"与人为善"的教育思想。正如方骥龄《论语新诠》所说:"全章的主旨在如有悾悾相问之人,其人之曾经愤悱工夫也可知,则虽系鄙夫,亦必竭其所知以告,使之释疑。孔子与人为善之诚也。"

知:知识。

鄙夫:是指农夫,指代无文化知识的人。

空空如也:传统上有两种说法,一是指孔子自言无知,如朱熹《论语集注》曰:"孔子谦言己无知识,但其告人,虽于至愚,不敢不尽耳。"二是指鄙夫来问孔子时心中空空。比如何晏《论语集解》曰:"知者,知意之知也。言知者言未必尽,今我诚尽也。孔曰:'有鄙夫来问于我,其意空空然,我则发事之终始两端以语之,竭尽所知,不为有爱也。'"就文理而言,应以前者更为合理。因为鄙夫来问我必有所疑,有所疑,即非空空也。

叩:问。朱熹《论语集注》曰:"叩,发动也。两端,犹言两头。言终始、本末、上下、精粗无所不尽。"元陈天祥《四书辨疑》亦曰:"以叩为发动,则是发动其两端而竭焉也。"

两端:事情的始末。

**【解读】孔子说:"我有知识吗?没有啊。有知识匮乏的人来问我,如果我对他的问题一无所知,那么,我从问题的首尾两端仔细盘问,领悟其疑问之所在,然后尽我所能地为其解惑。"**

## 9.9 子曰:"凤鸟不至,河不出图,吾已矣夫!"

**【诠释】**本章是孔子慨叹自己生不逢时,没有赶上太平盛世,自己的学说不被时代所用。一方面正如杨伯峻《论语译注》所说:"孔子说这几句话,不过藉此比喻当时天下无清明之望罢了。"这也许是本篇第十四章所记孔子"欲居九夷"的原因。另一方面如方骥龄《论语新诠》所说:"本章列入鄙夫悾悾然问孔子、孔子礼敬他人二章之间,有朋友而不来切磋琢磨,又不出而图之,其人之不肯与人为善可知。《子罕篇》篇旨,皆与人为善之道，以此章相反之例与前后章相形，甚合'以类相从'之例。"两说皆可通。

《汉书·儒林传》："周道既衰，坏于幽厉，礼乐征伐自诸侯出。陵夷二百余年，而孔子兴，以圣德遭季世，知言之不用而道不行，乃叹曰：'凤鸟不至，河不出图，吾已矣夫！'"皇侃《论语义疏》也说："夫时人皆愿孔子有人主之事，故孔子释己不得，以塞之也。言昔之圣人应王者，必有凤凰河图之瑞，今天无此瑞，故云吾已矣夫。已：止也，言吾已止无此事也。"这也正是孔子逢"获麟"而其《春秋》绝笔的原因。

凤鸟：凤凰。《白虎通·封禅篇》曰："凤凰者，禽之长也，上有明王，太平，乃来居广都之野。"

河不出图：河，黄河。图，八卦图。传说上古伏羲时代，黄河中有龙马背着八卦图而出。凤鸟至、河出图，都是祥瑞的象征，预示着圣王出现、天下太平。

**【解读】孔子说："凤凰没有飞来，黄河没有八卦图出现，在我的有生之年太平盛世是不会到来了。我的学说肯定不会被采用，这辈子恐怕是完啦！"**

9.10　子见齐衰者、冕衣裳者与瞽者，见之，虽少，必作；过之，必趋。

【诠释】本章是在论述孔子日常生活中见到穿丧服、礼服的人以及瞎子时的礼节，说明孔子是一个懂礼之人。《论语·微子》记楚狂接舆“避而趋之”，也体现他虽不同意孔子的积极出仕的做法，但出于礼貌，还是趋而过之。《论语·乡党》记孔子：“见齐衰者，虽狎，必变。见冕者与瞽者，虽亵，必以貌。”可与本章参看。

齐(zī)衰(cuī)者：穿丧服之人。齐，齐衰，把边缝起来的孝服。衰，斩衰，不缝而留毛边的孝服。按照古礼，父母去世要穿斩衰三年，其他亲人去世，要根据亲属的远近，分别穿不同时间的孝服。

冕衣裳者：即穿礼服参加祭祀之人。冕，冠冕。衣，上衣。裳，下衣。

少：年轻，年龄小。作：站起来。趋：小步快走。

【解读】出于礼制的需要，孔子见到穿丧服、穿礼服戴礼帽以及瞎了眼睛的人，即使比自己年轻，也一定站起来；从他们身边经过，也一定会小步而快速地走过去。

9.11　颜渊喟然叹曰：“仰之弥高，钻之弥坚。瞻之在前，忽焉在后。夫子循循然善诱人，博我以文，约我以礼，欲罢不能。既竭吾才，如有所立，卓尔。虽欲从之，末由也已。”

【诠释】本章是说明孔子在学生心目中的天纵之才及其学说的高深。颜渊不但赞叹老师之道既高且深，而且也激励自己勤学深思，所以他能成为孔门弟子中德行最高者也是情理中事。孔子之道虽极高深，但仔细分析它也只是在人们的性情之间，动容之际，饮食起居交接应酬之时，君臣、父子、夫妇、兄弟之常，出处、去就、辞受、取舍以及政事之设施，礼乐文章之讲贯等诸多方面。细读《论语》，孔子之道尽在其中。这也可以与“君子博学于文，约之以礼，亦可以弗畔矣夫”(《论语·雍也》)相互参照，可以看出孔子培养弟子的主要目标是培养“弗畔”的君子人格。

喟(kuì)然：叹息的样子。

仰之弥高，钻之弥坚：抬头往上看越看越高，不可及；往深处越钻越坚硬，不可入。

瞻之在前，忽焉在后：何晏《论语集解》说：“喟，叹声。弥高弥坚，言不可穷尽也。在前在后，言恍惚不可为形象也。”朱熹《论语集注》也解释说：“仰弥高，不可及。钻弥坚，不可入。在前在后，恍惚不可为象。此颜渊深知夫子之道无穷尽、无方休，而叹之也。”这些均说明了孔子之道的高深与不可及。

循循：有秩序，有步骤。

博我以文，约我以礼：用“六艺”之类的文献开阔我的视野，用礼节约束我的行为。

如有所立：这里有两种说法，一种认为是孔子有所立；另一种认为是颜渊如有所立。这里应该以孔子“所立，卓尔”更符合实际。

**【解读】**颜渊慨叹着说：“夫子之道越抬头看，越觉得高；越用力钻研，越觉得高不可测。看着它似乎在前面，一转眼又跑到身后去了，真是捉摸不定呀！尽管如此，但老师却善于用有秩序、有步骤地方法引导我们，即通过各种文献典籍丰富我的知识，又用一定的礼节来约束我的行为，使我想停下来都不可能。即使竭尽我的才力去追求，但好像有一个高大的东西立在我的前面，我虽然想尽力地攀登上去，可是找不到路径。”

9.12 子疾病，子路使门人为臣。病间，曰：“久矣哉，由之行诈也！无臣而为有臣。吾谁欺？欺天乎！且予与其死于臣之手也，无宁死于二三子之手乎！且予纵不得大葬，予死于道路乎？”

**【诠释】**儒家对葬礼有着严格的规定，不同等级的人有不同的安葬仪式。古代大夫治丧，由家臣治其礼。孔子反对子路按大夫之礼为他办理丧事，是为了恪守礼的规定。程树德《论语集释》认为:“此当是鲁以币召孔子,孔子将反鲁,适于道路中得疾也。《王制》云:‘大夫废其事,终身不仕,死,以士礼葬之。’夫子去鲁是退,当以士礼葬。今子路用大夫之礼,故夫子责之。”

病间:病稍微转轻。二三子:孔门弟子。无宁:宁可。

**【解读】孔子病得很厉害,子路使孔门弟子充当家臣为其准备丧事。孔子病情稍微好转一点,说:“仲由搞这种欺诈的行为已经很久了。没有家臣却安排了家臣,我欺骗谁呢?欺骗上天吗?况且我与其死于家臣的手里,还不如死于你们这些弟子的手中。即使我不能按照君臣的礼节安葬,难道还会弃而不葬吗?”**

9.13　子贡曰:“有美玉于斯,韫椟而藏诸?求善贾而沽诸?”子曰:“沽之哉!沽之哉!我待贾者也。”

**【诠释】**本章说明孔子积极入世,但又不一味求仕的思想,体现了一种“用之则行,舍之则藏”的心态。子贡以美玉的藏或求善价沽作喻,试探夫子入世还是遁世。尽管孔子以积极的态度入世,但其“待贾者也”的答案可以看出其择木之鸟的心态。朱熹《论语集注》亦曰:“子贡以孔子有道不仕,故设此二端以问也。孔子言故当卖之,但当待贾而不当求之耳。”又引范祖禹曰:“君子未尝不欲仕也，又恶不由其道。士之待礼，犹玉之待贾也。若伊尹之耕于野，伯夷、太公之居于海滨，世无成汤文王，则终焉而已，必不枉道以从人，衒玉而求售也。”这也与《论语·泰伯》记孔子“笃信好学，守死善道，危邦不入，乱邦不居。天下有道则见，无道则隐”的思想是一致的。

韫(yùn)：收藏起来。椟(dú)：匣子。贾(gǔ)：商人。沽：卖出。

**【解读】**子贡说：“这里有一块美玉，您是把它放在匣子里收藏起来呢，还是找识货的商人卖出去呢？”孔子说：“卖出去！卖出去吧！我等待识货的商人。”

9.14 子欲居九夷。或曰：“陋，如之何？”子曰：“君子居之，何陋之有？”

**【诠释】**本章说明孔子退而求其次的用世思想。这与上章“待贾而沽”以及“道不行，乘桴浮于海”(《论语·公冶长》)所表现出来的思想是一以贯之的。与上章似应作综合考察，因为所说的内容均为孔子“干者七十二君……一君无所钩用”(《庄子·天运》)后的牢骚语。虽不必真的就立刻启程，但所言去向必非泛言则是显然的。

九夷：东方的少数民族。有的认为泛指比较陋俗的地方，一般释以“东方夷有九种，是畎夷、于夷、方夷、黄夷、白夷、赤夷、玄夷、风夷、阳夷”，此说源于汉代马融。马融释《论语》“九夷”，即云：“九夷，东方之夷，有九种”，九种夷的名称，则据《后汉书·东夷列传》。《后汉书》在列举九夷之名后，亦言“故孔子欲居九夷也”。皇侃《论语义疏》引孙绰曰：“九夷所以为陋者，以为无礼义也。君子所居则化，则陋有泰也。”又朱熹《论语集注》曰：“君子居则化，何陋之有。”究其实际，此说大可商榷。另一种看法认为东方有君子国——朝鲜半岛箕氏朝鲜，此说来源于两《汉书》。有学者认为：“当他叹道之不行、欲浮海出寻行道之所时，自然首先想到的是先世仁人箕子治理的君子之国——箕氏朝鲜，遍思周边能安居行道之所，对比之下，箕氏朝鲜当为首选。”(郭墨兰：《孔子“欲居九夷”探析》，《孔子研究》2004年第3期)

君子：相应地也有两说，一则是指“箕子”，另一种说法是指孔子本人。联系前面“陋，如之何”，则后一种说法较为可信。

**【解读】**孔子欲到九夷去。有人说：“那里太简陋了，怎么办呢？”孔子说：“君子住进去推行教化，就没有什么简陋的了。”

9.15　子曰："吾自卫反鲁，然后乐正，《雅》、《颂》各得其所。"

**【诠释】**本章说明孔子在经历了仕途的坎坷以后，不再求仕。哀公十一年冬，孔子返回鲁国，正如《史记·孔子世家》记："鲁终不能用孔子，孔子亦不求仕。"而以"国老"身份把主要的精力用在整理古代的文化典籍上，特别是《乐》与《诗》。方骥龄说："本章重心在孔子自卫反鲁后不欲出仕之晚年生活。乐正，取人之长，补己之短，舍己从人，乐取于人以为善，是与人为善。与《子罕》全篇宗旨相符……列于'欲居九夷'之后，孔子欲仿佛箕子之居九夷，宣扬《诗》教以化育人心耳。殆欲以《诗》教助人为善也。"

雅、颂：既是《诗经》中两类不同诗的名称，同时也是两类不同的乐曲的名称。

**【解读】**孔子说："我从卫国回到鲁国以后，乐才得到了整理，《雅》乐和《颂》乐回到了它们适当的位置。"

9.16　子曰："出则事公卿，入则事父兄，丧事不敢不勉，不为酒困，何有于我哉？"

**【诠释】**本章是夫子自评其为人之道。这里论述的是成年人在朝廷、家中、丧事以及对酒等四事上应持有的态度，孔子自谦地认为他没有能做到。《礼记·中庸》记："子曰：'君子之道四，丘未能一焉。所求乎子以事父，未能也；所求乎臣以事君，未能也；所求乎弟以事兄，未能也；所求乎朋友先施之，未能也。'"同时《论语·乡党》记孔子曰："惟酒无量，不及乱。"综合以上说法，这里是孔子的自谦之辞。

出：是指在朝廷。

不勉：不敢不尽礼。

**【解读】**孔子说："在朝廷上尽忠地服侍公卿，在家尽孝地服侍父兄，丧事不敢不尽礼，不为酒所困，这些事我做到了哪些呢？"

## 9.17 子在川上曰："逝者如斯夫，不舍昼夜！"

**【诠释】**本章孔子慨叹应珍惜时光。有人认为："孔子面对流水的浩然长叹，包孕了太多的内涵。对韶光易逝的无奈，对短暂人生的留恋，对坎坷道路的不如意……在洒脱的长袍衣袖内掩匿着一种浩大的悲剧意识。"(赵发元：《逝者如斯夫，不舍昼夜》，《陕西广播电视大学学报》1999年第3期) 朱熹《论语集注》曰："自此章至篇终，皆勉人进学不已之辞。”也正是因为水中包含了太多的内涵，所以才有孔子“遇大水必观”的说法，是有一定道理的。

逝者：人们对此认识有分歧，应当理解为时光的流逝，还可以泛指一切过往的事物。

**【解读】孔子在河岸上说：“流逝的时光像奔腾不息的河水一样，日夜不停。”**

9.18　子曰：“吾未见好德如好色者也。”

**【诠释】**本章孔子哀叹时人喜欢美色重于有贤德之人的现实，表明了其本人的社会立场。此章又见于《论语·卫灵公》第十三章，只是前面多了“已矣乎”三个字。据《史记·孔子世家》记载：孔子“居卫月余，灵公与夫人同车，宦者雍渠参乘，出，使孔子为次乘，招摇市过之”，孔子丑之。孔子认为卫灵公表面上喜欢接近有德之人，但实际上更喜欢美色。我们认为，深层次的原因还在于“灵公与夫人同车”并不符合古代的礼制。这可以从孔子“养生送死之节”所包含的“男女别途”(《孔子家语·相鲁》)中得到证明。《左传》中也有相关的记载：“女有家，男有室，无相渎也，谓之有礼。易此，必败。”(《左传》桓公十八年)因此，孔子借此阐发自己的思想，并由此引发慨叹。

好德：喜欢接近有贤德之人。

**【解读】孔子说："我没见过喜欢接近有贤德者胜于喜欢接近有美色者那样的人。"**

9.19　子曰："譬如为山，未成一篑，止，吾止也。譬如平地，虽覆一篑，进，吾往也。"

**【诠释】**本章以堆土成山为喻，说明无论是学习还是道德修养都贵在持之以恒。这同后面称赞颜渊"吾见其进也，未见其止也"有着内在的一致性。这也同《荀子·宥坐》引孔子曰："如垤而进，吾与也，如丘而止，吾已矣"异文。朱熹《论语集注》也说："篑，土笼也。《书》曰：'为山九仞，功亏一篑。'夫子之言，盖出于此。言山成而但少一篑，其止者，吾自止耳。平地而方覆一篑，其进者，吾自往耳。盖学者自强不息，则积少成多；中道而止，则前功尽弃。其止其往，皆在我而不在人也。"这些均说明孔子劝人日有所进，不当半途而废。

篑(kuì)：土筐。

**【解读】孔子说："无论是学习还是加强道德修养，好比堆土成山一样，只差一筐土就成而停下来，这是我自己停下来的；在平地堆土，尽管只有一筐**

**土，继续下去，这是我所坚持下去的。”**

9.20　子曰：“语之而不惰者，其回也与！”

**【诠释】**本章是赞扬颜回毫不懈怠的进取精神。正因如此，颜回才成为孔门弟子中居于德行之首、最为孔子所欣赏之人。《史记·仲尼弟子列传》记孔子曾说：“贤哉回也！一箪食，一瓢饮，在陋巷，人不堪其忧，回也不改其乐。”又曰：“回也如愚，退而省其私，亦足以发，回也不愚。”“用之则行，舍之则藏，唯我与尔有是夫！”其实，这里也蕴涵着颜回是一个好学之人的意思。《论语·先进》第七章记孔子答季康子之问时说：“有颜回者好学，不幸短命死矣！今也则亡。”用颜回之例以勉励弟子们对学问的追求要孜孜不倦。这与上章的内容有着内在的一致性，也承接下一章“吾见其进也，未见其止也”。

**【解读】**孔子说：**“我讲给弟子们听而能细心领会并付诸实践的，大概只有颜回一个人吧！”**

9.21　子谓颜渊，曰：“惜乎！吾见其进也，未见其止也。”

**【诠释】**本章说明颜回在道德修养方面前进不息，但不幸命短，甚为可惜。这里侧重于其学习上的孜孜不倦。另外，本章可结合《论语·先进》第九章、第十章体会颜渊去世之时孔子的悲恸心情。

**【解读】**孔子发表对颜渊的看法说："他不幸早死真是太可惜啦！我只看到他的进步，从未看见过他停滞不前。"

9.22　子曰："苗而不秀者有矣夫！秀而不实者有矣夫！"

**【诠释】**本章的章旨历来学者的理解差别较大，主要有两种不同的说法，一则认为是承上章，惜颜渊之早死；二则认为起下章，以勉励后学者。分析本章文本，二者应是兼而有之的。前者以皇侃《论语义疏》为代表，后者以朱熹为代表。而清代宦懋庸在《论语稽》中总结曰："此盖举事理之变者言之也。有矣夫者，见不恒有也。喻人于苗，若揠而助长，是自作之孽，而不可活。然天下之事，万有不齐，亦有顺生理之常，而不秀不实，不能以常理测者。盖承上章论颜子而言也。朱《注》属之于学，盖所以策励后生也。说与下章义连属，亦通。"我们也认为，这种看法更符合编纂者本意。

苗：万物开始生长。秀：开花。实：结果。

**【解读】**孔子说："长苗而不开花吐穗的有呀！开花吐穗而不结果实的有呀！"

9.23 子曰："后生可畏，焉知来者之不如今也？四十、五十而无闻焉，斯亦不足畏也已。"

**【诠释】**本章孔子警人及时修身立德，而亦可于此深味乐育英才之旨。万物都有"苗而不秀者有矣夫！秀而不实者有矣夫"的现象，时间也像流水"逝者如斯夫，不舍昼夜"一样，时不待人。年轻是一种财富，但应该懂得如何去运用，正如《大戴礼记·曾子立事》中说："三十、四十之间而无艺，即无艺矣；五十而不以善闻，则无闻矣。"

后生：指年少者，因其来日方长，前途无限。

无闻：有两解：一，无声闻于世；二，谓其无闻于道。与前、后两章相联系，前者更符合本意。

**【解读】**孔子说："年轻人是可怕的，他们年富力强，怎么能断定其将来的成就赶不上现在的人呢？但一个人如果到四五十岁还没有什么声望，那也就没有什么可怕的了。"

9.24 子曰："法语之言，能无从乎？改之为贵。巽与之言，能无说乎？绎之为贵。说而不绎，从而不改，吾末如之何也已矣。"

**【诠释】**本章是孔子传授弟子如何从交友中提升自己，见教在人而学在己。无论是"法语之言"，还是"巽与之言"都是自己学习的良机，不应该轻易地舍弃。这与后面的"过则勿惮改"有着内在的一致性。

法语(yù)之言：正言告诫的话，可奉为法度的话语。法，法则。语，告诫。这里的"法语之言"与《孔子家语·五仪》篇"训格之言"意义相同。"训格之言"之"格"，王肃注曰："格，法。"

巽(xùn)与之言：恭顺赞许的话。巽，顺从。《周易·说卦》记"巽为风"，而风吹一边倒为顺从。与，赞许。

绎(yì)：分析条理。

**【解读】**孔子说："正言告诫之言，能不接受吗？遵从这些劝告而改正缺点才算可贵。恭维赞许之言，能不高兴吗？分析其中蕴涵的道理才算可贵。高兴而不理出头绪，接受而不改正，我对这种人没有什么办法了。"

9.25 子曰："主忠信，毋友不如己者，过则勿惮改。"

【诠释】本章重出，诠释详见《论语·学而》第八章后半部分。这一章历来学者的看法主要有两种：第一，不分析重出之原因，认为重出而已。例如杨伯峻《论语译注》只是简单地处理为："见卷一《学而篇》。"这一看法也有不少的学者赞同，如朱熹《论语集注》、康有为《论语注》、唐满先《论语今译》、钱逊《论语浅解》等等。这种简单处理的方式可能并不符合其编纂者原意。第二，只是简单地探讨重出之原因，如皇侃《论语义疏》则曰："此事再出也，所以然者，范宁云：'圣人应于物而作教一事，时或再言，弟子重师之训，故又书而存焉。'"何晏《论语集解》则曰："慎其所主所友，有过务改，皆所以为益者也。"程树德《论语集释》曰："《论语》之书非出一手，故文有重出，不止前后文体不类已也。"其实，程先生的见解代表了现代学术界的主流看法，但这种看法同样也不一定符合编纂者的原意。

对于重出的原因，有学者进行了很好的研究。如马恒君《论语正宗》说："这一章与《学而》第八章重出。只不过论述的重点不同。《学而》篇论述为人子弟应具备的道德品行，突出勤于实践的意义。两者有相同之处，故重出。不是内容的重复，读的时候要把握不同的侧重点。孔子说：'主忠信，毋友不如己者，过则勿惮改。'是说，要把忠实诚信当成一种主要的品德树立起来，不与不如自己的人交密友，有了错误要不怕改正。”台湾学者方骥龄《论语新诠》也注意到这个问题，他说：“本章列入《学而篇》，是指为学中之经过，为个人修养；列入本篇，其重心在与人为善，乃与人相处之关系，故截去上半截‘君子不重则不威，学则不固’一节。”联贯本篇，这种看法应当更切合原意。

**【解读】**孔子说：“要以忠信为主，不要亲近不如自己的人。发现自己的错误，就要勇于改正。”

9.26　子曰：“三军可夺帅也，匹夫不可夺志也。”

**【诠释】**本章是在说明修身立命过程中个人立志的重要性。方骥龄《论语新诠》说：“三军之勇在人，匹夫之志在己，故帅可夺而志不可夺。章旨在说明志不可夺，上句为比喻之辞。自‘子在川上曰’至此十章，皆勉人为学。”因为学莫过先于立志，有志则进，如逝川之不已。无志则止，如为山亏一篑。故凡学而卒为外物所夺，皆是无志。如何晏《论语集解》引孔安国曰：“三军虽众，人心不一，则其将帅可夺而取之。匹夫虽微，苟守其志，不可得而夺也。”康有为《论语注》曰：“立志，为学者第一事，志不立，则天下无可为者。”应当说，这些解释比较接近于原意。

三军：周制，大的诸侯国可以拥有上、中、下三军，或称中、左、右三军，每军一万二千五百人。

匹夫：庶民，这里指个人。邢昺《论语注疏》曰："大夫有妾媵，庶人贱，夫妻相匹配而已，故云匹夫。"

**【解读】** **孔子说："一个国家的军队尽管人数众多，却可以使其丧失主帅；一个人虽寡，只要立志坚定，就很难使其放弃自己的主张。"**

9.27　子曰："衣敝缊袍，与衣狐貉者立，而不耻者，其由也与？'不忮不求，何用不臧？'"子路终身诵之。子曰："是道也，何足以臧？"

**【诠释】** 本章是说明子路的为人品格，表现了孔子教育弟子时循循善诱。本章与前后两章都是在传达孔子所提倡的为人品格。皇侃《论语义疏》曰："当时人尚奢华，皆以恶衣为耻，唯子路能果敢率素，虽服败麻枲着袍裘，与服狐貉轻裘者并立而不为羞耻，故云其由也与。"清人宦懋庸《论语稽》亦曰："缊袍之敝与狐貉之盛并立，贫富之念动则耻心生。子路平日，与朋友共车马衣裘敝之无憾者也，故能不耻。"

缊(yùn)袍：以乱麻旧絮衬于其中的袍子，泛指衣着寒酸。缊，乱麻，旧絮。

衣狐貉(hé)者：泛指衣着华贵之人。

不忮(zhì)不求，何用不臧：见于《诗经·邶风·雄雉》。忮，嫉妒。臧，善，好。孔子用《诗经》上的话来赞美子路的高尚品格。

**【解读】**孔子说："在这样一个崇尚奢华的社会里，穿着破旧的袍子与穿着狐貉轻裘的人站在一起，而没有羞惭之感的大概只有仲由一个人吧！'不嫉妒也不贪求，怎么会不善呢？'"子路老是叨念着这句话，并以此为座右铭。孔子说："仅仅把这作为修身之道，怎么足以成就大善呢？"

9.28　子曰："岁寒，然后知松柏之后雕也。"

**【诠释】**本章以松柏为喻，说明在艰苦的环境下更能考验君子的坚贞。此章紧接上一章，或许更是孔子在经历众多磨难之后的自喻。

岁寒：指天冷之时，这里借喻为乱世。

松柏：指松树和柏树，这里代指君子。

雕(diāo)：同"凋"，凋谢、枯萎之意。

**【解读】**孔子说："经过寒冬的考验，才知道松柏是最后凋零的。"

9.29 子曰："知者不惑，仁者不忧，勇者不惧。"

【诠释】知、仁、勇三者是儒家极力提倡的君子应该具有的三种美德，又称为"三达德"。《礼记·中庸》："智、仁、勇三者，天下之达德也。"皇侃《论语义疏》引孙绰曰："智能辨物，故不惑也。安于仁，不改其乐，故无忧也。"又引缪协云："见义而为，不畏强御，故不惧也。"相似语句又见于《论语·宪问》第二十八章："子曰：'君子道者三，我无能焉：仁者不忧，知者不惑，勇者不惧。'子贡曰：'夫子自道也。'"

知：同"智"，聪明，有智慧。这里主要指道德认识、实践上的智慧。知者能知人，能知言，能不惑，善于通权达变。

【解读】孔子说："有智慧的人不迷惑，有仁德的人不担忧，有勇气的人不畏惧。"

9.30 子曰："可与共学，未可与适道；可与适道，未可与立；可与立，未可与权。"

【诠释】本章告人以进学之阶程，致力于修身立德者可以自勉，也可当做择友之标准。学习、得道、有所立，然后权衡物之轻重。正如皇侃《论语义疏》引张凭曰："此言学者渐进阶级之次耳。始志于学，求发其蒙而未审所适也；既向方矣，而信道未笃，则所立未固也；又既固，又未达变通之权也。明知反而合道者，则日劝之业，亹亹之功，其几乎此矣。"此章体现了儒家为学的不同境界。

适道：适，往赴。同一向学，或志不在道，如学以求禄之类。故可与共学，未必可与共适道。

权：秤锤，代指秤。这里指权变，变通，即权衡事情的是非轻重，因事制宜。

**【解读】** 孔子说："可以一同学习的人，未必可以与他一起走向常道；可以与其一起达到常道，未必可以与其一起树立常道；可以与其一起树立常道，未必可以与其一起通权达变。"

9.31 "唐棣之华，偏其反而。岂不尔思？室是远而。"子曰："未之思也，夫何远之有？"

**【诠释】** 本章位于全篇之殿，其重要性不言而喻，其主旨可以理解为言好学，言求道，言思贤，言爱人等等。连贯全篇，这里更主要的还是强调个人努力的重要性。中国诗妙在比兴，空灵活泼，义譬无方，读者可以随所求而各自得。也正是如此，历来学者才有众多不同的解析。

唐棣(dì)之华，偏其反而。岂不尔思？室是远而：与颜渊所说“瞻之在前，忽焉在后”一样，似乎捉摸不定。唐棣，即棠棣，一种树木的名称。华，同“花”。

未之思也，夫何远之有：这与《述而》第三十章记孔子之语“仁远乎哉？我欲仁，斯仁至矣”意思相差不远，都是在证明只要自己努力，“仁”则一呼即至，并不像很多人理解的那样缥缈不定。朱熹《论语集注》亦曰：“夫子借其言而反之，盖前篇‘仁远乎哉’之意。”

【解读】**古诗上说：“正如唐棣树的花在风中摇摆不定，我难道不思念你吗？只是家住得太遥远了。”孔子说：“只是没有想念罢了，如果真的想念，又有什么遥远的呢？”**

# 乡党篇第十

**【概说】**本篇本为一章，后来学者们按照自己的理解把它分为不同的若干节。这里采用现在通行版本，分为二十七章。该篇集中记载孔子所主张的容色言动、衣食住行，表现了他是一位言谈举止均符合礼的君子，表现了孔子高深的素养，颇为值得今人效法。例如，在面见国君、面见大夫时的态度，出入于公门和作为使者出使时的表现，都显示出其正直、仁德的品格。尤其本篇记载的孔子日常生活的一些侧面，不仅为人们全面了解孔子、研究孔子提供了生动素材，而且对规范今人日常行为提供了很好的借鉴。

皇侃《论语义疏》说："乡党者，明孔子教训在于乡党之时也。所以次前者，既朝廷感希，故退还应于乡党也，故《乡党》次于《子罕》也。"又说："此一篇至末并记孔子平生德行也。于乡党，谓孔子还家教化于乡党中时也。”当然,本篇应当并非全是在乡党中的言行,我们不应将处于朝廷与退还乡党对立起来, 二者在对人的要求上是一致的。只是应当知道,人循礼而动,并非时时处处拘泥谨慎而不灵活。朱熹就曾经赞颂说:“《乡党》记圣人动容周旋,无不中礼。”清人刘台拱《论语骈枝》以之为“记礼之书”,从本质上讲,应当有其道理。

孔子的“礼”主要体现在日常生活中。正如朱熹《论语集注》引杨氏曰:“圣人之所谓道者,不离乎日用之间也。故夫子之平日,一动一静,门人皆审视而详记之。”又引尹氏曰:“甚矣孔门诸子之嗜学也! 于圣人之容色言动,无不谨书而备录之,以贻后世。今读其书,即其事,宛然如圣人之在目也。虽然,圣人岂拘拘而为之者哉?盖盛德之至,动容周旋,自中乎礼耳。学者欲潜心于圣人,宜于此求焉。”可见朱熹对这章的重视。钱穆《论语新解》也说:“本篇记孔子居乡党,日常容色言动,以见道之无不在,而圣人之盛德,亦宛然在目矣。”孔子的具体行为符合礼的要求,可从本篇进行体会。

长期以来,很多人以此篇讥笑孔子行为迂腐,实际上, 孔子正是在具体的行为中践行了自己对于仁人君子的深刻理解。孔子十分重视个人的行为,具有躬行践履的实践精神。在孔子的感召下,孔子弟子也都务实不虚。例如曾子,《论语·学而》记其言曰:“吾日三省吾身:

为人谋而不忠乎？与朋友交而不信乎？传不习乎？”又如子路，《论语·公冶长》曰：“子路有闻，未之能行，惟恐又闻。”本章所记述的多属于生活小节，看起来无足轻重，其实，在这样的生活琐事中，更能够体现一个人的道德风貌。孔子与弟子往往谈到“成人”的概念，而按照《礼记·冠义》中的说法，一个人成人之后，就应当“正容体，齐颜色，顺辞令”。《礼记》的论述逻辑是：“人之所以为人者，礼义也。礼义之始，在于正容体，齐颜色，顺辞令。容体正，颜色齐，辞令顺，而后礼义备。以正君臣，亲父子，和长幼。君臣正，父子亲，长幼和，而后礼义立。故冠而后服备，服备而后容体正，颜色齐，辞令顺。”很显然，一个人如果行为散漫，处事苟且，就很难在大是大非面前摆正自己的位置。

10.1　孔子于乡党，恂恂如也，似不能言者。其在宗庙朝廷，便便言，唯谨尔。

**【诠释】**本章从日常言语的角度说明孔子的言谈举止均符合古代之“礼”。它承载了孔子在乡党、宗庙、朝廷不同的言貌，正如清代孙奇逢《论语近指》曰：“乡党是做人第一步，他日立朝廷、交邻国、事上接下，俱在此植基，故记者以乡党先之。”在孔子看来，乡党之中“恂恂如也”和宗庙朝廷上“便便言，唯谨尔”均符合古代的礼仪。与“过犹不及”一样，他十分重视权量事物之轻重。方骥龄《论语新诠》认为：“本篇各节之编列，先公而后私，先外而后内，先待人而后持己，先衣食而后及乎住与行。其于公，叠用‘如也’二字以状之，恂恂而已矣。其于私，曰‘不也’，曰‘必也’，皆以极坚定之语气出之，唯谨而已矣。故首节所言，总冒全篇。孔子之一切生活，具备于此矣。”

乡党：指家乡。与“达巷党”相同。

恂(xún)恂：温和恭顺之貌。

便(pián)便：同“辩”，善于辞令。

**【解读】孔子在自己的家乡非常恭顺，好像不能说话的样子。而在宗庙朝廷上，该说的时候他便明白晓畅地表达出来，只是言语较为谨慎。**

10.2　朝，与下大夫言，侃侃如也；与上大夫言，訚訚如也。君在，踧踖如也，与与如也。

【诠释】本章是说明孔子在朝堂之上事上接下时的言行举止。这正体现了孔子在待人接物时尽力符合礼的要求。

侃侃如也：温和快乐的样子。

訚(yín)訚如也：正直而恭敬的样子。

踧(cù)踖(jí)如也：恭敬而不安的样子。

与与如也：行步安详的样子。

**【解读】**在朝堂上，君主不在时，同下大夫说话，温和而快乐的样子；同上大夫说话，正直而恭敬的样子。君主已经来后，心中恭敬而不安的样子，行步安详的样子。

10.3　君召使摈，色勃如也，足躩如也。揖所与立，左右手，衣前后，襜如也。趋进，翼如也。宾退，必复命曰："宾不顾矣。"

**【诠释】**此章记为君摈相之时的容态。《仪礼·聘礼》说："摈者出请，宾告事毕。摈者入告。公出送宾，及大门内，公问君，宾对，公再拜。公问大夫，宾对。公劳宾，宾再拜稽首，公答拜。公劳介，介皆再拜稽首，公答拜。宾出，公再拜送，宾不顾。"可参照。

摈(bìn)：同"傧"，接待客人之人。

勃：变色貌。

躩(jué)：动作变快，这里是指脚步加快。

襜(chān)如：衣服整齐的样子。

**【解读】**国君召孔子去接待宾客，孔子脸色立即庄重起来，脚步也加快。他向与他站在一起的宾客作揖，或者向左拱手，或者向右拱手，衣服随之前后摆动，却整齐不乱。快步向前走时，像鸟儿展开双翅一般。宾客走后，必定向君主回报说："客人已经不回头了。"

10.4　入公门，鞠躬如也，如不容。

立不中门，行不履阈。

过位，色勃如也，足躩如也，其言似不足者。

摄齐升堂，鞠躬如也，屏气似不息者。

出，降一等，逞颜色，怡怡如也。

没阶，趋进，翼如也。

复其位，踧踖如也。

【诠释】本章是在朝堂上的容貌。程树德《论语集释》曰："此节朱子以为记孔子在朝之容，由外朝而治朝而燕朝，通记之也。外朝在库门内，由是入雉门而治朝，入路门而燕朝。故先记入公门之容，入治朝则雉门外有君位，入燕朝则路门外有君位，故次记过位之容。外朝以询万民，惟治朝、燕朝君与大夫发令谋政，故次记言容。燕朝在路寝，有阶有堂，《玉藻》君听政于此，则臣有告君之政可知，故次记升堂之容。告毕还位治事，故次记复位之容。”

公门：古者天子五门，诸侯三门。

鞠躬：传统上有两种解释：一作曲身，二作双声字，恭敬谨慎的样子。本篇共出现了三次，分别为“入公门，鞠躬如也”、“摄齐升堂，鞠躬如也”以及“执圭，鞠躬如也”。仔细斟酌文句，后者更符合编纂者本意。

阈（yù）：门槛。

过位：指经过鲁公的座位。

摄齐（zī）：摄，提起。齐，衣下摆。

出，降一等：出，出公门，这与前面的“入公门”相照应。等，台阶。这与后面的“没阶，趋进”相互对应。

**【解读】孔子进公门时，小心谨慎，好像没有容身之地。**

**站立时，不在门之中间；过门时，不踩门槛。**

**走过鲁公的位子时，脸色一下子变得庄重起来，脚步加快，说话也好像底气不足。**

**登堂时提起下摆，小心谨慎，屏住气好像不呼吸的样子。**

**从堂里出来，走下了一个台阶，神情放松，怡然舒畅。**

**下完台阶，快步向前，好像鸟儿舒展翅膀。**

**回到自己原来的位置，一副踧踖不安的样子。**

10.5　执圭，鞠躬如也，如不胜。上如揖，下如授。勃如战色，足蹜蹜如有循。

享礼，有容色。

私觌，愉愉如也。

**【诠释】**本章是出使时的容貌。与本篇第三章中的“使摈”相呼应。《仪礼·聘礼》中详细记载了使者出使时的礼节，“使者受圭，同面垂缫以受命。既述命，同面授上介。上介受圭，屈缫，出授贾人。众介不从。受享束帛加璧，受夫人之聘璋，享玄纁(xūn)束帛加琮，皆如初。”可以与这一节相照应。

圭：瑑圭，玉器名，长条形，下稍阔上稍窄，是一种受命出使时的信物。江永《群经补义》曰：“人臣所执之圭谓之瑑圭，其度用偶数，大国之臣八寸，次国六寸。若桓圭九寸，信圭、躬圭七寸，谓之命圭，臣不得而执也。”

蹜(sù)蹜如有循：脚步密而细小，只举起前趾，脚跟不离地，像是沿着脚下的东西行走。

享礼：是使臣向所出使国的君主献礼的仪式。

有容色：是指举行献礼时，面部表情很得体。

私觌(dí):以个人身份私下见面。

【解读】出使邻国时手捧着玉圭，恭敬谨慎好像力不胜举的样子。向上举如同作揖，向下举如同授出，脸色一下子庄重起来，战战兢兢，脚步细碎，像沿着一条线走一样。

举行献礼时，脸上的表情很得体。

私下相见，轻松愉快的样子。

10.6　君子不以绀緅饰，红紫不以为亵服。

当暑，袗絺绤，必表而出之。

缁衣，羔裘；素衣，麑裘；黄衣，狐裘。

亵裘长，短右袂。

必有寝衣，长一身有半。

狐貉之厚以居。

去丧，无所不佩。

非帷裳，必杀之。

羔裘玄冠不以吊。

吉月，必朝服而朝。

【诠释】这一章是记述君子所穿的衣服及服饰。不同的场合穿不同的衣服，这是礼的规定。

君子：这有两种理解：一是指与孔子类似的人；二

是指孔子本人。

绀(gàn)緅(zōu)饰:绀,《说文》曰:"帛深青扬赤色。"緅,《说文》曰:"帛青赤色。"绀緅,青红色。玄纁为祭服,故不以为饰。饰,领与袖之边。

亵服:私居或闲居时的衣服。

袗(zhěn)絺(chī)绤(xì):袗,单衣。絺,细麻布单衣。绤,稍粗一点的麻布单衣。当暑居家,可单衣絺绤。

必表而出之:里面一定要有衬衣,单衣穿在外面。

缁(zī):黑色。素:白色。麑(ní):小鹿。

亵裘:在家私居时所穿的皮衣。

短右袂(mèi):历来学者对其理解分歧较大,总的来说主要有三种观点:一是右袖可以略短,以便做事;二是右即又,手也,不仅指右手言,否则左右长短不一;三是指卷其右袖使之短。而根据《礼记·玉藻》所记:"朝玄端,夕深衣,深衣三袪,缝齐倍要,衽当旁,袂可以回肘。长、中继揜尺。袷二寸,袪尺二寸,缘广寸半,以帛里布,非礼也。"可知,这里是指深衣为闲居时所穿之衣,故袖短,手掌可露于外,行动方便。长衣、中衣之制大体与深衣同,唯衣袖的长短不同。

必有寝衣,长一身有半:历来学术界对此理解也多有分歧。方骥龄《论语新诠》总结有四说:一,寝衣,小卧被也,以别于大被之曰衾。小卧被一身有半,物中分曰半；又分为二曰又半；长过于身，再加二分之一之二分之一，长过于身甚多；使手脚不外露也。二，谓此当在“齐必有明衣布”之下，为错简。盖齐主于敬，不可解衣而寝，故别有寝衣，其半所以覆足。三，寝衣殆为今之睡衣，或是孔子特制。古人衣不连裳，仅在股以上。此言长一身又半者，顶以下踵以上谓之身，颈以下股以上亦谓之身。一身又半，亦只及膝。四，“必有寝衣”当疑承上文“当暑”而言。钱穆先生认为：“此言寝衣，下言坐褥，明与上文言衣裘有别，非错简。”根据上下文意，我们赞同第一种说法。

狐貉之厚以居：这里有两种解释：一是认为居家以待宾客，如何晏《论语集解》引郑玄曰：“在家以接宾客也”；程树德也认为：“凡引《论语》文者，狐貉主裘，不主褥；居主燕居，不主居坐。”另一种认为，居，是坐的意思。朱熹《论语集注》中曰：“狐貉，毛深温厚，私居取其适体。”而刘宝楠《论语正义》亦曰：“古人加席于地，而坐其上，大夫再重。至冬时气寒，故夫子于所居处，用狐貉之厚者为之藉也。”钱穆《论语新解》则曰：“以狐貉之皮为坐褥，取其毛之深，既温且厚，适体也。”联系《论语》上下文“居必迁坐”、“寝不尸，居不容”等，可知均有坐之意。

去丧，无所不佩：去，除去。佩，佩戴，系于大带之上。

帷裳：朝祭之服，其制用整幅布为之如帷。杀：杀缝，以免脱线。孔子所处时代，服饰已经不符合古代礼仪，而他坚持着“不杀之”，体现其一以贯之的精神。

吊：吊唁。这里羔裘与玄冠均是黑色，不适合于奔丧。

吉月：正月。朝：上朝。

**【解读】**孔子不用青红色的布做衣服的镶边，不用紫红色的布做便服。

暑天穿葛布，尽管很热，但里面也一定要穿上衬衣才能出门。

冬天，黑衣服配黑羊羔皮袄，白衣服配鹿皮袄，黄衣服配狐裘的皮袄。

在家闲居时所穿的皮袍做得很长，而右袖较短是为了方便。

睡觉时一定要有睡衣，长约上身一倍半。

粗厚的狐皮比较暖和，用来做坐垫。

除了服丧外，衣服上可以佩戴各种各样的装饰品。

除了祭祀时的衣服用整幅帷裳之外，其他的衣服必须杀缝。

紫羔衣和黑色的帽子，都不能在吊丧时穿戴。

**正月初一，必定要穿上朝时的礼服去拜见君主。**

10.7　齐，必有明衣，布。齐必变食，居必迁坐。

**【诠释】**本章是在说明斋戒前后的衣食与礼节。

齐：今作“斋”，古人于祭祀之前必先斋，斋必有所戒。

明衣：沐浴后穿的浴衣。

布：祭祀时所穿的衣服是用布做成的。程树德《论语集释》总结说：“《集解》、《集注》均以明衣为浴衣，而《皇疏》尤为明显。今日本国俗，浴时例有浴衣，犹古制也。”

变食：改变平常的饮食。这里主要指不饮酒，不吃葱、蒜等有刺激味的东西。

迁坐：指从内室迁到外室居住，不和妻妾同房。

**【解读】斋戒前，沐浴一定要有浴衣，用布做成。斋戒时，一定要改变平常的饮食，居住也一定搬移地方，不与妻妾同房。**

10.8　食不厌精，脍不厌细。

食饐而餲，鱼馁而肉败，不食。色恶，不食。臭恶，不食。失饪，不食。不时，不食。割不正，不食。不得其酱，不食。

肉虽多,不使胜食气。
惟酒无量,不及乱。
沽酒市脯不食。
不撤姜食,不多食。

**【诠释】**本章是在说明孔子对日常饮食方面的要求。其中,关于“食不厌精,脍(kuài)不厌细”,传统理解上存在误解。学界一般理解为“粮食不嫌舂得精,鱼和肉不嫌切得细”。但从文献记载看,孔子向来不重视口腹之欲,如《论语·学而》记:“子曰:‘君子食无求饱,居无求安,敏于事而慎于言,就有道而正焉,可谓好学也已’”,《论语·里仁》记:“子曰:‘士志于道,而耻恶衣恶食者,未足与议也’”,《论语·述而》记:“子曰:‘饭疏食饮水,曲肱而枕之,乐亦在其中矣’”,《论语·卫灵公》记:“子曰:‘君子谋道不谋食。’”孔子认为,人应该致力于道义的追求,而非衣食的享乐。如果按照通常的认识来理解,则势必会产生矛盾。

其实,人们的误解在于对“厌”字的理解上出现了偏差。前人对此已经有很好的解释,只是没有引起人们的重视。刘宝楠《论语正义》云:“《周语》‘不可厌也’,韦《注》:‘厌,足也。’《晋语》‘民志无厌’,韦《注》:‘厌,极也。'夫子疏食饮水,乐在其中,又以士耻恶衣恶食为不足与议,故于食脍皆不厌精细也。"程树德《论语集释》认为:"刘氏《正义》之说,尤为圆足,故从之。"今有研究者也指出:"'厌'字在先秦时代基本上有两个意义,一是表示憎恶、抛弃、厌倦的意义,二是'饱、满足'的意义。《论语》中的这句话所使用的意义是'饱、满足'的意义。"(王功龙:《"食不厌精,脍不厌细"正诂》,《孔子研究》2000年第1期)这样,这句话的意思便十分明了,孔子在这里是讲"吃饭不要过于追求精,食肉不要过于追求细",孔子的意思是不要仅仅着眼于物质生活,贪求食物的精细。

正确理解"食不厌精,脍不厌细",对于理解其他相关词句很有帮助。

饐(yì):食物久放。餲(aì):食物有了馊味。馁(něi):与"败"互文见义,指食物的败坏。

不时:有两种不同的说法,一指不是时令的食物;二指不是该吃饭的时候。联系其上文,"食饐"、"鱼馁"、"肉败"、"色恶"、"臭恶"、"失饪",皆有害于身体,故不食。所以以前者之说较为正确。这可与该篇最后一章所引的诗"山梁雌雉,时哉时哉"结合起来进行理解,更能理解孔子"时"的思想。

割不正:不以其道割的肉为不正。皇侃《论语义疏》

引江熙曰:“杀不以道,为不正也。”钱穆《论语新解》也说:“不正,谓不合割之常度。孔子以其失礼,故不食。”所以,古代肉的切割有一定的规定,如果不符合礼制,孔子不主张进食。

食气(xì):同“饩”,指主食。

乱:因饮酒过量而失态,不能自控。《诗经·小雅·宾之初筵》有曰:“饮酒孔嘉,维其令仪。”令仪,正常的、好的状态。此处“乱”与“令仪”正相对。

沽酒市脯:指从集市上买回来的酒与肉。

【解读】吃饭不要过于追求精,食肉不要过于追求细。

食物放的时间长了会有馊味,不吃。鱼和肉放坏了,不吃。颜色不新鲜,不吃。气味难闻,不吃。烹调不当,不吃。不到该季节的食物,不吃。刀切割得不正的肉,不吃。没有合适的调料的肉,不吃。

肉食虽多,吃的量不超过主食。

只有酒不限量,但不喝过量,不能失态。

买来的酒和腊肉,不吃。

常备姜食,但吃得不多。

10.9　祭于公,不宿肉。祭肉不出三日。出三日,不食之矣。

**【诠释】**这是对祭肉用法的要求。刘宝楠《论语正义》云:"《杂记》'大夫冕而祭于公,士弁而祭于公',《注》'助君祭也',是大夫士有助祭之礼。《礼运》'仲尼与于蜡(zhà)宾',《史记世家》'鲁今且郊,如致膰于大夫,则吾犹可以止',本篇云'入太庙',皆夫子助祭之征。"可以参照理解。

**【解读】按照古礼,士大夫助祭于鲁公,分得的胙肉不留到第二天。自己家里的祭肉,不存放三天以上,超过三天就不吃了。**

10.10　食不语,寝不言。

**【诠释】**本章是在说明孔子良好的生活习惯。语,为与人论说;言,为自言其事。结合上下文,这里不仅仅是记载平常的言行,而主要是涉及斋戒时的礼节问题。古代典籍中也有相关的记载,《诗·大雅》中记:"于时言言,于时语语。"《礼记·杂记》中曰:"三年之丧,言而不语。"清代任启运《四书约旨》曰:"当食时心在于食,自不他及,日常如此,故记之。若礼食相会,岂无应对辞让之文。祭与养老,更有合语乞言之礼。但行礼时则语,食时自不语也。"因此,可以说斋戒时对言语有着明确的限定，只有这样才符合古礼的规定。

**【解读】吃饭时不应与他人争论，睡觉时不应自言自语。**

10.11 虽疏食菜羹，瓜祭，必齐如也。

**【诠释】**本章记饮食时的礼节。《礼记·杂记》中记："孔子曰：吾食于少施氏而饱，少施氏食我以礼。吾祭，作而辞曰：'疏食不足祭也。'吾飧，作而辞曰：'疏食也，不敢以伤吾子。'"可见，这种斋祭是孔子所注重的。

疏食：粗饭，是相对于粮食而言，因为古人以稗食为粗食。

菜羹：以菜和米屑为羹，即有菜有汁之类的食物。

瓜：或本作必，今从众说为"瓜"，它是北方常用之物，有生食和熟食两种。

**【解读】虽然是饭前疏食、菜羹和瓜祭之类薄祭，在进行时也一定要与斋戒一样严肃恭敬。**

10.12 席不正，不坐。

**【诠释】**本章是关于"坐"的习惯。据《史记·孔子世家》、《墨子·非儒》、《韩诗外传》、《新序》、《说文》等的记载，该句在“割不正，不食”之下，所以有学者推测这里应为错简。而错简之说并不一定确切，相反这样编排更体现了编纂者的意旨。因为“割不正，不食”一章均是讲孔子在饮食方面的“不食”，若穿插进“不坐”反而显得不伦不类。将它独立出来不但可以使行文美观，也更能体现孔子在相关“坐礼”上的特点。

席不正：席的布置不合礼制。

**【解读】席的布置不合礼制，不坐。**

10.13 乡人饮酒，杖者出，斯出矣。

**【诠释】**本章记在乡饮酒之时所遵循的礼节。《礼记·乡饮酒义》记：“乡饮酒之礼，六十者坐，五十者立侍以听政役，所以明尊长也。六十者三豆，七十者四豆，八十者五豆，九十者六豆，所以明养老也。民知尊长养老，而后乃能入孝弟。民入孝弟，出尊长养老，而后成教，成教而后国可安也。君子之所谓孝者，非家至而日见之也，合诸乡射，教之乡饮酒之礼，而孝弟之行立矣。”

乡人饮酒：党正蜡（zhà）祭时，在乡中饮酒。

杖者出：年龄较大者先出。

**【解读】举行乡饮酒的礼仪时，等拄杖的老人走出以后，自己才能出去。**

10.14　乡人傩，朝服而立于阼阶。

【诠释】这一章记在乡人举行傩节时的礼节。

傩(nuó)：旧时在腊月举行的一次驱疫逐鬼的迷信活动。

阼(zuò)阶：东面的台阶，古人以东为主人的位置，西为客人的位置。

【解读】**乡人举行傩舞节时，穿上朝服立于庙前东边的台阶上。**

10.15　问人于他邦，再拜而送之。

【诠释】本章记述托人慰问他邦之人时对使者的礼节。《礼记·曲礼上》中记："凡以弓、剑、苞、苴、箪、笥问人者，操以受命，如使之容。"这也许是当时重要的礼节。

【解读】**托人给他邦的朋友慰问送礼，要两次行礼为使者送行。**

10.16　康子馈药，拜而受之。曰："丘未达，不敢尝。"

【诠释】本章记述接受馈赠之物时的礼节。黄式三《论语后案》曰:“夫子既能拜受而答,药非馈于疾急之时,正如今日一种丸散补剂通用。子云未达者,凡药加减必应病而后有益,不能以一药通治诸人之疾。”

康子:季康子。馈:赠送。未达:未通达药之属性。

尝:吃。这与下文“君赐食,必正席先尝之”形成对比,说明尊者或长者馈赠的东西接受并品尝是符合礼节的。这里孔子不敢尝也有其道理所在。

【解读】**季康子送药给孔子治病,孔子拜谢并接受。接着说:“我对这种药的药性还未了解,所以不敢吃。”**

10.17 厩焚。子退朝,曰:“伤人乎?”不问马。

【诠释】这一章体现了孔子的人文关怀。马厩失火,孔子首先关心的不是马,而是养马之人,体现了早期儒家的仁爱思想。

厩(jiù):马棚。据《孔子家语》记载为公厩,而《礼记·杂记》为私厩,结合上下的文义,这里应该为孔子的家厩。

退朝:从朝堂退而回家。

【解读】**马棚失了火,孔子从朝堂回到家里,问:**

"伤人了没有?"而不首先问马。

10.18 君赐食,必正席先尝之。君赐腥,必熟而荐之。君赐生,必畜之。侍食于君,君祭,先饭。

**【诠释】**本章是记述在处理与国君有关的食物时的礼节。何晏《论语集解》引孔安国曰:"正席先尝,敬君惠也。既尝之,乃以颁赐也。荐,荐其先祖也。"朱熹《论语集注》亦曰:"食恐或馂余,故不以荐。正席先尝,如对君也。言先尝,则余当以颁赐矣。腥,生肉。熟而荐之祖考,荣君赐也。畜之者,仁君之惠,无故不敢杀也。"我们可以看出孔子对待君主的礼节是以君主所赐食物的不同而采用不同的对待方式,其依据在于当时的礼制。

食:熟食。正席:布席,是指把席摆正。腥:生的鱼或肉。荐之:祭献先人。生:活的动物。

侍食:陪同君主一起吃饭。

君祭,先饭:君主举行饭前的祭祀,而臣下为君主尝食。正如皇侃《论语义疏》曰:"祭,谓祭食之先也。夫礼食必先取食种种出片子置俎豆边地,名为祭。祭者,报昔初造此食者也。君子得惠不忘报,故将食而先出报也。当君政祭食之时,而臣先取饭食之,故云先饭。饭,食也。所以然者,示为君先尝食,先知调和之是非者也。”朱熹《论语集注》曰:“《周礼》:‘王日一举,膳夫授祭,品尝食,王乃食。’故侍食者,君祭,则己不祭而先饭。若为君尝食然,不敢当客礼也。”钱穆亦说:“古者临食之前必祭,君赐食则不祭,于君祭时先自食饭,若为君尝食然,亦表敬意也。”可见这里“先饭”的主语是孔子,表现其对君主的敬意。

**【解读】君主赐给熟食,必定摆正席位先尝一尝。国君赐给他生鱼生肉,一定要煮熟了,先献给祖先祭祀一下。国君赐给活物,一定先蓄养起来。陪国君一起吃饭,在国君祭祀之后,先为君主尝食。**

10.19　疾,君视之,东首,加朝服,拖绅。

**【诠释】**本章记述在国君探望病情时所用的礼节。方骥龄《论语新诠》说:“朝服上拖大带,因卧病不克着衣束带,用此以示朝服,尽礼也。”“尽礼”一词传神地表达了孔子于小节之处见大礼的品格。

**【解读】得了疾病时,君主来探望,头朝东,身体盖上朝服,并把大带放在腰间,以此尽力遵守应有的君臣之礼以表尊敬。**

10.20　君命召,不俟驾行矣。

【诠释】“不俟驾”而行是符合当时“君命召”之礼的。《礼记·玉藻》曰:“凡君召以三节:二节以走,一节以趋。在官不俟屦,在外不俟车。”明代王肯堂《论语义府》记:“《荀子》曰:‘诸侯召其臣,臣不俟驾,颠倒衣裳而走,礼也。’《诗》云:‘颠之倒之,自公召之。’以此看礼字最活。寻常大夫不可以徒行,及至趋召,则徒行乃更为礼,而至于颠倒衣裳不为过。仪文逐敬而移,因心而制,岂有常乎?”以此阐释孔子心目中的“礼”字更为贴切。

【解读】**国君有命召见,按照尊君之礼,不等驾好车就急着先行。**

10.21　入太庙,每事问。

【诠释】这一章与《八佾》篇重出。二者所强调的侧重点有所不同,并不能仅仅以朱熹所说“重出”之辞了结。前面是体现孔子答时人的问对,而这里则是从一般仪节的角度,来说孔子慎重、谦虚地对待礼仪。正如皇侃《论语义疏》所说:“前是记孔子对或人之时,此是录平生常行之事,故两出也。”

古时的太庙犹如今天的博物馆,每逢祭祀开放,任人观礼。作为举行仪式的场所,它能够让人追怀先德、洗涤心灵,能够正人心,施教化,达到"慎终追远,民德归厚"的目的。随着时代的推移,很多相关的礼节背后所蕴涵的"礼义"已不为人所知,祭祀也只是成为一种形式。尽管孔子本人也强调礼仪,但他最关心的还是礼的本质。正如他说:"礼云礼云,玉帛云乎哉?乐云乐云,钟鼓云乎哉"(《论语·阳货》),又说:"人而不仁,如礼何?人而不仁,如乐何",同时《孔子家语·礼运》中也说:"为礼而不本于义,犹耕之而弗种。"因此,本章与前面《论语·八佾》所记不但在繁简上不同,并且编纂者的出发点也不同。这也体现了与当时士人只注重礼之形式不同,孔子看重的是礼的本质。

**【解读】**进入太庙,对有疑问的事情都请教学习。

10.22　朋友死,无所归,曰:"于我殡。"

**【诠释】**本章是记述对待死而无所归的朋友殡葬的态度。古代的典籍中也有相关的记述,如《礼记·檀弓》曰:"宾客至,无所馆,夫子曰:'生于我乎馆,死于我乎殡。'"《孔子家语·曲礼子夏问》曰:"客至无所舍,而夫子曰:'生,于我乎馆。'客死无所殡矣,夫子曰:'于我乎殡。'敢问礼与?仁者之心与?"从中可以看出孔子对朋友的仁义态度。

所：处所。

归：归置。

殡：停放尸体、灵柩，这里应为为其举行殡葬之礼。

【解读】客死他乡的朋友，没有地方归置。孔子说："我来为他举行殡葬之礼。"

10.23 朋友之馈，虽车马，非祭肉，不拜。

【诠释】本章同样记述与朋友的交往之礼，只是这里记述的是对待朋友馈赠礼物的不同态度。

《礼记·坊记》曰："父母在，馈献不及车马。"可见馈车马之礼的分量。但孔子却不拜，因为他有自己的标准。孔子之所以把祭肉看得比车马还重要，是因为祭肉虽小，但它关系到"孝"的问题，肉在祭祀过祖先之后，就不仅仅是可以食用的肉了，而是对祖先尽孝的表现。

除此之外，孔子之所以如此重视祭肉，还有更深层次的原因。分送祭肉的制度与古代的礼制有一定的关系，西周春秋时祭宗庙的肉称膰（又称胙），祭社的肉称脤。祭祀祖宗神祇与分受祭肉是一件十分重要的事情。所谓"国之大事，在祀与戎。祀有执膰，戎有受脤"（《左传》成公十三年），一般只有在位的贵族才能参与祭祀、分享到祭肉。当时不仅同姓贵族共祭共食，不同姓的贵族也互相馈赠祭肉，分享祭肉就成了维系贵族统治者的一条纽带,也成为古代的一种礼制。

据《史记·孔子世家》记载,鲁定公十四年,正值孔子由大司寇摄相事之时,齐国送美女车马给鲁国,鲁君和季桓子经常去偷看,多日不理朝政。子路认为可以离开鲁国了,孔子说:“鲁今且郊,如致膰乎大夫,则吾犹可以止。”但是,季桓子接受了女乐,在祭祀后也没有按惯例送祭肉给大夫们。这一方面说明了孔子在鲁国不再受到重视，同时也反映了就连礼乐制度保存最完好的鲁国也已经礼崩乐坏到一定程度了。于是,孔子不得已离开了鲁国。后来的孟子是十分理解孔子当时的心情的，他说:“不知者以为为肉也，其知者以为为无礼也。”(《孟子·告子下》)

这样,孔子在这里的做法我们就不难理解了,孔子重视的是“祭肉”所蕴涵的“礼”的内涵和“孝道”。

**【解读】朋友馈赠的物品,即使是车马这样贵重的礼品,只要不是祭肉,孔子接受的时候也不拜谢。**

10.24　寝不尸,居不容。

**【诠释】**这一章记述孔子闲居时生活起居之形貌。

尸:扮作父祖形象并代父祖之神受祭之人,引申为矜庄的样子。自古对该词的理解颇有争议，总结起来主要有三种说法：一，为死尸之尸，目前《论语》白话译本多从这一说法，以杨伯峻《论语译注》为代表。二，为祭祀之尸，以程树德《论语集释》为代表。三，为卧为伏，清人段玉裁在《说文解字注》中从徐锴本训，依其注语，有释"寝不尸"为"寝毋伏"(《礼记·曲礼上》)之意。这里的"寝不尸"应与后面的"居不容"相对应，"尸"与"容"都应为一种引申意义上的形貌或姿态。

居不容：学术界主要有两种不同的说法：一是，平时闲居家中，故不必如上朝或参加祭祀时之威仪肃穆而应顺乎自然，申申如也，夭夭如也，故不容；二是，容，一说为"客"，谓居家不必如做客一样恭敬，因家室之敬难也。应以第二种说法更合适。居，平时在家。

**【解读】睡觉的时候，没必要像尸（祭祀时扮作父祖形象并代父祖之神受祭的人）那样矜庄。平时居家时，没必要像做客人时那样恭敬庄重。**

10.25　见齐衰者，虽狎，必变。见冕者与瞽者，虽亵，必以貌。

凶服者，式之。式负版者。

有盛馔，必变色而作。

迅雷风烈，必变。

**【诠释】**本章集中记述变色貌的几种情况，也体现孔子日常生活之中待人接物的礼节。《论语·子罕》记孔子说："见齐衰者、冕衣裳者与瞽者，见之，虽少，必作；过之，必趋。"只是与此节的记述稍有不同。

狎：亲近而不庄重，是指平常耍闹之人。变：变脸色，与后面的"貌"有互文之意，特指改变容貌。

亵：轻慢、不庄重，是指平常不拘泥于礼节之人。与前文相同，这里是对穿丧服者、穿祭祀之服者以及掌握礼乐之人的尊重。

凶服者：穿送丧、出殡衣服之人。

式：同"轼"，古代车辆上的横木。这里作动词，意思是俯身伏在轼上，是表示敬意的礼节。

负版者：穿孝服之人。传统上对此有三种解释：一种认为是背负国家图籍之人；二是"负版"应为"负贩"，指做买卖之人；三是指穿丧服之人。清代周柄中《四书典故辨正》引叶少蕴曰："丧服有负版。翟公巽谓式负版者，非版籍之版，乃丧服之版。"黄怀信《论语新校释》也说："孝服肩背上重出之布，方平如版，故曰版，简称负。今民间女儿为父母所服孝服多有之。" 由此也印证了《仪礼·丧服》中的说法："凡衰，外削幅；裳，内削幅，幅三袧。若齐，裳内衰外。负广出于适寸。适博四寸。"郑玄注曰："广衰当心，前有衰，后有负版，左右有辟领，孝子哀戚，无所不在。"

盛馔(zhuàn)：丰厚的祭品。传统上有多种解释：一是主人设丰盛的肴馔，必起坐其身以敬主人；二是主人亲馈，必变色而起以示敬领；三是丰厚的祭品。传统上仍以前两种为主，比如何晏《论语集解》引孔安国曰："作，起也。敬主人之亲馈也。"朱熹《论语集注》曰："敬主人之礼，非以其馔也。"但联贯前后章，这里孔子面对的不是平常的食物，而应该是祭祀之物。

迅雷风烈：天上打疾雷，地上刮大风。《礼记·玉藻》曰："若有疾风，迅雷，甚雨，则必变，虽夜必兴，衣服、冠而坐。"

**【解读】**看见穿丧服的人，即使平日来往密切的，也一定要把态度变得严肃起来。看见戴礼帽和失去视力的乐人，即使很熟悉，也一定要表现得有礼貌。

看见穿着送丧葬衣服的人，乘车时要俯身伏在车前的横木上。同时，看见穿丧服的人，也要俯身伏在车前的横木上。

遇见丰盛的祭品陈列，也一定要改变神色站立起来。

遇到迅雷、大风之时，也一定改变原来的容貌，变得严肃起来。

10.26　升车，必正立，执绥。车中，不内顾，不疾言，不亲指。

【诠释】本章是记述与御车有关的礼节。

升车：上车、蹬车。

执绥(suí)：抓住上车时的绳索。历代学者多从“安”或“敬”的角度解说，如皇侃《论语义疏》曰：“谓孔子升车礼也。绥，牵以上车之绳也。若升车时，则正立而执绥以上，所以为安也。”何晏《论语集解》引周生烈亦曰：“必正立执绥，所以为安也。”而朱熹《论语集注》曰：“绥，挽以上车之索也。范氏曰：‘正立执绥，则心体无不正，而诚意肃恭矣。盖君子庄敬无所不在，升车则见于此也。’”但这种蹬车的方式一定符合礼的要求是肯定的。

内顾：回头看。

疾言：快速地说话。

亲指：用手指指点点。

【解读】**上车的时候，一定先端端正正地站好，然后拉着扶手带上车。在车里面，不回头看，不很快地说话，不用手指指点点。**

10.27　色斯举矣，翔而后集。曰："山梁雌雉，时哉时哉！"子路共之，三嗅而作。

**【诠释】**本章文字向来众说纷纭，分歧很大，正如杨伯峻《论语译注》所说："这段文字很费解，自古以来就没有满意的解释。"朱熹《论语集注》甚至认为在"翔而后集"之后"必有阙文"。

本章争议较大的是"子路共之，三嗅而作"。主要说法有两种：一种观点认为是言子路向野鸡拱拱手，野鸡张开翅膀飞去了。另一种观点认为是子路杀野鸡为肴奉献孔子，孔子闻了三闻，站起来走了。如何晏《论语集解》说："子路以其时物，故共具之。非本意，不苟食，故三嗅而作。"朱熹《论语集注》引邢昺之言说："子路不达，以为时物而共具之，孔子不食，三嗅其气而起。"

在本章中，共、嗅二字是问题的关键。朱熹在《论语集注》中说："晁氏曰：'《石经》"嗅"作戛，谓雉鸣也。'刘聘君曰：'嗅，当作狊，古阒反。张两翅也。见《尔雅》。'愚案：如后两说，则共字当为拱执之义。"从语法上讲，子路杀野鸡为肴以奉献孔子的说法难以讲通。前言"子路共之"，主语为子路。后言"三嗅而作"，此语不应及于孔子。若言野鸡，则蒙上"之"字而省，可以讲通。如果

"三嗅而作"说的是野鸡，那么，应依《尔雅》以"嗅"当作"狊"之说更为合理。《石经》"嗅"作"戛"，谓雉鸣，虽然也能说通，但《石经》后出，而且野鸡三戛也不如振翅意长。如此，"共"应与"拱"相通，"嗅"应当作"狊"，为张两翅之貌。

其实，本章描绘出一幅很美的画面：孔子与弟子子路走在山间，不远处有几只野鸡停留在那里。那几只野鸡看到来人，便很机警地飞起来，它们盘旋飞翔一阵，便在远处飞落到了一起。孔子看到这一情景，感叹地说道："山梁上的这些雌雉，得其时啊！得其时啊！"孔子认为，这些野鸡能够远害避险，能够看到自己所处的形势。这时，子路悟出孔子所要表达的意思，也非常感慨，遂不无俏皮地向它们拱拱手。几只野鸡见状，便振振翅膀飞走了。

本章蕴涵着十分丰富的思想。孔子时代，天下无道，他叹不逢时，多次谈到自己所处非"时"。如《孔丛子·记问》两次说到"时"，当"楚王使使奉金币聘夫子"时，他的弟子向他表示祝贺，认为老师的主张终于可以有伸展的机会了，但孔子感叹地唱歌道："大道隐兮，礼为基。贤人窜兮，将待时。天下如一，欲何之。"有人"樵于野而获兽"时，孔子看到是麒麟，他也认为自己时运不济，又歌曰："唐虞世兮，麟凤游，今非其时吾何求？麟兮麟兮我心忧。”有人说，孔子晚年所作《易传》中最能够体现孔子“时”的思想，体现了孔子“时”的哲学。《郭店楚墓竹简》中发现的《穷达以时》，又印证了这一观点。

其实，《论语》首章中“学而时习之”的“时”也是此意(详见《学而》篇首章的诠释)。很明显，在孔子那里，“时”是一个重要的概念，孔子谈到“时”的思想，并以之教导子路，非常合乎情理。

**【解读】**孔子与弟子子路一起走在山间，一群雌雉被惊吓得飞了起来，在空中盘旋了一阵又停落在树上。孔子说：“山梁上的这些雌雉，得其时呀！得其时呀！”子路朝它们拱拱手，那群雌雉振振翅膀飞走了。

# 先进篇第十一

**【概说】**本篇共二十六章(朱熹《论语集注》把第二、三章合并为一章)。编者取本篇首章二字作为篇名。本篇主要记述了孔子弟子的言行,列举了孔门中在德行、言语、政事、文学方面著称者,特别称道了颜回的好学和闵子骞的孝。最后一章里孔子和弟子谈论志向,反映了孔子的政治理想。

本篇围绕着“先进”而展开。关于“先进”,历代解释多有不同。“先进”就是先行,先学习,“先进于礼乐”就是指先学习礼乐的人。刘宝楠《论语正义》云:“是古用人之法,皆令先习礼乐而后出仕,子产所云‘学而后入政’者也。”孔子的主张与子产一致,对当时的世卿世禄制并不赞同,对卿大夫子弟先做官后学习礼乐的情况可能也不是很满意,故说“从先进”。孔子教学也是以礼乐为重点,他曾说:“兴于《诗》,立于《礼》,成于《乐》。”

(《论语·泰伯》)学习礼乐的过程,实际上也就是修身的过程,这与《大学》中修、齐、治、平的思想在逻辑上是一致的。后面各章的论述亦大致围绕着这个主题而展开。

颜渊在孔门弟子中以德行著称,他为人好学,品格高尚,深得孔子赏识,后儒认为是孔门七十二贤之冠。本篇以相当大的篇幅来称述颜渊,实际上是以他作为“先进”的典型代表。第二十五章中,孔子对子路“有民人焉,有社稷焉,何必读书,然后为学”的批评,也是孔子“从先进”思想的体现。孔子对闵子骞、南容的评价反映了其对修身的重视。其他各篇还有其维护古代礼乐制度的主张,如贬冉有、子路为具臣以反对季氏以家为国的僭越行为,婉转地拒绝颜路请其车以为颜回之椁的请求。最后一章,孔子对曾点理想的赞叹,实际上是对社会实现礼乐大治景象的憧憬,恰与第一章呼应。

此外,孔子因材施教的教学理念、“过犹不及”的中庸思想在本篇中都有很好的体现。

11.1 子曰:“先进于礼乐,野人也;后进于礼乐,君子也。如用之,则吾从先进。”

**【诠释】**关于“先进”、“后进”,历代注释多有不同。归纳起来看，主要有以下两种：一是认为“先进”、“后进”皆指孔子弟子。“先进”即孔子弟子中没有爵禄需要先学习礼乐而后做官的人，如颜渊、闵子骞等人；“后进”即孔子弟子中皆已出仕，但需要文之以礼乐的人，如冉求、子路等人。刘宝楠《论语正义》持此说。二是从时间上划分。“先进”指五帝以前，“后进”指三王以后。五帝时期，质胜于文，风气淳朴，而三王时期文质彬彬，三王之后，文胜于质，孔子欲恢复五帝时期的质朴风尚以纠正当时的风气。或认为“先进”指殷以前，“后进”指周初。这种观点认为殷时礼文朴质，周时礼文繁盛，孔子“从先进”是去繁文而尚本质。或认为“先进”谓武王、周公之时，“后进”谓春秋之世。因为本章应该是孔子评价其弟子仕进的先后，后面各章也是孔子对弟子的评价，所以，我们认为第一种说法近是。

对“野人”、“君子”的理解亦有争议。“君子”在古代主要有两种含义：一为有位者，一为有德者。在这里，“君子”与“野人”相对照而言，显然应该是指有位者，即那些拥有世袭爵位的卿大夫子弟。“野人”也可以有三种理解：一说指不曾做官、没有爵禄的人，见刘宝楠《论语正义》；一说指朴野之人，见邢昺《论语注疏》；一说指郊外之民，见朱熹《论语集注》。既然“先进”、“后进”主要指弟子的仕进而言，所以第一种观点更为恰当。

【解读】孔子说:"先学习礼乐而后做官的是未曾有过爵禄的一般人,先有了官位而后学习礼乐的是享有爵禄的贵族子弟。如果要我选用人才,我主张选用先学习礼乐的人。"

11.2 子曰:"从我于陈、蔡者,皆不及门也。"

【诠释】孔子周游列国十几年,其间曾在从陈国去蔡国的途中,因被陈国人包围而绝粮于陈、蔡之间。据《史记·孔子世家》记载,这时跟从他的学生有颜渊、子贡、子路等人。后来孔子回到鲁国之后,子路、子贡先后入官而去,颜回离世,孔子于寂寞悲伤之余,经常怀念自己的学生。本章正是孔子这种心境的反映。

陈:春秋时陈国,在今河南东部及安徽一部分。

蔡:春秋时蔡国,在今河南上蔡一带。

及门:该词有歧解。一说是在孔子门下,朱熹《论语集注》:"孔子尝厄陈、蔡之间,弟子多从之者,此时皆不在门,故孔子思之,盖不忘其相从于患难之中也。"一说"仕于卿大夫之门",认为孔子弟子中当时没有仕于陈、蔡之人,所以导致了陈、蔡之厄。刘宝楠《论语正义》持此说。第一种说法于义为长,故从之。

【解读】孔子说:"跟着我在陈国、蔡国之间共患难的弟子,现在都不在我身边了。”

11.3 德行:颜渊、闵子骞、冉伯牛、仲弓。言语:宰我、子贡。政事:冉有、季路。文学:子游、子夏。

**【诠释】**本章记述孔子对弟子们的评价。这里列举了孔门弟子之中在德行、言语、政事以及文学方面各具所长者。孔子十分重视因材施教,所以学生也是各有所长。所列皆为诸学生的字,这大概是孔子弟子根据老师平时的评论所作的记录。

德行:道德、品行。《周官·师氏》注云:“德行,内外之称。在心为德,施之为行。”这也是孔门四科中最为重要的一科。

言语:宾主相对之辞。

政事:治国之政。

文学:是指先王典籍文献。

**【解读】**在孔子的学生中,品德行为最好的有:颜渊、闵子骞、冉伯牛、仲弓。长于辞令的有:宰我、子贡。擅长办理政事的有:冉有、季路。熟悉了解古代文献的有:子游、子夏。

11.4 子曰:“回也,非助我者也,于吾言无所不说。”

**【诠释】**本章记孔子对弟子颜渊的委婉批评，但更多的是对其能充分理解自己学说的肯定。颜渊是孔子最为喜爱的弟子，他一生在孔子身边学习，对孔子的一言一行都有深切的认识。《史记·孔子世家》记载，孔子及其弟子绝粮于陈、蔡之间时，弟子有愠色，故孔子召三弟子询问当时的穷困是否因其学说所致。子路、子贡的回答都不能让孔子满意，而颜回的回答是对孔子最大的安慰，并以“不容何病，不容然后见君子”来宽慰老师，使孔子十分欣慰。

本章看似孔子批评颜渊，实际却是他对颜渊能够“默识心通”的肯定。可与《为政》第九章“子曰：‘吾与回言终日，不违，如愚。退而省其私，亦足以发，回也不愚’”参照理解。

说：通“悦”。心悦诚服。

**【解读】**孔子说：“颜渊这个人，不是能给我以启发帮助的人，对我说的话没有不心悦诚服的。”

11.5　子曰：“孝哉，闵子骞！人不间于其父母昆弟之言。”

**【诠释】**本章是孔子称赞闵子骞之“孝”。关于闵子骞的孝行，典籍多有记载。据《韩诗外传》记载："子骞早丧母，父娶后妻，生二子。疾恶子骞，以芦花衣之。父察之，欲逐后母。子骞曰：'母在一子寒，母去三子单。'父善之而止，母悔改之，遂成慈母。"

人不间于其父母昆弟之言：此句有两解：一说人们对于闵子骞的父母兄弟对他的赞美没有异议；另一说因闵子骞的孝行使其后母、兄弟、父亲免于他人的非议。根据史书记载闵子骞的事迹，后一种说法应更确切。

间：非议，批评。

**【解读】** 孔子说："闵子骞真是孝顺啊！因为他的孝行，人们没有批评他的父母兄弟的言论。"

11.6　南容三复白圭，孔子以其兄之子妻之。

**【诠释】** 孔子赞美南容说话谨慎，谨言者也必将慎行，而"三复白圭"也正是其性格的一种体现。正因如此，南宫适能够做到"邦有道，不废；邦无道，免于刑戮"（《论语·公冶长》），故孔子将其侄女嫁给他。

三复：反复诵读，"三"指其多。

白圭：一种珍贵而晶莹的玉器，这里是指《诗经·大雅·抑》中关于白圭的四句诗："白圭之玷，尚可磨也。斯言之玷，不可为也。”意思是说白色玉石上的污点可以磨掉，言语中的错误却无法收回，所以说话一定要小心谨慎。

**【解读】**南容把“白圭之玷，尚可磨也。斯言之玷，不可为也”这几句诗反复诵读，孔子把他哥哥的女儿嫁给了他。

11.7　季康子问：“弟子孰为好学？”孔子对曰：“有颜回者好学，不幸短命死矣，今也则亡。”

**【诠释】**此章连同下面的四章皆记颜渊之死。从相关文献记载来看，颜渊注重修养，仁爱诚信，虚心好学，德行出众。无论孔子还是其同门弟子，对颜回的远大志向、高超德行均交口称赞。但他不幸早亡，故孔子深为惋惜。本章与《论语·雍也》第三章基本相同，不同之处仅在于孔子的回答繁简有异。

亡：通“无”，没有。

**【解读】**季康子询问：“你的学生中谁最好学？”孔子说：“有一个叫颜回的学生最为好学，可不幸短命而亡，现在没有如此好学的人了。”

11.8　颜渊死，颜路请子之车以为之椁。子曰：“才不才，亦各言其子也。鲤也死，有棺而无椁。吾不徒行以为之椁，以吾从大夫之后，不可徒行也。”

**【诠释】**对于本章的理解，历代注疏家多认为是颜渊死后其父颜路请求孔子卖其车以为颜渊买椁，而孔子以自己“从大夫之后不可以无车”拒绝。但据清宦懋庸《论语稽》考证，“卖车买椁”之说不可解者颇多，他认为这里所说的“椁”是指殡时之椁而非葬时之椁。当时对于各个阶层，丧礼有严格的区分，颜回为士，其殡不当用车，故孔子婉言拒绝颜路的请求。这体现了孔子维护礼制的态度。

颜路：颜渊之父，名无繇(yóu)。少孔子六岁。

椁(guǒ)：棺材外面套的大棺材。这里是指以车为殡棺之椁。

鲤：孔子之子，字伯鱼。年五十而死，那时孔子七十岁。

从大夫之后：孔子在鲁国曾做过司寇，属大夫之位。此时已去位多年，说“从大夫之后”，谦逊之词。

**【解读】**颜渊去世后，他的父亲颜路请求用孔子的车做颜渊的殡棺之椁。孔子说：“无论有没有才能，但总是自己的儿子。我的儿子鲤死了，只有棺而没有椁。我不能徒行以用我的车做他的殡棺之椁，因为我曾做过大夫，是不可以步行的。”

11.9　颜渊死。子曰：“噫！天丧予！天丧予！”

**【诠释】**颜回是孔子最得意的学生，终身未仕，从于夫子身边为学，最能得老师学说之精髓。而孔子也视之如己子，期望他能够成为传道之人，但他却不幸早逝，所以孔子发出此悲叹之声。

噫(yī)：叹词，表示感叹。相当于现代汉语中“唉声叹气”的“唉”。

天丧(sàng)予：天将要我的命了。

**【解读】**颜渊死了。孔子说：“唉！老天将要我的命了，老天将要我的命了。”

11.10　颜渊死，子哭之恸。从者曰：“子恸矣！”曰：“有恸乎？非夫人之为恸而谁为？”

**【诠释】**本章描述了孔子在颜渊死后的悲恸之情。颜渊死，孔子极为伤心，探寻其背后的原因，一是丧失爱徒，二是哀叹自己学说无人传承。颜回“闻一以知十”(《论语·公冶长》)，“三月不违仁”(《论语·雍也》)，于老师之言“无所不说(悦)”，他的早逝，令孔子十分悲恸。

恸(tòng)：极度悲伤。《论语集解》引马融曰："恸，哀过也。"

非夫(fú)人之为恸而谁为："非夫人之为恸"是"非为夫人恸"的倒装形式。夫，指示词，"那"的意思。

【解读】颜渊死了，孔子哭得非常伤心。跟随孔子的人说："您太伤心了！"孔子说："真的足够伤心了吗？不为这样的人伤心还为什么样的人伤心呢？"

11.11 颜渊死，门人欲厚葬之，子曰："不可。"门人厚葬之。子曰："回也视予犹父也，予不得视犹子也。非我也，夫二三子也！"

【诠释】孔子反对任何僭越礼制的行为，即使是对待自己最喜爱的学生颜回，也不欲违礼。这可与本篇第八章结合起来理解。

【解读】颜渊去世，孔子的学生们想要以厚礼安葬他。孔子说："不可以这样做。"孔子的学生们仍然用厚礼安葬了颜渊。孔子说："颜回呀！你对待我好像对待自己的父亲，我却不能像对待自己的儿子那样对待你。这不是我的主意，是你那几个同学干的呀！"

11.12　季路问事鬼神。子曰:“未能事人,焉能事鬼?”曰:“敢问死。”曰:“未知生,焉知死?”

**【诠释】**本章表述了孔子在鬼神、生死问题上的态度。除此之外,《论语》还有几章也涉及孔子对于鬼神的态度,如《论语·雍也》记载:“樊迟问知,子曰:‘务民之义,敬鬼神而远之,可谓知矣’”;《论语·述而》记载:“子不语:怪力、乱神”。

孔子到底相不相信鬼神的存在,这历来是一个有争议的问题。《孔子家语·哀公问政》中的一段记载或许可以有助于我们的理解。哀公向孔子询问鬼神说的是什么,孔子回答说:“人生有气有魂。气者,人之盛也;魄者,鬼之盛也。夫生必死,死必归土,此谓鬼;魂气归天,此谓神。合鬼与神而享之,教之至也。”在这里,孔子用朴实的语言对“鬼”、“神”进行了解释,与当时社会上流行的看法不同,他认为人有生就有死,死后必定归入土中,这就叫做鬼;魂气归于天上,这就叫做神,这实际上显示了孔子的无神论倾向。那么孔子为什么还说“事死如事生,事亡如事存,孝之至也”(《礼记·中庸》)?这实际上正是后人所谓“神道设教”的统治方法。正如孔子所说,“教民反古复始,不敢忘其所由生也。众人服自此,听且速焉”,利用鬼神统治是让民“听且速”的好方法，名为祭祀鬼神，实际上是着眼于对民众的教化。

通过以上分析，孔子对鬼神、生死的态度便十分明了了。他其实不相信鬼神的存在，也不把希望寄托于来世，他考虑的是社会现实的治理。他提倡人要在君父生前尽忠尽孝，至于对待鬼神就不必多提了。他提倡对鬼神的祭祀，不过是为了达到教化人民的目的。

**【解读】子路问怎么侍奉鬼神。孔子说："活人还不能服事，怎么能去服事死人呢？"子路又问："我大胆地请问死是怎么回事？"孔子说："生的道理还没弄明白，怎么能够懂得死？"**

11.13　闵子侍侧，訚訚如也；子路，行行如也；冉有、子贡，侃侃如也。子乐。"若由也，不得其死然。"

**【诠释】**本章通过描述闵子骞、子路、冉有、子贡四人陪同孔子闲坐时的言行，来反映其性格特点以及孔子由此而生的评价。从中可见孔子对学生的了解，他能够从学生的表现中看出他们的结局。

訚訚(yín)：中正的样子。

行行(hàng)：刚强的样子。

侃侃：和乐的样子。

乐：高兴。郑玄注："乐各尽其性"，认为四人都各尽其自然之性，因此孔子非常高兴。

不得其死然：不能善终。后来子路最终在卫国内乱中被杀身亡，应验了孔子的判断。

**【解读】**闵子骞侍立在孔子身边，显得恭敬而正直的样子；子路显得刚强而勇武的样子；冉有、子贡显得温和而快乐的样子。孔子很高兴。接着叹息说："像由这样的人，恐怕不能善终吧！"

11.14　鲁人为长府。闵子骞曰："仍旧贯，如之何？何必改作？"子曰："夫人不言，言必有中。"

**【诠释】**本章体现孔子的重民、提倡节约的思想。孔子认为治国者要"节用而爱人，使民以时"，故对闵子骞倡导节省资财、不劳民伤财的说法表示赞同。

仍：因，按照。

旧贯：旧的样子。贯，事，例。

**【解读】**鲁国打算翻修叫长府的金库。闵子骞说："照着老样子下去怎么样？"孔子说："这个人平时不大说话，一说便很中肯。"

11.15　子曰："由之瑟，奚为于丘之门？"门人不敬子路。子曰："由也升堂矣，未入于室也。"

**【诠释】**乐是孔子教育学生的主要内容之一,他十分注重用德声雅乐教育弟子。孔子本人在音乐方面有高深的造诣,可以从音乐中体会出其中深蕴的内涵,如《论语·述而》:“子在齐,闻《韶》,三月不知肉味,曰:‘不图为乐之至于斯也!’”《孔子家语·辨乐》和《说苑·修文》中均记载“子路鼓瑟有北鄙之声”,不合于《雅》、《颂》,故孔子批评他。因此,其他的学生便不敬重子路。于是孔子又用“登堂入室”鼓励他,认为不能因为他弹奏“北鄙之声”就完全否定他。

瑟:古代的一种拨弦乐器,形似古琴。《荀子·乐论》记:“君子以钟鼓导志,以琴瑟乐心。”可知琴瑟是一种高雅乐器。

升堂:登上正厅。

入于室:进入室内。

“堂”是正厅,“室”是内室。先入门,次升堂,最后入室,表示做学问的几个阶段。入室比喻达到了最高的境界,升堂则次于入室。

**【解读】**孔子道:“仲由弹瑟,为什么要在我这里弹呢?”孔子的学生因此瞧不起子路。孔子说:“仲由嘛,在做学问方面已经不错了,只是还不够精深罢了。”

11.16　子贡问："师与商也孰贤？"子曰："师也过，商也不及。"曰："然则师愈与？"子曰："过犹不及。"

**【诠释】**"过犹不及"一词现在可谓家喻户晓，这也正是孔子中庸哲学思想的体现。孔子在任何事情上都要求严守中道，不要走极端，力求做得恰如其分，以保持事物的和谐状态。朱熹《论语集注》说："道以中庸为至。贤知之过，虽若胜于愚不肖之不及，然其失中则一也。尹氏曰：'中庸之为德也，其至矣乎！夫过与不及，均也。差之毫厘，谬以千里。故圣人之教，抑其过，引其不及，归于中道而已。'"朱熹的解释比较接近于孔子思想。

孔子这句话是针对子张和子夏的特点来说的。在本篇第十八章中，孔子评价子张说"师也辟"，认为他狂妄自大，以致偏激。曾子也曾评价子张"堂堂乎张也，难与并为仁矣"（《论语·子张》）。孔子说的"过"是针对子张的过于狂妄而言。而子夏与之相反。据《论语》记载，孔子曾告诫子夏"女为君子儒，无为小人儒"，子游也曾指责子夏教弟子过于保守狭隘，可见子夏之不及在过于拘谨。在孔子看来，子张的过于狂妄和子夏的过于拘谨，都没有做到中道。

愈：胜过，更好一些。

**【解读】**子贡问孔子:“颛孙师和卜商两个人,谁更好一些?”孔子说:“师呢,做事有些过头;商呢,做事有些赶不上。”子贡说:“那是不是师更好一些呢?”孔子说:“过头和赶不上同样不好。”

11.17　季氏富于周公,而求也为之聚敛而附益之。子曰:“非吾徒也,小子鸣鼓而攻之,可也。”

**【诠释】**本章所述之事可参见《左传》哀公十一年的记载。当时冉有为季氏家臣,季氏想“用田赋”,让冉有去询求孔子的意见,孔子不予回答。后来孔子私下告诉他,做事情要“度于礼,施取其厚,事举其中,敛从其薄”,即向百姓索取要微薄。但最终冉有没有听从老师的劝诫,帮助季氏聚敛财富。故孔子号召身边的弟子大张旗鼓地声讨冉有,并且不再承认他是自己的学生。

孔子推崇“仁”的思想。“仁者,爱人”,对百姓的爱则体现在“使民以时”、“时使薄敛”,这样国家才能够安定繁荣。正所谓“财聚则民散,财散则民聚”,《中庸》中也提及“百乘之家不畜聚敛之臣,与其有聚敛之臣,宁有盗臣”,由此可见,儒家倡导“爱民”思想是一以贯之的。

季氏:鲁国大臣,季康子。

周公：一说即周公旦；一说是周天子左右做卿士的人，如周公黑肩、周公阅等，非周公旦。

附益：增加。

徒：学生。

小子：指学生。

**【解读】季氏比周朝的公侯还要富有，冉求又帮他搜刮，使之增加更多的财富。孔子说："冉求不再是我的学生了，你们这些学生可以大张旗鼓地攻击他。"**

11.18 柴也愚，参也鲁，师也辟，由也喭。

**【诠释】**本章是孔子对四个学生个性的评价。这里虽无"子曰"，但对每个学生都是直呼其名，不称其字，显然是长者的口吻，应是孔子之语无疑。孔子善于因材施教，正是由于他对学生的个性十分了解。

柴：高柴，字子羔。齐国人，高氏之别族。孔子弟子，比孔子小四十岁。据《孔子家语·七十二弟子解》，其身高不过六尺，容貌极为丑陋。早年居鲁，在孔门中很"知名"。曾出仕为武城宰。

参：曾参，字子舆。鲁国南武城人。孔子弟子，比孔子小四十六岁。

鲁：迟钝。

辟：偏激。

喭(yàn)：鲁莽。陆德明《经典释文》以"畔喭"联辞，"畔喭"者，跋扈不恭也。

**【解读】**高柴愚笨，曾参迟钝，子张偏激，仲由鲁莽。

11.19　子曰："回也其庶乎，屡空。赐不受命，而货殖焉，亿则屡中。"

**【诠释】**本章是孔子对颜回和子贡的评价。何晏《论语集解》将本章与上章合为一章，朱熹《论语集注》分之。两章从文辞上看有很大区别，故今从朱子。

颜回之德，孔子屡屡称赞，但他家境却很贫穷，过的是"箪食瓢饮"的生活。子贡在学问方面虽不及颜回，却擅长经商，十分富有。孔子的言语中透露出对颜回人生际遇的深深遗憾。

庶：庶几，差不多。一般用在赞扬的场合。

屡空：历来解释颇多，主要有两种看法，一是释为经常贫穷，一无所有。另有说法将"空"释为虚中，认为颜回做学问已经达到了坐忘的境界，可参看《论语义疏》、《韩李笔解》。对应下面谈到的子贡"货殖焉"，前一种解释更为贴切。

不受命：对此理解上也有很大争论：一说不受禄命、爵命。见皇侃《论语义疏》引王弼说。一说将“命”释为“教命”，“不受命”就是不受孔子教命。何晏《论语集解》持此看法。一说不受命与货殖讲的是同一个事情，古代的商业都是掌握在官府手中，子贡没有受公家之命，而是以其财贱买贵卖，追逐利润。俞樾《群经平议》持此说。

本章孔子既然将两位弟子对比，则子贡“不受命”可以与前面评论颜回的“庶几乎道”相对应。颜回为孔子最钟爱的学生，对老师所授之道明白无疑，与此相对的就是子贡不知“道”，对老师所授之道没有完全体认。尽管如此，他却可以在经商的过程中常常猜中行情，得以成为富足之人。这是孔子对两个学生的客观评价，并无《论语集解》中所言“美回，所以励赐也”的含义。

货殖：从事商业活动。

亿：定州汉墓竹简中作“意”，皇本作“忆”，意思均相同，即猜测，判断。

**【解读】**孔子说：“颜回了解我的学说差不多了，可是生活却常常贫穷。端木赐还不很了解我的学说，但他从事商业活动，猜测行情，竟然都猜对了。”

11.20　子张问善人之道。子曰："不践迹，亦不入于室。"

**【诠释】**本章孔子论述什么是善人。

《论语》中多次提到"善人"，如"善人吾不得而见之矣；得见有恒者，斯可矣"（《述而》）、"善人为邦百年，亦可以胜残去杀矣"（《子路》）、"善人教民七年，亦可以即戎矣"（子路）。在孔子的话语中，善人是比圣人低一点层次的人，所以，善人虽然不因循旧迹，能够有所创造，但是还是不能入于圣人之堂。

《汉书·刑法志》据孔子所说"善人为邦百年，亦可以胜残去杀矣"，"如有王者，必世而后仁"，认为圣王可以在衰世中拨乱而起，对人民施以教化，使天下行于仁道。而善人不可以像圣王那样，在百年的时间里也只能胜残去杀。刘宝楠《论语正义》据此推断善人为诸侯。而清人陈澧《东塾读书记》以及清人孔广森《经学卮言》均认为"善人"为质美之人，其所行之道，应当效仿前言往行，以成其德。如同要入室，就必须遵循堂户之迹，而后才可以登堂入室。根据此说法，刘宝楠《论语正义》中将"迹"释为礼乐之事，认为善人必须要学习礼乐之事才可以登堂入室。根据《论语》中多次提到的"善人"的语境，孔子对"善人"肯定的意味更大，所以"不践迹"应该属于正面的评价，故以前种说法为宜。

践迹：循着前人的脚步。

入室：《论语》中多次用此说法，似乎是当时的一种固定的比喻，指学问或者境界的高深之处。

**【解读】** 子张问孔子何为善人。孔子回答道："善人不循着前人的脚印走，但是也难以达到入室的境界。"

## 11.21 子曰："论笃是与，君子者乎？色庄者乎？"

**【诠释】** 本章是孔子说明不可以言语相貌取人。虽然主张推许言论笃实的人，但是也要明确地辨别是真君子还是只是那种神情看似庄重的伪君子。

何晏《论语集解》以及刘宝楠《论语正义》均将此章与前一章合为一章，认为"子曰"之后的两句话均为孔子对子张询问善人之道的回答，只是因为是"异时之语"故别言"子曰"。按此说法，则"论笃"者，"君子"者，"色庄"者指的均是指善人。所谓"论笃"者，即口无择言之人，因其所言皆善，故称之为善人；"君子"者，即身无鄙行之人；"色庄"者，为言能颜色庄严，使小人畏威者，也可以成为善人。以此来看，此说似可通，但是仍有可疑之处。首先，在《述而》第二十六章中孔子说："圣人吾不得而见之矣;得见君子者,斯可矣。”又言“善人吾不得而见之矣;得见有恒者,斯可矣”。以此来看,孔子话语中君子和善人是不同层次的,若按上说就是将两者混为一谈。另外,从语气上判断,本句也不像是回答之语。

论笃是与:这是“与论笃”的倒装形式,“是”为帮助倒装所用之词。笃,忠实。与,赞许。

色庄:伪装脸色庄重。

**【解读】**孔子说:“赞许言论笃实的人,但要辨识他是真正的君子呢,还是仅为外表庄重的人呢?”

11.22　子路问:“闻斯行诸?”子曰:“有父兄在,如之何其闻斯行之?”

冉有问:“闻斯行诸?”子曰:“闻斯行之。”

公西华曰:“由也问闻斯行诸,子曰:‘有父兄在’;求也问闻斯行诸,子曰:‘闻斯行之’。赤也惑,敢问。”子曰:“求也退,故进之;由也兼人,故退之。”

**【诠释】**本章表现孔子因材施教的教学特点,也从另一个角度体现了孔子对学生性格的准确把握。子路好勇,针对他的这种个性特点,孔子在多种场合对其进行教育以抑制其“好勇过度”,所以孔子劝诫他听到一件事情要先请教父兄之后才决定要不要去做。而冉有生性谦退,所以孔子便鼓励他要放手去做。

闻斯行诸:听到了就去做。斯,副词,就。诸,"之乎"两字的合音。

兼人:好勇胜人。《集解》与《集注》均将"兼人"释为"胜人"。

退:约束。

**【解读】** 子路问:"听到了就行动起来吗?"孔子说:"有父兄在,怎么能听到就行动起来呢?"

冉有问:"听到了就行动起来吗?"孔子说:"听到了就行动起来。"

公西华说:"仲由问'听到了就行动起来吗',您回答说'有父兄健在';冉求问'听到了就行动起来吗',您回答说'听到了就行动起来'。我被弄糊涂了,大胆地来问问。"孔子说:"冉求平日做事总是退缩,所以我鼓励他;仲由好勇过人,所以我约束他。"

11.23 子畏于匡,颜渊后。子曰:"吾以女为死矣!"曰:"子在,回何敢死?"

**【诠释】** 本章体现了孔子和弟子颜回之间的深厚感情,愿同生死共患难。孔子在匡地被匡人包围而蒙难,形势危急,却迟迟未见颜回,十分焦急,担心颜回于"乱离之时或不幸而死于非命”，故一见到颜回便脱口而出：“吾以女为死矣！”有因过分着急而伴随的些许责备，更多的是看到弟子安然无恙后的喜悦。颜回最了解老师，知道老师不轻于一死，所以回答道：“老师在，学生我怎么敢死？”一问一答，将师生之间的真挚情感表达得淋漓尽致。

子畏于匡：《史记·孔子世家》中记载，孔子离开卫国之后，准备到陈国去，经过匡。匡人曾经遭受过鲁国阳货的掠夺和残杀，孔子因长得像阳货而被囚禁。

畏：被拘囚。

**【解读】**孔子在匡被囚禁了之后，颜渊过了很久才来。孔子说：“我以为你死了。”颜渊道：“您还活着，我怎么敢死呢？”

11.24　季子然问：“仲由、冉求，可谓大臣与？”子曰：“吾以子为异之问，曾由与求之问。所谓大臣者，以道事君，不可则止。今由与求也，可谓具臣矣。”曰：“然则从之者与？”子曰：“弑父与君，亦不从也。”

**【诠释】**本章是孔子说明为臣事君之道。在孔子看来，“大臣”要有坚定而又独立的政治品格，能够按礼乐的准则去给君以辅佐，若君不从则去之。而“具臣”只是政令的实施者，也就是说子路和冉有两人臣于季氏，但季氏无道却不能匡救，又不能“不可则止”，所以只能算作备位充数的臣僚罢了！因此孔子认为子路和冉求只是做到了具臣而非大臣。同时也借此申明了对季氏僭越行为的不满。当时季氏有诸多的僭越行为，比如说：“八佾舞于庭”、“旅于泰山”、“三家者以《雍》彻”(并见于《论语·八佾》)，孔子已言“是可忍也，孰不可忍也”。仲由、冉求仕于鲁，两人都是季氏的家臣，既不能匡扶鲁室，又不能制止季氏三桓之专擅，故孔子称他们仅仅是“具臣”。如《礼记·曲礼》云：“为人臣之礼不显谏，三谏而不听，则逃之。”《白虎通·谏诤篇》中云：“诸侯之臣，诤不从得去何？以屈尊伸卑，孤恶君也。”均阐述了大臣事君之法。其实，孔子对冉求和子路的批评也是相当严厉的，比如本篇第十七章说：“非吾徒也，小子鸣鼓而攻之，可也。”第二十五章批评子路说：“贼夫人之子。”

季子然：鲁国大夫，季孙氏的同族人。

具臣：备数的臣子。

曾：竟然，原来。

止：停止，这里指去位不仕。

弑：古称下杀上为弑。如臣杀君，子杀父，称为弑君、弑父。

**【解读】**季子然问孔子："仲由、冉求可以称得上是大臣吗？"孔子回答说："我以为你问非常重要的事情，原来只是问子路与冉求呀！所谓大臣，应该用正道辅佐君主，如果做不到就宁肯辞职不干。现在看来，仲由和冉求只可以算是备位充数的臣僚罢了。"季子然又问："那么，他们会顺从季氏吗？"孔子说："杀害父亲和君主的事，他们是不会顺从的。"

11.25　子路使子羔为费宰。子曰："贼夫人之子。"子路曰："有民人焉，有社稷焉，何必读书，然后为学。"子曰："是故恶夫佞者。"

**【诠释】**"学而优则仕"，即先学习礼乐后为官，这是孔子一贯的主张。正如本篇首章孔子说："先进于礼乐，野人也；后进于礼乐，君子也。如用之，则吾从先进。"子路推荐"子羔为费宰"一事违背了孔子为学求仕的根本原则，因此批评子路"贼夫人之子"。

所谓的"读书"就是指读《诗》、《书》、《礼》、《乐》等内涵丰富的经典之书，其皆为圣贤所作，学习这些知识便可修身正己，然后才可齐家、治国、平天下。如《韩诗外传》中所记："哀公问于子夏曰：'必学然后可以安国保民乎？'子夏曰：'不学而能安国保民者，未之有也。'"

说的是同样的道理。子羔为费宰,据说是在孔子"堕三都"(公元前498年)之后,开始周游列国(公元前497年)之前,当时子羔只有二十四岁。况且在前章孔子曾提到"柴也愚",故子路欲使其为费宰,孔子认为以愚而不学之人充任官职,是置其于必败之地,故批评子路。而子路却加以狡辩,认为可以边为政边学习,不必先诵习《诗》、《书》、《礼》、《乐》。当然,学习的途径是多种多样的,但子路这里的回答显然是为自己推荐子羔为季氏家臣而加以辩护,故孔子对其严厉批评。

子羔:即高柴。

费宰:费邑的地方官。费,季氏的封邑,在今山东费县西北。

贼:害。

民人:平民和贵族。这里偏指老百姓。

社稷:指祭祀土地神和谷神的地方。社,是为祭五土之神而设。稷,是为五谷之神而设。社坛在东,稷坛在西,并以此象征国家。

恶(wù):憎恶。

佞:强辩的人。

**【解读】**子路让子羔担任费邑的地方官。孔子说:"他的学业还没有完成,这是误人子弟呀!"子路说:"有老百姓,有国家可以施政,为什么一定要先读书才算是学习呢？”孔子说：“所以，我最厌恨那些强词夺理的人。”

11.26　子路、曾皙、冉有、公西华侍坐。

子曰：“以吾一日长乎尔，毋吾以也。居则曰：‘不吾知也！’如或知尔，则何以哉？”

子路率尔而对曰：“千乘之国，摄乎大国之间，加之以师旅，因之以饥馑。由也为之，比及三年，可使有勇，且知方也。”夫子哂之。

“求！尔何如？”对曰：“方六七十，如五六十，求也为之，比及三年，可使足民。如其礼乐，以俟君子。”

“赤！尔何如？”对曰：“非曰能之，愿学焉。宗庙之事，如会同，端章甫，愿为小相焉。”

“点！尔何如？”鼓瑟希，铿尔，舍瑟而作，对曰：“异乎三子者之撰。”子曰：“何伤乎？亦各言其志也。”曰：“莫春者，春服既成，冠者五六人，童子六七人，浴乎沂，风乎舞雩，咏而归。”

夫子喟然叹曰：“吾与点也！”

三子者出，曾皙后。曾皙曰：“夫三子者之言何如？”子曰：“亦各言其志也已矣。”曰：“夫子何哂由也？”曰：“为国以礼，其言不让，是故哂之。”“唯求则非邦也与？”“安见方六七十，如五六十，而非邦也者？”“唯赤则非邦也与？”“宗庙会同，非诸侯而何？赤也为之小，孰能为之大？”

**【诠释】**孔子询问四个弟子的志向，子路、冉有、公西华的志向都与治国有关。子路强调的是要“强兵”，冉有强调的是要“富民”，而公西华则强调要使民“知礼”。孔子对三个弟子的志向都不置可否，但却唯独在听到曾点描述了自己的志向后大加赞叹。其实三人的志向加起来正是孔子的为政之道，强兵、足食、知礼，在此基础上实现社会秩序的恢复和发展。其实更重要的还是孔子对弟子的评论符合该篇的篇旨，体现了编纂者的编纂思想。

孔子是一个十分积极用世的人，他周游列国寻求施展其政治抱负的机会，不为世用后，回鲁国招徒授学。但同时孔子思想中还有一个重要的概念，即“时遇”的观念。新出土文献郭店楚简中有《穷达以时》一篇，很好地印证了孔子的这一“时遇”思想。其中有：“有天有人，天人有分。天人之分，而知所行矣。有其人，亡其世，虽贤弗行矣。苟有其世，何难之有哉？”即体现了儒家天人相分的观念。孔子明白自己生不逢时，无道的现实决定了自己的政治命运。而曾点所述之志正是有“独识时变”的特点，故孔子极其赞同。另外，曾点所描绘的场景还使我们看到孔子极为超脱的一面，就如孔子自己所说“道不行，乘桴浮于海”(《论语·公冶长》)。又如，《史记·孔子世家》记载孔子说：“鸟能择木，木岂能择鸟乎。”都是早期儒家独立人格的体现。

曾晳：孔子学生。名点，字子晳，鲁人，曾参的父亲，生卒年不详，从曾参的年龄推断，应该比孔子小二十多岁，《论语》中只此一章提到他。

侍坐：在尊长身边陪坐。

毋吾以也：即“毋以吾也”的倒装形式，正如下文“不吾知也”其实是“不知吾也”的倒装。这里是说让弟子各言己志，不要介意我的看法。

居：平日、平常。义与唐、宋口语“平居”同。

率而：贸然，不假思索的样子。

摄：介、夹。

比(bì)：等列的意思。《尔雅·释诂》云：“比，近也。”

方：道理。《广雅·释诂》云：“方，义也。”郑玄注《论语》云：“方，礼法也。”

哂(shěn)：微微一笑，含有轻蔑的意味。按照古代的礼貌规定，回答者应左右观望，看看有没有其他人发言。而子路却“率而对”，旁若无人，毫不谦让，脱口而出。

方六七十，如五六十：长宽各六十到七十里，或五十到六十里。如，或的意思。

俟：等。

宗庙之事，如会同：无论宗庙祭祀之事，还是会同之礼，都有专门的相礼人员，公西华的志向即为此。

端章甫：端，是古代礼服之名，章甫，为古代礼帽之名。这里以名词代动词，即穿着礼服，戴着礼帽，以接待宾客，可参照《论语·公冶长》："赤也束带立于朝，可与宾客言。"

相：赞礼之人。

希：同"稀"，因要回答老师的问题，所以一直在鼓瑟的曾皙弹瑟渐慢，瑟声渐稀疏。

作：站起来。

撰：孔注训具，郑玄训为善，疑读为选，指志向选择。

莫春：即暮春，晚春时节。

春服既成：春天的衣服已经可以穿定了，即指春寒已过。成，定也。

冠者：成年人。古代男子二十而冠，则以成人。

舞雩(yú)：用跳舞的方式祈雨。雩，是祈雨的祭祀。鲁国故都有舞雩台。今山东曲阜城区沂河北岸有一高土堆，即鲁国"舞雩坛"旧址。

唯：句首词，无义。

**【解读】子路、曾皙、冉有、公西华四个人陪孔子坐**

着。

孔子说："我年龄比你们大一些，不要因为我年长而不敢说。你们平时总说：'没有人了解我呀！'假如有人了解你们，那你们要怎样去做呢？"

子路抢着回答说："一个拥有一千辆兵车的国家，夹在大国中间，常常受到别的国家侵犯，加上国内又闹饥荒，让我去治理，只要三年，就可以使人们勇敢善战，而且懂得道理。"孔子听了，微微一笑。

孔子又问："冉求，你怎么样呢？"冉求答道："国土有六七十里或五六十里见方的国家，让我去治理，三年以后，就可以使百姓饱暖。至于这个国家的礼乐教化，就要等君子来施行了。"

孔子又问："公西赤，你怎么样？"公西赤答道："我不敢说能做到，而是愿意学习。在朝聘事务中，或者在同别国的盟会中，我愿意穿着礼服，戴着礼帽，做一个小小的赞礼人。"

孔子又问："曾点，你怎么样呢？"这时曾点弹瑟的声音逐渐放慢，接着"铿"的一声把瑟放下，离开瑟站起来，回答说："我想的和他们三位说的不一样。"孔子说："那有什么关系呢？也就是各人讲自己的志向而已。"曾皙说："暮春三月，已经穿上了春天的衣服，我和五六位成年人，六七个少年，去沂河里洗洗澡，在舞雩台上吹吹风，一路唱着歌走回来。”孔子长叹一声说：“我是赞成曾皙的想法的。”

子路、冉有、公西华三个人都出去了，曾皙后走。他问孔子说：“他们三人的话怎么样？”孔子说：“也就是各自谈谈自己的志向罢了。”曾皙说：“夫子为什么要笑仲由呢？”孔子说：“治理国家要讲礼让，可是他说话一点也不谦让，所以我笑他。”曾皙又问：“那么是不是冉求讲的不是治理国家呢？”孔子说：“哪里见得六七十里或五六十里见方的地方就不是国家呢？”曾皙又问：“公西赤讲的不是治理国家吗？”孔子说：“宗庙祭祀和诸侯会盟，这不是诸侯的大事又是什么？像赤这样的人如果只能做一个小相，那谁又能做大相呢？”

# 颜渊篇第十二

**【概说】**本篇共二十四章。其中心内容是阐述和发挥孔子关于“仁”的学说和主张。“仁”是孔子思想中极为重要的组成部分。据杨伯峻《论语字典》统计，在《论语》中，“仁”字共出现109次，其中可以理解为孔子阐述道德标准的有105次。可见孔子对“仁”这一道德标准的重视。

孔子论“仁”遍及《论语》各篇，而本篇则是集中地论述了“仁”的含义以及具体的做法，如“克己复礼为仁”、“己所不欲，勿施于人”、“仁者，其言也讱”、“仁者，爱人”，从多个角度为我们展现了仁的具体含义。同时还进一步与孔子思想中另外一个重要概念“礼”相联系进行论证，阐述了礼和仁的关系。

孔子是一位政治思想家，他创立其思想学说的目的主要在于希望能够改变时局，匡正天下无道的局面。

他之所以推行"仁"之思想,是因为他希望当政者能够行仁政。所以本篇在论述了"仁"的含义之后,进一步论述了为政以德的仁政学说。为政者要"足食,足兵",最重要的是要使人民对其有信心;为政者必须体恤下民,尽量减轻人民负担,"时使薄敛",以百姓足为足;为政者要正纲纪人伦,君臣父子要各安其位,各司其职,以维护社会的正常秩序;为政者要鞠躬尽瘁,所谓"居之无倦,行之以忠";为政者必须以身作则,先正己而后正人;为政以德,不用刑杀,应以道德教化人民。这些都充分体现了孔子的"仁政"思想。

除上述所提到的仁之含义、仁政思想之外,在与诸弟子的应对过程之中,孔子还谈论了"君子"、"明"、"崇德辨惑"、"达与闻"等问题。这些论述都为我们进一步全面了解孔子、走近孔子提供了宝贵的资料。

12.1 颜渊问仁。子曰:"克己复礼为仁。一日克己复礼,天下归仁焉。为仁由己,而由人乎哉?"

颜渊曰:"请问其目。"子曰:"非礼勿视,非礼勿听,非礼勿言,非礼勿动。"

颜渊曰:"回虽不敏,请事斯语矣。"

**【诠释】**本章是孔子论述"仁"的含义及其具体实施

方法。对“克己复礼为仁”一句的理解，古往今来学者观点不一。从表面上看，分歧的产生是由于对个别字理解不同造成的，但实际上还是由于千百年来对孔子思想本真的理解出现了偏差。

近代以来，对于“复礼”多有片面、偏颇认识，孔子由此也成为“拉历史倒车”的典型代表。其实，孔子对周礼根据时代特征进行了不断改造，他一方面对具体的礼仪做了调整，认为“礼，与其奢也，宁俭；丧，与其易也，宁戚”（《论语·八佾》）；另一方面对“礼”的功用进行了新诠释：“礼之用，和为贵”（《论语·学而》），指出礼在维护血缘宗法社会的稳定时，不应该是暴力的、血腥的，而应该是和平的方式。孔子虽然一再对违犯礼制的行为进行猛烈抨击，但这种抨击并没有诉诸武力去恢复旧有制度和秩序。孔子对周礼的赞美和向往，表达的是对理想社会的一种追忆，而非政治上的现实诉求。在整个社会秩序逐渐被打破的背景下，孔子将“仁”赋予新的内涵，以之为维护社会秩序的最高准则。孔子的“仁”也是使人发扬善端，约束自己，以合乎礼的规范。

孔子强调“仁”，从而彰显了儒家倡导的“为己”，即修身，通过加强个人自身的道德修养以促成社会和谐有序。“为仁由己”，亦如孔子所言：“仁远乎哉？我欲仁，斯仁至矣。”（《论语·述而》）继而颜渊又问“仁”之“目”，孔子又举视、听、言、动四者不要悖乎礼，只要四者都合乎礼，行乎正道，“仁”也就达到了。

本章中，“克己复礼为仁”一句十分重要。其实，这句话的意思是要克制约束自己，使自己的言行都符合礼就是仁。孔子这句话也是引用古语，《左传》昭公十二年记载孔子闻楚灵王事，曰：“古也有志：克己复礼，仁也。信善哉！”

克己：克制自己。己，自身，自己。《论语集解》引东汉马融说：“克己，约身也。”引汉孔安国说：“复，反也。身能反礼，则为仁矣。”清俞樾在《群经平议》中说：“己复礼者，身复礼也，谓身归复礼也。能身复礼，即为仁矣。故曰克己复礼为仁。”他们均把“己”解释为“身”，即自身。这与下文“为人由己”相对应。克，在汉代主要取“约束”之义，隋唐至北宋，学者们对“克”字有了新的理解。如隋人刘炫说：“克训胜也，己谓身也。身有嗜欲，当以礼义齐之。”（《春秋左传正义》卷四十五）刘炫认为“克”应训为“胜”，有战胜之意。从北宋中晚期开始，学术风气为之一变，重义理的理学开始兴起，训“克”为“胜”逐渐成为主流。与此相应，南宋朱熹将“己”释为人的私欲，并且一反前人将“克己”和“复礼”看做是两个相对独立的过程的观点，认为克己与复礼是一回事，克己即复礼。至清代，学人重训诂而轻义理，故赞成汉学

释“己”为“身”之说。

归仁：清代毛奇龄等人认为“归仁”为“称仁”，即称之为仁。恐不妥。这里的“归”有归向、归附的意义。我们认为，这里应当参照以下文献进行理解。《论语·雍也》：“子贡曰：‘如有博施于民而能济众，何如？可谓仁乎？’子曰：‘何事于仁，必也圣乎！尧舜其犹病诸！夫仁者，己欲立而立人，己欲达而达人。能近取譬，可谓仁之方也已。’”《孟子·梁惠王上》：“今夫天下之人牧，未有不嗜杀人者也，如有不嗜杀人者，则天下之民皆引领而望之矣。诚如是也，民归之，由水之就下，沛然谁能御之？”《荀子·议兵》：“有能化善、修身、正行、积礼义、尊道德，百姓莫不贵敬，莫不亲誉……故民归之如流水。”《论语》此处所谓“天下归仁”，其实就是“求仁而得仁”，如果行政者“克己复礼”，天下百姓就像大河归海，汇聚向仁德的人那里。这恰是孔子政治理想的最高境界。

由己：靠自己。

事：实行、实践。

**【解读】颜渊问孔子什么是仁。孔子说：“克制自己，使言行符合于礼就是仁。一旦言行符合于礼，天下的人都会向仁德的方向汇聚、靠拢。实行仁完全靠自己，难道还靠别人吗？”颜渊说：“请问实施仁的具体条目。”孔子说：“不合礼的事不看，不合礼的话**

不听，不合礼的话不说，不合礼的事不做。”颜渊说：“我虽然不聪明，让我按照您的话去做吧！”

12.2 仲弓问仁。子曰：“出门如见大宾，使民如承大祭。己所不欲，勿施于人。在邦无怨，在家无怨。”仲弓曰：“雍虽不敏，请事斯语矣。”

【诠释】本章孔子继续谈仁。上章颜渊问仁，孔子告诉他仁的内在涵义，此处仲弓问仁，孔子则强调的是仁的外在表现。前者讲对己，后者讲待人。

孔子认为，达到“仁”最主要的要做到两个方面：一个是要“敬”。“出门如见大宾，使民如承大祭”，即待人接物应如同接待宾客般恭敬有礼，役使人民时也应如祭祀鬼神般谨慎敬畏。“敬”在孔子看来是人区别于动物的重要方面。在强调孝道时，他就提到人与犬马的区别在于“敬”，“不敬，何以别乎”（《论语·为政》）。另一个是“恕”。即“己所不欲，勿施于人”，即自己不喜欢做的事情也不要强加给别人，这正体现了儒家“推己及人”的思想。孔子曾言“吾道一以贯之”（《论语·里仁》），这“一以贯之”的“道”，曾子总结为“忠恕”。

孔子所讲的这两句话亦均为当时古语。《左传》僖公三十三年记载中提到晋臼季语，作“臣闻之：出门如宾，承事如祭，仁之则也”，既说“闻之”，当为古语；第二句见于《管子·小问》：“语曰：……非其所欲，勿施于人，仁也”，从“语曰”一词判断，这同样也是古语。孔子只是从中挖掘其深意，以达到阐述自己“仁”之思想的目的。

在邦无怨，在家无怨：自汉代以来学者们对这句话的理解就存在偏差。有人认为这句依然是讲“仁”的外在表现，为诸侯做事不怨恨，为卿大夫做事也不怨恨，如包咸注：“在邦为诸侯，在家为卿大夫。”但是联系前面所言，这应该被看做是既敬且恕的结果。正如刘宝楠在《论语正义》中说：“在邦、在家无怨者，言仁者爱人，故人亦爱之，无可复怨也。”同时，这句还可与本篇“在邦必闻，在家必闻”对观。

大宾：贵宾。刘宝楠《论语正义》曰：“宾位尊于己，故曰大也。”

承：承当，承办。

在邦：在邦国为诸侯。

在家：在家为卿大夫。

**【解读】**仲弓问孔子什么是仁。孔子说：“出门好像是去会见宾客，役使人民好像承当重大祭祀。自己不喜欢做的事情，也不要强加于人。在邦国为诸侯没有人怨恨，在家为卿大夫也没有人怨恨。”仲弓说：“我虽然不聪明，让我照您的话去实行吧！”

12.3　司马牛问仁。子曰："仁者，其言也讱。"曰："其言也讱，斯谓之仁已乎？"子曰："为之难，言之得无讱乎？"

**【诠释】**本章孔子亦讲仁，只是问对的弟子是司马牛。据《史记·仲尼弟子列传》，司马牛"多言而躁"，即他喜欢多言而又性格急躁。所以当他向孔子请教仁时，孔子便故意回答道："仁者，其言也讱"，告诫他说话要谨慎。孔子一贯主张有仁德的君子应该"耻其言而过其行"（《论语·宪问》），不要言过其实，要多做少说，先做后说。作为学生的司马牛认为"仁"应该是一个非常宏阔的概念，而孔子谈的只是日常小事，所以反诘道："其言也讱，斯谓之仁已乎？"联系以上三章，孔子教人求仁，主要是从日常生活中的小事做起，积善成德，也就可以达到仁的境界了。

司马牛：孔子弟子。复姓司马，名耕，字子牛。有人认为司马牛即春秋末年宋司马桓魋的弟弟。

讱（rèn）：不轻易说话，说话很慎重。

**【解读】**司马牛问孔子什么是仁。孔子说："仁德的人，说话谨慎。"司马牛说："说话谨慎就可以称之为仁了吗？"孔子说："做起来困难，说的时候能不谨慎吗？”

12.4　司马牛问君子。子曰：“君子不忧不惧。”曰：“不忧不惧，斯谓之君子已乎？”子曰：“内省不疚，夫何忧何惧？”

**【诠释】**本章是孔子与司马牛谈论君子问题。“君子”有着丰富的内涵，而“不忧不惧”则只是孔子根据司马牛的特点所做出的回答，并不涵盖孔子心目中君子的所有含义。

“不忧不惧”也是孔子所推崇的君子特征，这也正是孔子“知者不惑，仁者不忧，勇者不惧”（《论语·子罕》）的最好注脚。同时，也与孔子在《中庸》中将仁、勇、知三者誉为“天下之达德也”相照应。

内省（xǐng）不疚：内心自我省察而不感到愧疚。省，检查自己的思想行为。疚，病、愧。

**【解读】**司马牛问孔子，什么样的人才算是君子。孔子说：“君子不担忧，也不畏惧。”司马牛说：“不担忧，不畏惧，这就可以叫做君子了吗？”孔子说：“如果内心省察后而不感到愧疚，那还有什么可忧愁、可惧怕的呢？”

12.5 司马牛忧曰："人皆有兄弟，我独亡！"子夏曰："商闻之矣：死生有命，富贵在天。君子敬而无失，与人恭而有礼。四海之内，皆兄弟也。君子何患乎无兄弟也？"

**【诠释】**本章是子夏根据孔子的教导来劝解司马牛对无兄弟的忧虑。司马牛担心自己没有兄弟，实际上，他的兄弟很多。据清方观旭《论语偶记》考证，向魋、向巢、子颀、子车都是他的兄弟，他们在宋国专权，而且又将发生叛乱，因而司马牛感到凄然孤立而产生无兄弟之忧。这里，司马牛是担心兄弟们为乱使自己遭到株连。故子夏根据孔子的教导对其加以宽慰，"死生有命，富贵在天"就是劝他不要过分担忧。同时教他要谨慎做事没有过失，对人恭敬有礼，这样四海之内皆兄弟也。

亡(wú)：同"无"，没有。

商：即子夏。姓卜，名商，古人自称时一般称名。

死生有命：死和生都由命运来安排。

敬：谨慎地要求自己。

**【解读】**司马牛忧心忡忡地说："别人都有兄弟，只有我没有。"子夏说："我听夫子说：死和生都是由命运决定的，富和贵都是由上天安排的。作为君子谨慎地要求自己不发生过失，待人谦恭而有礼貌。

那么，天下所有的人都是自己的兄弟。君子何必担忧自己没有兄弟呢？”

12.6　子张问明。子曰：“浸润之谮，肤受之愬，不行焉，可谓明也已矣。浸润之谮，肤受之愬，不行焉，可谓远也已矣。”

【诠释】本章是子张向孔子请教如何明以知人的问题。孔子教育他不受谗言及诬告的影响，便可以算作“明”，并进一步指出不仅要“明”，更要“远”。明出于远，如刘宝楠《论语正义》中所言：“远则明之至也。《尚书》曰：‘视远惟明。’”能做到有远见就自然可以明以知人。皇侃《论语义疏》中也引颜延之之语：“谮愬不行，虽由于明，明见之深，乃出于体远。”从中也可看出明和远的关系。孔子强调君子自身首先要有远见，则谗言和诽谤便都不得行。

浸润之谮（zèn）：浸润，如水般一点一滴渗透，无声不息，这里是形容谗言如水之浸润，渐以成之，而使听者难以察觉。谮，谗言。

肤受之愬（sù）：愬，诬告，诽谤。对于“肤受”一词，前人理解多有不同，主要有三种观点：一种是取“肤”为皮肤、表层之义，故肤受之愬就是形容诬告是表面的，没有事实根据的。这种解释有重复之嫌，所谓诽谤本身就是没有事实根据的，何必再加以强调呢？第二种则认为“肤受”就是皮肤中存有的污垢，让人难以察觉，和“浸润之谮”一般不易让人察觉。最后一种与此相对，认为肤就是指有切肤之痛。最后一种说法用来形容诽谤更为恰当。

明：明辨是非，明白事理，也可以理解为能够知遇贤人。《荀子·解蔽》云：“传曰：‘知贤之为明。’”

远：有远见。

**【解读】**子张问孔子怎样才算明辨是非。孔子说：“如同水点滴渗透般逐渐起作用的谗言，和肌肤所受、急迫切身的诽谤，在你那里都行不通，这就可以称作明辨是非了。如同水点滴渗透般逐渐起作用的谗言，和肌肤所受、急迫切身的诽谤，在你那里都行不通，这就可以称作有远见了。”

12.7　子贡问政。子曰：“足食，足兵，民信之矣。”

子贡曰：“必不得已而去，于斯三者何先？”曰：“去兵。”

子贡曰：“必不得已而去，于斯二者何先？”曰：“去食。自古皆有死，民无信不立。”

**【诠释】**本章孔子论述在为政、治国中取信于民的重要性，申述了他对统治者德行的要求。为政者要有充足的粮食和军备，但最为重要的还是要取信于民，“道千乘之国，敬事而信”（《论语·学而》）说的就是这个道理。而取信于民的关键就是统治者自身德行修养的建立。孔子强调仁政，首先强调的是君德，这在《论语》中多有提及。当然，治国也不能忽视物质储备，东汉王充在《论衡》中就对孔子“去食、去兵”的说法表示质难：“使治国无食，民饿，弃礼义；礼义弃，信安所立？”这种质疑不无道理，但应该看到孔子所言“去食、去兵”，并不是说“无兵、无食”，这里所说的“去”是减省的意思，“足食，足兵”乃为政的充足条件，赢得人民的信赖则是为政的必要条件，孰轻孰重，其意自明。

**【解读】**子贡请教为政之道。孔子回答说：“搞好粮食储备，搞好军备，赢得人民的信赖，如此而已。”

子贡问：“假如迫不得已必须有所舍弃，这三项中应当先舍弃哪一项呢？”孔子说：“那就舍弃军备一项。”

子贡问：“假如迫不得已必须有所舍弃，剩下的两项当中应当再舍弃哪一项呢？”孔子说：“那就舍弃粮食一项吧。自古以来为政者谁都免不了一死，但是如果不能赢得民众的信赖，他就难以立得住。”

12.8　棘子成曰："君子质而已矣，何以文为？"子贡曰："惜乎，夫子之说君子也，驷不及舌。文犹质也，质犹文也。虎豹之鞟犹犬羊之鞟。"

**【诠释】**本章内容可与《论语·雍也》中第十八章的内容相互参证。质，为内在的本质，而文在这是指外在的装饰。孔子认为，对君子而言，文和质都非常重要，正如他在《论语·雍也》中所说："质胜文则野，文胜质则史。文质彬彬，然后君子。"但在这里棘子成把文和质摆到对立的位置上，认为君子有质便可，何需有文？大概因为他"疾时人文胜，故为此言"（《论语集注》卷六），但是子贡则根据老师的教导对其偏见加以矫正，并且举例以阐明文和质是同等重要的。形式和内容一样都是事物不可或缺的，虎豹的皮和犬羊的皮去毛之后就看不出差别，正是因为没有了形式上的差别。

棘子成：卫国大夫，《论语》中仅见于此。古代的大夫都可以被尊称为"夫子"，所以后面子贡如此称呼他。

质：本质。

文：外部装饰。

驷不及舌：驷，套着四匹马的车子。即现在所用成语"一言既出，驷马难追"之意。

鞟（kuò）：去毛的兽皮。

**【解读】**棘子成说："君子只要本质好就行了，何必要那些外在的文饰呢？"子贡道："先生这样谈论君子，可惜谈论错了！一言既出，驷马难追呀！文饰和本质同样重要。如果把虎豹和犬羊两种兽皮拔去上面有纹彩的毛，那这两种兽皮就很少有区别了。"

12.9 哀公问于有若曰："年饥，用不足，如之何？"有若对曰："盍彻乎？"

曰："二，吾犹不足，如之何其彻也？"对曰："百姓足，君孰与不足？百姓不足，君孰与足？"

**【诠释】**本章是有若秉承孔子重民、爱民思想，规劝鲁哀公对人民应轻敛薄赋，以百姓的富足为富足之本。《说苑·政理》对此有详细记载："鲁哀公问政于孔子。对曰：'政有使民富。'哀公曰：'何谓也？'孔子曰：'薄赋敛，则民富矣。'公曰：'若是，则寡人贫。'孔子曰：'《诗》云：恺悌君子，民之父母。未见其子富而父母贫者也。'"《中庸》中记哀公问政，孔子阐述说："时使薄敛，所以劝百姓也。"

饥：年成不好、歉收。

彻：古代的一种税法，是从一夫授百亩的粮食收成中抽取十分之一的税。

二：指抽十分之二的税。

孰与：怎么会。

**【解读】**鲁哀公问于有若说："年成不好，国用不足，怎么办？"有若回答说："为什么不实行彻法，只抽十分之一的田税呢？"哀公说："现在抽十分之二，我还不够，怎么能实行彻法呢？"有若说："如果百姓富足，您怎么会不富足呢？如果百姓不富足，您又怎么会富足呢？"

12.10　子张问崇德辨惑。子曰："主忠信，徙义，崇德也。爱之欲其生，恶之欲其死。既欲其生，又欲其死，是惑也。'诚不以富，亦祗以异。'"

**【诠释】**本章是孔子教育子张如何崇德辨惑。崇德与辨惑看似两个问题，实际上崇德可以看做辨惑的条件。所谓崇德就是崇尚、尊崇道德。具体的做法就是亲近忠信之人，行使存义之事，以此提高自己内在的道德修为，这样便容易明白事理。如果依据事物本身的好坏，而不是依据自己反复无常的情感来明其好恶，也就可以远离迷惑。子张的性格是好偏激，如《论语·先进》言"师也辟"，难以知人听言，所以孔子据其特点而教育他。

崇德辨惑：提高品德，辨别疑惑。

徙义：追求道义。许慎《说文》云："徙，趋也。"根据《论语·述而》中"闻义不能徙"的说法，徙义，指听到道义之事就能够照着做。

诚不以富，亦祇(zhī)以异：出于《诗·小雅·我行其野》。该诗是描写弃妇之怨，其本意是说，你之所以抛弃我，其实并不是因为她家比我家富，而只是因为你变了心。程颐认为《论语》此句为错简，应当在第十六篇《论语·季氏》"齐景公有马千驷"之上。但古时人们喜欢赋诗言志，引诗往往断章取义，只采用诗句表面的意思。顾炎武在《九经误字》中引《诗笺》说："不以礼为室家成事，不足以得富也。"则联系本章似可释为："不以事理明辨是非，而只靠感情用事明其好恶，这样做对自己没有好处，只会让别人感到奇怪。"

**【解读】子张问如何才能提高品德修养，明辨疑惑。孔子回答道："亲近忠信之人，行道义之事就可以提高品德。喜欢一个人，就希望他长寿；厌恶起来，恨不得他马上死去。既要他长寿，又希望他快死去，这便是迷惑。这样，对自己没有丝毫好处，只是使人奇怪罢了。"**

12.11　齐景公问政于孔子。孔子对曰："君君、臣臣、父父、子子。”

公曰：“善哉！信如君不君、臣不臣、父不父、子不子，虽有粟，吾得而食诸？

**【诠释】**本章讨论为政问题。当时，鲁昭公被季氏三家击败，奔齐。孔子自鲁至齐，为齐大夫高昭子家臣。齐国大夫陈僖子乞用“大斗出，小斗入”，收买人心，阴谋篡权。而齐景公好色，内宠甚多，而且欲废太子阳生而立少子舍，君臣父子均失其道。因此，当景公向孔子询问如何治国时，孔子针对齐国现状回答：正人伦之常，是治国的根本。联系孔子所言“君君、臣臣、父父、子子”的这一背景，可知此句的意思是“做君的像君的样子，做臣的像臣的样子，做父亲的像父亲的样子，做儿子的像儿子的样子”。孔子强调以礼作为君臣之间，以及父子、兄弟、朋友之间的社会政治关系的准则。如君臣之间要以礼相待，“君使臣以礼，臣事君以忠”（《论语·八佾》）。儒家重视对不同的社会政治伦理关系提出不同的道德要求和规范，如《大学》所言“为人君，止于仁；为人臣，止于敬；为人子，止于孝；为人父，止于慈；与国人交，止于信”。《中庸》还特别标举五种关系为“天下之达道也”。

西汉以后，封建专制政治体制日趋成熟，特别是

“罢黜百家，独尊儒术”以后，“君君、臣臣、父父、子子”竟然与“三纲”中的“君为臣纲，父为子纲”等同起来，成为经纬社会、整治人伦、维护和强化封建社会等级的政治伦理工具。再加之后世学者的误读与误用，此言却被认为是儒家学说“为统治阶级的符咒，王道三纲的理窟”的铁证。其实这是后人对孔子的误读。

新近出土的郭店楚简中有《六德》篇，谈的正是夫妇、父子、君臣的关系以及各自应有的德行，不同于后人所附会的“君为臣纲，父为子纲”的不对等关系。《六德》篇中对三大关系的六个方面都提出了对等的要求，不仅要求妇德，而且要求夫德；不仅要求子德，而且要求父德；不仅要求臣德，而且要求君德。这才是儒家的传统，孔子所谓的“君君、臣臣、父父、子子”，正是在道德面前人人平等的意思。每个人都能以道德自律，各安其位，各行其职，方能实现国之大治。

齐景公：春秋时齐国国君，姓姜，名杵臼。

信如：假如。

粟：小米。泛指粮食。

**【解读】**齐景公问孔子为政之事。孔子答道：“做君的要像君的样子，应当尽力做到仁；做臣的要像臣的样子，应当尽力做到敬；做父亲的要像父亲的样子，应当尽力做到慈；做儿子的要像儿子的样子，应当尽力做到孝。”

景公道:“这话实在是对呀!假如做君的不像君的样子,做臣的不像臣的样子,做父亲的不像父亲的样子,做儿子的不像儿子的样子,即使粮食很多,我能吃得到吗?”

12.12 子曰:“片言可以折狱者,其由也与!”子路无宿诺。

**【诠释】**本章为孔子赞扬学生子路率直的性格,不轻许诺言,且对于诺言必迅速践行。这也是孔子对子路为政才能的一种肯定。

片言:一面之词。古代打官司,原告和被告叫“两造”,听讼必须兼听两造之词,一面之词被称为“片言”或“单词”。片,犹偏。

折狱:断案。

无宿诺:宿,有久留的意思。许慎《说文》:“宿,止也。”引申为久。无宿诺,说明子路对于许诺之事没有不抓紧去做的,因此受到人们的信任,人们不欺于他,故“片言可以折狱”。

**【解读】**孔子说:“根据一面之词就能够断案的,大概只有子路吧!”子路答应做的事情,从来都不会拖延。

12.13 子曰："听讼，吾犹人也。必也使无讼乎。"

【诠释】本章孔子通过论述自己听取诉讼断案之事，来表达德治思想。此句亦见于《礼记·大学》。孔子在鲁定公时，曾为大司寇，司寇为掌司法、刑狱之官，此语大概是孔子做司寇时所说。《大戴礼记·礼察篇》中云："凡人之知，能见已然，不能见将然。礼者，禁于将然之前，而法者禁于已然之后"，"礼云礼云，贵绝恶于未萌，而起信于微眇，使民日从善远罪而不自知也"。说的也是同一道理，即听讼断案，采取客观公正的立场，听取双方的陈述，作出正确的判断固然重要，但更为重要的是通过教化，使人民能够化于德，习于礼，无争无讼。《孔子家语·相鲁》篇记载，孔子为鲁国司寇时，对人民实行教化，制定了法令却无需使用，正是孔子践行这一思想的结果。

听讼：听理诉讼。听，听理，审理。

【解读】孔子说："听取诉讼断案，我和别人差不多。一定要做到没有诉讼发生才好呀。"

12.14 子张问政。子曰："居之无倦，行之以忠。"

【诠释】本章孔子教育子张，为政者的态度应当勤勉、忠诚。一方面从自身而言，为政要勤勉，不懈怠。另外，执行政令时要讲求忠信。只有忠信才可以亲于百姓，而忠信的前提则需表里如一，首先要忠于自己，不自欺。

居：居官位。

行：执行政令。

【解读】子张向孔子请教政事。孔子说："在工作岗位上不要疲倦懈怠，执行政令要忠诚。"

12.15 子曰："博学于文，约之以礼，亦可以弗畔矣夫！"

【诠释】本章已见《论语·雍也》第二十七章，这里重出。

【解读】孔子说："广泛地学习《易》、《诗》、《书》、《礼》、《乐》、《春秋》等六艺之文，并用礼加以约束，也就不至于离经叛道了。

12.16 子曰："君子成人之美，不成人之恶。小人反是。”

**【诠释】**此章孔子对比君子和小人待人接物的不同态度，教育弟子要做君子以成全别人的优点和长处，而不要做小人以促成别人的坏事。这里所谈论的“君子”和“小人”显然是从道德层面加以区分。“成人之美，不成人之恶”盖为古语，《穀梁传》隐公元年：“《春秋》成人之美，不成人之恶。”《大戴礼记·曾子立事》：“君子己善，亦乐人之善也。己能，亦乐人之能也。己虽不能，亦不以援人……不说人之过，成人之美。”讲的也是同样的道理。

成：成全。

**【解读】**孔子说：“君子成全别人的好事，不促成别人的坏事。小人却与此相反。”

12.17　季康子问政于孔子。孔子对曰：“政者，正也。子帅以正，孰敢不正？”

**【诠释】**孔子十分注重为政者的表率作用，他认为，为政者自己做好了，百姓就会很自然地受到熏陶，正所谓“上行下效”。孔子类似的言论还有很多，如《论语·子路》记：“苟正其身矣，于从政乎何有？不能正其身，如正人何”,“其身正,不令而行;其身不正,虽令不从”。都是同样的意思。

政:“政”与“正”古代往往通用,这里是用音训。

**【解读】**季康子问孔子怎样为政。孔子回答说:“政,就是端正。你自己带头端正了,谁敢不端正呢?”

12.18 季康子患盗,问于孔子。孔子对曰:“苟子之不欲,虽赏之不窃。”

**【诠释】**本章强调为政者的垂范作用。《大学》说:“尧、舜率天下以仁,而民从之。桀、纣率天下以暴,而民从之。其所令反其所好,而民不从。”道理与之相同。在位者应该依靠自身的德行化民,而不是只靠政令加以强制。

苟:如果。

**【解读】**季康子苦于鲁国盗贼猖獗,向孔子请教。孔子回答说:“如果你自己能够不贪图过多的财富,即使奖励偷盗,也不会有人干的。”

12.19 季康子问政于孔子曰:“如杀无道,以就有道,何如?”孔子对曰:“子为政,焉用杀?子欲善而民善矣。君子之德风，小人之德草，草上之风，必偃。”

**【诠释】**从第十七章起，接连三章记述孔子答季康子问。可以将三章放在一起进行理解，更能反映孔子的德政思想。据《左传》哀公三年记载，是年秋，季桓子卒，季康子继位，欲召孔子回国，因公子鱼阻拦而改召孔门弟子冉求。到哀公十一年，孔子六十八岁时，季康子才派人从卫国迎回孔子。以上几段谈话应当发生于孔子自卫返鲁以后。孔子针对季康子为政无道的现状，加以规劝。这三章表达的都是对为政者个人修为的重视。

无道：暴虐而没有才德的人。

就：亲近。

偃：倒伏。

**【解读】**季康子向孔子请教政事时说："如果杀掉无道的坏人，亲近有道的好人，怎么样呢？"孔子回答说："你治理国家，为何要用杀戮的方法？你自己想要行善，老百姓也就向善了。为政者的道德像风，老百姓的道德像草，风吹在草上，草必然会顺风倒伏。"

12.20　子张问："士何如斯可谓之达矣？"子曰："何哉，尔所谓达者？"

子张对曰："在邦必闻，在家必闻。"子曰："是闻也，非达也。夫达也者，质直而好义，察言而观色，虑以下人。在邦必达，在家必达。夫闻也者，色取仁而行违，居之不疑。在邦必闻，在家必闻。”

**【诠释】**本章孔子论述了通达与名望之间的区别，勉励子张要做通达之士，而非徒有虚名之人。孔子一向反对徒具虚名的仁义，他认为“巧言令色，鲜矣仁”（《论语·学而》）。花言巧语、欺世盗名之人往往表面上行仁德，行动上却违背仁德。通达之士则与之相反，是名实相符，有良好品行、好行仁义之人。

士：古代介于大夫和庶民之间的阶层。

达：通达。

虑以下人：常常考虑对别人谦虚。下人，以自己为下，有谦退之义。

取：趋向于。

居之不疑：以此自居而不加疑惑。

**【解读】**子张问：“士怎样才可以称作通达？”孔子说：“你说的通达是什么意思？”

子张答道：“在邦为诸侯必定有名望，在家为卿大夫也必定有名声。”孔子说：“这只是名声，不是通达。所谓达，那是要品质正直，好行仁义之事，善于揣摩别人的话语，观察别人的脸色，经常想着谦恭待人。这样的人，在邦为诸侯、在家为卿大夫都可以通达。至于有名声的人，只是表面上装出仁德的样子，而行动上却往往违背仁德，自己还以仁人自居不疑惑。这样的人在邦为诸侯、在家为卿大夫只能骗取名望。"

12.21　樊迟从游于舞雩之下，曰："敢问崇德，修慝，辨惑。"子曰："善哉问！先事后得，非崇德与？攻其恶，无攻人之恶，非修慝与？一朝之忿，忘其身以及其亲，非惑与？"

**【诠释】**本篇第十章子张也曾请教过崇德、辨惑的问题，只是孔子对二人的回答有所不同，体现了孔子因材施教的特点。樊迟的优点是求知心切，樊迟好问，这在论语中多有体现，如"樊迟问知，问仁"（《论语·雍也》）、"樊迟问仁"（本篇）、"樊迟请学稼，请学圃"（《论语·子路》）等。但其缺点是脾气急躁，缺乏耐心。孔子针对他的特点，告诉他要"先事后得"，与《论语·雍也》中樊迟问仁，子曰"仁者先难而后获，可谓仁矣"，是同样的意思，都是告诫樊迟不要急于求成。

樊迟：孔子弟子。鲁国人，名须，字子迟，比孔子小四十六岁。

舞雩（yú）：用跳舞的方式祈雨。雩，是祈雨的祭祀。这里是指地名，舞雩台，祭天求雨的地方，在今山东曲阜市城南。

修慝(tè):修,治理。慝,隐藏在心里的恶念。

攻:批判。

忿:愤恨,愤怒。

及:殃及,连累。

**【解读】**樊迟陪着孔子在舞雩台下散步,问道:“请问怎样提高品德?怎样改正自己的邪念?怎样可以明辨是非?”孔子说:“问得好呀!先劳力做事,然后才有所收获,不就是提高品德了吗?常常反省自己,批判自己的缺点而不去批判别人的缺点,不就可以消除恶念了吗?由于一时的气愤,就忘记了自身的安危,以至于牵连自己的亲人,这不就是迷惑吗?”

12.22　樊迟问仁。子曰:“爱人。”问知。子曰:“知人。”

樊迟未达。子曰:“举直错诸枉,能使枉者直。”

樊迟退,见子夏曰:“乡也吾见于夫子而问知。子曰:‘举直错诸枉,能使枉者直。’何谓也?”子夏曰:“富哉言乎!舜有天下,选于众,举皋陶,不仁者远矣。汤有天下,选于众,举伊尹,不仁者远矣。”

**【诠释】**本章孔子谈论“仁”、“知”的问题。《论语·雍也》篇中樊迟也曾问过“知”、“仁”的含义问题,孔子从不同的角度给予回答,两章可以相对照。“仁”为孔子核心思想之一,《论语》多次谈论“仁”,在不同的背景下,孔子对“仁”给出许多不同的定义。但“仁者爱人”应该是其中最为本真的一个,是对仁者最基本的要求。只有存在了仁爱之心,将人的善端生发出来,其他诸如礼的遵从等才能够真正实现。

“知”也为儒家所重视,《中庸》将知、仁、勇三者归为天下之达德。所谓“知”,孔子在这里将其定义为了解别人。了解别人就可以任贤使能,提拔善人来教育不善之人,使之改恶返善。其实这里表达的仍是孔子的仁政思想,《论语·为政》篇记:“哀公问:‘何为则民服?’孔子对曰:‘举直错诸枉,则民服;举枉错诸直,则民不服。’”孔子重视的还是贤能之人的人格教化作用。《孔子家语·王言解》:“孔子曰:‘……是故仁者莫大乎爱人,知者莫大乎知贤……’”可以说是对本章最好的注脚。

知:第一个知,同“智”。第二个知,知道,了解。

举直错诸枉:提升正直的人,将其置放在邪曲的人之上。举,任用,提拔。错,通“措”,放置,置放。枉,邪恶,指邪恶的人。

乡(xiàng):同“向”,刚才。

富:丰富。

皋(gāo)陶(yáo):舜时掌握刑法的大臣。

远:原意为“离开”、“不接近”,此处有“转化”的意思,因为前面孔子告诉樊迟,“举直错诸枉,能使枉者直”。以皋陶、伊尹这样的贤人为政，则不仁者必然远离。

汤：商代的开国之君，建都于亳。商族首领，与有莘氏通婚。任用伊尹执政，多次征战，成为上古时代的强国，后一举灭夏，建立商朝。

伊尹：商汤的辅臣。

**【解读】**樊迟问什么是仁。孔子说：“爱人。”樊迟问什么是智，孔子说：“了解人。”

樊迟还不明白。孔子说：“提升正直的人，将其置放在邪曲的人之上，就能让邪恶的人变得正直。”

樊迟退出来，见到子夏说：“刚才我见到老师，问他什么是智，他说‘提升正直的人，将其置放在邪曲的人之上，就能让邪恶的人变得正直。’这是什么意思？”子夏说：“这句话的内涵多么丰富呀！舜有天下，在众人中挑选人才，把皋陶选拔出来，不仁的人就远离了。汤有了天下，在众人中挑选人才，把伊尹选拔出来，不仁的人就必然远离了。”

12.23　子贡问友。子曰：“忠告而善道之，不可则止，毋自辱焉。”

**【诠释】**本章是孔子谈论交友之道。他认为，与朋友相处就要忠诚劝告他，并以善道对其加以引导。在劝导时还要注意适可而止,不要过于纠缠,否则就会自取其辱,甚至疏远朋友。《论语·里仁》"朋友数,斯疏矣"说的也是这个道理。

告:告诫,劝告。

道:通"导",引导。

**【解读】**子贡问怎样对待朋友。孔子说:"忠诚地劝告他,以善道来引导他。如果不听也就罢了,不要自取其辱。"

12.24　曾子曰:"君子以文会友,以友辅仁。"

**【诠释】**本章是曾子讲君子的交友之道。所谓朋友,就是志同道合之人。正是由于有共同的志向,所以才能乐于一起学习,并彼此为友。而又如上一章所说朋友能"忠告而善道之",所以朋友之间可以相互砥砺,有助于仁德的培养。

文:《论语集解》引孔安国的说法,释为文德。而刘宝楠《论语正义》释为《诗》、《书》、《礼》、《乐》。以文会友,解为"共处一学者也"。这里可以引申为共同的志向。

辅:辅助,帮助。

**【解读】**曾子说:"君子以文章学问来结交志同道合的朋友,并依靠朋友帮助自己培养仁德。"

# 子路篇第十三

**【概说】**本篇共三十章。其中记述孔子的言论十六章，孔子答问十四章。篇名取首章“子路问政”中的前两字，恰可隐括本篇大意。子路在孔子弟子中属于“政事”科，全篇即围绕政事展开。本篇具体谈论了为政治国的一些主张和措施，如从政者的表率作用、用道德去教化民众、为政过程中任用贤人君子、如何得到贤人等等。其中很多章节都涉及实行德政的问题。此外，文中还论述了贤人君子所应具有的品质。

本篇的重点是谈论为政者应该如何不断地修养自身，以达到推己及人、治理国家的目的。儒家具有积极入世的情怀，他们的入世是以修身为前提的，“身不修不可以齐其家”，更不用谈治理国家了。不仅如此，在入世从政之后，统治者要实行德政，任用贤人，充分发挥其表率作用，对民众实施教化。

本篇值得注意的还有第十八章，孔子提出了“父子相隐”的观点，这也是当今学界争论的一个热点问题。学界对此存在严重误读，甚至有人认为孔子的这一见解是现代人“徇私枉法”、“任人唯亲”等腐败行为的思想根源。正确理解这一章，将有助于今人准确把握孔子思想。

13.1　子路问政。子曰：“先之，劳之。”请益。曰：“无倦。”

**【诠释】**本章主要论述了孔子“先之劳之”的政治思想，即当政者应该先做到使自己勤劳，然后再让百姓勤劳。这与下一章“先有司”及“其身正，不令而行；其身不正，虽令不从”有相通之处。

程树德在《论语集释》中认为，“先之谓先己之劳，劳之谓后劳其民也……己先有此勤政之劳，然后以政勤劳其民，民虽劳而不怨也”。近是。

益：增加。

无倦：不厌倦，不松懈。

**【解读】**子路问政治。孔子说：“自己先做到勤政，然后再使老百姓勤劳。”子路请求孔子再多讲一些。孔子说：“永远不要懈怠。”

13.2　仲弓为季氏宰，问政。子曰："先有司，赦小过，举贤才。"曰："焉知贤才而举之？"子曰："举尔所知。尔所不知，人其舍诸？"

【诠释】本章反映了孔子"举贤才"的政治思想。孔子重视任用贤才，《论语·雍也》记孔子问子游曰："女得人焉耳乎？"《孔子家语·礼运》中所描绘的孔子心目中的理想社会就包含着"选贤与能"的内容。

有司：古代负责具体事务的官吏。

【解读】仲弓为季氏家的总管，问怎样管理政事。孔子说："给工作人员带头，不计较他们小的过错，选拔贤才来任职。"仲弓问："怎么知道贤才并把他们选拔出来呢？"孔子说："选拔你所知道的，至于你不知道的贤才，人们难道会舍弃他们吗？"

13.3　子路曰："卫君待子而为政，子将奚先？"子曰："必也正名乎！"子路曰："有是哉，子之迂也！奚其正？"子曰："野哉，由也！君子于其所不知，盖阙如也。名不正则言不顺，言不顺则事不成，事不成则礼乐不兴，礼乐不兴则刑罚不中，刑罚不中则民无所措手足。故君子名之必可言也，言之必可行也。君子于其言，无所苟而已矣。"

**【诠释】**本章通过孔子与子路的对话，反映了孔子的正名思想。孔子认为，正名是为政的前提和基础，只有有了名分，才会说话顺当合理，才能更好地治理社会和人民。正名的内容就是"君君、臣臣、父父、子子"，人在社会上都具有不同的角色，人们应该遵守各自的行为规范，履行应有的责任和义务。

本章可以与"不在其位，不谋其政"（《论语·泰伯》）和"觚不觚"（《论语·雍也》）联系起来理解。

卫君：一般认为是卫出公，名辄，卫灵公之孙。

正名：即正名分。

阙：同"缺"，即存疑。

苟：马虎。

**【解读】**子路对孔子说："假如卫国国君要您去治理国家，您先做什么呢？"孔子说："首先一定是正名分。"子路说："有这样做的吗？老师您太迂腐了。名分怎么正呢？"孔子说："仲由，真粗野啊。君子对于他所不知道的事情，总是采取存疑的态度。名分不正，说起话来就不顺当合理。说话不顺当合理，事情就办不成。事情办不成，礼乐也就不能兴盛。礼乐不能兴盛，刑罚的执行就不会得当。刑罚不得当，百姓就不知怎么办好。所以，君子定下名分，才能够说话顺当合理，说出来才一定能行得通。君子对于自己的言行，是从不马马虎虎对待的。”

13.4　樊迟请学稼。子曰：“吾不如老农。”

请学为圃。曰：“吾不如老圃。”

樊迟出。子曰：“小人哉，樊须也！上好礼，则民莫敢不敬；上好义，则民莫敢不服；上好信，则民莫敢不用情。夫如是，则四方之民襁负其子而至矣，焉用稼？”

【诠释】本章与上一章相联系，通过与樊迟的对话，反映出孔子立足于从政治国的更高的高度教育弟子。由于对该章存在着误解，不少人将之作为孔子轻视劳动、轻视劳动人民的证据而批评孔子。其实，孔子在此批评樊迟并不是轻视农业或者劳动人民，而是批评他目光狭窄，教导樊迟应该看得更远。孔子曾经说过：“君子谋道不谋食。”(《论语·卫灵公》)在当时动乱的社会中，有志之士应该关注大道，拯救社会和人民于水深火热之中。显然，只有社会安定太平了，人们才能更好地安居乐业。

这里还涉及对“小人”的理解。“小人”古代一般指地位低下的庶民百姓，有时也指缺乏道德或才识平庸浅薄的人。此处应指前者。

圃(pǔ)：菜地，引申为种菜。

用情：以真心实情来对待。情，情实。

襁(qiǎng)：背婴孩用的宽布带。

**【解读】**樊迟向孔子请教如何种庄稼。孔子说："我不如老农。"

樊迟又请教如何种菜。孔子说："我不如菜农。"

樊迟退出后，孔子说："樊迟真是个小人。身居上位的人只要重视礼，老百姓就不敢不敬畏；身居上位的人只要重视义，老百姓就不敢不服从；在上位的人只要重视信，老百姓就不敢不用真心实情来对待。要是做到这样，四面八方的老百姓就会背着自己的小孩来投奔，哪里用得着自己去种庄稼呢？"

13.5　子曰："诵《诗》三百，授之以政，不达；使于四方，不能专对。虽多，亦奚以为？"

**【诠释】**本章论述《诗》与为政之间的关系。孔子认为学《诗》应与政治活动结合起来，做到学以致用。如果不能做到学以致用，即使学习再多也没有用。《孔子家语·弟子行》记有人说："孔子之施教也，先之以《诗》、《书》。"《大戴礼记·卫将军文子》则记载为："夫子之施教也，先以《诗》。"学《诗》的目的在于陶冶情操，提高表达能力,正如孔子所言:"不学《诗》,无以言。"(《论语·季氏》)春秋战国时期,各国之间的交往比较多。在外交活动中,赋《诗》常常成为表达自己意思或者反驳他人观点的主要方式。

达:通达。这里取会运用之意。

专对:独立应对。

以:用。

【解读】孔子说:"把《诗》三百篇背得很熟,让他处理政务,却词不达意;让他当外交使节,不能独立应对。即使学得再多,又有什么用呢?"

13.6 子曰:"其身正,不令而行;其身不正,虽令不从。"

【诠释】本章是强调为政者的表率作用,与前面的"先之劳之"、"先有司"等都有一定的联系。

【解读】孔子说:"为政者自身正了,即使不发布命令,老百姓也会去干;自身不正,即使发布命令,老百姓也不会服从。"

13.7 子曰:"鲁卫之政,兄弟也。"

**【诠释】**本章是在说明同姓诸侯之间特别是鲁、卫之间的关系。鲁国是周公旦的封地，卫国是康叔的封地，周公旦和康叔同为文王之子。鲁国和卫国之间的政治关系也像兄弟一样，所以孔子说“鲁卫之政，兄弟也”。也有人认为，这里是指两国政治都是“启以商政”，或认为两国此时都处于衰乱之世。《左传》定公六年记曰：“太姒之子，惟周公、康叔为相睦也。”可以与之印证。

**【解读】**孔子说：“鲁国和卫国的政治，就像兄弟一样。”

13.8　子谓卫公子荆：“善居室。始有，曰：‘苟合矣。’少有，曰：‘苟完矣。’富有，曰：‘苟美矣。’”

**【诠释】**公子荆为卫国的大夫，孔子通过述说他善于居家理财，来赞美循序有节，容易知足，不求华美之人。所谓知足常乐，人的欲望是没有穷尽的，人只有知足才不会被欲望所牵制，这也是修身的一个方面。

卫公子荆：卫国大夫，字南楚，卫献公的儿子。

善居室：善于居家理财。

苟：差不多。

合：足。

**【解读】** 孔子在谈到卫国的公子荆时说："他善于居家理财。刚开始有一点，他说：'差不多足够了。'稍多一点时，他说：'差不多完备了。'更多一点时，他说：'差不多完美了。'"

13.9　子适卫，冉有仆。子曰："庶矣哉！"冉有曰："既庶矣，又何加焉？"曰："富之。"曰："既富矣，又何加焉？"曰："教之。"

**【诠释】** 本章体现了孔子的治国理想，孔子依次提出了庶、富、教的治国主张。庶，即人口众多；富，即生活富裕；教，即教化。这是孔子实行仁政德治的重要组成部分，也是国家富强的必备条件。三者是依次递进的关系，人口和物质财富是基础，在此基础上教化人民。《说苑·建本》篇记："子贡问为政，孔子曰：'富之。既富，乃教之也。'"这与本章所记略同。

适：到，去。

仆：驾车。

庶：众多，这里指人口众多。

**【解读】** 孔子到卫国去，冉有为他驾车。孔子说："人口真多呀！"冉有说："人口已经够多了，还要再做什么呢？"孔子说："使他们富起来。"冉有说："富了以后还要做什么呢？”孔子说：“教化他们。”

13.10　子曰：“苟有用我者，期月而已可也，三年有成。”

**【诠释】**本章是孔子怀才不遇之后的无奈感慨。根据《史记·孔子世家》的记载，此为孔子离开卫国时说的话，上承前章的“适卫”。在此孔子指出，如果任用他，一年就可以做出成绩，三年就可以成功，即达到前章所说的“富之”、“教之”。这里也含有一种富教兼有的为政思想，与前章相续。

联系《孔子家语·相鲁》，孔子为中都宰一年，“四方之诸侯则焉”，二年升为司空，“而物各得其所生之宜，咸得阙所”。后由司空为鲁大司寇，“设法而不用，无奸民”。可以看出此言不虚。

期月：一周年。

**【解读】**孔子说：“如果有人任用我治理国家，一年便可以做出成绩，三年就会成功。”

13.11　子曰：“‘善人为邦百年，亦可以胜残去杀矣。’诚哉是言也！”

【诠释】本章是说明教化的重要作用。它可以从两个方面来理解：一方面是主张任用有德的人，通过他们的"推己及人"达到治理社会的目的；另一方面是孔子对当时乱世的一种哀叹，"天下无道久矣"，要想使天下大治，即使是任用"善人"也需要百年。

善人：有仁德之人。

【解读】孔子说："'任用有仁德的人治理国家，经过一百年，也就可以消除残暴，废除刑罚杀戮了。'这话说得真对呀！"

13.12　子曰："如有王者，必世而后仁。"

【诠释】本章与前章相互承接，都是在说明用教化的方式实现仁政需要一个漫长的过程。前章认为，善人治理国家需要一百年的时间，而本章认为，王者治理国家，也必定要三十年才能使仁政实行。

世：三十年为一世。

【解读】孔子说："如果有王者兴起，也一定要在三十年之后才能实现仁政。"

13.13　子曰："苟正其身矣，于从政乎何有？不能正其身，如正人何？"

【诠释】本章同样是强调为政者的表率作用。统治者只有端正自身,以身作则,才能更好地为政治国。

【解读】孔子说:“如果自身正了,对于从政还有什么困难的呢?如果不能使自身端正,怎能使别人端正呢?”

13.14 冉子退朝。子曰:“何晏也?”对曰:“有政。”子曰:“其事也。如有政,虽不吾以,吾其与闻之。”

【诠释】本章中孔子提出了对“政”与“事”的不同理解。政即国政,事即家事。朱熹《论语集注》认为,冉有当时为季氏的家臣,朝于季氏的私朝。根据礼,大夫虽不参与治理国事,但仍然能够听说到国家政事。孔子在此指出他曾经为大夫,虽然现在不被任用了,但也应该听说国家政事,如果没有听说,那么就不是国政了。

晏:晚。

虽不吾以:即虽然不任用我了。以,用。

【解读】冉求退朝回来。孔子说:“为什么回来得这么晚呀?”冉求说:“有政事。”孔子说:“只是季氏的一些事务吧。如果有政事,虽然国君不用我了,我也会知道的。”

13.15　定公问："一言而可以兴邦，有诸？"孔子对曰："言不可以若是，其几也。人之言曰：'为君难，为臣不易。'如知为君之难也，不几乎一言而兴邦乎？"

曰："一言而丧邦，有诸？"孔子对曰："言不可以若是，其几也。人之言曰：'予无乐乎为君，唯其言而莫予违也。'如其善而莫之违也，不亦善乎？如不善而莫之违也，不几乎一言而丧邦乎？"

**【诠释】**本章是记述定公与孔子讨论有关言语在为政中的重要作用。从孔子的言语中，我们可以看出孔子"君使臣以礼，臣事君以忠"(《论语·八佾》)的思想。无论是大臣还是百姓如果知道君主的难处，就会各负其责，谨慎行事，也就近乎是兴邦了。孔子主张"君君、臣臣、父父、子子"，目的就是各司其职，各负其责，"君子思不出其位"(《论语·宪问》)，这样天下就会形成良好的社会秩序。

此外，这里还反映了孔子前面所强调的为政者的表率作用。如果为政者率以"善"并且使人们听从，不也是"善"的吗？如果利用权力放纵自己的欲望，还要求人人不要违抗，这样就会"丧邦"。《大学》说："一家仁，一国兴仁；一家让，一国兴让；一人贪戾，一国作乱；其机如此。此谓一言偾事,一人定国。”可以与本章结合起来理解。

言不可以若是,其几也:一般认为该句子不读。其实,本句应该断为两句。意思是:古今国家的兴亡有很多种,不可以用一句话来限定,然而却有“一言近之者”。几,据程树德考证认为应解释为“近”。

**【解读】**鲁定公问:“一句话可以使国家兴盛,有这样的话吗?”孔子答道:“说话不可以这么绝对,但有近乎于这样的话。有人说:‘做君难,做臣不易。’如果知道了做君的难,这不近乎于一句话可以使国家兴盛吗?”

鲁定公又问:“一句话可以亡国,有这样的话吗?”孔子回答说:“说话不可以这么绝对,但有近乎这样的话。有人说过:‘我做君主并没有什么可高兴的,我所高兴的只在于我所说的话没有人敢违抗。’如果说得对而没有人违抗,不也很好吗?如果说得不对而没有人违抗,那不就近乎于一句话可以亡国吗?”

13.16　叶公问政。子曰:“近者说,远者来。”

**【诠释】**本章是说为政若能做到使近处的人高兴,

使远方的人归附就算是成功的，这里所强调的还是德政思想。如果实行德政，遵守礼仪、信义和仁爱，近处的人会高兴，远方的人会归附，与前面“四方之民襁负其子而至矣”意思有相通之处。也可与《中庸》“哀公问政”一节联系起来进行理解，特别是有关治理天下国家的“九经”的说法：修身也，尊贤也，亲亲也，敬大臣也，体群臣也，子庶民也，来百工也，柔远人也，怀诸侯也。

叶(shè)公：春秋时期楚国的大夫，名沈诸梁，字子高，因封地在叶，故称叶公。

说：古同“悦”，高兴。

**【解读】**叶公问孔子怎样管理政事。孔子说：“使近处的人高兴，使远处的人归附。”

13.17　子夏为莒父宰，问政。子曰：“无欲速，无见小利。欲速则不达，见小利则大事不成。”

**【诠释】**本章上承前章，讲为政不能只讲求速度，其实教化作用更为重要。如果用比较严厉的手段就达不到“近者说，远者来”的效果。

莒(jǔ)父：地名，鲁国的一个城邑。

**【解读】**子夏做莒父的总管，问孔子怎样管理政事。孔子说：“不要求快，不要贪求小利。如果只强调速度往往达不到预期的效果，贪求小利就做不成大事。”

13.18　叶公语孔子曰：“吾党有直躬者，其父攘羊，而子证之。”孔子曰：“吾党之直者异于是：父为子隐，子为父隐，直在其中矣。”

**【诠释】**本章旨在说明孔子由“亲亲”而“仁爱”的原则。历来学者对此章的争论颇大，尤其是近代以来，随着西方法制理念的传入，有人则据此否定孔子思想，甚至认为儒家“亲亲相隐”的血亲伦理原则是现实生活中徇情枉法、任人唯亲等腐败现象滋生的根源。

《中庸》记孔子说：“仁者，人也。亲亲为大。”孔子认为，对父母的感情是人最为切近的一种情感。早期儒家所提倡的仁爱，便是从“亲亲”之情不断扩充而来，“亲亲”是仁爱的立足点。“亲亲”就是要求人要处理好家庭内部各成员之间的关系，搞好内部的团结，这样才能做到齐家。古代中国具有家国同构的特点，国即是家的扩大，只有家庭和睦了，良好的社会秩序才能形成。《论语·为政》记述孔子这样一段话：“书云：‘孝乎惟孝，友于兄弟，施于有政。’是亦为政，奚其为为政？”“孝悌”是为政的根本，人们由孝悌而守礼、敬上，这从长远来说是有助于社会的稳定的。如果父子之间相互告发，必然会破坏父子之情，是不符合人的正常情感的。人如果连最起码的亲情都没有，就谈不上忠君，更谈不上整个社会的安定。

另外，儒家绝不是仅仅提倡“亲亲”，“亲亲”之情还要符合“义”的原则，所以《中庸》说：“义者，宜也。尊贤为大。”家庭成员之间，君臣之间，臣与臣之间还要讲究等级、秩序，它们之间的关系还要符合一定的道义和原则。总之，儒家思想是一个完整的体系，“亲亲”只是其中的一个方面，并非全部。

党：乡党，古代以五百户为一党。

直躬者：据朱熹《四书章句集注》，即直身而行者，也就是正直的人。

攘羊：偷羊。

证：举证，告发。

**【解读】叶公对孔子说：“我的家乡有个正直的人，他的父亲偷了人家的羊，他告发了他的父亲。”孔子说：“我家乡的正直的人和你讲的正直人不一样：父亲为儿子隐瞒，儿子为父亲隐瞒。正直就在其中了。”**

13.19　樊迟问仁。子曰：“居处恭，执事敬，与人忠。虽之夷狄，不可弃也。”

**【诠释】**本章是谈论有关修身重要性的问题。《中庸》也说“仁者,人也。亲亲为大”,即人修养自身最先做到的是孝亲,孝悌是为仁的根本。在此樊迟问如何行仁,孔子从三个方面来说,即在家能够恭恭敬敬,办事严肃认真,待人忠心诚意。三者之中,孔子首先强调的就是在家要始终保持恭敬的态度。孔子用简短的言语把生活、处事、为人三个方面表述得十分清楚、全面,最终还是可以归结到修身上来。

**【解读】**樊迟问如何实现仁。孔子说:“平常在家规规矩矩,办事严肃认真,待人忠心诚意。即使到了夷狄之地,也不可背弃。”

13.20　子贡问曰:“何如斯可谓之士矣?”子曰:“行己有耻,使于四方,不辱君命,可谓士矣。”

曰:“敢问其次。”曰:“宗族称孝焉,乡党称弟焉。”

曰:“敢问其次。”曰:“言必信,行必果,硁硁然小人哉!抑亦可以为次矣。”

曰:“今之从政者何如?”子曰:“噫!斗筲之人,何足算也?”

**【诠释】**本章通过子贡与孔子谈论“士”来说明什么

样的士具备从政的资格，也就是程树德所谓的“此章论选举”。春秋时，世卿世禄制逐渐变得不能适应社会发展的需要，而士又为执政集团注入了新鲜血液，孔子及孔门弟子的步入仕途就证明了统治阶级对吸收“野人”(《论语·先进》)加入执政阶层的重视。正是在这样的背景下，子贡问孔子什么样的士才具备从政的资格。

果：果断、坚决。

硁硁(kēng)：象声词，敲击石头的声音。这里引申为像石块那样坚硬。

斗筲(shāo)之人：比喻为器量狭小的人。斗，容量单位，一斗十升；筲，竹器。孔子曾说“君子不器”，意思是君子不要像器皿一样只有一种用途。孔子将今之从政者比喻为“器”，正说明了孔子眼中当时的统治者多数是不合格的，或者是仅实现了孔子心目中从政者的部分职能。在孔子看来，他们均可以被视为“斗筲之人”。

【解读】子贡问道：“怎样才可以称之为士？”孔子说：“使自己的行为有知耻之心，出使各地，能够完成君主交付的使命，可以叫做士。”

子贡说：“请问次一等的呢？”孔子说：“宗族中的人称赞他孝敬长辈，乡党们称赞他尊敬兄长。”

子贡又问：“请问再次一等的呢？”孔子说：“说

到一定做到，做事一定坚持到底，不问是非地固执己见，那是小人啊。但也可以说是再次一等的士了。”

子贡说：“现在的执政者，您看怎么样？”孔子说：“唉！这些器量狭小之人，哪里能数得上呢？”

13.21　子曰：“不得中行而与之，必也狂狷乎！狂者进取，狷者有所不为也。”

**【诠释】**本章是在说明孔子交友退而求其次的思想。正因当时从政者的行为符合中庸之道的很少，所以孔子提倡从政者应该执行“中行之道”。与上章联系起来，我们说“君子不器”是孔子一贯的主张，只有这样“士”才能做到“用之则行，舍之则藏”(《论语·述而》)，才能够实现“邦有道，不废；邦无道，免于刑戮”(《论语·公冶长》)。

中行：行为合乎中庸之道。

狷(juàn)：拘谨，有所不为。

**【解读】**孔子说：“由于行为上符合中庸之道的人很少，所以我不得与行为上符合中庸之道的人交往，只能与狂者、狷者相交往了。狂者积极进取，狷者有所不为。”

13.22　子曰："南人有言曰：'人而无恒，不可以作巫医。'善夫！""不恒其德，或承之羞。"子曰："不占而已矣。"

【诠释】本章重在强调"恒心"在治理国家中的重要作用。旨在说明人应该坚持不懈地修养自身，如果没有恒心，就连巫医这种比较低等的职业也做不了。儒家有积极入世的情怀，只有不断地修养自己，才能做到推己及人，达到齐家、治国、平天下的目的。如果不能够坚持自己的德行，免不了会承受羞辱，这样连当巫医去占卜都用不着了。

南人：南方的人，虽不可考证具体是谁，但应该是一位智者。

巫医：用卜筮为人治病的人。

不恒其德，或承之羞：此二句引自《易经·恒卦·爻辞》，意思是如果不坚持自己的德行，有的免不了会遭受羞辱。

【解读】孔子说："南方人有句话说：'人如果做事没有恒心，就不能当巫医。'这句话说得真好啊！'人不能长久地坚持自己的德行，有的免不了要遭受耻辱。'"孔子说："没有恒心的人用不着当巫医去占卦了。"

13.23　子曰："君子和而不同，小人同而不和。"

【诠释】本章主要阐明了"同"与"和"的关系。这里主要体现了孔子"和而不同"的思想，指出君子与小人的不同。人如果没有恒心，不能坚持自己的德行，就只能做到"同而不和"。君子和周围的人相处很融洽，但是却有自己独立的思想，坚持自己的德行，不和世俗同流合污。而小人则不同，他们没有自己独立的思想，不能坚持自己的德行，一味追求和别人保持一致，而不讲求原则，但他却与身边的人不能保持融洽的关系。这与孔子的独立的政治追求相符合。孔子曾说，"鸟能择木，木岂能择鸟乎"（《史记·孔子世家》），孔子一生希望能推行自己的主张，但是他并没有屈从于现实的政治，所以导致了他一生凄凄惶惶的命运。

【解读】孔子说："君子能够和周边的人和谐相处，但不盲目附和，不同流合污；小人只盲目附和、求同，而不能和身边的人保持和谐的关系。"

13.24　子贡问曰："乡人皆好之，何如？"子曰："未可也。""乡人皆恶之，何如？"子曰："未可也。不如乡人之善者好之，其不善者恶之。"

【诠释】本章上承前章论述“和”与“同”，进而说明评价人的标准。人皆曰善以及人皆曰恶，都不是孔子所提倡的。不论是对于乡人还是个人，其实都应该做一个善恶分明的主体。同时，这也可以作为选拔从政者的标准。在孔子看来，“善恶不分”以及“同而不和”都是不正常的为人处世之道。本章还可以与“众恶之，必察焉；众好之，必察焉”（《论语·卫灵公》）联系起来理解。另外，孔子曾说“乡原，德之贼也”（《论语·阳货》），说明老好人并不代表其为人很好。

【解读】子贡问孔子说：“全乡人都喜欢、赞扬他，这个人怎么样？”孔子说：“不可以。”子贡又问孔子说：“全乡人都厌恶、憎恨他，这个人怎么样？”孔子说：“不可以。不如全乡的好人都喜欢他，坏人都厌恶他。”

13.25　子曰：“君子易事而难说也。说之不以道，不说也；及其使人也，器之。小人难事而易说也。说之虽不以道，说也；及其使人也，求备焉。”

【诠释】本章继续对前面所说的“和”与“同”进行阐发。与君子共事容易，但讨好他很难，小人反之。君子有自己独立的思想、德行以及评判标准，不会随便附和别人的言语与评价；而小人则不同，不容易与他共事，但是却很容易讨好他，而且他对于用人，喜欢求全责备。

易事：容易与人相处共事。

难说：说，通“悦”，即难于取悦。

器之：通过度量才能而任用他。

**【解读】孔子说：“与君子共事很容易，但很难取得他的欢喜。不按正道去讨好他，他是不会高兴的。但是，当他使用人的时候，总是量才而用人。与小人共事很难，但要取得他的欢喜则是很容易的。不按正道去讨好他，他也会高兴。但当他使用人的时候，总是求全责备。”**

## 13.26　子曰：“君子泰而不骄，小人骄而不泰。”

**【诠释】**本章上承前章，进一步说明“君子”与“小人”之不同。正因君子坚持自己的原则和德行，所以才能够问心无愧，平心静气，从而能够“泰而不骄”；而小人则恰恰相反，他独断专行，不能听从别人的意见，正如程树德《论语集释》引《论语传注》所说“矜己傲物，惟恐失尊”，只能是“骄而不泰”。另外，此章也可以与“君子坦荡荡，小人长戚戚”（《论语·述而》）联系起来理解。

**【解读】孔子说："君子安静坦然而不傲慢无礼，小人傲慢无礼却不安静坦然。"**

13.27　子曰："刚、毅、木、讷近仁。"

**【诠释】**本章似乎是对前面七章的小结。从"子贡问士"到为人的"泰"大体不出"刚、毅、木、讷"的范围，这样也与前面"樊迟问仁"相衔接。这同时也与整篇的论题"从政"相吻合，强调个人尤其是从政者要坚持不懈地修养自身，并坚持自己的德行与原则，能做到这些就不会"巧言令色"，也是近乎"刚、毅、木、讷"的一种表现了。

**【解读】孔子说："刚强、果敢、朴实、谨慎，这四种品德接近于仁了。"**

13.28　子路问曰："何如斯可谓之士矣？"子曰："切切偲偲，怡怡如也，可谓士矣。朋友切切偲偲，兄弟怡怡。"

**【诠释】**本篇第二十章子贡亦问到同样的问题。对于同样的问题，由于提问对象的不同，孔子的回答也不同，这或许是与孔子因材施教的教育方式有关。子路在对待朋友方面做得很好,“愿车马衣轻裘与朋友共敝之而无憾”(《论语·公冶长》)。在这里,孔子针对子路的特点,认为朋友之间能够互相恳切批评勉励,兄弟之间不求全责备,也就可称为“士”了。

偲偲(sī):勉励、督促、诚恳的样子。

怡怡(yí):和气、亲切、顺从的样子。

**【解读】** 子路问孔子道:“怎样才可以称为士呢?”孔子说:“互助督促勉励,和气相处,可以算是士了。也就是说朋友之间互相督促勉励,兄弟之间相处和和气气。”

## 13.29 子曰:“善人教民七年,亦可以即戎矣。”

**【诠释】** 本章是说明用教化民众的方式达到武备的目的。据程树德引《四书说约》:“善人教民,非为即戎,而言可以即戎者,即《孟子》‘王如施仁政于民,可挞秦楚’之意。”即认为重要的是培养作战的神气。本章与下一章有着密切的联系,本章是从“教”的方面去说,而下一章是从反面“不教”来说,两章可以联系起来理解。

即戎:参加作战。即,就,从事。戎,兵。

**【解读】** 孔子说:“善人教导百姓七年,也就可以叫他们去打仗了。”

13.30 子曰："以不教民战，是谓弃之。"

【诠释】本章说明孔子并不反对兵战，关键是如何去作战。关于孔子对兵战问题的看法，我们可以从以下方面来看：《孔子家语·相鲁》记载孔子说："凡有文事者，必有武备。"据《孔子家语·正论解》，冉有率师战胜齐国的侵略，季孙问冉有从哪里学来的战术，冉有说是学自孔子。孔子教弟子以六艺，六艺中的射、御，都与战争有关，六艺中礼有射礼，也与战争有关。不少材料可以说明孔子并不反对百姓习战。在此孔子强调的是要对百姓进行训练之后才能参加战争。

这里孔子指出如果不对百姓进行训练，不懂得战争之术，就让他们上战场参加战争，就是放弃百姓。

【解读】孔子说："如果不先对百姓进行训练就让他们去作战，这就是抛弃他们。"

# 宪问篇第十四

**【概说】**本篇共四十四章，主要讲述了孔子与弟子或当政者的对话，取首章前两字为篇名。

从全书看，该篇处在《先进》、《颜渊》、《子路》之后。“先进”一词指的是那些先学习修身，然后寻求从政机会的所谓“野人”，孔子认为这样的人十分适合于为政治国。孔子的弟子多数都是这样的人，例如颜渊、子路以及本篇中提到的原宪。颜渊家住陋巷，安于穷困；子路出身卑贱，据记载曾亲自背米以供养父母；据《孔子家语·七十二弟子解》，原宪则“清净守节，贫而乐道”。以上三人家庭出身并不优越，而且由于从孔子以问学，三人都成了“先进”中的代表人物，而且大概都曾经参政，只不过所任的职务不同。子路自不必说，原宪曾任孔子家宰，而《孔子家语·颜回》记载鲁定公曾就执政问题咨询颜回，因此，颜回也许曾获得过参政机会，只不过职务地位可能并不高。

《先进》之后的三篇都是以前述“先进”的孔子弟子为篇题，记载的大都是孔子关于“先进于礼乐”者应该如何修身、从政的言谈，内在的统一性可谓易见。但是，这三篇又分为一定层次。孔子不轻易以“仁”许人，然而对于颜回，孔子却说他“三月不违仁”（《论语·雍也》）；据《论语·先进》“子路、曾皙、冉有、公西华侍坐”章，子路有为政治国的信心和能力，他属于孔门四科中的“政事”科；原宪曾任孔子家的“宰”。因此，从以上的记载来看，颜回、子路、原宪三个人代表三个不同层次：颜回拥有“仁”的品质，孔子对他给予了很大期望，应该说颜回如果能够得到为政的机会，他将是一位拥有经天纬地才能的君子，是“先进于礼乐”者的最高境界；子路有处理诸侯大国政事的能力，有“片言折狱”的能力，而且子路也在一定程度上实践了孔子的政治思想，才会与无道者发生矛盾，被公伯寮进了谗言（《论语·宪问》），因此子路是仅次于颜回的“先进”者；原宪则具有孔子期许的道德，安于穷困，曾在孔子任大夫期间做过孔子的家宰，不过在孔子去世之后退隐于卫，是略次于子路这样的“政事”科弟子的“先进”者。

另外，关于以上三个层次，还能从这三篇的内容上大体得到印证。《颜渊》多提到“仁”；《子路》重在德政；

《宪问》与前两篇内容稍有重叠，但是更侧重于“先进于礼乐”者的个人品质，尤其是对政治环境以及时机的处理。

14.1　宪问耻。子曰：“邦有道，谷；邦无道，谷，耻也。”

“克、伐、怨、欲不行焉，可以为仁矣？”子曰：“可以为难矣，仁则吾不知也。”

**【诠释】**原宪向孔子询问什么是耻辱，并由此进一步询问“仁”的行为表现。孔子的回答侧重于君子的责任，换言之，孔子认为学而优则仕，一个君子修身就是为了从政，为社会尽自己的力量。如果这个社会没有治理好，从政者却还照常收取报酬、俸禄，这就是从政者的耻辱。对于仁的行为表现，孔子认为“克、伐、怨、欲不行”仅仅是一个人难能可贵的品质，不完全是“仁”的表现。这也从一个侧面说明了孔子不轻易以“仁”许人的特点。

本章涉及两个重要概念：“耻”和“仁”。与“仁”一样，“耻”也属于儒家十分看重的道德范畴。例如，儒家认为“知耻近乎勇”（《中庸》）、“恭近于礼，远耻辱也”（《论语·学而》）、“行己有耻”（《论语·子路》）。《论语·泰伯》所记孔子之语：“笃信好学，守死善道。危邦不入，乱邦不居。天下有道则见，无道则隐。邦有道，贫且贱焉，耻也；邦无道，富且贵焉，耻也。”正是本章关于“耻”最好的注脚。

原宪：字子思，孔子弟子。孔子为鲁国大夫时，原宪曾为孔子家宰。

谷：俸禄，这里指做官所得的俸禄。春秋时期，传统世卿世禄的官吏选举制度并没有被废除，但这时已出现了代表新兴阶层、新兴政治力量参政的人，诸侯国以粮食作为这些人的俸禄。

克：好胜。

伐：自我夸耀。

**【解读】**原宪请教何为耻辱的问题。孔子说：“国家有道，可以为官得到俸禄；国家无道，还为官并得到俸禄，这就是可耻。”原宪又问：“好胜、自夸、怨恨、贪欲都没有的人，可以算是做到仁了吧。”孔子说：“这只能说是很难得，但是不是达到仁的境界，我就不知道了。”

14.2　子曰：“士而怀居，不足以为士矣。”

**【诠释】**本章孔子阐述士的社会责任。孔子认为，士应该努力参与国家政治活动，关注国家命运。换言之，在孔子看来,不参与国家政治生活,就不能够有资格称为“士”。

怀居:怀,怀念、留恋。居,家居生活。

**【解读】**孔子说:“士如果留恋家庭的安逸生活,就不配做士了。”

14.3　子曰:“邦有道,危言危行;邦无道,危行言孙。”

**【诠释】**本章阐述士人在国家政治生活中言行的基本准则。

危:直,正直。

孙:通“逊”,谦虚、谨慎。

**【解读】**孔子说:“国家政治清明,要言行正直;国家政治昏暗,行为仍然要正直,但说话要谦虚、谨慎。”

14.4　子曰:“有德者必有言,有言者不必有德。仁者必有勇,勇者不必有仁。”

**【诠释】**孔子认为,华丽的言辞、勇敢的行为,并不一定与仁、德同聚一身,孔子更为看重的还是仁、德等内在品质。

**【解读】** 孔子说："有道德者一定有具有训诫意义的言辞，有华丽言辞者不一定有道德。仁者一定勇敢，勇敢者不一定都有仁德。"

14.5　南宫适问于孔子曰："羿善射，奡荡舟，俱不得其死然。禹稷躬稼而有天下。"夫子不答。

南宫适出，子曰："君子哉若人！尚德哉若人！"

**【诠释】** 此章可与上章对读，后羿、奡这样拥有天下的勇者正是上章所谓"勇者不必有仁"的例子，这种勇者是不会得到天下的拥护的，而看上去勇敢不及后羿、奡的大禹、后稷却是那种"仁者必有勇"的代表。所以，孔子十分赞赏南宫适的尚德。

南宫适(kuò)：南容。孔子弟子。

羿：后羿，夏朝有穷氏的国君。传说他善于射箭，曾夺得夏朝太康的王位，后被其臣寒浞所杀。

奡(ào)：传说中寒浞的儿子，据说他有力，善于水战，能够陆地行舟，后来为夏王少康所杀。

禹稷：禹，夏朝的开国之君，曾经治理大洪水。稷，周朝的祖先，又被尊为谷神，曾教民种植庄稼。

**【解读】** 南宫适对孔子说："羿善于射箭，奡善于水战，最后都不得好死。禹和稷都曾亲自种植庄稼，却得到了天下。”孔子没有回答。南宫适出去后，孔子说：“这个人真是个君子啊！这个人真崇尚道德啊！”

14.6 子曰：“君子而不仁者有矣夫，未有小人而仁者也。”

**【诠释】**本章是对“仁”的重要性的论述。前半部分谈到君子，其实意思是假设的，很显然，君子是具有仁德的人，而具有仁德的小人是不存在的。

**【解读】**孔子说：“不具备仁德的君子也许是有的，但具备仁德的小人却是没有的。”

14.7 子曰：“爱之，能勿劳乎？忠焉，能勿诲乎？”

**【诠释】**对于国家的政事，一个充满了爱国心和责任感的士人不能无所作为，这可以理解为本篇首章关于“耻”的叙述的延伸。

**【解读】**孔子说：“热爱这个国家，能不为此而操劳吗？忠于这个国家，能不衷心地劝告统治者吗？”

14.8 子曰：“为命，裨谌草创之，世叔讨论之，行人子羽修饰之，东里子产润色之。”

【诠释】本章讲郑国的国家政令形成的过程。在子产执政时期，郑国比较安定，孔子通过总结郑国政通人和的政治局面出现的原因，表达了自己对分工合作、量才而用的政治模式的向往。

裨(bì)谌(chén)：春秋时郑国的大夫。

世叔：即子太叔，名游吉。郑国的大夫。

行人子羽：行人是掌管朝觐聘问事务的官员，即近代所谓外交官。子羽，春秋时郑国大夫公孙挥的字。

东里：地名，子产所居之乡里。

【解读】孔子说："郑国发布的政令，都是由大夫裨谌起草，大夫世叔提出修改意见，外交官子羽加以修饰，最后由子产修改润色。"

14.9　或问子产。子曰："惠人也。"问子西。曰："彼哉！彼哉！"问管仲。曰："人也。夺伯氏骈邑三百，饭疏食，没齿无怨言。"

【诠释】郑国在执政大夫子产的治理下，政通人和，安定繁荣。其实，当时郑国处在强大的楚国和中原盟主晋国的夹缝之中，晋楚两国的争霸斗争使郑国常常处于左右为难的境地，但是，由于子产的努力，郑国在外交上一直保持了比较强势的地位，并能够恪守礼制，保全利益。因此，子产也有一代贤相之称。子产去世时，据说郑国万人空巷，都去参加子产的葬礼。这一章中，孔子对于子产等人评价不一。孔子曾说子产有“君子之道”（《论语·公冶长》），而对于管仲，则一方面批评其违礼和奢侈，另一方面又称赞其仁德和恩惠，这一点在本篇的其他几章中还有表现。

子西：据说春秋时期有三个子西，其中一个是郑国子产的宗亲，曾与子产共同听政，因为杀害同僚子孔并瓜分其家而声名狼藉。其他两个均为楚人，一个曾在鲁僖公、文公时期作乱被杀；另外一个是公子申，即令尹子西，他与孔子大约同时。据说后者有逊位之德，并曾阻止楚昭王任用孔子，后来又不慎导致了白公之乱，铸成大错。联系这一章的前面两章内容，尤其是第七章谈到的爱国心和责任心，我们以为这里的子西，应该指的是楚国的令尹子西。所以孔子对子西的态度是既有些惋惜，又不愿多谈。

人也：古时常常“人”、“仁”通用，据程树德《论语集释》的观点，这里的“人”就是“仁”的意思。

伯氏骈邑：伯氏，齐国的大夫。骈邑，地名，伯氏的采邑。

没齿：死去。

**【解读】** 有人问子产是个怎样的人。孔子说："他是个能够授人恩惠之人。"又问子西。孔子说："他呀！他呀！"又问管仲。孔子说："他是个仁人。他剥夺了伯氏骈地三百家的采邑，此后伯氏虽一直过着粗茶淡饭的日子，但至死对他也没有怨言。"

14.10 子曰："贫而无怨难，富而无骄易。"

**【诠释】** 本章孔子叙述士处于贫穷或富裕的环境中所应有的不同的行为准则。孔子认为，人们只要加强个人的修养，无论贫、富都会有正常的心态，尤其处于贫困之中而没有怨言更难能可贵。

**【解读】** 孔子说："贫穷而能够没有怨恨是很难做到的，富裕而不骄傲是容易做到的。"

14.11 子曰："孟公绰为赵、魏老则优，不可以为滕、薛大夫。"

**【诠释】** 关于这一章，历来解释不一，比较有代表性的观点如何晏《论语集解》认为，做赵、魏两国大夫的家臣较为清闲，而滕、薛小国的大夫则位高权重。前者的职务比后者的要悠闲，孟公绰性格寡欲，因此做前者更为合适。朱熹《论语集注》的观点与何晏基本一致，不同之处仅仅是朱熹认为孟公绰性格寡欲，而且才能不够，所以不能胜任更具有挑战性的滕、薛小国的大夫之职，因为这些小国时刻挣扎在存亡的生死线上。

孟公绰：或云孟孙氏族人，鲁人。

老：家臣。

优：宽绰，有余力。

**【解读】**孔子说："孟公绰做晋国赵氏、魏氏的家臣是称职的，但不能胜任滕、薛这样小国的大夫。"

14.12　子路问成人。子曰："若臧武仲之知，公绰之不欲，卞庄子之勇，冉求之艺，文之以礼乐，亦可以为成人矣。"曰："今之成人者何必然？见利思义，见危授命，久要不忘平生之言，亦可以为成人矣。"

**【诠释】**古时有冠礼，此即后世的男子"成人礼"，这个礼仪的实施对象主要是执政阶级。"冠礼"被认为是长大成人的标志，行冠礼之后就获得了参与社会生活的身份和地位，这是"士礼"中非常重要的礼仪。在形式上，冠礼之后应当意味着成人。但是，"成人"最重要的还不仅仅是形式。那么什么是"成人"呢？按照儒家的传统看法，成人就是指的一个人通过接受教育，懂得礼义，具备了修身做人的起码准则，具有管理社会的能力。简而言之，成人就是指达到了心智健全、人格完备的社会人。从上面的问对中，我们也可以体会到孔子心目中的成人必须经过礼乐的教化，并具备高尚德行。

臧武仲之知：鲁国大夫臧孙纥，生活年代早于孔子，孔子尝称其智。知，同“智”，有智慧。

公绰：前一章提到的孟公绰。

卞庄子：鲁国卞地的行政长官，以勇力著名。

冉求：孔子弟子，多才多艺，以政事出名。

久要：要，即“约”，有穷困的意思。久要，就是长久处于穷困的处境中。

【解读】子路问成人的问题。孔子说：“如果具有臧武仲的智慧、孟公绰的寡欲、卞庄子的勇敢、冉求的才艺，再用礼乐加以修饰，也就可以算是一个合格并且能够参与社会生活的人了。”又说：“现在的‘成人’又何必这样呢？只要能见利而想到义，在危难之际能够勇于承担责任，长久地处于困境之中还能不忘记平日的诺言，也就可以算是成人了。”

14.13　子问公叔文子于公明贾曰：“信乎，夫子不言，不笑，不取乎？”公明贾对曰：“以告者过也。夫子时然后言，人不厌其言；乐然后笑，人不厌其笑；义然后取，人不厌其取。”子曰:“其然,岂其然乎?”

**【诠释】**本章在意义上可能与上一章相互承接。相对于古时成人来说,公叔文子符合“成人”的要求,但还不能算是非常优秀的君子。所以,当公明贾盛赞公叔文子时,孔子认为公明贾仅仅看到了问题的一个方面,即仅仅看到了所谓“今之成人者”,而并不了解真正的“成人”。

公叔文子:卫国大夫公孙拔,谥号“文”。

公明贾:卫国人。

以告者:即“以此告之者”,把这个说法告诉孔子之人。

**【解读】**孔子向公明贾问公叔文子:“先生他不说、不笑、不收取钱财,是真的吗?”公明贾回答道:“把这个话告诉您的那个人错了。先生他到该说话的时候才说话,因此别人不厌恶他的话;在开心的时候才高兴,因此别人不厌恶他的高兴;只有合于道义的钱财他才收取,因此别人不厌恶他收取钱财。”孔子说:“是这样吗?难道只是这样吗?”

14.14　子曰:“臧武仲以防求为后于鲁,虽曰不要君,吾不信也。”

**【诠释】**虽然孔子十分赞赏臧武仲的聪明睿智，但是，他认为臧武仲并没有达到古代的“成人”的标准。臧武仲在处于逆境时，忘记了他作为大夫所应有的准则。换言之，就是在臧武仲得罪鲁国执政者之后，没有做到“久要不忘平生之言”。关于臧武仲得罪鲁国执政者之事参见《左传》襄公二十三年。

另外，定州汉墓竹简的“虽曰不要君”作“虽曰不要”，无“君”字。

要（yāo）：要挟。

**【解读】**孔子说：“臧武仲凭借他的封地防邑请求鲁君为臧氏世代授封，虽有人说这不是要挟国君，但是我却不相信。”

14.15　子曰：“晋文公谲而不正，齐桓公正而不谲。”

**【诠释】**本章孔子评晋、齐二霸心术的不同。从这一章开始，连续三章都是孔子谈论齐桓公、管仲。晋文公曾打着“尊王攘夷”的旗号，但实质上是召周天子参加会盟。此事记载在《春秋》僖公二十八年中，孔子避讳为“天王狩于河阳”，《左传》解曰：“是会也，晋侯召王，以诸侯见，且使王狩。仲尼曰：‘以臣召君，不可以训。’故书曰：'天王狩于河阳。'"由此可见，孔子对于晋文公的行为十分不屑。齐桓公虽然也打着"尊王攘夷"的旗号，但是对周天子还是比较谦恭的。即便如此，荀子还是说："仲尼之门人，五尺之竖子言羞称乎五伯。"(《荀子·仲尼》)

谲(jué)：诈，欺诈，玩弄手段。

【解读】**孔子说："晋文公行事诡诈而不由正道，齐桓公行事由正道而不用诡诈手段。"**

14.16　子路曰："桓公杀公子纠，召忽死之，管仲不死。"曰："未仁乎？"子曰："桓公九合诸侯，不以兵车，管仲之力也。如其仁，如其仁。"

【诠释】本章谈论管仲，孔子以之为"仁"。在本篇第九章中，孔子尝称管仲之仁，这里再次提到，只是更加具体。亦可与下一章孔子对于管仲之"仁"的评价结合起来理解。孔子还曾谈到管仲的无礼，但与他的功业相比，在孔子看来管仲已经可以为仁人了，这也正体现了孔子与时偕行的高贵品质。

公子纠：齐桓公的兄弟。与桓公争位，失败被杀。

召(shào)忽：管仲和召忽都是公子纠的家臣。公子纠争位失败被杀后，召忽自杀，而桓公听从鲍叔牙的建议，对管仲以礼相待，终于使管仲归服。鲍叔牙又让位于管仲，于是管仲成了齐国的执政大夫，并成为齐桓公成就霸业的首要功臣。

九合诸侯：齐桓公称霸诸侯之后，曾主持多次会盟，维护了诸侯之间的秩序与和平。九，虚指，多次。

如其仁：这就是他的仁德。

**【解读】**子路说："齐桓公杀了公子纠，召忽自杀殉主，管仲却没有自杀殉主。"说："管仲不能算是仁人吧？"孔子说："桓公之所以能多次召集诸侯会盟，停止了武力争战，是依靠管仲的力量。这就是他的仁德，这就是他的仁德。"

14.17　子贡曰："管仲非仁者与？桓公杀公子纠，不能死，又相之。"子曰："管仲相桓公，霸诸侯，一匡天下，民到于今受其赐。微管仲，吾其被发左衽矣。岂若匹夫匹妇之为谅也，自经于沟渎而莫之知也。"

**【诠释】**此章主旨与上一章相同。管仲的"仁"是大仁，其行事的"不义"仅仅是小的方面，正所谓"大德不踰闲，小德出入可也"（《论语·子张》）。

此外，定州汉墓竹简《论语》中的"民到于今"作"到于今"，无"民"字。

相：或以为国相，其实是执政大夫。“相”是一个诸侯国诸大夫中掌握国家政权的位高权重的大夫，其职务是协助国君管理国家大事。管仲在齐国的职务是下卿。按当时的礼制：大国三卿，其中两位上卿由周天子任命，一位下卿由国君授命。当时齐国的大夫主要有高氏、国氏、鲍氏、晏氏等。在当时的世卿世禄的选官制度下，管仲也只是因鲍叔牙让贤而成为下卿。

微：假如没有。

被发左衽(rèn)：被，同“披”，被发，披散头发。衽，衣襟；左衽，衣襟向左边开。“被发左衽”是当时所谓夷狄的风俗。孔子认为管仲帮助齐桓公称霸，对当时中原礼乐文化起到了保护作用。

为谅：谅，信用；为谅，遵守信用。孔子认为如果苛求管仲遵守小节小信，最终他只能放弃大仁大德。

自经：自杀。

沟渎：沟渠。

**【解读】子贡问：“管仲不能算是仁人吧？桓公杀了公子纠，他不能殉主，反而做了齐桓公的执政大夫。”孔子说：“管仲辅佐桓公，称霸诸侯，匡正了天下秩序，老百姓至今还享受着他的好处。如果没有管仲，恐怕我们也要成为夷狄之人了。管仲哪能像普通老百姓那样为了恪守小节，自杀在污浊的沟渠**

里而不为人知！”

14.18 公叔文子之臣大夫僎与文子同升诸公。子闻之，曰：“可以为‘文’矣。”

**【诠释】**据《逸周书·谥法解》，有六种情况可以谥为“文”：经纬天地、道德博厚、学勤好问、慈惠爱民、愍民惠礼、赐民爵位。公叔文子生活在相当于鲁定公在位的时期，这段时间《左传》没有关于赐予臣大夫僎具体爵位的记录，以所谓“常事不书”之例，应当仅仅是任命臣大夫僎为卫国大夫，而未必给予爵位。且赐予爵位和任命为大夫不同。孔子曾任鲁国的大夫，但是没有爵位，秦国百里奚亦是如此。本章说的仅是任命为大夫，历代注家所谓孔子说“可以为‘文’”是指“臣大夫僎”未必正确。

值得注意的是，朱熹《四书集注》引“洪氏曰”指出公叔文子能够提拔自己的家臣、下人为国家效力，说明公叔文子具有三种品质：“知人”、“忘己”、“事君”。将本章与该篇第十三章有关公叔文子为人的论述联系起来，孔子所谓的“可以为‘文’”说的应是公叔文子，也就是公叔文子由于“知人”、“忘己”、“事君”，因而完全可以配得上“文”这个谥号。

臣大夫僎(zhuàn)：臣大夫，大夫的下属。僎，人名。春秋时期，有些行政长官或者卿的属官也可以被称为大夫，例如孔子之父叔梁纥曾任郰邑大夫，子路曾为卫国的蒲邑大夫等。

**【解读】**公叔文子的家臣僎和文子一同位列卫国的大夫。孔子听说了这件事，说："正因这样，'文'这个谥号对公叔文子来说是受之无愧了。"

14.19　子言卫灵公之无道也，康子曰："夫如是，奚而不丧？"孔子曰："仲叔圉治宾客，祝鮀治宗庙，王孙贾治军旅。夫如是，奚其丧？"

**【诠释】**本章记录孔子谈论卫君无道而卫国不至于败亡的原因。它与前面几章谈论管仲的话适成对比：这几位大夫在执政方面的努力，挽回了卫国的颓势。虽然与管仲比起来，这些大夫也许并不算多么的贤能，但是他们能够在礼崩乐坏的社会环境下，遵照礼制治理国家，使得国家免于在短时期内衰败，也已经十分难得。

仲叔圉(yǔ)、祝鮀(tuó)、王孙贾：当时卫国的大夫。

**【解读】**孔子说卫灵公真是无道，季康子说："既然如此，为什么他还没有败亡呢？"孔子说："是因为他任用了仲叔圉处理外交事务、接待宾客，祝鮀管理宗庙和祭祀，王孙贾掌管军事。有这样的大臣相辅佐，怎么会败亡呢？”

14.20　子曰：“其言之不怍，则为之也难。”

【诠释】本章说的是大言不惭的人通常都靠不住。合格的执政者应该注意吸取这方面的教训。

怍（zuò）：惭愧。

【解读】孔子说：“说话如果大言不惭，那么想要身体力行就很困难。”

14.21　陈成子弑简公。孔子沐浴而朝，告于哀公曰：“陈恒弑其君，请讨之。”公曰：“告夫三子。”孔子曰：“以吾从大夫之后，不敢不告也。君曰‘告夫三子’者。”之三子告，不可。孔子曰：“以吾从大夫之后，不敢不告也。”

【诠释】本章中所说到的各位大夫正好与前面的管仲、卫国诸大夫相对比。《孔子家语·贤君》记载鲁哀公曾向孔子询问当时的国君中谁最贤能，孔子回答说卫灵公。鲁哀公很奇怪，就问孔子说卫灵公不是无道吗，为什么说他在诸国君中最贤能，孔子回答说因为卫灵公能够任用贤能的大臣，并且非常信任这些大臣。在春秋时期，不少诸侯国的执政大夫能够左右国政，因此，任用贤能的人作为大夫的国家就会免于败亡，甚至能够称霸诸侯。而齐国的动荡和鲁国的衰落，客观上也是由于国君不能掌握政权，不能任用贤臣。

陈成子：即田成子，名恒，齐国大夫。他先利用大斗借出、小斗收进的方法收买人心，而后又杀死齐简公，夺取了政权。

三子：指鲁国的季孙、孟孙、叔孙三家大夫。

从大夫之后：孔子的谦称，因为孔子曾任鲁司寇，也是大夫的一员，所以自称自己是“从大夫之后”。这是一种常用表述方式。

**【解读】陈成子杀了齐简公。孔子斋戒沐浴后上朝，对鲁哀公说：“陈恒杀了他的国君，请您下令出兵讨伐他。”哀公说：“你去汇报给季孙、孟孙、叔孙三位大夫。”孔子说：“因为我曾经做过大夫，所以不敢不来报告，国君却说‘你去向三位大夫汇报吧’。”于是孔子去向三位大夫汇报，但三位大夫不同意派兵讨伐。孔子说：“因为我曾经做过大夫，所以不敢不来向执政大夫汇报。”**

14.22　子路问事君。子曰：“勿欺也，而犯之。”

【诠释】前面谈了很多大夫从政的例子，这里用孔子谈“事君之道”作为总结。

犯：犯颜直谏。

【解读】子路问事奉国君的问题。孔子说：“不要欺骗国君，进谏可以直言不讳。”

14.23 子曰：“君子上达，小人下达。”

【诠释】孔子认为，关于学习和修身，君子与小人有所不同。君子的上达和小人的下达，其实质是在学习礼乐制度与六艺的过程中，君子从中体会到的是积极向上的思想内涵和道德教化思想，而小人只是学到谋生的手段而已。此与所谓“君子谋道不谋食”意义相通。

【解读】孔子说：“同样是学习、修身，君子从中体会到的是通往较高道德境界的途径，而小人却注重用以谋生糊口的技艺。”

14.24 子曰：“古之学者为己，今之学者为人。”

【诠释】孔子论古今学者求学观念有所不同。这里的“为己”与“为人”的含义是什么，自古就争论不休。我们认为，“为己”与“为人”的“为”当读作“作为”的“为”。“为己”就是修己，“为人”就是要求他人，与“为己”相对。也就是说，相比于古人的修己安人之学，孔子时期学习的目的已经转变为如何治理他人、社会和天下。很显然，古人是通过先修身，而后推己及人来治理天下，而孔子时的执政者是通过学习治人之道来治理天下，后者是急功近利的。联系本篇第十二章关于古今“成人”的标准的对比，我们可以看出，古时候所谓“成人”更看重一个人自身的修为，而后来的“成人”更看重一个人在社会环境中，尤其是参与政事时的能力。在此，孔子并未直接批评“今之学者”，而是通过一种古今的对比来表达他对当时整个社会的环境和风气的一种感慨。

同时，本章与上一章具有相通的内涵。“古之学者”多通过自身的修为能够窥探到天下大道，从而具备经天纬地之能，而“今之学者”则多从学习和修身中发现谋生的技艺和治人的手段。换言之，在孔子眼中，“古人”学习是为了“上达”，而“今人”则是将那些本可以达到更高境界的学习作为谋生的手段，甚至有将“仁”、“德”等道德范畴当做使人服从自己统治的策略的趋势。

**【解读】**孔子说：“古代的人学习是通过修道来修己，而现在的人学习是为了急功近利地求得好的名声。”

14.25　蘧伯玉使人于孔子，孔子与之坐而问焉，曰："夫子何为？"对曰："夫子欲寡其过而未能也。"使者出。子曰："使乎！使乎！"

**【诠释】**本章可看做上一章的论据。在孔子看来，蘧伯玉追求寡过的思想正是"古之学者"的遗风，就像《中庸》把"修身"作为治理天下国家的"九经"中的首条，也就是最基础的要求。因此，我们可以说"古之学者"就是通过这样的九条途径来达到天下大治的。

另外，定州汉墓竹简本《论语》"使人于"作"人使于"，顺序与今本《论语》不同。

蘧(qú)伯玉：卫国大夫，名瑗。

**【解读】**蘧伯玉派人拜访孔子。孔子请使者坐下之后问："先生在做什么？"使者回答说："先生他每天都想要减少自己的错误而没有能力完全做到。"等使者走了，孔子说："他真是一位好使者！真是一位好使者！"

14.26　子曰："不在其位，不谋其政。"曾子曰："君子思不出其位。"

**【诠释】**本章与《论语·泰伯》第十四章前半部分相同，而仅多出曾子所说的部分，其实曾子所述正是对孔子思想的解释和阐述，更有助于理解孔子的话。由此我们可以了解到，孔子并不是仅仅强调君子“不在其位，不谋其政”，而是在强调，作为士君子，作为执政阶层的一员，每个人都必须要考虑到天下国家，对于一些琐碎的日常小事，自然有有司去管理。

**【解读】**孔子说：“不在那个职位上，就不要考虑那个职位所要应付的琐碎日常杂务。”曾子说：“君子考虑问题不会超出自己在社会中所应处的地位。”

14.27　子曰：“君子耻其言而过其行。”

**【诠释】**本章孔子勉励弟子应该言行一致。据皇侃《论语义疏》此章作：“君子耻其言之过其行也。”本章与本篇首章所谈论的“耻”前后呼应。“君子”指有道德的人。

**【解读】**孔子说：“君子以说得多做得少为耻。”

14.28　子曰：“君子道者三，我无能焉：仁者不忧，知者不惑，勇者不惧。”子贡曰：“夫子自道也。”

**【诠释】**本章是孔子自谦学识不够，而且有勉励其他人之意。“君子道者三，我无能焉”，定州汉墓竹简本《论语》作“子道三，我无耐焉”。其实，“耐”就是古“能”字，《礼记·礼运》云：“故圣人耐以天下为一家。”此“耐”即能。智、仁、勇三者是早期儒家经常称道的，例如《中庸》就有关于这三者的论述。这一章即是孔子对智、仁、勇三种品质的论述，也同时表现了孔子为人的谦虚。很明显，此三者对于为政的“君子”尤为重要。

知：通“智”。

**【解读】**孔子说：“君子之道有三个方面，我都没有能力做到：仁德的人能够不忧愁，聪明的人能够不被迷惑，勇敢的人能够无所畏惧。”子贡说：“老师说的就是自己啊。”

14.29　子贡方人。子曰：“赐也贤乎哉？夫我则不暇。”

**【诠释】**本章是孔子批评子贡的话。同样，这一章与下面几章都是有关君子如何在崭露头角、展示才能方面的论述。子贡以言语著称于孔门弟子，据《孔子家语·六本》记载，子贡喜欢与不如自己的人在一起，以为这样就可以显示出自己的才能。这也决定了子贡后来的学术地位，正如《孔子家语·六本》所记，孔子预言他去世后子贡的处境和地位会逐渐衰落，而喜欢与比自己贤能的人在一起的子夏却会日益得到别人的看重与推崇，这是有一定道理的。

方人：评论别人的长短。

**【解读】子贡评论别人的长短。孔子说："子贡你就真的比别人贤能吗？我可没有那么多闲工夫去评论别人。"**

## 14.30 子曰："不患人之不己知，患其不能也。"

**【诠释】**本章也与"古之学者为己，今之学者为人"有一定关联。所谓"今之学者"是为了求得出人头地、显示才华才去学习的，而古之学者则不然，他们是通过修身来做到自身声誉的提高的。这也正是上章"子贡方人"受到老师批评的原因所在。

本章与《论语》首篇中的"人不知而不愠"、"不患人之不己知，患不知人也"以及《颜渊》篇子张问"士何如斯可谓之达"意义相通。特别是在子张问中，孔子区分了"达"与"闻"的关系，重点指出，之所以"达"比"闻"的境界更高，是因为"闻"和"达"二者虽然都能由修身而得以实现，但实质上"闻"是"色取仁而行违"的。

【解读】孔子说："不担心别人不了解自己，只担心自己没有使别人了解自己的本领。"

14.31 子曰："不逆诈，不亿不信，抑亦先觉者，是贤乎！"

【诠释】本章也是谈"知人"的问题。通过本篇先前的几章，我们已经知道，孔子认为卫灵公没有败亡的原因是他能够任用贤人。对于执政者来说，知人善任是十分重要的能力。《大戴礼记·曾子立事》记载："君子不先人以恶，不疑人以不信。"与这一章可以互相印证。

逆：本意是迎接，这里是预先之意。

亿：通"臆"，臆测。

【解读】孔子说："不预先怀疑别人有阴谋，也不臆测他人不诚实，然而却能事先觉察别人的阴谋或不诚信，这样的人就是贤人了。"

14.32 微生亩谓孔子曰："丘何为是栖栖者与？无乃为佞乎？"孔子曰："非敢为佞也，疾固也。"

【诠释】本章通过孔子与微生亩的对话，说明孔子疾世人固执而不能行仁道。微生亩既不知人，又"先人以恶”,算不得君子,仅仅是一个反面教材而已,所以孔子讥讽他顽固。实际上是承上章继续谈“知人”和为人所知的问题。

微生亩:或以为即微生高。

栖栖:《左传》哀公十年记载,孔子在卫国,卫文子将攻太叔,孔子听说后,立刻要离开卫国,并说:“鸟则择木,木岂能择鸟?”有的注家或以为“栖栖”意思是“依依”,即“倚而安之之貌”,其实,“栖栖”两字相连,形容的是急切地找寻栖身之所的样子。

佞:依赖好口才的说客。

疾固:疾,恨。固,固执。

**【解读】微生亩对孔子说:“孔丘你为什么好像急于找寻栖身之所的鸟一样四处奔波游说呢?你不就是想以口才取悦于人吗?”孔子说:“我是不敢于做说客的,之所以这样奔波,只是因为我痛恨那些顽固不化的人。”**

14.33 子曰:“骥不称其力,称其德也。”

**【诠释】**关于驾御车马与治理天下的关系,孔子多次提到,甚至连他的得意弟子颜回也对此多有论述,可参见《孔子家语·执辔》和《孔子家语·颜回》。这一章中的

"力"与"德"是相对而言的两个概念,前者对应的是外在的素质,后者对应的是内在的品质,孔子这里以良马喻人才,强调的是人内在的品质,也就是通过修身而形成的内在的品格。

骥:千里马。

德:程树德《论语集释》转引郑玄注说:"骥,古之善马。德,调良之谓。谓有五御之威仪。"马外在的东西,例如气色、力量等等,通常比较容易被人认知,也常用来与别的马进行比较,然而其内在的气质却很难被发现。因此,需要负责养马的人悉心观察和调教,使得马具有非凡的气度和威仪。

**【解读】**孔子说:"千里马不应该过分地看重它外在的气力,而是应该看重它内在的品质。"

14.34　或曰:"以德报怨,何如?"子曰:"何以报德?以直报怨,以德报德。"

**【诠释】**前一章评论了内在素养与外在表现之间的关系,在这一章中,孔子再次针对这一命题进行阐述。《老子·德经》第六十三章有:"大小多少,报怨以德。"《礼记·表记》记:"子曰:'以德报怨,则宽身之仁也。以怨报德,则刑戮之民也。'"又说:"以德报德,则民有所劝。以怨报怨，则民有所惩。”中国早期思想家对于这一命题多有阐述，这也可与本章所体现的孔子思想相互参照发明。孔子的这段话虽然并没有直接赞成“以德报怨”，但是，“以直报怨，以德报德”却更凸显了孔子仁之思想的底蕴。

**【解读】有人说：“用仁德来回报怨恨怎么样？”孔子说：“用什么来报答别人的仁德呢？应该是用正直来回报怨恨，用仁德来回报他人的仁德。”**

14.35　子曰：“莫我知也夫！”子贡曰：“何为其莫知子也？”子曰：“不怨天，不尤人。下学而上达。知我者，其天乎！”

**【诠释】**本章孔子谈到没有人能够真正理解他，这可与前面第三十章和第二十三章结合起来进行理解。第三十章我们提到，如果一个人没有做到“在邦必闻，在家必闻”（《论语·颜渊》），应该反省自己是否真的做到了修身；第二十三章我们提到，君子通过学习蕴涵礼乐的六艺之小道，进而理解治理天下的大道。通过对比，我们发现孔子言语中隐含着他在修己方面确实已经十分完备了，并且也能够以小见大，了解天下的大道了。如果做到这些，还是没有“在邦必闻，在家必闻”，还没有得到他人的真正理解，那就只能是因为天意了。

**【解读】孔子说："没有人了解我啊！"子贡说："为什么说没有人了解您呢？"孔子说："我既不埋怨天，也不求全责备于他人。能够通过学习谋生的技术等小道而向上领会天命等大道。了解我的，大概只有上天吧！"**

14.36 公伯寮愬子路于季孙。子服景伯以告，曰："夫子固有惑志于公伯寮，吾力犹能肆诸市朝。"子曰："道之将行也与，命也；道之将废也与，命也。公伯寮其如命何！"

**【诠释】**孔子周游列国，曾在宋国险些遭遇司马桓魋的谋害。事后，孔子说："天生德于予，桓魋其如予何！"(《论语·述而》)这一章也表达了同样的意思。而且，本章与上一章的联系十分紧密，都是描述自己的思想得不到别人理解，孔子把原因归结于那个时代。因此，他对于"时"有了更深的体会，而且，在孔子晚年，他也由此对《周易》产生了极为浓厚的兴趣。

公伯寮：与子服景伯均为鲁国当时的大夫，传统上认为其为孔子弟子，据司马贞《史记索隐》、蒋伯潜《诸子通考》、李启谦《孔门弟子研究》等，此人未必是孔子弟子。

愬(sù):同“诉”,这里的意思是诽谤。

肆诸市朝:肆,古时处死之后陈尸以示众。何晏《论语集解》引郑玄曰:“有罪既刑,陈其尸曰肆。”市朝,市集与朝廷。刘宝楠《论语正义》曰:“《周礼·秋官·乡士》云:‘协日刑杀,各就其县,肆之三日。’……是周制杀人有陈尸三日之法……《乡士·疏》引《论语·注》云:‘大夫于朝,士于市。公伯寮是士,止应云肆诸市,连言朝耳。’此郑《注》文,为《集解》删佚。”

**【解读】**公伯寮向季孙氏诽谤子路。子服景伯把这件事告诉给孔子,并且说:“季孙氏虽然已经被公伯寮所蒙蔽,但我的力量还是能够把他陈尸于市。”孔子说:“道如果能够得到推行,是天命决定的;道如果将要被人遗弃或废除,也是天命决定的。公伯寮能把天命怎么样呢?”

14.37 子曰:“贤者辟世,其次辟地,其次辟色,其次辟言。”子曰:“作者七人矣。”

**【诠释】**本章是孔子论贤者的处世态度。这里有“作者七人”,这七人是谁?通常认为这七个人就是《论语·微子》中提到的七位“逸民”:伯夷、叔齐、虞仲、夷逸、朱张、柳下惠、少连。联系《微子》我们知道这七位都被孔子看做贤者，而且也确实符合“辟世、辟地、辟色、辟言”的标准。另外，孔子对这七位“逸民”评论后说：“我则异于是，无可无不可。”可见，这一章与上一章一样都在谈孔子所处时代所产生的问题。

辟：同“避”，逃避，躲避。

**【解读】孔子说：“贤人逃避动荡的社会而隐居是第一等的，次一等者会逃到另外一个地方去，再次一等者则逃避别人难看的脸色，再次一等者会躲避别人难听的话。”孔子又说：“这样做的已经有七个人了。”**

14.38　子路宿于石门。晨门曰：“奚自？”子路曰：“自孔氏。”曰：“是知其不可而为之者与？”

**【诠释】**本章是借门吏的讥讽来展现孔子积极救世的高贵品质。可以看出当时孔子的思想已经影响非常广泛，尽管得不到世人的理解，但孔子还是一如既往地推行自己的主张和学说，表现了其一贯追求、不言放弃的精神。

石门：据说是鲁国都城的一座城门。

晨门：指早上负责开门的看门人。

**【解读】子路夜间住在石门附近。早上看门的人**

问他："你从哪里来？"子路说："从孔子那里来。"看门的人说："是那个明知不能改变时局却还要去努力改变它的那个人吗？"

14.39 子击磬于卫。有荷蒉而过孔氏之门者，曰："有心哉，击磬乎！"既而曰："鄙哉硁硁乎！莫己知也，斯己而已矣。深则厉，浅则揭。"子曰："果哉！末之难矣。"

【诠释】这一章承前面几章，仍然谈孔子没有被世人理解的问题。这里的"荷蒉"者其实也是一位隐者。这也可与前面第三十章"不患人之不己知，患其不能也"联系起来理解，既然自身已经大修，体现了孔子"不患人之不己知"的高贵品格。

荷(hè)蒉(kuì)：荷，背负。蒉，竹木质的草筐。

硁(kēng)硁：形容击磬的声音。

深则厉，浅则揭(qì)：语出《诗经·邶风·匏有苦叶》。厉，不脱衣服涉水。揭，撩起衣服过河。其本义说的是涉水时的情形，水深时索性穿着衣服走过去，水浅就提起衣襟直接走过去。比喻人应当随世之盛衰而行止。

末之难矣：没有什么理由可以责备荷蒉者。末，没有。难，责难。

【解读】在卫国居留期间，有一天孔子正敲击着磬，有人背负草筐路过孔子所住的房子门前，说："这个正在击磬的人，心里面好像有心事啊！"一会儿又说："可鄙呀，声音硁硁的！没有人了解自己，就只为自己着想好了。譬如涉水，水深就穿着衣服直接趟过去，水浅就撩起衣服直接趟过去。"孔子说："说得真果断，虽然他不了解我，但我也没有什么理由可以责备他。"

14.40　子张曰："书云：'高宗谅阴，三年不言。'何谓也？"子曰："何必高宗，古之人皆然。君薨，百官总己以听于冢宰三年。"

【诠释】本章谈论天子的居丧之礼。这与下一章也有着密切的联系。作为"仁"的根本的孝悌之道，更是必须要求执政者首先做到的。所以，为人上的统治者推行孝悌之道，可以使社会变得秩序井然、容易管理。子张所说的《尚书》中的内容在今文《尚书·无逸》中。此外，这一章中关于商代有三年之丧制度的说法十分值得注意和重视。

高宗谅阴：高宗，商王武丁的庙号。谅阴，历来有多种解释，一说是天子服丧之称。一说，信任冢宰，默而不言。一说，居丧之所，即“凶庐”。以上三种说法虽有不同，但都符合孔子的“孝道”思想。此处姑且采取第一种。

总己：统摄己职。

冢宰：官名。冢，有高的意思。宰，有主宰的意思。据《周礼》，冢宰是辅佐天子行政的最高行政长官。

**【解读】**子张说：“《尚书》上说：‘高宗守丧，三年不发布有关于国家政事的政令。’这是什么意思？”孔子说：“不仅是高宗，古人都是这样做的。天子去世，朝廷百官都各自统摄己职以听命于冢宰三年。”

14.41　子曰：“上好礼，则民易使也。”

**【诠释】**孔子认为，如果为政者能够遵行礼制，天下之人就会随之效法，那么犯上作乱、违背礼制的事情就比较少了。这也可与《论语·为政》篇联系起来进行理解。

**【解读】**孔子说：“如果居上位的统治者们喜好并遵行礼制，那么百姓就容易管理了。”

14.42　子路问君子。子曰：“修己以敬。”曰：“如斯而已乎？”曰：“修己以安人。”

曰:“如斯而已乎?”曰:“修己以安百姓。修己以安百姓,尧舜其犹病诸?”

【诠释】本章说明在位者应当以“修己安人”为治国之要领。在古代,“君子”或指执政者,或指有道德者。联系本篇及本章的内容,不难看出,这里的“君子”是指执政者。孔子所说的三个层次也是有关执政的三个不同层次。“修己以敬”,意思就是通过修身使得自己变得谦恭、庄重,属于“修身”的范畴;“修己以安人”,“人”是指周围的人,意即通过修己以安抚周围的人,含有“齐家”的意思;“修己以安百姓”则是通过修己来使得天下的老百姓都得到恩惠,是从“治国”和“平天下”的角度来谈的。从三个不同的层次可以看出孔子修己是为了推己及人,进而达到安天下的最高目标。

【解读】子路向孔子询问什么样的人才可以算是合格的执政者。孔子说:“致力于修身以便使自己看起来十分庄重、恭敬。”

子路说:“像这样就够了吗?”孔子说:“致力于修身以使周围的人感到安乐。”

子路说:“像这样就够了吗?”孔子说:“致力于修身以使所有百姓都安乐。致力于修身以使所有百姓都安乐，尧舜他们尚且还担心自己做不到呢！”

14.43　原壤夷俟。子曰：“幼而不孙弟，长而无述焉，老而不死，是为贼。”以杖叩其胫。

**【诠释】**本章是孔子以原壤为例痛斥无礼之人。孔子历数原壤的错误，说明原壤当时的状况就是他自己一手造成的。其实这一章的目的就在于用这样一个反面教材来教育世人，使人们都能够遵循“修己安人”的准则。孔子敲击原壤小腿的目的，是欲使原壤改变坐姿，改正错误。

夷俟（sì）：夷，两腿分开而坐。俟，等待。古时候的人平时是跪坐的，因此，两腿是并排处在身下的，所谓“夷俟”，就是古代一种十分不礼貌的坐姿，表现了一个人轻浮、不庄重，或者是对别人的蔑视。

孙弟：两个都是通假字，即“逊悌”。

**【解读】**原壤分开双腿坐着等候孔子到来。孔子说：“年幼的时候不讲谦逊和孝悌，长大了又没有什么可夸口的成就，到老了又不赶紧去死，这就像是贼一样害人。”一边说一边用手杖敲他的小腿。

14.44　阙党童子将命。或问之曰：“益者与？”子曰：

“吾见其居于位也，见其与先生并行也。非求益者也，欲速成者也。”

【诠释】本章记孔子教幼童学习礼。此章仍然围绕着“先进于礼乐”的主题，说明“今之学者”比较急功近利，而忽视了表率的作用和榜样的力量。

阙党童子将命：阙党童子，孔子所居住的阙里这里的一个小孩子。将命，要去传达命令。

居于位：指小孩坐在成年人应该坐的地方。定州汉墓竹简本《论语》“居”作“君”，当为形近而误。

【解读】阙里的一个童子来向孔子传达别人的话。有人问孔子：“这是个追求进步的孩子吗？”孔子说：“我看见他坐在成年人应该坐的位置，又看见他和长辈并肩而行。这个孩子不是个追求进步的人，只是个急于求成的人。”

# 卫灵公篇第十五

**【概说】**本篇共四十二章，其中记述孔子论述三十四章，孔子答问八章。篇名取首章“卫灵公问陈于孔子”前三字。全篇围绕立身处世和为政主体展开，具体谈论了做人、处事、为政中的个人趋向问题，涉及君子与小人、选择从政的对象、仁与不仁等等问题，此外还涉及了孔子的教育思想和政治思想等方面的言行。

仔细审查本篇与其后几篇的标题，似有一个顺序。本篇是《卫灵公》，卫灵公为卫国国君；下一篇为《季氏》，季氏在当时掌握鲁国的政权；再下一篇为《阳货》，阳货为鲁国季孙氏的家臣；再下一篇为《微子》，微子为逸民，属于“邦无道则隐”的一类人。可以想见编纂者在编排《论语》时或许是有所考虑的。

关于卫灵公，朱熹《论语集注》引尹氏曰：“卫灵公，无道之君也，复有志于战伐之事，故答以未学而去之。”

儒家虽然讲求积极入世，但是其入世是以“不仕无道之君”为前提的。孔子一生凄凄惶惶，但是他仍保持“择木之鸟”般的独立人格，所以才会有如“丧家狗”一样的政治命运。

15.1 卫灵公问陈于孔子。孔子对曰：“俎豆之事，则尝闻之矣；军旅之事，未之学也。”明日遂行。

**【诠释】**儒家讲求“内圣外王”，即以修身起始，进而达到齐家、治国、平天下。《大学》云：“自天子以至于庶人，壹是皆以修身为本。”孔子并不是真的没有学过军旅之事，也不是对军旅之事一无所知。孔子虽生于乱世，但是他反对用战争的方式解决国与国之间的争端，希望通过推行古代礼制来达到社会的太平与和谐，而卫灵公却“有志于战伐之事”，所以孔子不仕，“明日遂行”。

陈：通“阵”，谓军队行伍之列。

俎(zǔ)豆：礼器，在此代指礼仪之事。《说文解字》：“俎，礼俎也，从半肉在且上。”《说文解字》：“豆，古食肉器也。”

**【解读】**卫灵公向孔子询问军队阵列之法。孔子回答说：“礼仪方面的事情，我曾听说过；军队方面的事，从来没有学习过。”第二天，孔子便离开了卫国。

15.2　在陈绝粮，从者病，莫能兴。子路愠见曰：“君子亦有穷乎？”子曰：“君子固穷，小人穷斯滥矣。”

**【诠释】**本章论述了在面对窘迫局面时君子和小人之间的差异，指出面对困境，君子依然能够乐在修身，坚守自己的节操。此章可以与《孔子家语·在厄》对读。与《论语》语录体的特征相比，《孔子家语》的记载更加形象。其中《孔子家语·在厄》篇详细地记述了孔子及其弟子在陈蔡被围困的情形。当时孔子一行困于陈蔡，绝粮七日，但孔子仍然不畏艰难，保持着乐观的心态，表现了孔子为追求政治理想而矢志不渝的精神。

孔子及其弟子绝粮于陈蔡一事，还见于《荀子》、《吕氏春秋》、《史记·孔子世家》、《韩诗外传》、《说苑》等。

兴：起也。

愠（yùn）：怒，怨恨。

固穷：甘于贫困，不失气节。穷，当为窘，即窘迫，困厄，穷困。

滥：水满溢，这里比喻行为越轨。朱熹《论语集注》

引何氏曰："滥，溢也。言君子固有穷时，不若小人穷则放溢为非。"

**【解读】孔子与其弟子在陈国断绝了粮食，跟随的人都饿病了。子路很不高兴地来见孔子，说道："君子也有窘迫的时候吗？"孔子说："君子虽然也会遇到窘迫，但能够安于穷困；小人一遇窘迫就无所不为了。"**

15.3 子曰："赐也！女以予为多学而识之者与？"对曰："然，非与？"曰："非也，予一以贯之。"

**【诠释】**本章通过孔子与子贡的对话，说明孔子之所以博学的原因。《论语》中有两处提到"一以贯之"，这里应该与《里仁》的"一以贯之"同义，即有一个根本的道贯穿始终，只是二者的落脚点不同。《里仁》篇的"一以贯之"落脚在为人处世上，即曾子所说"夫子之道忠恕而已矣"。儒家重视修身，推崇内圣外王之道，"子贡问曰：'有一言而可以终身行之者乎？'子曰：'其恕乎！己所不欲，勿施于人。'"孔子明确指出了"恕"的做法。可以想见孔子的忠恕之道，侧重于修身以及为人处世方面。本章的"一以贯之"则侧重于学习方法。孔子告诉子贡自己博学的原因，即学习过程中善于用一个根本理念贯穿始终。

识:音同“志”。

**【解读】**孔子说:“子贡啊!你以为我是博学而强记的人吗?”子贡答道:“是啊,难道不是这样吗?”孔子说:“不是的,我只是擅长用一个根本原理去推导万物,即把握事物内在的规律。”

15.4　子曰:“由!知德者鲜矣。”

**【诠释】**孔子感叹知德的人很少,也蕴涵着勉励子路要注重德行的修养的意思。孔子生于礼崩乐坏的乱世,战争频仍,民不聊生,或许面对这种现实,孔子才会发出如此感慨。

由:姓仲,名由,字子路,一字季路。孔子弟子。少孔子九岁。在孔子弟子中,子路喜强好勇,性情率真直爽,是孔子最喜爱的弟子之一。

鲜(xiǎn):很少。

**【解读】**孔子说:“仲由啊!懂得德的人太少了。”

15.5　子曰:“无为而治者其舜也与?夫何为哉?恭己正南面而已矣。”

**【诠释】**“无为而治”一般认为是道家的治国方略。其实，儒家也提倡“无为而治”，不过与道家所提倡的清静无为而治不同，儒家所说的是指国君有德行，能够举贤任能，则自己不必亲政而政治清明，社会安定，也就是何晏《论语集解》所说：“言任官而得其人，故无为而治。”不过两者虽曰无为，其实都是有为，目的都是为了“治”。《孔子家语·王言解》篇记载：“孔子曰：‘昔者帝舜左禹而右皋陶，不下席而天下治。’”说的就是这个道理。

无为而治：无为，无所作为，这里指国君不必亲政。治，指政治清明，社会安定。

恭己：容貌端正庄严。这里是能够克己修身、有德行的表现。朱熹《论语集注》云：“恭己者，圣人敬德之容。”刘宝楠《论语正义》曰：“恭己者，修己以敬也。”

**【解读】**孔子说：“能够不必亲政而使天下太平的人，大概只有舜吧？他做了些什么呢？只是庄严端正地坐在朝廷的王位上罢了。”

15.6 子张问行。子曰：“言忠信，行笃敬，虽蛮貊之邦，行矣。言不忠信，行不笃敬，虽州里，行乎哉？立则见其参于前也，在舆则见其倚于衡也，夫然后行。”子张书诸绅。

**【诠释】** 忠信是儒家所提倡的人所应该具有的美德。孔子认为,忠信是人的品德、学问、修养的基础,也是行道畅通的保证,是人立身处世的基石,应当时时牢记,处处实行。

本章最后一句“子张书诸绅”透露了许多学术信息。《论语》是记录孔子言语的著作,《论语》的成书,应该是在孔子之孙子思的领纂下完成的(杨朝明:《新出竹书与〈论语〉成书问题再认识》,《中国哲学史》2003年第3期)。孔子去世以后,弟子们把自己的“笔记”汇集起来编成关于孔子的资料,取其“正实而切事者”纂为《论语》,其余“则都记录之”为《孔子家语》。《孔子家语》长期以来被视为伪书,但是新出土文献的面世,证实了《孔子家语》的重要价值。《孔子家语》中有很多与“子张书诸绅”类似的记载,由此可以想见《论语》与《孔子家语》的材料来源。

行:通达。

蛮貊(mò):古人对少数民族的称谓,蛮在南方,貊在北方。

州里:周代的居民编制,五党为州,每州两千五百户,每里二十五户。后泛指乡里或本土。

参:列,显现。

衡:车辕前面的横木。

绅：系在腰间的大带。

**【解读】**子张问如何才能使自己所到之处都能通达。孔子说："说话要忠诚守信，行事要庄重严肃，即使到了蛮貊地区，也可以通达。说话不忠诚守信，行事不庄重严肃，就是在本乡本土，能通达吗？站着，就仿佛看到忠信笃敬这几个字显现在面前；坐车，就好像看到这几个字刻在车辕前的横木上，这样才能使自己到处通达。"子张把这些话写在腰间的大带上。

15.7　子曰："直哉史鱼！邦有道，如矢；邦无道，如矢。君子哉蘧伯玉！邦有道，则仕；邦无道，则可卷而怀之。"

**【诠释】**孔子赞叹史鱼与蘧伯玉的处世之道，反映了孔子的政治思想。前面讲过孔子一生为了推行自己的政治主张，奔波于各国之间，但是"不仕无道之君"是他入仕的原则，所以才会有凄凄惶惶的命运。

史鱼：史，官名。鱼，卫国大夫，名鰌，字子鱼。朱熹《论语集注》称："史鱼自以不能进贤退不肖，既死犹以尸谏，故夫子称其直。"事见《孔子家语》和《韩诗外传》。

蘧伯玉：春秋时期卫国大夫，名瑗。卫大夫史鱼知其贤，将其屡荐于卫灵公，灵公昏庸无道，终不能用。其事迹见于《左传》襄公十四年和二十六年。

如矢：矢，箭，形容像箭一样直。

卷：收。

怀：意为藏。

**【解读】**孔子说："史鱼真是正直啊！国家有道，政治清明，他的言行像箭一样直；国家无道，政治黑暗，他的言行也像箭一样直。蘧伯玉也真是一位君子啊！国家有道，政治清明，就出来做官；国家无道，政治黑暗，就把自己的本领隐藏起来。"

15.8　子曰："可与言而不与之言，失人；不可与言而与之言，失言。知者不失人，亦不失言。"

**【诠释】**本章反映了孔子为人处世方面的思想，并指出了"知者"的做法。

知：通"智"。

**【解读】**孔子说："可以同他谈话，却不同他谈，这就是失掉了人才；不可以同他谈的话，却同他谈，这就是说错了话。有智慧的人既不失去人才，又不说错话。"

15.9　子曰："志士仁人，无求生以害仁，有杀身以成仁。”

【诠释】本章旨在说明孔子的生死观以“仁”为最高原则。生命虽然宝贵，但在孔子看来，“仁”比生命更为宝贵，为了成就“仁”，可以不顾及生命，可以为“仁”而献出生命。

【解读】孔子说：“志士仁人，没有因为贪生怕死而损害仁的，只有牺牲自己的性命来成全仁的。”

15.10 子贡问为仁。子曰：“工欲善其事，必先利其器。居是邦也，事其大夫之贤者，友其士之仁者。”

【诠释】本章继续谈论“仁”。“工欲善其事，必先利其器”，已经成为家喻户晓的名句，它与“磨刀不误砍柴工”有异曲同工之妙。在本章中，孔子以此为喻，把从政者与士、大夫的交往看做是工匠选择自己的工具，更是为了说明实行仁德的方式就是要敬奉贤者，结交仁人，这是首先需要做到的。同时也是教给子贡择友乃至为人处世中应该具有的素质。这可与前面“子贡方人”章相结合理解，更能明白孔子的良苦用心。

士：在这里应该和前面的“大夫”相对应，指的是有一定社会地位的人。

**【解读】**子贡问怎样实行仁德。孔子说："做工的人要把他的工作做好，必须先使他的工具得心应手。住在一个国家，就要敬奉那些大夫之中的贤者，结交士人中的仁人。"

15.11　颜渊问为邦。子曰："行夏之时，乘殷之辂，服周之冕，乐则韶舞。放郑声，远佞人。郑声淫，佞人殆。"

**【诠释】**本章记述颜渊向孔子询问如何治理国家的问题。孔子非常重视礼制，认为三代的礼制是"损益"的关系，"殷因于夏礼，所损益，可知也；周因于殷礼，所损益，可知也；其或继周者，虽百世可知也"(《论语·为政》)。孔子生于乱世，希望通过推行古代的礼制来实现社会的太平与安定，但是孔子主张"复礼"，当然不是越古越好，而是有所选择。因此，孔子在回答颜渊的问题时提出了使用夏代的历法、殷商时的车制和周代的礼帽，因为夏代的历法有利于农业生产，殷代的车子朴实适用，周代的礼帽华美，《韶》乐优美动听，这也反映了孔子理想的生活方式。此外，还要禁绝靡靡之音，疏远佞人。

行夏之时：据记载，夏以寅为人正，商以丑为地正，周以子为天正。夏朝用的是自然历，以建寅之月为每年的第一月,春夏秋冬合乎自然现象;殷商以建丑之月为每年的第一月;周代则以建子之月为每年的第一月,而且以冬至日为元日。这虽然比以前进步,但是却都不如夏历有利于农业生产。

乘殷之辂(lù):辂,一般指的是大车。商辂即木辂,古代多以木为车,至商代而有辂之名。与商代的车子相比,周代的车子"饰以金玉,则过侈而易败,"因此,商代的车子要自然朴质一些。《左传》桓公二年也说:"大辂越席,昭其俭也。"

服周之冕:周代的礼帽比以前华美,更符合古代的礼制。朱熹《论语集注》说:"周冕有五,祭服之冠也。冠上有覆,前后有旒。黄帝以来,盖已有之,而制度仪等,至周始备。然其为物小,而加于众体之上,故虽华而不为靡,虽费而不及奢。夫子取之,盖亦以为文而得其中也。"

韶舞:韶,是舜时的音乐,孔子认为是尽善尽美的。

放:禁绝、排斥、抛弃的意思。

郑声:郑国的乐曲,因为音乐多变,容易吸引人的兴趣而使人沉迷其中,所以孔子认为不好,是淫声。

远:远离。

殆:危险。

【解读】颜渊请教如何治理国家。孔子说:"用夏代的历法，乘殷代的车子，戴周代的礼帽，奏《韶》乐。禁绝郑国的乐曲，疏远巧言谄媚的人。郑国的乐曲浮靡不正派，佞人太危险。”

15.12 子曰：“人无远虑，必有近忧。”

**【诠释】**孔子提出人应该思渐虑远，防患于未然。这也正是孔子与当时为政者只顾眼前利益的做法有所不同的表现，他总是站在历史的高端上思考问题，关注国家的长治久安。

**【解读】**孔子说：“一个人如果没有长远的考虑，一定会有眼前的忧患。”

15.13 子曰：“已矣乎！吾未见好德如好色者也。”

**【诠释】**本章为孔子的感叹之词。孔子追求的是礼制和充满仁德的社会，而他所处的时代是礼崩乐坏的时代，各国之间征战不休，也许是面对这样的社会现实，他才发出这种感叹，认为自觉追求仁德的人实在太罕见了。本章还见于《子罕》篇第十八章以及《孔子家语·七十二弟子解》。

已：禁绝，停止。

**【解读】**孔子说："禁绝了吧！我从来没有见过喜欢仁德像喜欢美色那样的人。"

15.14　子曰："臧文仲其窃位者与！知柳下惠之贤而不与立也。"

**【诠释】**本章通过孔子批评鲁国的大夫臧文仲为官不称职，不能做到"见贤而举"，说明治国的道理。儒学是修己安人之学，其修身的要求包括推己及人。只有通过任用贤人才能真正使国家达到太平。

臧文仲，又称臧孙辰，姓臧孙，名辰。"文仲"是其谥号。他是鲁国的著名大夫，历仕于鲁庄公、闵公、僖公、文公四世。他不仅在当时鲁国的社会生活中起了重要的作用，而且对后世也产生了深远的影响（详见杨朝明：《论臧文仲》，《孔子研究》1993年第1期）。臧文仲并不是孔子所认为的"蔽贤"之人。孔子的看法也许是基于当时臧文仲居司寇之职，而柳下惠为士师，正其下属，故孔子把柳下惠居于下位而不得举归罪于臧文仲。事实上臧文仲不仅不"蔽贤"、"妨贤"，其思想反而体现了明显的崇贤尚能的特点（可参看杨朝明：《柳下惠道德思想考论》，《孔子研究》1994年第2期）。

柳下惠：即展禽，又称柳下季，字禽，名获，出身于鲁国公族。高诱《淮南子注》认为:“展禽家有柳树,身行惠德,因号柳下惠。”另外,有人说柳下是他所居地名,有人说柳下是他食采之邑。考鲁地名无柳下,而且展禽的官职仅是士师,即掌管刑狱的小官,级位不高,未必会有食邑,故高诱之说近是。“惠”为其谥,《列女传》记曰:“柳下既死,门人将诔之。妻曰:‘将诔夫子之德耶?则二三子不如妾知之也。’乃诔曰:‘……夫子之谥,宜为惠兮。’门人从之,以为诔,莫能窜一字。”柳下惠的生平事迹,详见于《孟子》、《左传》僖公二十六年、《左传》文公二年、《国语·鲁语》。

窃位:身居官位而不称职。

立:同“位”,指禄位,官位。俞樾《群经平议》认为:“古者立、位同字,古文《春秋》经‘公即位’为‘公即立’,然则‘不与立’即‘不与位’,言知柳下惠之贤而不与之禄位也。”这种看法很有道理。

**【解读】**孔子说:“臧文仲大概是一个居官位而不管事的人吧!他明知道柳下惠是个贤人,却不给他高的职位。”

15.15　子曰:“躬自厚而薄责于人,则远怨矣。”

**【诠释】**一般来说,一个道德高尚的人责人必先律己。这里孔子提出了责己厚,责人薄,“求诸己”的态度,是求得和谐人际关系的重要前提。

【解读】孔子说:“多督责自己而少督责别人,那就可以避免别人的怨恨了。”

15.16　子曰:“不曰‘如之何,如之何’者,吾末如之何也已矣。”

【诠释】本章主要体现了孔子未雨绸缪,三思而后行的处事方法。“如之何”有两种理解,一是指祸难已成,属于熟思审处之辞;一是指“如此这样,如此这样”。两者均可通,但根据文义应以前者更为合适。

如之何:怎么办。

【解读】孔子说:“从来不说‘怎么办,怎么办’的人,我对他也不知怎么办才好。”

15.17　子曰:“群居终日,言不及义,好行小慧,难矣哉!”

【诠释】本章旨在强调义的重要性。在孔子看来,成天聚在一起,说话如果与道义无关,则邪僻之心就会滋生,好耍小聪明,这样的人就很难教导了。指出群居时应以义来修为的重要性。

【解读】孔子说："整天聚在一块儿，说话从不涉及道义，专好卖弄小聪明，这种人真难教导。"

15.18 子曰："君子义以为质，礼以行之，孙以出之，信以成之。君子哉！"

【诠释】孔子认为，君子应该注重义、礼、谦逊、诚信等道德准则。从本章到第二十三章都是论述君子的所作所为以及君子与小人的不同。

孙：通"逊"，谦逊。

【解读】孔子说："君子以义作为办事的根本，用礼仪来实行它，用谦逊的态度来表达它，靠诚信来完成它。这才是真正的君子。"

15.19 子曰："君子病无能焉，不病人之不己知也。"

【诠释】本章和《宪问》第三十章"不患人之不己知，患其不能也"意义相通。孔子认为作为一个真正的君子，他所担忧的不是别人不知道他，而是自己没有才能。在《学而》第十六章中孔子曾有类似的话："不患人之不己知，患不知人也。"孔子认为只要自己具备了能力，具有察人处事的本领,别人不了解自己并不可怕,含有“是金子终究会发光”之意。

病:动词,以……为病, 意为以……为忧,以……为不足。

【解读】孔子说:“君子只担忧自己没有才能,不怕别人不知道自己。”

15.20 子曰:“君子疾没世而名不称焉。”

【诠释】孔子指出真正的君子应该在生前努力使自己立名于世。这与儒家的积极入世的情怀是一致的。

疾:痛恨,讨厌。

没世:死亡之后。

称:被称颂。

【解读】孔子说:“君子痛恨死亡之后其名字不为人们所称颂。”

15.21 子曰:“君子求诸己,小人求诸人。”

【诠释】本章与前面的“躬自厚而薄责于人”有类似的意思。孔子指出了君子和小人的区别,真正的君子严格要求自己,而小人则是要求别人。

【解读】孔子说："君子注重个人的道德修养，多从自身的反省开始，而小人则相反，往往一味地苛责他人。"

15.22 子曰："君子矜而不争，群而不党。"

【诠释】本章是通过论述真正的君子应该矜持而不争执，聚在一起而不搞阴谋不搞宗派，来说明为人之道。《论语·为政》中有"君子周而不比，小人比而不周"可作为"群而不党"的注解。

矜(jīn)：庄重矜持。

党：结派，偏私。

【解读】孔子说："君子庄重矜持而不争执，合群而不结党，不搞宗派。"

15.23 子曰："君子不以言举人，不以人废言。"

【诠释】本章同样是在讲君子之行。真正的君子不以言论重用人，也不以人废其言。

举：推举。

废：废弃、鄙弃。

【解读】孔子说："君子不凭一个人说的话来举荐

**他，也不因为一个人平时行为不正而不采纳其好的建议。”**

15.24　子贡问曰：“有一言而可以终身行之者乎？”子曰：“其恕乎！己所不欲，勿施于人。”

**【诠释】**本章是孔子在用恕道来教导子贡。孔子把“己所不欲，勿施于人”作为“恕”的解释。所谓“恕”，意思与“仁”相近，《说文解字》说：“恕，仁也。”当孔子弟子仲弓向孔子请教“仁”的问题时，孔子说：“出门如见大宾，使民如承大祭。己所不欲，勿施于人。在邦无怨，在家无怨。”（《论语·颜渊》）朱熹在《中庸章句集注》中对“忠恕违道不远，施诸己而不愿，亦勿施于人”一句注解说：“尽己之心为忠，推己及人为恕。”“推己及人”就是将自己内在的仁爱之心推延于外，使仁爱之心充斥全社会，以实现天下大同的理想境界。“己所不欲，勿施于人”既体现了“恕道”，又是实现仁道的基本途径。

本章可与《里仁》第十五章、《雍也》第三十章、《颜渊》第二章联系起来理解。

一言：一字。《春秋左氏疏》引《易》曰：“伏羲作十言之教，曰：坤、乾、震、巽、坎、离、艮、兑、消、息。”《韩非子·说林下》：“齐人有请见者曰：‘臣请三言而已，过三言，臣请烹。’靖郭君因见之，客趋进曰：‘海大鱼。’”古诗中有五言七言，古人常称所著书若数万言、数十万言，其中的“言”都应与“字”意同。

**【解读】** 子贡问道：“有没有一个字可以终身奉行的呢？”孔子说：“那大概就是恕吧，自己所不想要的，不要强加给别人。”

15.25　子曰：“吾之于人也，谁毁谁誉？如有所誉者，其有所试矣。斯民也，三代之所以直道而行也。”

**【诠释】** 孔子对于别人从不妄加诋毁与赞誉，即使有所赞美，也是经过考察、考验的。本章旨在说明孔子的为人处世之道，同时也表现出他向往三代之制。

试：考察，考验。

斯民也，三代之所以直道而行也：朱熹《论语集注》曰：“斯民者，今此之人也。三代，夏、商、周也。直道，无私曲也。”这种理解近是。

**【解读】** 孔子说：“我对于别人，诋毁过谁？赞美过谁？如有所赞美的，必须是经过考验过的。正是因为这些人都是经过夏、商、周三代圣王用直道培育而来的。”

15.26　子曰："吾犹及史之阙文也。有马者借人乘之，今亡矣夫！"

**【诠释】**本章为孔子感叹人心不古之辞。孔子生于乱世，他感叹对于史书中存疑的文章，他还能够看到，而现在却没有了。并且以"有马者借人乘之"作喻，即对于自己不能驯服的马，就让给能驯服的人，来比喻古时史官对于史书中有阙疑的地方就把它保留下来，以待知者。

史之阙文：史书中因为存疑而保留下来的文章。阙，通"缺"，意为因空缺而保留下来。文，文章、文辞。

有马者借人乘之：包咸《论语章句》和皇侃《论语义疏》把此章前后看做是两件互不相关的事。宋叶梦得《石林燕语》根据《汉书·艺文志》的引文中没有此句而怀疑此句为衍文。这两种想法都是比较牵强的。这里实际应该是比喻，喻己有马不能调良，当借与他人乘习。

**【解读】**孔子说："我还能够看到史书因为存疑而被保留下来的文章。就像有马的人自己不会调教，就先让给别人乘习，这种精神，今天没有了吧。"

15.27　子曰："巧言乱德。小不忍，则乱大谋。"

【诠释】孔子告诫人们要慎言、忍事，虽言语简洁，却是为人处世的大道理。尤其是“小不忍，则乱大谋”一句，为人们世代传诵。

【解读】孔子说：“花言巧语败坏道德，对于一些小事情都不能忍耐，就会败坏大事情。”

15.28　子曰：“众恶之，必察焉；众好之，必察焉。”

【诠释】本章表现了孔子的知人思想。在孔子看来，对于大家都厌恶或喜欢的人，不能盲从，一定要进行考察。

本章中的“众好”应置于“众恶”之上。程树德《论语集释》就认为“众好之”应在“众恶之”之前。定州汉墓竹简《论语》中，此章的“众好”即在“众恶”之前。此外，《大学》中的“故好而知其恶，恶而知其美者，天下鲜矣”、“民之所好好之，民之所恶恶之，此之谓民之父母”、“好人之所恶，恶人之所好，是谓拂人之性”，以及《论语·里仁》“唯仁者能好人，能恶人”，皆是“好”在“恶”前。

本章可与《论语·子路》第二十四章互相对读。

【解读】孔子说：“大家都厌恶他，必须考察一下；大家都喜欢他，也一定要考察一下。”

15.29　子曰："人能弘道，非道弘人。"

**【诠释】**本章是孔子对道与人关系的阐述，他认为人能够使道发扬光大，而不是道使人宏大。"文武之道，未坠于地，在人"（《论语·子张》）可与之印证。人只有不断地提高自己，完善自己，才能使道发扬光大，而不应该以道弘人，哗众取宠。本章虽然言语简洁，却非常精到。

本章可以与《中庸》所记孔子之语"道不远人。人之为道而远人，不可以为道"联系起来。

弘：使广大，扩大。

**【解读】**孔子说："人能够使道发扬光大，不是道使人宏大。"

15.30　子曰："过而不改，是谓过矣。"

**【诠释】**本章论述对待错误的正确态度，即知错就改。人的一生不可能不犯错，这并不可怕，重要的是错了就要改正，并尽量避免再犯类似的错误。

《论语》中有很多地方提到对于过错的看法和态度。比如，《论语·学而》第八章"过则勿惮改"；《论语·雍也》第三章孔子回答哀公的话："有颜回者好学，不迁怒，不贰过”;《论语·子张》第八章子夏曰:“小人之过也必文”;《论语·子张》第二十一章子贡曰:“君子之过也,如日月之食焉:过也,人皆见之;更也,人皆仰之。”把这些章联系起来看,更容易理解此章。

**【解读】**孔子说:“有了过错却不改正,这才叫真的错了。”

15.31 子曰:“吾尝终日不食,终夜不寝,以思,无益,不如学也。”

**【诠释】**孔子谈学与思之间的关系,肯定学是思的基础,思是学的深化,要学、思并重,相互促进。本章可以与《论语·为政》第十五章“学而不思则罔,思而不学则殆”结合起来理解。

**【解读】**孔子说:“我曾经整天不吃饭,彻夜不睡觉,思考问题,但没有什么好处,不如去学习。”

15.32 子曰:“君子谋道不谋食。耕也,馁在其中矣;学也,禄在其中矣。君子忧道不忧贫。”

**【诠释】**本章记述孔子对道的看法,勉励人尽心求道。许多人认为孔子鄙视农业,这种看法颇有偏失。在孔子生活的乱世,民不聊生,他希望通过积极入世,推行古代的礼制来实现社会的太平,从而使人们安居乐业。关于这一点可以与《论语·子路》第四章"樊迟请学稼"结合起来理解。

本章主要是说君子谋求道,而不是谋求衣食。"耕",一般认为是谋求衣食的直接方法;学习,是谋求道的一种方法,但是却可以得到俸禄。君子只担心道之不行、不明,不担心贫穷。

馁(něi):饥饿。

**【解读】**孔子说:"君子谋求道,不谋求衣食。耕种,有时也要饿肚子;学习,却可以得到俸禄。君子只担心道不能行,不担心贫穷。"

15.33 子曰:"知及之,仁不能守之;虽得之,必失之。知及之,仁能守之,不庄以莅之,则民不敬。知及之,仁能守之,庄以莅之,动之不以礼,未善也。"

**【诠释】**本章记述孔子谈论为政治民应具备的学识与德行,孔子认为知及、仁守、庄莅以及动之以礼四者缺一不可。才智只有达到一定程度才能得到官位,拿到俸禄。得到了高位,但不用仁德来守持终究也会失去。

如果做到了知及、仁守，但不用庄重的态度以临其民，百姓就不会尊敬他，也就是《论语·为政》中孔子所说“临之以庄则敬”。即使做到知及、仁守、庄莅，如果动用百姓不符合礼仪，那也没有达到尽善尽美。

知：通“智”，指智能、才智。

不庄以莅(lì)之：不用庄重的态度治理人民。庄，严肃，庄重。莅，临，到，引申为治理。

【解读】孔子说：“通过聪明才智得到它，却不能用仁德守持它，即使得到，也一定会失去。聪明才智足以得到它，仁德可以守持它，却不用庄重的态度来治理人民，那么百姓就不会尊敬他。聪明才智足以得到它，仁德可以保持它，用庄重的态度以临其民，役使百姓时却不符合礼的要求，那也是不好的。”

15.34　子曰：“君子不可小知而可大受也，小人不可大受而可小知也。”

【诠释】本章记述孔子论观人与用人的方法。由于君子与小人之间存在着本质的区别，因此考验与应用的方法应该不同。

【解读】孔子说：“君子不能通过一些小事情来了

解他，考验他，但可以让他们承担重大的使命。小人不能让他们承担重大的使命，但可以通过一些小事情来了解他，考验他。”

15.35　子曰：“民之于仁也，甚于水火。水火，吾见蹈而死者矣，未见蹈仁而死者也。”

**【诠释】**本章记述孔子勉励弟子要努力践行仁道。仁与水火都是人们所需要的，但是人们需要仁德更甚于水火。水火可以杀人，而仁德却不会杀人。

**【解读】**孔子说：“仁德对于人民来说，比水火更为重要。水火，我见过践蹈它而死的，却没有见过践蹈仁德而死的。”

15.36　子曰：“当仁，不让于师。”

**【诠释】**本章上承前章，继续论述“仁”。在孔子心目中，仁是十分重要的。人应当抱着“以仁为己任”的目标求仁，以“杀身成仁”的精神成就仁，捍卫仁。面对仁，即便是自己的老师也不能谦让。这也多少同于西方哲学家亚里士多德所言：“吾爱吾师，吾更爱真理。”

当仁：遇到一些仁德的事情。当，即值，遇到，面对。

让:谦让。

【解读】孔子说:“面对着仁德,即使是老师,也不能谦让。”

15.37 子曰:“君子贞而不谅。”

【诠释】孔子认为,君子“义以为上”,言行要坚守大道,不合于义的诺言,可以不必信守。

据《孔子家语·困誓》,孔子到卫国去,路经蒲地,正遇到公叔氏凭借蒲地背叛卫国,不让他们通过。孔子弟子中有个叫公良儒的,集合众人,准备与蒲人战斗。蒲人害怕了,说:“如果你们不去卫国,我们就放你们走。”于是蒲人与孔子订下盟誓,让他们从东门走了。孔子最后还是去了卫国。子贡说:“盟誓可以违背吗?”孔子说:“要我以盟,非义也。”他认为,受人威胁而订立的盟誓,是不合宜的,可以不必遵守。两者相互对照,我们可以更准确地理解孔子对“信”的看法。

贞:坚定,守正道。

谅:诚信。与《论语·宪问篇》“岂若匹夫匹妇之为谅也”的“谅”字意同。

【解读】孔子说:“君子要固守正道,而不应该无

**原则地守信用。”**

15.38　子曰：“事君，敬其事而后其食。”

**【诠释】**本章讲臣下侍奉君主的方法。孔子一向主张“敬事”，他提倡统治者要“敬事而信”（《论语·学而》）、“修己以敬”（《论语·宪问》），臣下侍奉君主要“事上也敬”（《论语·公冶长》），教导弟子要“执事敬”（《论语·子路》）、“事思敬”（《论语·季氏》），孔子认为这是治国安民的重要条件。

食：食禄，俸禄。

**【解读】孔子说：“事奉君主，要恭敬、严肃地办事，有了功德之后再谈论俸禄的事情。”**

15.39　子曰：“有教无类。”

**【诠释】**本章是孔子的教育主张。孔子认为，不论贵族子弟，还是其他任何阶层，都可以接受教育。为此，他广招门徒，不论贫富、贵贱，任何人都可以到他的门下受教育。他创办私学，打破了当时“学在官府”的局面，开创了中国古代私学的先例，这在中国教育史上具有划时代的意义。

类:等类,即有贫富贵贱的差别。

**【解读】**孔子说:"人人都可以接受教育,不分贫富、贵贱。"

15.40　子曰:"道不同,不相为谋。"

**【诠释】**本章论述孔子以"道"作为选择朋友的标准。在《论语》中,道有大小之分。大道即道术,学术;小道即方术,比如射、御等。这里的道应该是指大道,即:彼此的学术或主张不同就不值得互相谋事。

孔子对于志同道合的朋友是非常欢迎的,本章可以与《论语·学而》第一章"有朋自远方来,不亦乐乎"结合起来理解。

谋:谋划,谋事。与前面"谋道不谋食"中的"谋"意同。

**【解读】**孔子说:"如果彼此之间的道术不同,就不要在一起谋图事业。"

15.41　子曰:"辞达而已矣。"

**【诠释】**本章是孔子对文辞达意的见解。孔子历来不主张使用过于浮华的辞藻，认为辞以达意。《仪礼·聘礼》中记载“辞多则史，少则不达，辞苟足以达，义之至也”，正可作为本章的注解。

程树德《论语集释》引《群经义证》认为，本章是为当时邦交之辞而发。这样理解只是一个方面。儒学是修己安人之学，这里的“辞达”应该为修身的一种要求，只有做到“辞达”才能“束带立于朝，可使与宾客言”（《论语·公冶长》）。

**【解读】**孔子说：“言辞只要能表达意思就行了。”

15.42 师冕见，及阶，子曰：“阶也。”及席，子曰：“席也。”皆坐，子告之曰：“某在斯，某在斯。”师冕出。子张问曰：“与师言之道与？”子曰：“然，固相师之道也。”

**【诠释】**本章承接上章“辞达”之后，用具体的事例来说明相师之道，也体现了孔子对待残疾人的仁爱态度。古代的乐师一般是盲人，这里孔子对乐师冕，其言辞行为都非常得体，不仅显示了孔子的仁德思想，也显示了孔子对礼的践行。

师冕：乐师，名冕，古代的乐师一般是盲人。

某在斯：即列举在座之人告之于师冕。某，在这里应为通言。

固相师之道：本来就是帮助乐师的方式。固，本来，原来。相，帮助，辅导。

【解读】乐师冕来见孔子，走到台阶沿，孔子说："这儿是台阶。"走到坐席旁，孔子说："这是坐席。"等大家都坐下来，孔子告诉他说："某某在这里，某某在这里。"师冕走了以后，子张就问孔子："这就是与乐师谈话的方式吗？"孔子说："对，这本来就是帮助乐师的方式。"

# 季氏篇第十六

**【概说】**本篇共十四章。其中第十二、十三章有可能属于一章。其中记述孔子论述十章，孔子答问两章，其他两章，一章是教人修德，还有一章是说国君之妻的名称。篇名取首章中的前两字，季氏象征着权臣，取其无道之意，恰可以概括本篇大意。邢昺《论语义疏》说："此篇论天下无道，政在大夫。故孔子陈其正道，扬其衰失。称损益以教人，举《诗》、礼以训子。明君子之行，正夫人之名。"全篇围绕治国修身展开，具体论述了面对不同的政治形势应该怎么去做，提出了许多箴言性质的言论，并指出《诗》、礼的重要性。

本篇首章论述季氏将要讨伐颛臾的事情，反映了当时的"天下无道"。孔子通过一些治国的道理，揭示出季氏讨伐颛臾的目的。第二章承接前章，指出天下有道时礼乐的制作以及战争的决策都由天子来决定；天下无道，则由诸侯、大夫等来决定，再次反映了无道之世。第三章同样论述了王室衰微的无道之世。第四章到第十章（除第九章外）都在说一些规劝性质的言论，意在说明无道之时君子应该如何做到“邦有道，不废；邦无道，免于刑戮”（《论语·公冶长》）。第九章孔子把人分为生而知之、学而知之、困而知之、困而不学四个层次，意在劝学，论述只有通过不断学习，才能弥补天生资质的不同，也只有通过学习，才能实现所谓的“道”，以达到治理天下的目的。第十一章与第十二章主要论述了善与德、道，表现了儒家“贵德”的思想。第十三章主要通过陈亢与伯鱼的对话，反映了孔子对《诗》、礼的重视，以及孔子教育的毫无私心。第十四章体现了儒家讲究“正名”的思想，意在说明在无道之世应该明确等级名分，而不应该有僭越礼的行为。

16.1　季氏将伐颛臾。冉有、季路见于孔子曰：“季氏将有事于颛臾。”

孔子曰：“求！无乃尔是过与？夫颛臾，昔者先王以为东蒙主，且在邦域之中矣，是社稷之臣也。何以伐为？”

冉有曰：“夫子欲之，吾二臣者皆不欲也。”孔子曰：“求！周任有言曰：‘陈力就列，不能者止。’危而不持，颠而不扶，则将焉用彼相矣？且尔言过矣，虎兕出于柙，龟玉毁于椟中，是谁之过与？”

冉有曰：“今夫颛臾，固而近于费。今不取，后世必为子孙忧。”孔子曰：“求！君子疾夫舍曰欲之而必为之辞。丘也闻有国有家者，不患寡而患不均，不患贫而患不安。盖均无贫，和无寡，安无倾。夫如是，故远人不服，则修文德以来之。既来之，则安之。今由与求也，相夫子，远人不服，而不能来也；邦分崩离析，而不能守也；而谋动干戈于邦内。吾恐季孙之忧，不在颛臾，而在萧墙之内也。”

**【诠释】**本章孔子通过“季氏将伐颛臾”一事来训斥冉求和子路不能以大义阻止季氏专权征伐，同时也透露了当时“无义战”的社会现实。当时，季氏把持鲁国的政治，与鲁君有矛盾，颛臾为鲁国的附庸，而且“固而近于费”，季氏怕颛臾的存在对他是一种隐患，希望通过消除这种隐患来扩充自己的势力，所以要攻打颛臾，以强其势。

这可与下一章合起来理解。孔子反对不修德却一味地进行征伐。孔子说过“以不教民战，是谓弃之”(《论语·子路》)，《孔子家语》记载孔子针对冉有抵抗齐国时说战争中也有仁的体现，这里表现了孔子反对礼乐征伐自大夫出，反对不义的兼并战争，而且重点在反对礼乐征伐自大夫出，正好与下一章紧密相连。孔子生于乱世，他希望通过恢复古代的礼制而非用战争的方式来实现天下太平。

季氏：指季康子。

颛臾(zhuān yú)：为鲁国的附庸。据《左传》僖公二十一年，“任、宿、须句、颛臾，风姓也，实司大皞与有济之祀”。

有事：用兵。《左传》成公十三年有“国之大事，在祀与戎”。

东蒙：在今山东蒙阴县。

主：主持其祭祀。

且在邦域之中矣，是社稷之臣也：朱熹《论语集注》中认为，“社稷，犹云公家。是时四分鲁国，季氏取其二，孟孙、叔孙各有其一。独附庸之国尚为公臣，季氏又欲取以自益。故孔子言颛臾乃先王封国，则不可伐；在邦域之中，则不必伐；是社稷之臣，则非季氏所当伐也。”意思是说颛臾本来就是属于鲁国的疆域，为鲁国的臣属。

夫子：指季氏。

周任：古代的良史。

陈力就列，不能则止：拿出自己的才力，按才力担任相应的职位，如果不能胜任就要辞职。朱熹《论语集注》：“陈，布也。列，位也。”

相：扶持、辅佐。

虎兕(sì)出于柙(xiá)，龟玉毁于椟中，是谁之过与：老虎、犀牛(即害人的猛兽)从笼子里跑出来，龟甲、玉器(前者一般用于占卜，后者一般用于祭祀，指代重要的礼器)在匣子里毁坏了，这是谁的过错呢？兕，犀牛。柙，用以关押野兽的木笼。椟，匣子。

固而近于费(bì)：固，城郭完整坚固。费，季氏之私邑。

不患寡而患不均，不患贫而患不安：此句历来学者都有争议，认为寡与贫应该易位，和下面的"均无贫，和无寡"相对应。程树德认为原文没有问题。定州汉墓竹简《论语》亦为"不患贫而患不安"，今从竹简本。朱熹《论语集注》中认为："寡，谓民少。贫，谓财乏。均，谓各得其分。安，谓上下相安。季氏之欲取颛臾，患寡与贫耳。然是时季氏据国，而鲁公无民，则不均矣。君弱臣强，互生嫌隙，则不安矣。"即，不怕人民少，而怕分配不均；不怕财富匮乏，而怕不安定。

萧墙之内：朱熹《论语集注》认为，"萧墙，屏也"。《说文解字》："墙，垣蔽也。"萧墙即屏风，唯人君所有，人臣至此屏风，便会肃然起敬。

**【解读】季氏将要讨伐颛臾。冉有、子路去见孔子说："季氏快要攻打颛臾了。"孔子说："冉求，这不就**

是你的过错吗？颛臾，过去先王曾让其主持东蒙的祭祀，而且已经在鲁国的疆域之内，是鲁国的臣属，为什么要讨伐它呢？”

冉有说：“季孙大夫想去攻打，我们两个人都不想。”孔子说：“冉求！周任有句话说：‘尽自己的才力去担当相应的职务，实在不能胜任就辞职。’有了危险不去帮助，跌倒了不去搀扶，那还用辅助的人干什么呢？而且你说的话错了。老虎、犀牛从笼子里跑出来，龟甲、玉器在匣子里毁坏了，这是谁的过错呢？”

冉有说：“现在颛臾城墙坚固，而且离费邑很近。现在不把它夺取过来，将来一定会成为子孙的忧患。”孔子说：“冉求！君子痛恨那种不肯说自己想要那样做而又一定要找出理由为之辩解的做法。我听说，对于诸侯和大夫，不怕财富少，而怕分配不均；不怕人民少，而怕不安定。大概分配平均了，也就没有所谓贫穷；大家和睦，就不会感到人民少；安定了，也就没有倾覆的危险了。如果做到这样，远方的人还不归服，就用修治仁义礼乐的政教招来他们；他们来了，就让他们安定下来。现在，仲由和冉求你们两个人辅助季氏，远方的人不归服，而不能招徕他们；国内民心离散，你们不能保全，反而策划在国内使用武力。我只怕季孙的忧患不在颛臾，而是在自己的内部呢！”

16.2 孔子曰：“天下有道，则礼乐征伐自天子出；天下无道，则礼乐征伐自诸侯出。自诸侯出，盖十世希不失矣；自大夫出，五世希不失矣；陪臣执国命，三世希不失矣。天下有道，则政不在大夫。天下有道，则庶人不议。”

【诠释】本章论述了国家政治得失的道理。孔子生于乱世，希望通过恢复礼制来实现治理社会的目的。礼乐并非每个人都能够制作的，“非天子不议礼，不制度，不考文”；“虽有其位，苟无其德，不敢作礼乐焉；虽有其德，苟无其位，亦不敢作礼乐焉”（《礼记·中庸》）。即制礼作乐者，必为德位兼备之人。如果大权落入诸侯、大夫、陪臣手中，则就会引起动乱，就会出现无道的局面。本章意在表达天下有道，天子制礼作乐，决定战争的征伐。如果天下无道，诸侯、大夫、陪臣虽僭其位，但却不会长久。

自诸侯出，盖十世希不失矣：礼乐征伐由诸侯决定，大概传到十世，很少有不失掉的。希，同“稀”，即稀少。

陪臣执国命：陪臣，即家臣，意为大夫的家臣把持国家政权。

**【解读】**孔子说："天下有道，制礼作乐和出兵打仗都由天子决定；天下无道，制作礼乐和出兵打仗，由诸侯决定。由诸侯决定，大概传到十世很少有不失掉的；由大夫决定，传到五代很少有不失掉的；由家臣把持国家政权，传到三代很少有不失掉的。天下有道，国家政权就不会落在大夫手中。天下有道，老百姓也就不会对国家政治议论纷纷。"

16.3　孔子曰："禄之去公室五世矣，政逮于大夫四世矣，故夫三桓之子孙微矣。"

**【诠释】**本章承接第一、二章，为孔子论述无道之世的言论。这里使用鲁三桓的事例来说明礼乐征伐自大夫出的后果：即礼乐征伐自大夫出"五世希不失矣"。借助"三桓之子孙微矣"来暗示季氏家臣阳虎执国命的趋势。总之，孔子通过说明鲁国的政治形势来反映无道之世。

五世：朱熹《论语集注》认为："鲁自文公薨，公子遂杀子赤，立宣公，而君失其政。历成、襄、昭、定，凡五公。"毛奇龄《论语稽求篇》认为，五世到孔子说此话时，即宣、成、襄、昭、定五公，四世到孔子说此话时即文、武、平、桓，程树德亦赞同此说。

禄：爵禄赏罚等权利。

去：离开。

**【解读】**孔子说："鲁国国君失去爵禄赏罚的权力已经有五代了，政权落到大夫之手已经四代了，所以三桓的子孙也衰微了。"

16.4　孔子曰："益者三友，损者三友。友直，友谅，友多闻，益矣。友便辟，友善柔，友便佞，损矣。"

**【诠释】**本章至第十章都是含有箴言性质的规诫。本章讲有德的人或执政大夫应该做到的三个选择朋友的标准和三个注意的事项，指出有益与有害的朋友的不同，意在告诫如何交友以及交什么样的朋友。《论语·学而》第八章孔子曾说道："勿友不如己者"，可以与此章结合起来理解。

谅：根据《说文解字》："谅，信也"。

便辟：辟通"僻"，即善于走邪道，善于阿谀奉承。

善柔：善于和颜悦色骗人。

便佞：惯于花言巧语。

**【解读】**孔子说："使人受益的朋友有三种，使人受害的朋友也有三种。同正直的人交友，同诚信的人交友，同见闻广博的人交友，这些是有益的。同善于走邪道的人交朋友，同善于装出和颜悦色骗人的人交朋友，同善于花言巧语的人交朋友，这些是有害的。”

16.5 孔子曰：“益者三乐，损者三乐。乐节礼乐，乐道人之善，乐多贤友，益矣。乐骄乐，乐佚游，乐晏乐，损矣。”

**【诠释】**本章说人的快乐的不同，意在导人以礼乐，称道扬善，多交贤友。

节礼乐：程树德《论语集释》引黄式三《论语后案》：“乐节礼乐，谓心之失中和者，节以礼之中，乐之和也。”即，用礼乐来调节自身，以达到中和。

骄乐：应为骄肆之乐。我们知道孔子非常重视礼乐，在《论语·泰伯》第八章中，孔子说：“兴于诗，立于礼，成于乐。”孔子在此将其作为“损者三乐”之一，旨在教育人们应该忌骄肆之乐。

佚游：佚同“逸”，即游荡。

晏乐：《汉书·成帝纪》引作“乐燕乐”，言燕私之乐也。这里可以引申为饮酒作乐。

**【解读】**孔子说：“有益的快乐有三种，有害的快乐有三种。以礼乐调节自己为快乐，以称道别人的好处为快乐，以有许多贤德之友为快乐，这是有益的。以骄肆之乐为快乐，以游荡为快乐，以饮酒作乐为快乐，这是有害的。”

16.6　孔子曰：“侍于君子有三愆：言未及之而言谓之躁，言及之而不言谓之隐，未见颜色而言谓之瞽。”

**【诠释】**本章孔子强调与君子一起说话时一定要选择适当的时机，否则就会出现过失。《论语·卫灵公》中曾记有孔子类似的言论：“可与言而不与之言，失人；不可与言而与言，失言。知者不失人，亦不失言。”可以作为本章的注脚。

愆(qiān)：过失。

躁：急躁，浮躁。《荀子·劝学篇》有：“未可与言而言谓之傲。”《盐铁论·孝养篇》也说：“言不及而言者，傲也。”与之义同。

瞽(gǔ)：指盲人。

**【解读】**孔子说：“侍奉在君子旁边，要注意避免犯三种过失：还没有轮到你的时候就说话，这是急躁；已经轮到你的时候你却不说，这叫隐瞒；不看君子的脸色而贸然说话，这是瞎子。”

16.7　孔子曰：“君子有三戒：少之时，血气未定，戒之在色；及其壮也，血气方刚，戒之在斗；及其老也，血气既衰，戒之在得。”

**【诠释】**本章指出君子在不同时期应该戒除的三件事。孔子根据人在年轻、壮年及老年时的不同特点，提出三戒，从而指出君子应该注意的问题。据程树德《论语集释》所引，前人有云：“孔子不言养气，然三戒即养气之法，戒色则养其元气，戒斗则养其和气，戒得则养其正气。”三戒的目的同样可以理解为修身。

**【解读】**孔子说：“君子有三种事情应引以为戒：年少的时候，血气还不成熟，要戒除迷恋女色；等到壮年的时候，血气正旺盛，要戒除与人争斗；等到老年，血气已经衰弱了，要戒除贪得无厌。”

16.8　孔子曰：“君子有三畏：畏天命，畏大人，畏圣人之言。小人不知天命而不畏也，狎大人，侮圣人之言。”

**【诠释】**本章主要论述君子与小人对天命、大人、圣人之言的不同态度。《卫灵公》篇谈到孔子对于性命不是不言及，而是弟子们并不容易理解。《为政》篇中记有孔子这样的言语：“五十而知天命”，“天命“即天道运行的规律，即认识问题深刻，了解社会、人生的基本规则。

这里的大人，很有可能是指身居高位的人。孔子心中的圣人，一般是指有德之人。

**【解读】**孔子说："君子敬畏三件事：敬畏天命，敬畏地位高贵的人，敬畏圣人的话。小人不懂得天命，因而也不敬畏，不尊重地位高贵的人，轻侮圣人之言。"

16.9　孔子曰："生而知之者上也；学而知之者次也；困而学之，又其次也；困而不学，民斯为下矣。"

**【诠释】**在本章中，孔子把人分为生而知之、学而知之、困而知之、困而不学四个层次，意在劝学。《中庸》记"或生而知之，或学而知之，或困而知之，及其知之一也"，可以与本章结合起来理解。

**【解读】**孔子说："生来就知道的人，是上等人；经过学习以后才知道的，是次一等的人；在实践中遇到困难再去学习的，是又次一等的人；遇到困难还不学习的人，这种人就是下等人了。"

16.10　孔子曰："君子有九思：视思明，听思聪，色思温，貌思恭，言思忠，事思敬，疑思问，忿思难，见得思义。"

【诠释】本章说君子有九种要考虑的事情，其实已经包含了人的言行举止、个人修养等方方面面的内容，如温、恭、忠、敬、义、礼、智等等，这些均为孔子道德修养学说的组成部分。孔子通过提出这九种要考虑的事情来要求自己和学生认真考虑自己的一言一行，从点滴做起，以期达到修身的目的。

【解读】孔子说："君子有九种要考虑的事情：看的时候要考虑是否看得明白，听的时候要考虑是否听得清楚，自己的脸色要考虑是否温和，容貌要考虑是否谦恭，说话的时候要考虑是否忠诚，办事情的时候要考虑是否谨慎恭敬，遇到疑问要考虑怎么向别人询问，生气的时候要考虑是否有忧患，有所获得的时候要考虑是否合乎道义的标准。"

16.11　孔子曰："见善如不及，见不善如探汤。吾见其人矣，吾闻其语矣。隐居以求其志，行义以达其道。吾闻其语矣，未见其人也。"

【诠释】本章涉及"善"与"志"、"道"等重要论题。孔子指出"见善思齐"的人是存在的，然而却没有见到通过隐居来践行自己的理想，依照义来实现其道的人。《论语·里仁》篇中记"见贤思齐焉，见不贤而内自省也”,可以与本章结合起来理解。

对于“隐居以求其志,行义以达其道”,孔子说听过这样的话,却没见过这样的人,体现了孔子对道的追求。

探汤:把手伸进热水。探,动词,伸。汤,热水,和成语“扬汤止沸”之“汤”意同。

**【解读】**孔子说:“看到善良的行为,就像赶不上似的;看到不善良的行动,就好像把手伸到开水中一样赶快避开。我见过这样的人,也听过这样的话。以隐居避世来求保全自己的志向,依照义而实现自己的主张。我听过这种话,却没有见过这样的人。”

16.12 齐景公有马千驷,死之日,民无德而称焉。伯夷、叔齐饿于首阳之下,民到于今称之。其斯之谓与?

**【诠释】**本章很有可能属于前章的一部分。最后一句“其斯之谓与”,一般是在说话的最后,这里没有表示主语和谓语的“子曰”之类,而且仔细看来,本章的确与前章有关系。前面说“见善如不及,见不善如探汤”很可能是指的齐景公,他在夹谷之会对待孔子、对待流亡的鲁君等问题上都没有表现出从善如流的一面。后面说的隐者恰恰可能是伯夷、叔齐,隐居是为了躲避君位,躲避他们认为不义的周武王,此后不食周粟而死,正是为了大义而死,孔子没有机会见到他们。本章通过齐景公和伯夷、叔齐的对比来赞美“德”。前者是一个国君,后者是两个逸民,前者反不如后者,说明了执政者应该修明仁德,同时也体现了“贵德”的思想。齐景公富而无德,所以后世没有什么德行可以称许他的;而伯夷、叔齐贫而有德,因此能够流芳百世。

千驷:四千匹马。

伯夷、叔齐:据《史记》记载,两位都为孤竹君的儿子,其父死,互相让位而逃到周文王那里,曾劝阻武王伐纣。周武王统一天下后,他们以食周粟为耻,后饿死于首阳山。

首阳:山名。程树德说:“《说文》谓首阳山在辽西,即近时永平府孤竹国之遗(殷)墟。诸说互歧,当以赵氏所言为得其实。”近是。

**【解读】齐景公有马四千匹,死的时候,百姓们觉得他没有什么德行可以称颂的。伯夷、叔齐饿死在首阳山下,百姓们到现在还在称颂他们。大概就是这个意思吧。**

16.13 陈亢问于伯鱼曰:“子亦有异闻乎?”对曰:“未

也。尝独立，鲤趋而过庭。曰：‘学《诗》乎？’对曰：‘未也。’‘不学《诗》，无以言。’鲤退而学《诗》。他日又独立，鲤趋而过庭。曰：‘学《礼》乎？’对曰：‘未也。’‘不学《礼》，无以立。’鲤退而学《礼》。闻斯二者。”陈亢退而喜曰：“问一得三。闻《诗》，闻《礼》，又闻君子之远其子也。”

**【诠释】**本章主要论述了《诗》与《礼》的重要性，并且表现了孔子“远其子”的“君子”之风。鲁大夫孟僖子死前让儿子向孔子学习礼，说明一个执政大夫学习礼的重要性。在那时，为政治国尤其是外交活动中常用赋诗来表达自己的意思，或反驳他人的观点。学《诗》是孔子教学的基本内容，也是重要内容，学《诗》可以陶冶情操，对于提高表达能力有重要作用。本章可与《泰伯》第八章孔子之语“兴于《诗》，立于《礼》，成于《乐》”对读。

陈亢（gāng）：即陈子禽。

伯鱼：孔子的儿子，即孔鲤，伯鱼为他的字，先孔子而卒。

异闻：这里指不同于对其他学生所讲的内容。

闻：在此应和“夫子之文章可得而闻也”中的“闻”意思相同，含有“知闻”、“智（知）”之意。

远：不亲近，不偏爱。

【解读】陈亢问伯鱼："你在老师那里听到过特别的教诲吗？"伯鱼回答说："没有呀。有一次他独自站在堂上，我快步从庭中走过，他说：'学《诗》了吗？'我回答说：'没有。'他说：'不学《诗》，说话就不会得体。'我回去就学《诗》。又有一天，他又独自站在堂上，我快步从庭中走过，他说：'学《礼》了吗？'我回答说：'没有。'他说：'不学《礼》，就不懂得怎样立身。'我回去就学《礼》。我就听到过这两件事。"陈亢回去高兴地说："我提一个问题，得到三方面的收获，知道了关于《诗》的道理，知道了关于《礼》的道理，又知道了君子不偏爱自己儿子的道理。"

16.14　邦君之妻，君称之曰夫人，夫人自称曰小童；邦人称之曰君夫人，称诸异邦曰寡小君；异邦人称之亦曰君夫人。

【诠释】本章主要谈论了邦君之妻的称谓。孔子十分重视礼，而且非常讲究名正言顺，在此很有可能是通过论述邦君之妻的称谓，来维护等级名分，以期能够恢复礼制。

本章显得比较突兀,显得没头没尾。因此,有人便怀疑此章为后人所加,例如梁启超就曾怀疑此章为后人见竹简有空白处,任意附记他事而成。程树德《论语集释》也曾提到,但他考证后指出,当时书写《论语》的竹简不过八寸,短者一章一简,长者一章数简,不可能有很多的空白书写这么多字。另外,此章亦见于《古论》、《鲁论》,不可能为后世所加。

**【解读】国君的妻子,国君称之为夫人,夫人自称为小童,国人称之为君夫人,对他国人讲则称为寡小君,他国人也称之为君夫人。**

# 阳货篇第十七

**【概说】**本篇为《论语》第十七篇，共二十六章。何晏《论语集解》将第二、三章以及第九、十章各合并为一章，所以有的版本厘定为二十四章。

本篇以“阳货”为题，隐含了孔子对学与仕的看法，可以理解为全篇的基调所在。第二章到第四章，主要谈的是天性和后天教化的关系。第五章到第八章将人的品德修养作为重心。第九章到第十一章说明了《诗》和礼乐在修身中的重要作用。从第十二章开始，《论语》把小人和君子并列起来，通过比较说明了修身的目的在于使人成为君子，早期儒家认为，培养一个人的道德修养永远比谋生的技巧更重要，即“君子谋道不谋食”，从而回归了本篇的主题。

在本篇中，孔子对修身和教化百姓提出了一些观点，体现了孔子在治理国家时重教化的思想。正是由于要"学而优则仕",正是由于教化百姓对于执政如此重要,所以,人们必须要修身,要改造自己成为君子,要以身作则,要重视礼乐的教化作用。

值得注意的是,在本篇后半部分中,"君子"与"小人"成了孔门师徒言谈中的主要内容。古人所谓的君子不外两种理解,一种是有统治地位的"大人",另一种就是有德行的人。小人的概念正与君子相对。本篇在一开始就说明了人生来都具有相似的性情,然而后天的教化使得人们的性情发生了变化,但是,只有上等的智人和下等的愚人是不会被教化的。而上等的智人,也就是所谓"生而知之"的人是不存在的,因此,只有那些"困而不学"的小人才是执政者最头疼的隐患。归根到底,修身和从政的辩证关系是具有十分重要的意义的。

从以上两个方面,我们可以发现本篇的编排是《论语》编者有意为之。此外,我们还应该注意到,本篇第一、五、七章是同类型的故事,这种编排也应当体现了《论语》编纂者的编撰理念。

17.1 阳货欲见孔子,孔子不见,归孔子豚。

孔子时其亡也,而往拜之,遇诸涂。谓孔子曰:"来!予与尔言。"曰:"怀其宝而迷其邦,可谓仁乎?"曰:"不可。""好从事而亟失时,可谓知乎?"曰:"不可。""日月逝矣!岁不我与！”孔子曰：“诺，吾将仕矣！”

**【诠释】**本章表现了孔子对参政的态度，也通过阳货“怀其宝而迷其邦”不可谓“仁”的观点，说明了学习是从政的基础的思想已经被当时部分士君子所接受。

阳货：即阳虎。鲁国季孙氏的家臣。春秋时期，礼崩乐坏，在诸侯国中出现了“陪臣执国命”的情况，阳货就是代表人物。他曾经一度通过掌控鲁国执政卿季孙氏的家事而干预国政，后来又阴谋作乱，失败后逃奔晋国。本章所叙述的事情大约发生于阳货掌管季孙氏家政之时。

归：馈赠。郑本作“馈”，程树德《论语集释》引《四书释地》认为“归”应为“馈”。

时：当为“待”，意思是等待，伺机而动。程树德《论语集释》引《韩李笔解》认为“时”当为“待”。《孟子·滕文公下》：“阳货欲见孔子，而恶无礼。大夫有赐于士，不得受于其家，则往拜其门。阳货瞰孔子之亡也，而馈孔子蒸豚。孔子亦瞰其亡也，而往拜之。当是时，阳货先，岂得不见！”阳货本不是大夫，但是他实际上掌握着鲁国国政，没有大夫之名而有大夫之实，因此，按照礼制，阳货在孔子不在家的时候赠送孔子一只小猪，孔子必须登门拜谢。然而孔子并不喜欢阳货，于是选择阳货不在家的时候去拜谢。

涂:即“途”,道路。

怀其宝而迷其邦:此句以及后面的几句问答都是阳货自问自答,可参见毛奇龄《论语稽求篇》和俞樾《古书疑义举例》卷二。《韩诗外传》:“怀其宝而迷其国者,不可与语仁。”怀其宝,指的是孔子藏身不仕。《吕览》:“啬其大宝。”有注云:“大宝,身也。”

亟(qì):屡次。

**【解读】** 阳货想让孔子来见他,而孔子不愿和他相见,于是,阳货就赠送给孔子一头小蒸猪。孔子也趁阳货不在家的时候,前往他家去拜谢他,却不料在半路上遇见了阳货。阳货说:“来!我跟你说几句话。”阳货问:“自己有学问,却藏身不参与国家政事的管理,任凭国家的政治混乱,可以算是有仁德的人吗?”阳货自问自答地说:“不可以。”又问:“一个有学问的人希望做官参与政事,但是却屡次错过机会,可以称得上是一个有智慧的人吗?”阳货自问自答地说:“不可以。”最后,阳货又劝孔子说:“时间在流逝,一旦错过就不再属于你了。”孔子回答说:“好吧,我将要出仕。”

17.2 子曰:“性相近也,习相远也。”

**【诠释】**此章体现了孔子性命学说的一个侧面，他认为人的本性更多地受后天学习和实践的影响。“习性”思想自古有之，如《尚书·太甲》说：“兹乃不义，习与性成。”《逸周书·常训》：“天有常性，人有常顺。顺在可变，性在不改。不改可因，因在好恶。好恶生变，变习生常。”都认为后天的习染可以影响人的性情，所以人要注意修养自己的德性。孔子还说过：“少年若天性，习贯之为常。”（《大戴礼记·保傅》）郭店楚墓竹简《性自命出》中也有“习也者，有以习其性也”、“养性者，习也”等说法，都注重对人性的后天培养教化。此章位列本篇第二，说明了后天教化对于培养将来参政执政能力的重要意义。

**【解读】**孔子说：“人的性情本来是相近的，只是后天的学习才导致人与人之间的差距逐渐变大。”

17.3　子曰：“唯上知与下愚不移。”

**【诠释】**本章与上一章密切相连，谈“上知”和“下愚”这两种人不会有大的改变。

上知、下愚：知，同“智”。关于什么是“上知”，什么是“下愚”，在《汉书·古今人表》中有解释：“可与为善，不可与为恶，是谓上智……可与为恶，不可与为善，是谓下愚……可与为善，可与为恶，是谓中人。”而孙星衍在《问字堂集》中则说：“上知谓生而知之，下愚谓困而不学。”后者似乎更适合本章的语境。

**【解读】**孔子说：“只有上等的智人和下等的愚人不会因后天的学习而改变。”

17.4　子之武城，闻弦歌之声。夫子莞尔而笑，曰：“割鸡焉用牛刀？”子游对曰：“昔者偃也闻诸夫子曰：‘君子学道则爱人，小人学道则易使也。’”子曰：“二三子！偃之言是也。前言戏之耳！”

**【诠释】**孔子来到武城，看到子游用《诗》、《书》、礼、乐之类教化百姓，所以才有此感叹。从思想上看，这一章上承前面的内容，意思是除了“上知”和“下愚”不能被教化之外，不论是君子还是小人，都可以通过学习“道”来达到被教化、被改变的目的。这种施以教化以便政令通达、提高执政效率的方法同样也适用于治理整个天下。这里的“道”指的是存在于礼乐制度、文化中的先王之道。

弦歌：古人以《诗》配乐，所以这里指弹琴、瑟并歌唱《诗》，说明人民接受了礼乐的教化。

莞(wǎn)尔:形容微笑的样子。

子游:孔子学生,姓言,名偃,以“文学”为孔子所称道。

君子、小人:这里的君子和小人指的是执政者和平民百姓。

**【解读】**孔子去武城,听到了弹琴、瑟并歌唱《诗》的声音。孔子微笑着说:“杀鸡哪里要用杀牛的刀呢?”子游回答说:“过去我听老师您说:‘执政者学了礼乐制度和文化就会具有仁爱之心,百姓学了这些也会变得容易听从政令。’”孔子说:“学生们!子游的话是对的。我前面说的话是和子游开玩笑而已!”

17.5　公山弗扰以费畔,召,子欲往。子路不说,曰:“末之也已,何必公山氏之之也?”曰:“夫召我者,而岂徒哉?如有用我者,吾其为东周乎!”

**【诠释】**公山弗扰,《左传》作公山不狃。《左传》定公十二年记有公山不狃叛鲁,然而却不见有召孔子的记载。赵翼、崔述等怀疑此章不可靠,刘宝楠等则认为不应以《左传》怀疑《论语》。《史记·孔子世家》记公山不狃因为得不到季孙氏的信任,因此联合阳虎发动叛乱。当时,“孔子循道弥久,温温无所试,莫能己用,曰:‘盖周文武起丰镐而王，今费虽小，傥庶几乎！'欲往"。刘宝楠据此认为公山氏叛乱用强公家、弱三桓的说法来争取民心。

当然，孔子"欲往"未必就是去帮助叛逆之臣。子路当时任季孙家臣，他不理解孔子的做法。孔子用"如有用我者，吾其为东周乎"的话来表明心志。不过，孔子最后还是没有去投靠公山弗扰。其后，孔子为中都宰，一年之后为司空，由司空而为大司寇。鲁国"堕三都"时，孔子还下令军队反击背叛的公山弗扰。

费：地名，季孙氏的封邑，在今山东省费县西北。

说：同"悦"。

何必公山氏之之也：前一个"之"是主谓之间取消句子独立性的助词，后一个"之"是动词"去"的意思。

夫召我者，而岂徒哉：夫，发语词。召我者，指公山弗扰。而，顺承语气的助词。岂，难道。徒，白白地。

吾其为东周乎：关于这句话，传统上有两种解释：其一，何晏《论语集解》、朱熹《论语集注》认为，孔子是欲行周道于东方。其二，孙奕《示儿篇》、杨慎《升庵全集》以及程树德《论语集释》均认为，当时东周处于衰乱之世，孔子欲实现其王道理想，是不可能赞成东周那样礼崩乐坏的社会的。后一种说法较为合理。其，刘宝楠以为同"岂"，意思是"不为"。

**【解读】**公山弗扰在费邑反叛季氏，召孔子前往，孔子想去。子路不高兴地说："没有地方可去，就哪里也不要去了，为什么非要去叛乱的公山氏那里呢？"孔子回答说："那个召我去的人，难道是白白地召我去吗？如果有人任用我，我至少不会把它建设成东周那样的'礼崩乐坏'的社会！"

17.6　子张问仁于孔子。孔子曰："能行五者于天下为仁矣。""请问之。"曰："恭、宽、信、敏、惠。恭则不侮，宽则得众，信则人任焉，敏则有功，惠则足以使人。"

**【诠释】**程树德认为此章是《齐论》中的两个《子张》中的某一章节，"错简在此"。崔述则认为此章与《论语》中别的弟子问孔子的篇章结构不同，是后人伪造。

通观本篇，前一章是孔子对公山弗扰在费邑造反并招降纳叛的事件的反应；后一章则是孔子对佛肸以中牟叛晋的反应。本章在这两章中间确实有些不协调，但是，程树德的观点也未必完全正确。本章是在谈具有"恭、宽、信、敏、惠"这五种品格的人只要以身作则，就能获得人们的认可，从政也容易出成绩，从而被认为是有仁德和才能的君子。可见，本章与本篇其他章探讨的修身与教化的主题是一致的，所以本章究竟是不是"错简”是不能轻易下结论的。

**【解读】**子张问孔子什么是具有仁德的人。孔子回答说：“能够按照五个方面做的人，对于天下人来说就算是具有仁德的人了。”子张说：“能不能详细地谈谈这五个方面？”孔子回答说：“行为谦恭、待人宽厚、为人有信、做事勤敏、对平民百姓多施恩惠。行为谦恭就不会受到侮辱；待人宽厚就能得到民心；为人有信就能被别人信任，进而得到任命；做事勤敏就会有功劳；对平民百姓多施恩惠就足可以轻易地使唤百姓，进而使政令通畅。”

17.7　佛肸召，子欲往。子路曰：“昔者由也闻诸夫子曰：‘亲于其身为不善者，君子不入也。’佛肸以中牟畔，子之往也，如之何？”子曰：“然，有是言也。不曰坚乎，磨而不磷；不曰白乎，涅而不缁。吾岂匏瓜也哉？焉能系而不食？”

**【诠释】**本章所记载的事件发生在晋国的赵简子与范中行两家执政大夫发生争斗之时，发生在“公山弗扰以费畔”之后。本章主旨类似于本篇第五章。

佛(bì)肸(xī)：晋国大夫范氏的家臣。

中牟(mù)：地名，位于晋国北部边境。

磷：薄。

涅而不缁：染而不黑。涅，黑色染料，这里引申为用黑色染料染色。缁，黑色。

匏(páo)瓜：葫芦的一种。有甘、苦两个种类，前者可食用，后者可以做瓢或掏空系于腰间用于渡水。

**【解读】**佛肸背叛晋国，召孔子前往，孔子想去。子路说："过去我听老师您说过：'亲自做坏事的人那里，君子是不去的。'现在佛肸盘踞中牟背叛晋国，而老师您想去，您为什么这么做呢？"孔子说："是的，我是说过这样的话。但不是说那些极其坚硬的东西，不论怎么磨也磨不薄吗？不是说那些洁白的东西，不论怎么用黑色的染料染色也不会变黑吗？我难道是一个匏瓜吗？只能系在藤上而不能食用吗？"

17.8　子曰："由也，女闻六言六蔽矣乎？"对曰："未也。"曰："居！吾语女。好仁不好学，其蔽也愚。好知不好学，其蔽也荡。好信不好学，其蔽也贼。好直不好学，其蔽也绞。好勇不好学，其蔽也乱。好刚不好学，其蔽也狂。"

**【诠释】**此章孔子讲述了六种"蔽"与学习之间的辩证关系，说明学习是改造自己，使自己成为君子的必由之路。如果扩展来看，则该章与《礼记·经解》的"六经之教"似有可以对读之处，且此后几章也涉及《诗》和礼乐。

蔽：同“弊”，弊病，害处。

贼：伤害。

绞：说话尖刻。

**【解读】**孔子说：“仲由，你听说过喜欢六种美德之人，由于不喜欢学习，就要被六种害处所遮蔽的道理吗？”子路回答说：“没有听说过。”孔子说：“坐下来！我来告诉你。喜好仁德却不好学，它的害处在于会使你容易受骗。喜好智慧却不好学，它的害处在于会使你变得放荡。喜好诚实却不好学，它的害处在于会使你伤害自己。喜好直率却不好学，它的害处在于会使你说话尖刻。喜好勇敢却不好学，它的害处在于会使你容易叛逆。喜好刚强却不好学，它的害处在于会使你变得狂妄。”

17.9 子曰：“小子何莫学夫《诗》？《诗》可以兴，可以观，可以群，可以怨。迩之事父，远之事君；多识于鸟兽草木之名。”

**【诠释】**本章孔子讲述《诗》的功能，体现了学《诗》的重要性。《诗》是当时贵族必须要学习的课程之一。孔子说：“温柔敦厚，诗教也。”（《礼记·经解》）又说：“不学

《诗》,无以言。”(《论语·季氏》)这里孔子解释学习《诗》的用途,表达了他对《诗》教作用的重视。

迩(ěr):近。

**【解读】**孔子说:“学生们为什么不学《诗》?《诗》可以激发人的感情,可以洞悉人的内心,可以促进人的团结,可以学得讽刺的方法。近到可以明白如何侍奉父母,远到可以明白如何侍奉君主;还可以多认识一些鸟兽草木的名字。”

17.10　子谓伯鱼曰:“女为《周南》、《召南》矣乎?人而不为《周南》、《召南》,其犹正墙面而立也与?”

**【诠释】**本章上承前章,同样强调《诗》的教化作用。

伯鱼:孔子的儿子,名鲤,字伯鱼。相传孔子得子的时候,鲁国国君赠给他一条鲤鱼作为贺礼,孔鲤就是因此得名。

《周南》、《召(shào)南》:《诗经》中“十五国风”的前两部分,这里的意思是,连《诗经》的这两篇都没有学习过,就跟面对墙壁徒然站立一样。

**【解读】**孔子对伯鱼说:“你学过《周南》、《召南》了吗?人如果连《周南》、《召南》都没有学过,那就好像面对墙壁傻站着一样。”

17.11 子曰："礼云礼云，玉帛云乎哉！乐云乐云，钟鼓云乎哉！"

**【诠释】**此章是孔子感叹当时社会的礼乐已经徒具形式而已。《荀子·大略》中说："《聘礼》志曰：'币厚则伤德，财侈则殄礼。'礼云礼云，玉帛云乎哉！《诗》曰：'物其指矣，唯其偕矣。'不时宜，不敬文，不欢欣，虽指，非礼也。"说明礼、乐重在"和"，而不在所使用的物品的贵重。

**【解读】**孔子说："礼啊礼啊，难道仅仅指的是玉帛之类的礼物吗！乐啊乐啊，难道仅是指钟鼓之类的乐器吗！"

17.12 子曰："色厉而内荏，譬诸小人，其犹穿窬之盗也与？"

**【诠释】**从此章开始，所阐述的重点回到了修身，开始通过小人与君子的对比来说明修身的重要性。另外，本章所谓的"小人"是侧重于道德范畴的。

荏(rěn)：软弱。

穿窬(yú)：挖洞。

**【解读】**孔子说："外表严厉而内心软弱的人，用小人来打比方，大概就像钻洞爬墙的小偷一样吧！"

17.13 子曰："乡原，德之贼也。"

**【诠释】**本章强调做老好人其实并非君子所应为。

乡原：就是全乡之人都视为好人的人。这些人往往为了获得好名声而不分是非，到处讨好。这种人看似好像在实践中庸之道，然而实际上往往是混淆是非的老好人，所以孔子批判他们。

**【解读】**孔子说："全乡的人都夸奖的好好先生，是道德的祸害。"

17.14 子曰："道听而途说，德之弃也！"

**【诠释】**本章与前面一章联系紧密，而且句式相似，大概与上一章原本属于同一章。这是孔子在告诫时人要把事实搞清楚了再说。

**【解读】**孔子说："道听途说的行为，是应该被有道德之人所遗弃的！"

17.15 子曰："鄙夫可与事君也与哉？其未得之也，患得之；既得之，患失之。苟患失之，无所不至矣。”

【诠释】本章是孔子在警戒世人的得失之心不能太重，患得患失就会丧失道德。特别是参与政治之人，更应该加强自身的修养。这与前面几章合起来更容易理解。

【解读】孔子说："卑鄙恶劣的小人可以与之一同侍奉君主吗？这些人对没有得到的利益，总是唯恐得不到；对于得到的利益，又总害怕失去。如果这样患得患失，就没有什么行为是他们做不出来的。"

17.16 子曰："古者民有三疾，今也或是之亡也。古之狂也肆，今之狂也荡；古之矜也廉，今之矜也忿戾；古之愚也直，今之愚也诈而已矣。"

【诠释】本章上承前一章，继续谈论与道德有关的问题。本章是孔子将上古三代之人的缺点与当时的人相比较，来说明时人道德观念之浅薄。以此强调了道德教化对百姓、对社会生活的必要性。

疾：病。这里引申为缺点。

矜也廉：骄傲而不能触怒。廉，本义为器物的棱角，这里引申为不可触犯。

忿戾：蛮横无理。

**【解读】**孔子说："古代的人有三种缺点，现在的人却或者连这三种缺点都没有了，进而是更为厉害的三种毛病。古代狂妄的人只不过是不拘小节，现在狂妄的人却是放荡无礼；古代矜持的人只是棱角太锋利使人不能触犯，现在的矜持的人却蛮横无理；古代愚笨的人显得十分直率，现在愚笨的人只不过是为了欺骗别人。"

17.17　子曰："巧言令色，鲜矣仁。"

**【诠释】**此章又见于《论语·学而》第三章。在这里再次出现，是因为与前、后章有内在的逻辑联系，尤其是与下一章的联系更加明显。

令：美好。

鲜(xiǎn)：很少。

**【解读】**孔子说："一边花言巧语一边保持满脸和善之色，这样的人几乎是没有仁德的。"

17.18　子曰："恶紫之夺朱也，恶郑声之乱雅乐也，恶利口之覆邦家者。"

**【诠释】**本章是孔子说明正道易被邪恶所侵犯，勉励世人有所警戒提防。这里说的是孔子以维护礼制和利于修身为出发点从而坚决反对的三种现象。

郑声：郑国的音乐。郑国这个地方的音乐有一些旋律多变，虽然增加了其可听性，但在孔子看来这样会容易让人沉迷于欣赏音乐本身而忘记了先王制礼作乐的深层次思想，因而称“郑声淫”，要人们远离“郑卫之音”。

**【解读】**孔子说：“我讨厌用紫色篡夺了红色，讨厌郑国的靡靡之音扰乱正统的雅乐，讨厌满口花言巧语导致国家倾覆的小人。”

17.19　子曰：“予欲无言！”子贡曰：“子如不言，则小子何述焉？”子曰：“天何言哉！四时行焉，百物生焉，天何言哉？”

**【诠释】**孔子说“予欲无言”，实际是孔子由于无法实现自己的政治理想而抒发的感叹。也表达了君子要以身作则的思想，同时也有引导子贡之意，告诉他求学需自己领悟，不能全靠别人教诲。

**【解读】**孔子说：“我真想不再说话了！”子贡说：“如果老师您不说话了，那么我们这些学生怎么向

**别人转述您的思想呢？”孔子说：“天又何尝说了什么呢！一年四季照常运行，天下百物照常生长，天又何尝说了什么呢？”**

17.20 孺悲欲见孔子，孔子辞以疾。将命者出户，取瑟而歌，使之闻之。

**【诠释】**孟子说：“教亦多术矣，予不屑之教诲也者，是亦教诲之而已矣。”(《孟子·告子下》)，历代注《论语》者认为本章与之几乎相同。

不过，过去解说本章的人多认为，古时某人求见某人，如果是初次求见，应当有人代为介绍，由于本章所述孺悲求见并无中介之人，不合士相见礼，所以孔子拒绝接见。例如《韩诗外传》就记载说：“子路曰：‘昔者，由也闻之于夫子，士不中道相见，女无媒而嫁者，君子不行也。’”孺悲熟悉孔子的音乐和歌声，也就说明孺悲是熟识孔子的，因此，程树德注《论语》时建议此处阙疑。

孺悲：《礼记·杂记》记载孺悲曾从孔子学习士丧礼。

将命者：传话的人。

**【解读】孺悲想要见孔子，孔子以有病为由推辞不见。传话的人出门后，孔子取出瑟来歌唱，使孺悲**

听到。

17.21 宰我问:“三年之丧,期已久矣。君子三年不为礼,礼必坏;三年不为乐,乐必崩。旧谷既没,新谷既升,钻燧改火,期可已矣。”

子曰:“食夫稻,衣夫锦,于女安乎?”曰:“安!”

“女安,则为之!夫君子之居丧,食旨不甘,闻乐不乐,居处不安,故不为也。今女安,则为之!”

宰我出。

子曰:“予之不仁也!子生三年,然后免于父母之怀。夫三年之丧,天下之通丧也。予也有三年之爱于其父母乎!”

**【诠释】**本章记载孔子论述“三年之丧”的道理,告诫人们要重视孝道。对孝行的重视,在早期儒家的主张中是很常见的,如《中庸》也说:“三年之丧,达乎天子。父母之丧,无贵贱,一也。”

宰我:名予,下文的“予之不仁也”的“予”指的就是宰我。

**【解读】**宰我问孔子:“父母去世后为其守丧三年,时间未免太长了。君子在三年之内不习礼,礼一定会败坏;三年不演奏音乐,音乐一定会荒废。旧的谷子已经吃完了,新的谷子已经成熟了,取火用的木料也轮换了一遍，守孝一年也就可以了。”

孔子说：“在父母的丧期内，吃精细的米饭、穿锦缎做成的衣服，你心安吗？”宰我说：“我心安！”

孔子说：“你心安，那你就这么做吧！君子居丧期间，吃美味不香，听音乐也不乐，正常起居心不安，所以不那么做。现在既然你觉得安心，那么你就按照你想的那样去做吧！”

宰我退了出来。

孔子说：“宰我真是不仁啊！孩子出生三年，才能脱离父母的怀抱。父母去世后守孝三年，这是天下一致的礼制。宰我也得到了父母三年的怀抱之爱啊！”

17.22　子曰：“饱食终日，无所用心，难矣哉！不有博弈者乎？为之，犹贤乎已！”

**【诠释】**博弈是消遣之类的小游戏，如果常常为之，则耽误时间，且不利于修身养性。然而，与什么都不做、无所事事的人相比，这种沉迷于消遣、浪费时间的人还是要好一些的。孔子的这种感叹是为了劝解无所事事的人，让他们明白抓紧时间的重要性，更重要的是在于让他们明白，人只有通过内修才能达到外王，最后实现大同的理想世界。当然,从字里行间来看,孔子觉得那些沉迷于博弈这种消遣的人其实也并不比无所事事的人好多少。

博弈:博,即"双陆",一种游戏。弈,下棋。

已:已,止,什么也不做。

**【解读】**孔子说:"整天吃得饱饱的,却对什么事也不上心,这是不行的呀!不是有人喜欢从事博戏和下棋这类消遣时间的游戏吗?干干总比闲着好。"

17.23 子路曰:"君子尚勇乎?"子曰:"君子义以为上。君子有勇而无义为乱,小人有勇而无义为盗。"

**【诠释】**子路是一个十分果决勇敢的人,但缺少必要的仁义。因此孔子总是借机规劝他,要他多行仁义。这番对话就是在这样的背景下产生的。当子路问到君子是否崇尚勇敢,孔子则通过勇敢和仁义的关系说明了无论君子还是小人都应当首先崇尚"义"。本章对于后人如何修身也有重要的启迪作用。

**【解读】**子路说:"君子崇尚勇敢吗?"孔子说:"君子认为义是最重要的。如果君子有勇而无义就会犯上作乱,如果小人有勇而无义就会成为盗贼。"

17.24 子贡曰："君子亦有恶乎？"子曰："有恶：恶称人之恶者，恶居下流而讪上者，恶勇而无礼者，恶果敢而窒者。"曰："赐也亦有恶乎？""恶徼以为知者，恶不孙以为勇者，恶讦以为直者。"

**【诠释】**此章孔子教育子贡应当厌恶真小人与伪君子。《大学》有："唯仁人为能爱人，能恶人。"《论语·里仁》有："子曰：'唯仁者能好人，能恶人。'"所以，人要以仁义修身，才能明白君子该厌恶什么。此外，《孔子家语·六本》记载，孔子对曾子说他死后"商（子夏）也日益，赐（子贡）也日损"。曾子问原因，孔子说："商也好与贤已者处，赐也好说不若已者。"孔子的回答也是暗中针对子贡的缺点进行教育。

恶（wù）：厌恶。

讪：诽谤。

徼（jiǎo）：寻求，抄袭。

**【解读】**子贡说："君子也有厌恶的人吗？"孔子说："有啊：厌恶专门揭别人短处的人，厌恶居下位却诽谤上司的人，厌恶勇敢却无礼的人，厌恶自以为果敢却固执、不知变通的人。"孔子反问说："赐啊，你也有厌恶的人吗？"子贡说："我厌恶占有别人的成果却自以为聪明的人，厌恶不谦逊却自以为勇敢的人，厌恶揭别人短处却自以为正直的人。”

17.25　子曰：“唯女子与小人为难养也，近之则不孙，远之则怨。”

**【诠释】**传统上，人们以为此章是孔子告诫世人要修身就必须要去谗远色。不过，对该章的理解历来有颇多争议。其中“女子”一词引起了许多不同的理解，不少人又以之为孔子“轻视妇女”的铁证。

孔子的一句“唯女子与小人为难养也”引发了人们这么多的思考，恐怕是孔子始料不及的。更为严重的是，此语不仅被视为孔子歧视妇女的有力证据，也直接影响到对孔子思想的整体认知。尤其近代以来，它被有的人认为是历来妇女地位低下的开端，是“男尊女卑”观念的始作俑者。

随着儒学与传统文化的复兴，诸多学者力图从新的角度对这句话进行解释，有许多“正解”、“新解”、“辩证”、“我读”之类出现。

毫无疑问，在经典诠释中，应坚持经典溯源的方式，以经典解释经典：回到孔子所传承的文化和生活的那个时代，方能探得孔子“女子难养”说的真实含义。

值得注意或者必须注意的是，在文化观上，孔子自称“述而不作”(《论语·述而》),孔子所“述”者何?典籍中说得十分清楚,《礼记·中庸》说:“仲尼祖述尧舜,宪章文武。”孔子时代,齐国就有人说:“孔子生于衰周,先王典籍,错乱无纪,而乃论百家之遗记,考正其义,祖述尧舜,宪章文武。”(《孔子家语·本姓解》)孔子遵循尧、舜之道,效法文、武之制,显然,尧、舜、文、武等古代先王对孔子影响很大。尧、舜时代较远,周代制度就是“损益”前代而来,朱子解释说:“祖述者,远宗其道;宪章者,近守其法。”(《论语集注》)因此,孔子应当更加推崇文、武、周公之制。由此我们想到,孔子崇尚“文武之政”,熟知周代文献,那么,有关孔子的一些“拿捏不准”的言论与争议,可以结合周代典籍中的言说进行理解,这或许是一个十分切实合理的途径。

孔子晚年曾说:“甚矣吾衰也!久矣吾不复梦见周公!”(《论语·述而》)孔子对被后人视为“儒家元圣”的周公可谓魂牵梦绕,由此我们想到,孔子的言论应该与西周初年的周文王、武王、周公言论属于相同的“话语系统”,那么将人们理解有争议的孔子“语录”与周初思想家结合比对研究,应该是一条十分合理的途径。

事实上,孔子时代,周初的历史文献大量存在,《礼记·中庸》记孔子说:“文武之政,布在方策”,这使孔子得以了解与效法“周政”。在阅读周代相关历史文献时,我们欣喜地发现，周初存在的一个观念对于理解孔子“女子难养”说颇具启发意义，这就是“小人难保”。我们相信这是解决这一聚讼不已的学术公案、打开孔子此语之谜的钥匙。

《尚书·康诰》记周公告诫康叔之语曰：“呜呼！小子封，恫瘝乃身，敬哉！天畏棐忱，民情大可见，小人难保。往尽乃心，无康好逸豫，乃其乂民。”当时，周公刚刚平定管叔、蔡叔与殷人勾结的叛乱，《康诰》就是这种背景下对被封于卫地的康叔的嘱告之辞。这里，“小人”指百姓、小民。孙星衍疏引《释诂》云：“保，康，安也……小民不易安也。”小民不易安，应当在治理时保持一颗敬畏之心，因为“天威之明，惟诚是辅”，在民情中可以得到应验。欲安其民，就应当重视他们，就要尽心尽诚，而不能苟安逸乐。总之，因为“小人难保”，就应当重视“小人”。

在《逸周书·和寤解》中同样有“小人难保”之语。该篇记周武王的话说：“呜呼，敬之哉！无竞惟人，人允忠。惟事惟敬，小人难保。”这里的“小人”同样指小民、百姓。依《周书序》，本篇是周武王将灭商时，在商郊“明德于众”之作。武王要求众人重视小民，不能与小民争利。尤其重要的是，这里说因为“小人难保”，故应“惟事惟敬”。小民很难护养，就要事事施之以敬，这正是周人传统的“敬德保民”思想的体现。

在先秦文献典籍中,“小人”一词比比皆是,均与“君子”对举。例如《诗经·角弓》中说:“君子有徽猷,小人与属”;《尚书·无逸》中有“相小人,厥父母勤劳稼穑,厥子乃不知稼穑之艰难”。君主重视“小人”,说明小人阶层并非毫无地位。与《论语》同时代的《左传》、《国语》等典籍中,“小人”也大都作地位低下之人解,如《左传》襄公九年有曰:“君子劳心,小人劳力,先王之制也。”又如《国语·鲁语上》曰:“君子务治而小人务力。”新公布的清华简《保训》篇中有“昔舜久作小人,亲耕于历丘”之语,舜当初所做的“小人”也是此义。郭店楚墓竹简有“刑不隶(逮)于君子,礼不隶(逮)于小人”,这就是《孔子家语·五刑解》和《礼记·曲礼》中的“礼不下庶人,刑不上大夫”。“小人”是商、周社会中从事农业等体力劳作、地位较低的平民,包括一般庶民、鄙夫、野人,是王、侯、卿、大夫、士之外的普通百姓,是相对于为政者、大人、君子的身份地位的统称。

查《说文解字》,其中明言:“保,养也。”是则“小人难保”就是“小人难养”。不难理解,孔子强调“小人难养”,也一定是秉承周人的牧民思想,针对各层各级“养民”者(即所谓统治或管理者)而说的。

原来,这里的“小人”并不是指我们惯常意识中的那些"道德低下的人"！在《论语》文本中，"小人"当然有与"道德高尚的君子"相对的意义，但其中有很多却是指的"平民"、"普通百姓"。如《论语·子路》记孔子说"小人哉，樊须也"，就不是对弟子的道德谴责。

孔子思想与文王、武王、周公等一脉相承，由周初文献我们知道，孔子说"小人难养"不仅不含有轻视"小人"的意思，反而反映出他对这一群体的重视，那么，孔子说"女子难养"应该也不是轻视女子了。

在孔子的表述中，无论"女子"还是"小人"，其所谓"难养"，具体在于"近之则不孙，远之则怨"。也就是说，"女子"、"小人"具有自身的特点，对他们既不可"近"，也不可"远"，因为把握不当，容易造成"不孙"或者"怨"这样的消极后果。

所谓不可"近"、不可"远"，是一个需要具体掌握好的分寸、尺度。所谓"不孙"，就是不驯顺；"怨"则是埋怨，怨愤。《左传》襄公二十六年曰："小人之事君子也，恶之不敢远，好之不敢近。"作为普通民众的小民，一般不容易领会"君子"的意图，在与君子相处时往往会茫然、不知所措。

另一方面，君子对待民众就应当注意不"近"、不"远"。《孔子家语·好生》记："孔子谓子路曰：'君子以心导耳目，立义以为勇；小人以耳目导心，不逊以为勇。故曰退之而不怨，先之斯可从已。'”孔子认为，君子用心指使耳目，把道义作为勇的基础；小人用耳目指使心，把不驯顺当做勇敢。所以说君子被屏退也不抱怨，让他带头也能做好表率，使别人能跟着他做。在《论语·阳货》“唯女子与小人为难养也，近之则不孙，远之则怨”这一章之前，就有子贡所说“恶勇而无礼者”的话。所谓“勇而无礼”，就是“不逊以为勇”。君子可以“退之而不怨”，而对待小人，如果“退之”，就难免出现“怨”，这其实就是“远之则怨”。

在《孔子家语·好生》篇中，还有曾子的类似表述。曾子说：“狎甚则相简，庄甚则不亲，是故君子之狎足以交欢，其庄足以成礼。”小人既然确实有这种不知“远”、“近”的茫然与狭隘，君子应如何措手处理？曾子认为，既不能过分亲近，也不能过分庄重而显得疏远，过分亲近就会简慢，过分庄重就不能亲近。所以，君子般的亲近足以结交朋友并彼此欢悦，君子般的庄重足以成礼。孔子非常赞赏曾子的言论，认为君子在处理人与人的关系时，就要不“狎甚”、不“庄甚”，以“礼”约之，以保持好的关系。这其实正是孔子言说“小人难养”的本意所在。

对“小人”如此，对待“女子”自然也是一样。在《论语》本章中，“女子”与“小人”是被绑定的并列主语。梁漱溟先生说得好,孔子的那些话,包含了他“对于人类心理的认识”,“孔子学说原是从他对人类心理的一种认识而来”(《梁漱溟先生论儒佛道》,广西师范大学出版社,2005年)。孔子熟知历史知识,了解民性。他一定认识到,商周时期女子社会地位较低,受教育程度远远不及男子。在经过他整理的《尚书》中,就有商纣王妃妲己“牝鸡司晨,惟家之索”的说法。春秋时期的家庭结构更是男主外、女主内,女子很少参与公共社会活动。作为一个相对独立的社会群体,她们受到历史条件的种种局限,因而大多数女性缺少文化教育,极少有社会交往,难有志向抱负,视野不能开阔。历史上对《论语》的注解,也多从女子性别特征着眼,遂有所谓女子“其意浅促”、“无正性”、“志不在义”、“惟酒食之议”之类的理解。其实,孔子说女子“近之则不孙,远之则怨”,是他对女性心理情感依赖倾向的认知,究其原因,既有文化教育问题,又有心理性格素质问题。

不难理解,孔子此语是从政治管理的角度对“养”者即君子所说的,这是春秋社会历史事实的反映。孔子特别强调要了解“民性”、“民情”,《孔子家语·入官》记孔子说:“君子莅民,不可以不知民之性而达诸民之情,既知其性,又习其情,然后民乃从其命矣。故世举则民亲之,政均则民无怨。故君子莅民,不临以高,不道以远，不责民之所不为，不强民之所不能。”这其实就是一个“度”的问题。对于“女子”与“小人”，都要注意“政均”，不能“近”，也不可“远”，以更好地让他们恭敬、不怨。朱熹也是这样理解的，他认为是“庄以莅之，慈以畜之”。

就政治管理而言，孔子此言是说对待“女子”与“小人”都应当心存一份敬畏和戒惧。周初武王、周公说“小人难保”丝毫没有轻蔑“小人”之意，那么，我们也可以确定，尊崇和效法周政的孔子言“女子难养”，也同样不会带有任何轻蔑、歧视的意味。孔子的意思是，不论为人处世，还是为政治国，都必须处理好与“女子”、“小人”的关系，对于为政者而言，这更是必须慎思的问题。对“女子”和“小人”，需要注意如何与他们相处或役使他们，要取得他们的拥护、理解与支持不是轻而易举的事情，对他们过于亲近，他们就难免简慢而不驯顺；如果疏远了他们，他们就往往会产生怨愤。孔子此语，也体现了他对“女子”和“小人”的重视、关注和深切体察。

**【解读】孔子说：“得到女子和庶民的拥护与支持并不容易，如果过于亲昵，他们会缺乏恭敬；而忽略或者疏远他们，又会产生怨恨。”**

17.26 子曰：“年四十而见恶焉，其终也已！”

**【诠释】**本章孔子意在让人们明白，修身对于一个人来讲是十分重要的。如果一个人不是“生而知之”，又不“学而知之”，直到四十岁还是没有改变，那么他一生就荒废了。这是本篇最后的一章，编者通过孔子这句话最后提醒人们应该重视修身，不要终老一生而一无所成。

已：禁绝，停止。

**【解读】**孔子说：“人活到了四十岁还被人厌恶，那么这个人便终生到此为止了。因此，这种情况应该尽力避免呀。”

# 微子篇第十八

**【概说】**本篇共十一章，主要讲述了一些隐士的事迹。在《论语》首篇首章中，孔子说到人生政治理想与现实之间的关系，最高的境界自然是自己的学说为社会所实行，其次是有志同道合者的理解，最为不济的是世人都不理解自己。孔子说："道之不行也，我知之矣"（《中庸》），还说："道其不行矣夫！"（《中庸》）这种"知其不可"却仍然"为之"的做法，甚至使孔子在绝粮于陈蔡之间时，被他的弟子所误解（《孔子家语·在厄》）。孔子的内心是苦闷的，他临终前还在感叹："天下无道久矣，莫能宗予。"（《史记·孔子世家》）无奈之时的孔子曾说："道不行，乘桴浮于海。"（《论语·公冶长》）即归隐而不问世事心境的流露。

本篇主要讲述一些不为社会所知、所容的仁人、逸民，讲述他们如何在逆境中保持自身高洁的品格。本篇也与上篇一样，贯穿了孔子主张选择时机、保持独立的政治品格、不能屈节以事人等思想。本篇首章通过“殷有三仁”说明了“仁人”有不同表现、不同结果，第二章借用柳下惠说明仁人需要尊道而行，第三章到第七章则以孔子和孔子所遇见的隐士为例，表现了孔子是具有上古仁德精神、不为社会所了解的真正隐士。尔后讲述了上古“逸民”，述说对“逸民”或有才干有道德的“仁人”应当尽力招揽、募求。

《论语》自第十五篇到第十八篇，从标题到内容似有一定的内在逻辑。第十五篇从卫灵公这样的诸侯如何执政入手谈为邦、治理天下的道理，第十六篇是从季氏这样的执政大夫入手谈为君子、治邦家，第十七篇从阳货这样的“陪臣”入手谈为君子、修身齐家、兼济天下，第十八篇则从微子这样的逸民、仁人的德行入手，谈处世之道，谈君子从政应如“择木之鸟”的道理。这四篇先后以诸侯、大夫、陪臣、逸民为落脚点，都通过齐家与修身，而最终的着眼点则都是治邦国、平天下，材料的组织表现了一定的层次性，其思想内涵符合早期儒家的基本理念。

18.1　微子去之，箕子为之奴，比干谏而死。孔子曰：“殷有三仁焉。”

**【诠释】**本章谈殷商末年的三个仁人，这三个人都没有得到商纣王重用，其结局有所不同，表达了“君子亦仁而已矣，何必同”（《孟子·告子下》）的思想。本篇以此为首章，为全篇内容奠定了一个思想基调。

微子、箕子、比干：微子，即微子启，是商纣王的庶兄。箕子、比干都是商纣王的叔父。商纣王无道，不听大臣进谏，于是微子启最先逃离商到周。箕子因为不忍心彰君之过、丢弃宗庙，便佯装疯狂被商纣王降为奴隶。比干仍然犯颜进谏，商纣王将其剖心致死。

仁：仁人。或以为“仁”同“人”，考《孟子·告子下》有：“居下位，不以贤事不肖者，伯夷也；五就汤，五就桀者，伊尹也；不恶污君，不辞小官者，柳下惠也。三子者不同道，其趋一也。一者何也？曰仁也。君子亦仁而已矣，何必同？”与本章所论思想一致，因此，“仁”同“人”的观点是不对的。

**【解读】**微子离开了商纣王，箕子做了商纣王的奴隶，比干进谏而被杀。孔子说：“殷商有三个仁人啊。”

18.2　柳下惠为士师，三黜。人曰：“子未可以去乎？”曰：“直道而事人，焉往而不三黜？枉道而事人，何必去父母之邦？”

**【诠释】**《史记·仲尼弟子列传》说孔子“数称柳下惠”，孔子把他作为仁人的代表。孟子也说：“不恶污君，不辞小官者，柳下惠也。”(《孟子·告子下》)柳下惠久处下位，也被认为属于“逸民”。

柳下惠：即展禽，因家中有柳树如伞，故称“柳下”，“惠”是他的谥号。孟子称他是“圣之和者”。

士师：掌管刑狱的小官。

三黜：三，虚指，意思是“多”、“多次”。黜，旧以为免职，实际上应该是仕途受压抑的意思。《论语·卫灵公》记载：“子曰：‘臧文仲其窃位者与？知柳下惠之贤，而不与立也。’”

**【解读】**柳下惠作为典狱官，在仕途上屡次被压抑。有人说：“您难道不可以离开鲁国吗？”柳下惠回答说：“遵守正道而侍奉上司，去哪里能不被屡次压抑？不遵守正道而侍奉上司，又何必离开父母之国？”

18.3　齐景公待孔子曰：“若季氏，则吾不能；以季孟之间待之。”曰：“吾老矣，不能用也。”孔子行。

**【诠释】**前面两章已经提到四个孔子嘉许的“仁人”，从这一章开始，编者把政治上一直郁郁不得志的孔子作为榜样，为第八章的叙述做铺垫。这些事件大体按照时间顺序排列。本章记载鲁昭公时期孔子在齐国不被任用之事。

**【解读】**齐景公讲到如何对待孔子的时候说：“像鲁国的季孙氏那样任用孔子，我做不到。我可以用介乎于季孙氏和孟孙氏之间的待遇来任用孔子。”后来，齐景公又说：“我老了，不能用他了。”孔子就离开了齐国。

18.4　齐人归女乐，季桓子受之，三日不朝，孔子行。

**【诠释】**本章的叙事背景在孔子由司空升任大司寇之后。孔子“由大司寇行摄相事”，鲁国大治。于是，齐国朝野上下一致认为“孔子为政必霸”。为了削弱鲁国，离间孔子与鲁国执政者之间的关系，齐国送给鲁国文马、美女，使得鲁定公和季桓子不关心政事。后来，鲁国执政者又不顾及礼，不分送祭肉给孔子，于是孔子离开了鲁国，开始周游列国。

归：同“馈”，馈赠。

季桓子：鲁国当时的执政大夫，名斯。

【解读】齐国送了一批歌女舞女给鲁国，季桓子接受了，国君和季桓子三日不问政事，孔子就离开了鲁国。

18.5 楚狂接舆歌而过孔子曰："凤兮凤兮！何德之衰？往者不可谏，来者犹可追。已而，已而！今之从政者殆而！"孔子下，欲与之言。趋而辟之，不得与之言。

【诠释】本章所记事件发生在孔子周游列国期间。可以看出，孔子与接舆虽都属于不在位的逸民，但他们却是不同类型的人。

接舆：人名，楚国隐士，佯装狂人。《楚辞·九章》有"接舆髡首兮"一句，王逸注："接舆，楚狂接舆也。髡，剔也。首，头也。自刑身体，避世不仕也。"《庄子·人间世》也记载接舆歌于孔子之门。从这两处记载来看，接舆是人名无疑。

【解读】楚国的狂人接舆唱着歌走过孔子的车边，他唱道："凤凰啊凤凰！你的德行为何如此衰微？过去的已经不能挽留，将来的还有机会追逐。算了吧，算了吧！现在的执政者很危险了！"孔子下车，想要和他说话。接舆快步走开躲避孔子，使得孔子没有机会和他说话。

18.6　长沮、桀溺耦而耕，孔子过之，使子路问津焉。

长沮曰："夫执舆者为谁？"子路曰："为孔丘。"曰："是鲁孔丘与？"曰："是也。"曰："是知津矣。"

问于桀溺。桀溺曰："子为谁？"曰："为仲由。"曰："是鲁孔丘之徒与？"对曰："然。"曰："滔滔者天下皆是也，而谁以易之？且而与其从辟人之士也，岂若从辟世之士哉？"耰而不辍。

子路行以告。夫子怃然曰："鸟兽不可与同群，吾非斯人之徒与而谁与？天下有道，丘不与易也。"

**【诠释】**本章记录的事件与上一章类似，都是发生在孔子周游列国期间的事。

长沮(jǔ)、桀溺(nì)：隐士。

耦(ǒu)：古代一种耕作的方法，即使用耒(lěi)耜(sì)之类的工具耕作。在使用牛耕的春秋时代，这是一种比较古老的耕作方式。

津：渡口。

谁以易之：以，与。易，改变。

且而：且，而且。而，同"尔"，你。

耰(yōu)而不辍(chuò)：耰，播种之后，覆盖以土，然后摩平地面，以防鸟兽啄食。辍，停止。

怃(wǔ)然：怅然若失的样子。

吾非斯人之徒与而谁与：我不是他们那类人，但是不和他们在一起追求天下的大道又能和谁一起呢？《中庸》曰："道不远人。人之为道而远人，不可以为道。"则追求天下大道的人是不能离开天下人的。

**【解读】**长沮、桀溺一起耕地，孔子路过，叫子路去问渡口在什么地方。

长沮说："那个拿着缰绳的人是谁啊？"子路说："是孔丘。"长沮问："是鲁国的孔丘吗？"子路说："是啊。"长沮说："他知道渡口在哪里了。"

子路又去问桀溺。桀溺问："你是谁？"子路说："我是仲由。"桀溺问："是鲁国孔丘的学生吗？"子路说："是啊。"桀溺说："你们所逃避的不利环境和无道的统治者，像滔滔大水一样天下到处流淌，到处都是，你和谁一起去改变它？而且你与其追随那些躲避无道的执政者的人，哪如追随逃避这个社会的人呢？"说完不停地干他的农活。

子路回来把情况告诉孔子，孔子怅然若失地说："鸟兽是不能与人合群的，虽然我不是长沮、桀溺这类人，但是我不同这些人在一起以便追寻治理天下的先王之道，那么我与谁在一起呢？如果天下有道，我也不会与你们一起去改变这个世道了。"

18.7 子路从而后，遇丈人，以杖荷蓧。子路问曰："子见夫子乎？"丈人曰："四体不勤，五谷不分，孰为夫子？"植其杖而芸。

子路拱而立。

止子路宿，杀鸡为黍而食之，见其二子焉。明日，子路行以告。子曰："隐者也。"使子路反见之。至，则行矣。

子路曰："不仕无义。长幼之节，不可废也；君臣之义，如之何其废之？欲洁其身，而乱大伦。君子之仕也，行其义也。道之不行，已知之矣！"

**【诠释】**本章也是关于孔子遇见隐士的记载。这些隐士避世而居，他们与孔子不同，他们知道社会无道，就不再去致力于改变它。孔子却始终为了能够拯救无道的天下而努力。

荷（hè）蓧（diào）：荷，背负。蓧，一种除草的竹质器具。

植其杖而芸：植其杖，使拐杖直立，即插在田边。芸，耕耘，除草。

拱而立：拱手站着，表示尊敬。

四体不勤，五谷不分：旧注有两种说法，一说这是丈人说自己忙于农事，连五谷都分不清，就更不知道夫子是谁；一说指子路不从事劳动。从语境来看，取后者较优。

杀鸡为黍而食之：黍，黄米，即后来成语“黄粱一梦”的“黄粱”，古时候产量很低，因此十分珍贵。食，名词作动词，同“饲”，意思是给予某人食物吃。

见其二子：见同“现”，指丈人使子路见到自己的两个儿子。

【解读】子路跟着孔子而落在了后面，碰到一个老人，用拐杖挑着除草的工具负在背上。子路问老人说：“您见到我老师了吗？”老人说：“你有四肢却不劳作，眼睛能看到粮食却分辨不出五谷的种类，谁知道你老师是谁？”说完，把拐杖插在田边去除草了。

子路恭敬地拱手站在一边。

老人留子路住宿，杀鸡、做黄米饭给子路吃，又让自己的两个儿子出来见子路。第二天，子路追上孔子并讲述了经历。孔子说：“这是隐者啊。”让子路再回去看看老人。子路到那里后，老人却已经出门了。

子路说：“不出来做官是不合道义的。长幼之间的礼节，是不能偏废的；君臣之间的礼义，难道就能废弃吗？想要保持自身的高洁，却混淆了长幼、君臣这样重要的伦理关系。君子出来做官，只是尽自己道义上的责任。至于先王之道在现在行不通，我们早已经知道了。”

18.8　逸民：伯夷、叔齐、虞仲、夷逸、朱张、柳下惠、少连。子曰：“不降其志，不辱其身，伯夷叔齐与！”谓：“柳下惠、少连，降志辱身矣，言中伦，行中虑，其斯而已矣。”谓：“虞仲、夷逸，隐居放言，身中清，废中权。我则异于是，无可无不可。”

**【诠释】**本章承前面的叙述，列举一些“逸民”，这些人有不同的隐逸境界。

逸民：逸，同“佚”，散失，遗失。《孟子·公孙丑上》：“柳下惠不羞污君，不卑小官；进不隐贤，必以其道；遗佚而不怨，阨穷而不悯。”其中的“遗佚而不怨”就是指的“逸民”。

伯夷、叔齐：古孤竹国国君之子，以国相让，避居首阳山，曾怒斥周武王在周文王去世后伐商是不仁不义的做法。后来周代商而王天下，两人不食周粟而死。事迹参看《史记·伯夷列传》。孔子对二人的德行称许有加。

虞仲：即仲雍。周太王的儿子，王季（季历）的兄长。

《史记》记载了太伯、虞仲让位于王季的故事，并且认为吴就是太伯的封国。从《史记·吴太伯世家》的记载来看，虞仲在太伯死后才继位为国君，则虞仲符合孔子说的“隐居放言，身中清，废中权”，一方面他将王位让给弟弟王季，成全了太王的想法，是至孝的做法，另一方面他并没有与兄长太伯一样建立自己的封国或与太伯争位，做到了儒家所谓“悌”的伦理要求，因此得到孔子的称赞。

夷逸、朱张、少连：三人中，夷逸见于《尸子》，少连见于《礼记·杂记》，但是，他们的具体身世、经历不详。

隐居放言：放，放置。联系下文，可以知道这句的意思是，隐居起来，不谈论世事。

**【解读】**逸民有：伯夷、叔齐、虞仲、夷逸、朱张、柳下惠、少连。孔子说：“不降低自己的志向，不辱没自己的身份，难道不是说的伯夷叔齐吗？”又说：“柳下惠、少连，降低了自己的志向也辱没了自己的身份。不过他们说话合乎伦理要求，做事合乎人心，仅仅这样而已吧！”又说：“虞仲、夷逸，隐居而不谈论世事，保持身份合乎修身高洁的要求，放弃身份合乎权变的要求。我就和他们不同了，没有可以这样做或者不可以这样做的问题。”

18.9　大师挚适齐，亚饭干适楚，三饭缭适蔡，四饭缺适秦，鼓方叔入于河，播鼗武入于汉，少师阳、击磬襄入于海。

**【诠释】**本章讲一些乐师离开故国。本章记载的这些乐师的时代，历来众说纷纭。或以为生活在商末或周厉王时，而秦建立于周王室东迁之时，这些乐师应该在平王时期之后。据《孔子家语·辩乐解》："孔子学琴于师襄子。襄子曰：'吾虽以击磬为官，然能于琴。今子于琴已习，可以益矣。'"可见"击磬襄"或许就是鲁国的师襄子。程树德也考释这些乐师是鲁哀公时人，详参《论语集释》。本章通过这些乐师的境遇，从一个侧面说明了当时"礼崩乐坏"的局面。

大师挚：大，即"太"。

亚饭干：乐师的名字。依周礼，天子与诸侯用餐时都要奏乐，因此，乐师的名字与这一礼乐传统有关。

播鼗(táo)武：摇鼓的乐师的名字。

**【解读】**大师挚逃到了齐国，亚饭干逃到了楚国，三饭缭逃到了蔡国，四饭缺逃到了秦国，击鼓的方叔逃到了黄河流域附近，摇小鼓的武逃到了汉水流域附近，少师阳、击磬的襄则逃到了海滨附近。

18.10 周公谓鲁公曰："君子不施其亲，不使大臣怨乎不以。故旧无大故，则不弃也。无求备于一人。"

**【诠释】**本章上承前面各章，用周公之言说明执政者应该如何选拔任用人才。本篇前面已经列举了一些隐士、仁人，他们都是没能担当与其才能相称的职位的人。而且其中一些人尤其是孔子，没有得到任用的原因在于为政者不循其道。

鲁公：当是周公的儿子伯禽。《史记·鲁周公世家》记："周公戒伯禽曰：'我文王之子，武王之弟，成王之叔父，我于天下亦不贱矣。然我一沐三捉发，一饭三吐哺，起以待士，犹恐失天下之贤人。子之鲁，慎无以国骄人。'"可见，当时周公曾就如何治理鲁国、选拔人才等问题教导伯禽。然而到了孔子时代，鲁国统治者却已经忘记了先祖的遗训，这也是孔子终生抱有对父母之邦能够任用自己的希望而屡屡失望的客观背景。对读《史记》相关记载，不难看出《论语》记录此章的意义所在。

不施其亲：施，同"弛"。周人重亲亲，《中庸》有云："仁者，人也，亲亲为大。""不施其亲"意思就是不离弃亲属。

大臣：这里指的是重要的臣属，股肱之臣。《中庸》第二十章有“敬大臣”、“体群臣”语，其中的“大臣”意思与这里相近。

不以：不用。

**【解读】周公对鲁公说：“君子不应该离弃自己的亲人，不让大臣怨恨得不到任用。老朋友、旧相识如果没有大的错误，就不要放弃他们。不要要求一个人具有所有的才能。”**

18.11 周有八士：伯达、伯适、仲突、仲忽、叔夜、叔夏、季随、季騧。

**【诠释】**本章记载周初八位名士的名字。其中一些人名见于《尚书》。他们的具体事迹现在已经不传。此章可能是为解释上一章，或作为上一章的例子。

季騧(guā)：人名。

**【解读】周朝有八位贤士：伯达、伯适、仲突、仲忽、叔夜、叔夏、季随、季騧。**

# 子张篇第十九

**【概说】**本篇共二十五章，所记皆孔子弟子言论。其中，记载最多的是子夏的言论，然后是子贡，还有曾子、子张、子游。朱熹《论语集注》云：“此篇皆记弟子之言，而子夏为多，子贡次之。盖孔门自颜子以下，颖悟莫若子贡；自曾子以下，笃实无若子夏。故特记之详焉。”从子张论士、子夏说友到曾子的“吾闻诸夫子”，说明本篇通过孔子弟子之言表达孔子思想。篇末四章是子贡积极回应他对孔子的议论，以此来歌颂孔子，维护孔子。这也体现了孔子弟子与孔子的关系，以及孔子不同弟子在孔门中的不同地位。

19.1　子张曰：“士见危致命，见得思义，祭思敬，丧思哀，其可已矣。”

**【诠释】**本章记述子张之言，也可以理解为是他对孔子部分思想言论的概括总结。孔子在论成人时曾提到“见利思义，见危授命”（《论语·宪问》），在《论语·季氏》篇孔子还认为“九思”之一为“见得思义”。孔子十分重视祭祀，曾说“……临丧不哀，吾何以观之哉”（《论语·八佾》）、“祭如在，祭神如神在”（《论语·八佾》）。“祭思敬，丧思哀”又可归纳为“慎终追远”，只有这样，才能“民德归厚”。

在孔子思想的基础上，子张总结了古代士应有的四种表现，更为确切地说是三种美德：对国家的忠、对社会的义、对已故亲人的孝。《中庸》记载“事死如事生，事亡如事存，孝之至也”，可见古代非常重视“祭”与“丧”，认为这是“孝”的最高表现。

《论语·泰伯》篇记载孔子之言曰：“危邦不入，乱邦不居。”既然这样，为何还要“见危致命”呢？任启运《四书约旨》解释说：在从政前要充分考虑到此邦是有道，还是无道，也就是要“三思而后行”。一旦上任，就要为国效劳，当国家遭遇危险时就要挺身而出，甚至献出生命。

士：对有一定社会地位或有修养的读书人的通称。

致命：献出生命。

**【解读】**子张说：“君子在国家危难之际能挺身而

出，敢于献出自己的生命，见到有所得便考虑是否该得，祭祀时考虑心怀恭敬，服丧时考虑哀伤，这样就可以算是君子了。”

19.2 子张曰：“执德不弘，信道不笃，焉能为有？焉能为无？”

**【诠释】**本章从反面论述了“执德”与“信道”应有的正确态度，强调不但要“执德”，还要将其发扬光大，不但要“信道”，还要坚定不移，即我们要有“遁世不见知而不悔”（《中庸》）的精神。值得注意的是，此处“信道”之“道”是治国平天下的大道，并非小道，本篇第四章则详细讲到“大道”与“小道”的区别。

何晏《论语集解》引孔安国之语，把“焉能为有？焉能为无？”释为“言无所轻重”。清李颙为这句话作了很好的注解，在其《四书反身录》中说道：“若不宏不毅，则至道不凝，碌碌一生，无补于世。世有此人，如九牛增一毛，不见其益。世无此人，如九牛去一毛，不见其损，何足为轻重乎？”可见这种人对于道德、道义的发扬与传承所起的作用微乎其微，如九牛一毛，有他不多，没他不少。

弘：大，可理解为发扬光大。

笃：厚也，坚定不移。

亡（wú）：同“无”，没有。

**【解读】**子张说：“有些人实行道德但不能使之发扬光大，信奉道义却不能坚定不移，这样的人可有可无。”

19.3　子夏之门人问交于子张。子张曰：“子夏云何？”对曰：“子夏曰：‘可者与之，其不可者拒之。’”子张曰：“异乎吾所闻。君子尊贤而容众，嘉善而矜不能。我之大贤与，于人何所不容？我之不贤与，人将拒我，如之何其拒人也？”

**【诠释】**本章记载子夏与子张二人的交友原则。子夏主张交友应慎重而有所选择，而子张主张广泛地结交朋友。《论语集解》引包咸云：“友交当如子夏，泛交当如子张。”子张与子夏一容一拒，看似矛盾，其实不然。

二人的交友之道皆闻于孔子，“师也过，商也不及”（《论语·先进》）。孔子根据二人各自的性格特点而因材施教，因为二人都对老师的话进行了片面理解，才会产生二人在交友问题上的分歧。蔡邕《正交论》就有言曰：“商也宽，故告之以距人；师也偏，故告之以容众。”交友一般分为初交和深交两个阶段，初交要学子张而泛交，深交就要像子夏一样慎重地选择。如果将子张与子夏二人的交友之道结合起来，可能就是孔子的交友之道了。

与：交往，结交。

拒：古作“距”，拒绝，不接受。

嘉：赞美。

矜（jīn）：怜悯，同情。

**【解读】**子夏的学生向子张请教如何交友。子张反问道：“子夏是如何说的？”这个学生回答说：“子夏说：‘可以交的朋友就交，不可交的就不交。’”子张说：“这与我听到的不一样：君子尊敬贤才也容纳众人，褒奖有能力的也要怜惜没能耐的。我若是个贤良之人，对什么人不能容纳呢？我若不是个贤良的人，别人会拒绝我，我怎么去拒绝别人呢？”

19.4　子夏曰：“虽小道，必有可观者焉；致远恐泥，是以君子不为也。”

**【诠释】**本章说明君子应该有所为有所不为，应当有适当取舍。《汉书·艺文志》认为这是孔子所言。从本篇第十二章可以看出子夏精于“小道”，此章可认为子夏对孔子教导的感悟。朱熹认为“小道，如农圃医卜之属”，即儒家以外的诸子百家之道，可理解为小的技艺，这与《庄子·天下》篇所说的“方术”相近，指某一方面的学问，乃“一曲之士”所为。“小道”是与“大道”相对而言，“大道”是指《大学》中所论的“大学之道”，是指治国平天下之道，一般可理解为儒家的思想体系，侧重于从宏观上、全局上考虑问题，这与《庄子·天下》篇所说的“道术”相近。

小道：小技艺。

致：定州汉墓竹简《论语》作“至”。致远，可理解为从长远看。

泥(nì)：阻碍。

**【解读】**子夏说：“即使是小技艺，也必然有可取之处，但从长远看恐怕会有阻碍，所以君子不做。”

19.5 子夏曰：“日知其所亡，月无忘其所能，可谓好学也已矣。”

**【诠释】**儒家强调“修己安人”，“修己”是“安人”的基础，而“好学”是实现“修己”的途径。本章讲述学习的基本方法。

学习既要温故还要求新，贵在长期积累，正所谓“学如不及，犹恐失之”(《论语·泰伯》)，做学问就像追赶什么似的，就怕赶不上，赶上了还害怕丢失。这就要求我们时时复习,还要不断学习新知识,这样才能"积土成山,积水成渊"。顾炎武著有《日知录》,就取名于此。

亡(wú):通"无",没有。

**【解读】子夏说:"每天都学习自己以前不知道的,时时复习,不要忘记自己以前学过的,这样的人就可称为好学了。"**

19.6 子夏曰:"博学而笃志,切问而近思,仁在其中矣。"

【诠释】本章是子夏谈论求仁之道,这与《中庸》"博学之,审问之,慎思之,明辨之,笃行之"的理路是一致的。正所谓"力行尽乎仁",每件事都要从实际出发,做自己力所能及的事。朱熹对"近思"尤为推崇,他与吕祖谦合编北宋理学家周敦颐、程颢、程颐、张载四人之学说,即名之为《近思录》。

笃志:坚定志向。

切问:问自己还未领悟之事。

近思:切近实际地思考问题。

**【解读】子夏说:"广泛学习,坚守志向,有不明白的要向别人询问,然后再切近实际地考虑看能否实**

行，如果这样做了，仁就在里面了。”

19.7　子夏曰：“百工居肆以成其事，君子学以致其道。”

**【诠释】**本章以百工造器为例，劝勉君子要专心致志地学习以达至大道。梁皇侃《论语义疏》说：“言百工由日日居其常业之处，则其业乃成也……君子由学以至于道，如工居肆以成事也。”子夏认为百工在肆中专心勤奋劳作，才能完成任务，君子要像百工一样才能“致其道”。

百工：百，虚指，指各种工匠。

肆：古代工匠劳动的地方。

致：达到。

**【解读】**子夏说：“各种工匠在自己劳动的地方辛苦劳动以完成任务，君子要专心致志地学习以达到大道。”

19.8　子夏曰：“小人之过也必文。”

**【诠释】**子夏告诫学生有错必改，不要加以掩饰。春秋时期，“小人”有两种含义：一为从事鄙贱之事的人，一为无德之人。本章应为后者。正如《论语·卫灵公》篇所言:“过而不改,是为过矣。”小人犯错不但不改,而且加以文饰,可谓是错上加错。与小人相反,君子对过错的态度是敢于承认,勇于改过。本篇第二十一章记载子贡说:“君子之过也,如日月之食焉:过也,人皆见之;更也,人皆仰之。”《孔子家语·执辔》篇记载孔子的话说:“过而改之,是为不过。”论述的就是君子对过错的态度。

文:文饰,掩盖。

**【解读】** 子夏说:“小人对过错必然加以文饰。”

19.9　子夏曰:“君子有三变:望之俨然,即之也温,听其言也厉。”

**【诠释】** 本章子夏谈论君子,指出远观、近看到听其言等不同阶段“君子”给人的感觉不同,说明君子具有内在的涵养与气度。朱熹《论语集注》说:“俨然者,貌之庄。温者,色之和。厉者,辞之确。”子夏认为,君子不但仪表庄严,脸色温和,说话也严正不苟。

儒家要求人“色思温,貌思恭”(《论语·季氏》),如果不这样,即使致力于学术,也不会有所成就,正如《论语·学而》篇所言:“君子不重则不威,学则不固。”此与

《论语·述而》篇所记孔子"温而厉,威而不猛,恭而安"极其相似,子夏从孔子身上看到君子应有的品质,以此来勉励学生。

俨然:庄严,庄重。

即:靠近。

温:温和。

厉:严正不苟。

**【解读】子夏说:"君子有三种变化:远远地望着他,觉得他庄重、严肃;接近他,觉得他温和可亲;听他说话,又觉得他严厉不苟。"**

19.10　子夏曰:"君子信而后劳其民;未信,则以为厉己也。信而后谏;未信,则以为谤己也。"

**【诠释】**本章说明"信"的重要性,君子务必要取信在先。《论语》多次提到"信",例如"人而无信,不知其可也"(《论语·为政》)等等,强调"信"是为人处世的基本要求。孔子用四种内容(文、行、忠、信)教育学生,其中之一就是"信"(《论语·述而》)。子夏认为要役使人民或要进谏君主,必须以取得信任为前提。"信则人任焉"(《论语·阳货》),对上只有"信而后谏",才能使自己的政治理想得以实施;对下,要先取信于民,才能役使他们。

厉：折磨。

**【解读】子夏说："君子必须得到信任后才去役使百姓，否则百姓会认为你在折磨他们。同样，必须得到信任后再去进谏，否则君主会以为你在诽谤他。"**

## 19.11　子夏曰："大德不踰闲，小德出入可也。"

**【诠释】**此章记述子夏对"大德"与"小德"问题的看法。

关于"大德"、"小德"，存在两种说法：一种认为"大德"、"小德"分别指大节和小节。朱熹《论语集注》说："大德、小德，犹言大节、小节。"另一种认为大德是指上贤之人，小德是指次贤之人。前者从不违背道德法则，后者有时违背，但这种人用不着责备。梁皇侃持这种看法。

《荀子·王制》篇记载："孔子曰：'大节是也，小节是也，上君也；大节是也，小节一出焉，一入焉，中君也；大节非也，小节虽是也，吾无观其余矣。'"此章是对孔子这段话的最好诠释，主张大的原则性问题不能出错，小节问题则可出可入，不要过分责备。这也就是说，大节不放过，小节可权宜。故今从前者。

踰：逾越，违背。

闲：阑，借指范围。

**【解读】**子夏说：“重大品德原则不能违背，小的生活细节有点出入是可以的。”

19.12　子游曰：“子夏之门人小子，当洒扫应对进退，则可矣，抑末也。本之则无，如之何？”子夏闻之，曰：“噫！言游过矣！君子之道，孰先传焉？孰后倦焉？譬诸草木，区以别矣。君子之道，焉可诬也？有始有卒者，其惟圣人乎！”

**【诠释】**此章反映了子游与子夏授业方法的差异。子游重本，批评子夏传授给学生的是枝节末学。子夏对子游的批评予以回应，认为传道应从浅到深，循序渐进。两者孰优孰劣？本与末即大道与小道，子夏从小道入手，并非忽略大道，子游重大道，也未尝不传授学生小道。正如程树德《论语集释》引元人许谦《读四书丛说》云：“读此章者颇易失旨，但见‘言游过矣’四字，便谓子游之言全非。盖子游但言门人虽知洒扫之末，不即举大学之本以教之；子夏则言教之当有序。子游未尝讥子夏教洒扫之非，而子夏亦未尝言不教以大学也。”

“倦”有两种理解，一为传授，讲解。毛奇龄《论语稽求篇》说道：“倦”即“券”，传与券，即古印契传信之物。

所以倦可理解为传授。二为厌倦。何晏《论语集解》引包咸曰:“言先传业者必先厌倦,故我门人先教以小事,后将教以大道也。”今从前者。

门人小子:学生们。

洒扫:洒水、扫地,即打扫、收拾房间之类。

应对:指接待宾客时的问答等仪节。

进退:指接待宾客时的进出等仪节。

抑:可是。

本:根本,指先王之道。这里用作动词,探究其根本。

**【解读】**子游说:“子夏的学生,干一些打扫卫生、接待宾客的工作还可以,可是这些只是末节,若讨论先王之道,就不行了。这怎么能行呢?”子夏听说后,说:“咳!言游说错了,对于先王之道,哪些先传授呢,哪些后传授呢?这好比花草树木一样,应该区别对待。怎么可以随便歪曲先王之道呢,能有始有终把先王之道传授给学生的,那只能是圣人吧!”

19.13　子夏曰:“仕而优则学,学而优则仕。”

**【诠释】**本章是关于“仕进”与“学习”的关系的论述。学者在关于“优”字的理解上历来有分歧。一种说法认为,优即裕也,有余力或有时间。这句话的意思是做官有余力就努力去学习,进修学业有余力就可做官。宋朱熹、今人杨伯峻皆主此说。一种说法是将“学而优”之“优”解为“优良、优异”。可译为做官有余力了就努力去学习,学习成绩优异便可去做官。

皇侃《论语义疏》云:“故学业优足则必进仕也。”代表第二种说法。这样一来,同一个“优”,在同一句话中前后解释各不相同,让人难以理解。正如金人王若虚在《论语辨惑》中说:“旧说以‘仕优为优闲有余力,学优为德进优长’,岂有一字二义,不若皆训为有余力也。”还有一种说法,就是刘宝楠在《论语正义》中所提到的一种解释:“古者大夫士,年七十致仕,则设教于其乡,大夫为大师,士为少师,是‘仕而优则学’也。学至大成乃仕,是‘学而优则仕’也。”这里以“学至大成”释“优”,仍有优秀之意。这种说法也很勉强,大夫士到了七十岁致仕后,只是“设教于其乡”,是教书而非读书,这样就变成了“仕而优则教”了。

本书认为,第一种说法更有道理。许慎《说文解字》中说:“优,饶也。”“优”的本义就是充足、宽裕,这里应该是有余力的意思,《论语·学而》中“行有余力,则以学文”与之含义相似。

仕:做官。

【解读】子夏说："做官有余力了便可去学习，学习有余力了便可去做官。"

19.14 子游曰："丧致乎哀而止。"

【诠释】本章有两种理解。一种认为本章是劝人节哀，不要因为悲伤哀痛过度而伤神伤身。《论语集解》引孔安国注说："毁不灭性也。"皇侃《论语义疏》说："虽丧礼主哀，然孝子不得过哀以灭性，故使各至极哀而止。"另一种观点认为居丧时应内心尽哀，不应追求表面的丧礼仪式。朱熹《论语集注》说："致极其哀，不尚文饰也。"

在《论语·八佾》篇有"丧，与其易也，宁戚"的记载。《礼记·檀弓上》云："子路曰：'吾闻诸夫子：丧礼，与其哀不足而礼有余也，不若礼不足而哀有余也。'"可见孔子讲求人内心对已故亲人的哀戚。还有一个事例说明这个问题，据《礼记·檀弓下》记载：延陵季子（吴公子季札）在从齐国返回的路上，他的长子死了，他就用简单的葬礼将长子埋于齐的嬴、博两个城邑之间，孔子称赞这件事说："延陵季子之于礼也，其合矣乎！"后世把"嬴博之志"作为薄葬的代名词。可见第二种理解比较符合孔子本意，所以今从后者。

丧：居丧。

致：达到。

哀：悲戚。

止：停止，有足够之意。

**【解读】**子游说："居丧，达到悲戚的程度就可以了。"

19.15　子游曰："吾友张也为难能也，然而未仁。"

**【诠释】**本章有两种理解：一为子游指责子张未达到仁。魏王肃《孔子家语注》说："子张不务立仁义之行，故子游激之以为未仁也。"二为说明子张做得已经很好了，但还没达到"仁"的境界。

从《论语》的记载来看，孔子很少以"仁"来赞许一个人，他认为达到仁的境界是非常困难的。所以说，本章子游并没有贬低子张的意思，只是借子张来说明达到仁的艰难。

**【解读】**子游说："我的朋友子张，可以说是很难得了，然而还没有达到仁的境界。"

19.16　曾子曰："堂堂乎张也，难与并为仁矣。"

【诠释】承上章子游对子张的评价，本章是曾子对子张的议论。与上一章一样，本章也有多种不同的理解。一般注家都认为子张虽仪表堂堂，但薄于仁道。《论语集解》引东汉郑玄注曰："言子张容仪盛，而于仁道薄也。"清王闿运对本章的理解正好相反，他在其《论语训》中说："亦言子张仁不可及也。难与并，不能比也。曾、张友善如兄弟，非贬其堂堂也。"王氏认为此章是说子张的仁德之大，非一般人能及。近人程树德也支持这种说法，他在其《论语集释》中说："况曾子一生最为谨慎，有口不谈人过之风，故知从前解释皆误也。"

从《论语·先进》篇提到的"师也辟"，可知子张比较偏激，所以难以和别人一起完成仁德，曾子并不是贬低其仁德的低下。

堂堂：仪表堂堂。

并：和。

【解读】曾子说："仪表堂堂的子张，别人难以和他完成仁德。"

19.17　曾子曰："吾闻诸夫子：人未有自致者也，必也亲丧乎！"

【诠释】本章转述孔子之言，认为只有父母之丧时，感情才难以控制。《论语集解》引马融注曰:“言人虽未能自致尽他事,至于亲丧,必自致尽。”这也是告诫人们必须竭诚尽哀于亲丧,以表孝心。

诸:之于。

自致:自动地达到极点。

**【解读】曾子说:“我听老师说过,人的感情在平时是不会自动发挥到极致的,如果有,那应该是其父母去世的时候吧。”**

19.18 曾子曰:“吾闻诸夫子:孟庄子之孝也,其他可能也;其不改父之臣与父之政,是难能也。”

**【诠释】**本章是曾子转述孔子之语,是赞美孟庄子之孝行,强调孝道的重要性。朱熹《论语集注》说:“献子有贤德,而庄子能用其臣,守其政。故其他孝行虽有可称,而皆不若此事之为难。”

所谓“一朝天子一朝臣”,为政之人一般不喜用老臣,孟庄子在服丧期间能用父之臣,守父之道,承父之业,实属难能可贵,正如《论语·学而》篇提到的“三年无改于父之道,可谓孝矣”。

孟庄子:即仲孙速,事鲁襄公。其父是孟献子,即仲孙蔑。

**【解读】**曾子说："我听老师说过：孟庄子的孝，其他的都容易做到，而留用他父亲的家臣，不改变他父亲的施政纲领，这是别人难以做到的。"

19.19　孟氏使阳肤为士师，问于曾子。曾子曰："上失其道，民散久矣。如得其情，则哀矜而勿喜。"

**【诠释】**此章是阳肤为典狱官向曾子请教治术。曾子认为下民犯法，是执政者失道所致，所以教育阳肤要体恤民情，如果审问出案情，应对他们报以哀怜和同情。

"勿喜"有两说：一为不要因得民情而沾沾自喜。何晏《论语集解》引马融注曰："民之离散，为轻漂犯法，乃上之所为，非民之过，当哀矜之，勿自喜能得其情也。"二为不要好施刑罚。据程树德《论语集释》引，在《论语笔解》中，韩愈说："哀矜其民散之情，勿喜施其刑罚，是其旨矣。"其实，两种理解并不矛盾，曾子告诉阳肤不要因能邀功求赏而沾沾自喜，意在告诉他不要滥施刑狱。

阳肤：曾子的学生。

士师：典狱官，犹今之法官。

民散：指民心叛离。

哀矜：哀怜，同情。

喜：沾沾自喜。

**【解读】**孟氏任命阳肤为典狱官，阳肤去向曾子请教。曾子说："在上位的不按正道办事，民心久已叛离。如果能审查出犯人犯罪的实情，应该可怜他们，同情他们，千万不要沾沾自喜！"

19.20　子贡曰："纣之不善，不如是之甚也。是以君子恶居下流，天下之恶皆归焉。"

**【诠释】**本章子贡告诫人们不要为不善之事，一旦迈进污秽之地，就会成为众矢之的。《列子·杨朱》篇说："天下之美，归之舜、禹、周、孔，天下之恶，归之桀、纣。"程树德《论语集释》引清人宦懋庸《论语稽》云："千古恶名纣独当之，纣岂无一毫之善哉？特亲小人而远君子，集众小人之恶为纣一人之恶耳。"可见纣并没有人们所说的那么坏，只是因为众口一词，纣才成为万恶之首，所以人千万不要做坏事，人一旦做坏事，所有的坏事都会归到他头上。

此章子贡还教育人们，评价人物要实事求是，不要人云亦云。

纣：殷朝末代君主。名辛，字受，为周武王所伐时自焚而死。

恶：第一个读wù，讨厌之意；第二个读è，坏事之意。

**【解读】**子贡说："商纣王的坏，并不像传说的那么严重。所以君子讨厌居于下流，一旦这样，天下所有的坏事都会归到他头上。"

19.21　子贡曰："君子之过也，如日月之食焉：过也，人皆见之；更也，人皆仰之。"

**【诠释】**本章说明了君子有错必改、毫不掩饰的态度，这与本篇"小人之过也必文"一章形成鲜明的对比。人非圣贤，孰能无过，只要勇于改正，就不会影响自己的声望，仍为人们所景仰。

日月之食：指日食和月食。

更：改正。

仰：仰望，敬仰。

**【解读】**子贡说："君子的错误就像日食和月食一样，他犯错了，人人都能看见；他改正错误，人人都仰望他。"

19.22　卫公孙朝问于子贡曰："仲尼焉学？"子贡曰："文武之道，未坠于地，在人。贤者识其大者，不贤者识其小者。莫不有文武之道焉。夫子焉不学？而亦何常师之有？”

**【诠释】**此章为子贡赞美孔子无处不学、学无常师的精神。鲁守宗周传统，“周礼在鲁”，《论语·雍也》篇中就有“齐一变，至于鲁；鲁一变，至于道”的记载。孔子占据地利之便，能够更多地接触“文武之道”，而且孔子敏而好学，“入太庙，每事问”（《论语·乡党》），能够多闻，“择其善者而从之”（《论语·述而》）。正因为孔子无处不学，所以才学无常师。他问礼于老子，问官制于郯子，向师襄学琴，向苌弘学乐，正因为孔子学无常师，才成就其博学多闻。

卫公孙朝：卫国大夫。程树德《论语集释》引翟灏《四书考异》云：“春秋时，鲁有成大夫公孙朝，见昭二十六年《传》；楚有武城尹公孙朝，见哀十七年《传》；郑子产有弟曰公孙朝，见《列子》。记者故系卫以别之。”

坠：落，引申为失传。《汉石经》“坠”作“队”。

识（zhì）：记住，了解。

常师：固定的老师。

**【解读】**卫国公孙朝向子贡请教说：“仲尼的学问从哪来的？”子贡说：“文王武王的治国之道并没有失传，仍散落于人间。贤能的人抓住其根本，不贤能的人了解其末节。可以说，文王武王之道无处不在。

我的老师无处不学习，他又哪里有固定的老师呢？”

19.23　叔孙武叔语大夫于朝曰：“子贡贤于仲尼。”子服景伯以告子贡。子贡曰：“譬之宫墙，赐之墙也及肩，窥见室家之好。夫子之墙数仞，不得其门而入，不见宗庙之美，百官之富。得其门者或寡矣。夫子之云，不亦宜乎！”

**【诠释】**本章为子贡赞美孔子学识之高深，以为孔子之学非一般人所能领会。《论衡·讲瑞》载：“子贡事孔子一年，自谓过孔子；二年，自谓与孔子同；三年，自知不及孔子。当一年二年之时，未知孔子圣也，三年之后，然乃知之。”随着时间的推移，子贡对孔子的了解逐步加深，慢慢认识了孔子学说。程树德《论语集释》引元陈栎《四书发明》曰：“贤人之道卑浅易见，圣人之道高深难知，此子贡以墙室取譬之意也。”亦即此意。

叔孙武叔：鲁国大夫，名州仇。

子服景伯：鲁国大夫。

以：拿，把。

宫墙：指围墙。

仞：一人之高，旧有七尺、八尺之说，实皆以一人之高为数。

百官：朝堂诸曹办事的房舍。子贡以天子、诸侯才有的宗庙、百官比喻孔子学说的博大精深。

**【解读】**叔孙武叔在朝中对大夫们说："子贡比仲尼有贤德。"子服景伯把这话转告给子贡。子贡说："不能这样认为。譬如房屋的围墙，我的只有肩膀那么高，站在墙外很容易看见我家的好东西；但我老师的却有几个人那么高，找不到进去的大门，就看不见宏伟的庙堂和官吏们的房舍。能找到大门而进去的人或许很少吧。那么，叔孙武叔这样说，不也很自然吗？"

19.24　叔孙武叔毁仲尼。子贡曰："无以为也！仲尼不可毁也。他人之贤者，丘陵也，犹可踰也。仲尼，日月也，无得而踰焉。人虽欲自绝，其何伤于日月乎？多见其不知量也。"

**【诠释】**本章为子贡盛赞孔子之德如日月。子贡竭力维护师道之尊严，把孔子比喻为日月，认为他像太阳和月亮一样不可逾越，是谁也毁谤不了的，叔孙武叔这样做，只能说明他自不量力。程树德《论语集释》引清李颙《四书反身录》曰："叔孙武叔毁仲尼，究竟何损于仲尼？徒得罪名教，受恶名于万世，适足以自损耳。"

踰：通"逾"。超越。

无以为：不要这样做。

多：适也。表示只是，仅仅。

**【解读】**叔孙武叔毁谤仲尼。子贡说："不要这样做！仲尼是毁谤不了的。别人的贤德就像山，是可以超越的。但是仲尼的贤德就像太阳和月亮，是没法超越的。虽然有人要自绝于太阳和月亮，那对太阳和月亮有什么损害呢？只不过表明其自不量力罢了！"

19.25 陈子禽谓子贡曰："子为恭也，仲尼岂贤于子乎？"子贡曰："君子一言以为知，一言以为不知，言不可不慎也。夫子之不可及也，犹天之不可阶而升也。夫子之得邦家者，所谓立之斯立，道之斯行，绥之斯来，动之斯和。其生也荣，其死也哀，如之何其可及也？"

**【诠释】**本章子贡进一步赞扬孔子的品德与智慧，表达了他对老师的景仰与爱戴。孔子处在一个天下无道的时代，他的学说不被时代接受，本人也常受到误解、诽谤甚至攻击。每当此时，子贡总会用自己的智慧来维护孔子的思想，本篇最后三章记载了相关内容，他把孔子比喻成日月、上天，认为别人只能仰望孔子，不可能达到孔子的境界。

值得注意的是，叔孙武叔和子禽皆认为子贡比孔子贤能，可见子贡之学识亦非同寻常，也表明了他在孔门中的重要地位。扬雄《法言义疏·问明卷第六》引刘疏云："夫子殁后，诸弟子切劘砥砺，以成其学。故当时以有若似圣人，子夏疑夫子，而叔孙武叔、陈子禽皆以子贡贤于仲尼，可见子贡晚年进德修业之功，几几乎超贤入圣。"

知：同"智"。皇疏本此两"知"字均作"智"。

邦家：封国和采邑。这里偏指国。

道（dǎo）：同"导"，引导。此处的"道"与"道之以德"之"道"意思相同。

绥：安抚。

和：同心协力。

**【解读】陈子禽对子贡说："你是出于对老师的尊敬吧，难道仲尼真的比你贤能吗？"子贡说："君子一句话可以显示出他的智慧，也可以说明他缺乏智慧，所以说话不可以不慎重。我的老师是没人能比得上的，就像天空不能搭着梯子爬上去一样。我的老师如果治理一个国家，他要百姓立于礼，百姓就会立于礼；他引导百姓，百姓就会按他的指引前进；他安抚百姓，百姓就会从远方来归顺；他动员百姓，百姓就会齐心协力。我的老师生得光荣，去世了令人怀念，我怎么能赶得上他呢？"**

# 尧曰篇第二十

**【概说】**本篇只有三章,《齐论》、《鲁论》中这三章是合在一起的,同于今本。《古论》把后面两章分出,列为第二十一篇,题为《从政》,古人称为“两《子张》”。其中前两章字数较多,看似与前面篇章的短小不协调,故后世学者对此篇多有怀疑,甚至认为此篇不足凭信。

程树德《论语集释》以《庄子》有《天下篇》、《史记》有《自序》为例,认为“《尧曰》一章是《论语》全书后序”。翟灏《四书考》也持这种观点。其实,本篇确实主题鲜明,形散而神不散。

20.1　尧曰:“咨!尔舜!天之历数在尔躬,允执其中。四海困穷,天禄永终。”舜亦以命禹。

曰:“予小子履敢用玄牡,敢昭告于皇皇后帝:有罪不敢赦。帝臣不蔽,简在帝心。朕躬有罪,无以万方;万方有罪,罪在朕躬。”

周有大赉,善人是富。“虽有周亲,不如仁人。百姓有过,在予一人。”

谨权量,审法度,修废官,四方之政行焉。兴灭国,继绝世,举逸民,天下之民归心焉。

所重民:食、丧、祭。

宽则得众,信则民任焉,敏则有功,公则说。

**【诠释】**历代对本篇的争论多集中在本章。后世学者多认为本章有遗漏，甚至还有学者对此章的真实性提出质疑。刘宝楠《论语正义》认为:“盖《论语》自《微子篇》说夫子之言已讫,故《子张》篇皆记弟子之言。至此更搜集夫子遗语,缀于册末。”既是搜集遗语,有时文字自然会不相连贯，所以从宋朝苏轼开始就有很多人怀疑此章有脱落。其实,此章可算是对《论语》全书中有关治国平天下思想的总结，首先记述了从尧帝以来历代先圣先王的遗训，其后是孔子对三代以来的美德善政的概括。

历数:指帝王继承的次序。古代迷信,以为帝位相承,与天象运行的次序相应。朱熹《论语集注》:“历数,帝王相继之次第,犹岁时气节之先后也。”

尔躬:你身上。尔,你。躬,身。

允执其中：指要执行中庸之道。允，诚实，不欺。何晏《论语集解》引包咸曰："允，信也。""中"和"君子而时中"之"时中"的意思相似。"中"就是《中庸》所说的"喜怒哀乐之未发"，是客观存在的、静止的。"时中"之意就是"发而皆中节"，中庸就是"用中"，就是将客观存在的"中"付诸实践，切合时宜，达到"和"的目的。此处尧告诫舜要顺应时代的发展，担此大任，不要肆意妄为，不顾条件地一味蛮干。舜亦用此语告诫禹。在《中庸》中，孔子赞美舜"执其两端，用其中于民"，可见舜是实践中庸思想的典范。

困穷：困顿和贫穷。

天禄：上天给予的禄位。

天禄永终：对此有两种解释：一说为天禄长期存在。何晏《论语集解》引包咸说："言为政信执其中，则能穷极四海，天禄所以长终。"一说为天禄永绝。朱熹《论语集注》认为："四海之人困穷，则君禄亦永绝矣，戒之也。"前者较能反映文章原意，《论语稽求篇》举有例证，如匡衡《韦贤传》："其道应天，故天禄永终。"《尚书·金縢》："惟永终是图。"隽不疑谓暴胜之曰："树功扬名，永终天禄。"可见，在最初"永终"并没有永远终止之意，只是到了魏晋以后，此意才产生，所以说前者较为合理。

履：殷汤名。《史记·殷本纪》汤名天乙，相传汤又名履。孔安国说:“履,殷汤名。”孔安国根据《墨子》引《汤誓》之文,认为此处为汤伐桀告天之辞。另《吕氏春秋·季秋纪》认为是汤因旱而祈于桑林之辞。无论哪种观点都反映了汤一心为民、高度负责的精神。

玄牡:黑色的公牛,祭祀时做牺牲用。何晏《论语集解》引孔安国云:“殷家尚白,未变夏礼,故用玄牡。”

皇:大。皇皇可理解为伟大。

后帝:天帝。

帝臣:古人有三种理解。一种认为是指桀。皇侃《论语义疏》:“此明有罪之人也。帝臣谓桀也。桀是天子,天子事天,犹臣事君,故谓桀为帝臣也。”另一种认为指天下贤人。朱熹《论语集注》:“言桀有罪,己不敢赦;而天下贤人皆上帝之臣,己不敢蔽,简在帝心,惟帝所命。”还有一种认为是指汤。韩愈在《论语笔解》中说:“帝臣,汤自谓也,言我不可隐蔽桀之罪也。”我们姑取第一种说法。因为《墨子·兼爱》以及《吕氏春秋·顺民》都说这是成汤战胜夏桀以后,遭逢大旱,向上天祈祷求雨之辞。《国语·周语上》引《汤誓》“余一人有罪,无以万夫”,与本章的意思相近。

简:简察,知道。

朕:我。从秦始皇开始专用作帝王的自称。

赉(lài):赏赐,此处指大封诸侯。《尔雅·释诂》:

“赉,赐也。”《诗经·周颂序》:“赉,大封于庙也。赉,予也,所以赐予善人也。”刘宝楠《论语正义》引宋翔凤语,认为此处为周武王封诸侯之辞,尤其像封姜太公于齐之辞。

谨权量,审法度,修废官:谨慎地制定度量衡的标准,审定礼乐制度,整顿废弃职守的官府工作。权,称。量,斗斛。“法度”一词有两种理解:一种认为量长度的标准。阎若璩《四书释地又续》、今人杨伯峻《论语译注》持此说。一种认为指礼乐制度。皇侃《论语义疏》:“法度,谓可治国之制典也。”朱熹《论语集注》:“法度,礼乐制度皆是也。”今取后者。废官,废弃职守的官府或官职。

《汉书·律历志》中有:“周衰官失,孔子陈后王之法,曰:‘谨权量,审法度,修废官,举逸民,四方之政行矣。”何休《公羊传》昭公三十二年引此节,也认为是孔子的话。据此,刘宝楠《论语正义》认为,“谨权量”以下皆是孔子之语。

兴灭国,继绝世,举逸民:恢复被灭亡的国家,承继已断绝的后代,提拔埋没的人才。《韩诗外传》:“古者,天子为诸侯受封,谓之采地,百里诸侯以三十里,七十里诸侯以二十里,五十里诸侯以十里,其后子孙虽有罪而绌,使子孙贤者守其地,世世以祠其始受封之君,此之谓兴灭国,继绝世也。”可见这种思想自古有之,是由宗法社会发展而来的,并一直影响到后世。刘邦推翻秦朝暴政,楚怀王的一个孙子被奉为义帝,表明恢复被秦所灭的楚国。《中庸》有言:“继绝世,举废国,治乱持危,朝聘以时,厚往而薄来,所以怀诸侯也。”这是对诸侯的怀柔政策。

所重:民、食、丧、祭:此句句读有两种,一种为以民、食、丧、祭四者并列,何晏《论语集解》引孔安国曰:“重民,国之本也。重食,民之命也。重丧,所以尽哀。重祭,所以致敬。”另一种将民前属,食、丧、祭三者并列。《论语集注》引《武成》曰:“重民五教,惟食、丧、祭。”后人多从前者,其原因大都认为《武成》有伪,不足为信。随着学术的发展,可知《武成》并不像前人所说的那样伪不可用,而且食、丧、祭三者皆从属于民,所以,第二种句读较为合理。

信则民任焉:汉石经、定州汉墓竹简无此五字,只有阮本有。《天文本论语校勘记》:“皇本、唐本、津藩本、正平本均无此句。”《论语·阳货》篇有“子张问仁于孔子”和此处内容相似,有其“信则民任焉”的记载,具体内容是:“子张问仁于孔子。孔子曰:‘能行五者于天下,为仁矣。’‘请问之。’曰:‘恭则不侮,宽则得众,信则人任焉,敏则有功,惠则足以使人。’”所以后人多以为本章的"信则民任焉"是由后人所加。

【解读】尧说："啧啧，你这位舜呀！上天的历数命运已经落到你身上了，你要忠诚地执行中庸之道，如果四海之内都被教化，那么上天赐予的禄位就会永远落在你身上。"舜让位给禹的时候也说了这样一番话。

汤说："我履谨慎地用黑色牡牛做牺牲，明明白白地向光明而伟大的天祷告：有罪的人我不敢擅自去赦免，桀的罪过我也不敢隐瞒，您是早就知道的。我本人如果有罪，请不要牵连天下万方；天下万方有罪，都归我一个人承担。"

周朝大封诸侯，使善人富贵起来。"我虽然有很多至亲，但不如有仁德之人好。百姓如果有罪，应该由我一个人来承担。"

孔子也说：如果能谨慎地审定度量衡和礼乐制度，恢复瘫痪了的国家机构，那么全国的政令就通行了。如果恢复被灭亡的国家，承继已断绝的后代，提拔被埋没的人才，那么天下百姓就会归心于朝廷了。

要重视民众的粮食、丧事和祭祀。

宽容能得到民众的拥护，诚信就会得到民众的信任，勤敏就会有功绩，公正就会使民众高兴。

20.2　子张问于孔子曰："何如斯可以从政矣？"子曰："尊五美，屏四恶，斯可以从政矣。"

子张曰："何谓五美？"子曰："君子惠而不费，劳而不怨，欲而不贪，泰而不骄，威而不猛。"

子张曰："何谓惠而不费？"子曰："因民之所利而利之，斯不亦惠而不费乎？择可劳而劳之，又谁怨？欲仁而得仁，又焉贪？君子无众寡，无小大，无敢慢，斯不亦泰而不骄乎？君子正其衣冠，尊其瞻视，俨然人望而畏之，斯不亦威而不猛乎？"

子张曰："何谓四恶？"子曰："不教而杀谓之虐；不戒视成谓之暴；慢令致期谓之贼；犹之与人也，出纳之吝谓之有司。"

**【诠释】**孔子强调要为政以德，统治者要先正其身，做好本职工作，才能要求百姓，本章可谓孔子谆谆告之以治世的良方妙药。他反对暴民、虐民、害民的暴政，提倡统治者在教化人民的同时，也要赏民，调动人民的积极性。在《论语·颜渊》中子张就如何执政的问题问于孔子，孔子回答"居之无倦，行之以忠"，主要是针对臣如何奉君而言。此章子张又问政于孔子，孔子的回答更为详尽，侧重点也不同，是从统治者对百姓的态度而言的，倡导要实行德政，反对滥施暴政和刑罚。

本章孔子详细阐述了治国之道，意义尤为深远。诚如清杨名时《论语札记》说："此章溯流穷源，见微知著，抉尽病根，只在贪、骄、猛三字，而王道圣学，直昭揭日月而行。"

斯：就。

屏(bǐng)：摒弃，排除。

惠而不费：施惠于民，又不费于财。这是孔子提出的君子从政必须遵守的一种美德与方法，也是实行仁政德治的重要内容。

劳而不怨：《论语·里仁》中有："事父母几谏，见志不从，又敬不违，劳而不怨。"这是形容孝子极力侍奉父母。而本章是从为政的角度来谈，使民劳苦但不引起怨恨。邢昺《论语注疏》："择可劳而劳之，谓使民以时，则又谁怨恨哉！"

欲而不贪：这是孔子评价一个人是否为君子的重要标准。他认为一个人如果欲望很多又不能自我节制的话，是很难具有仁的修养的。孔子曾批评申枨说"枨也欲，焉得刚"(《论语·公冶长》)。

泰而不骄：安泰矜持却不骄横。《论语·子路》有："君子泰而不骄，小人骄而不泰。"这是区分君子与小人的标准。这里是告诫君子不因为势力小而怠慢。

威而不猛：仪表威严但不凶猛。《论语·述而》中描述孔子“温而厉,威而不猛,恭而安”。君子要做到“威而不猛”首先要正其衣冠,这样才能使人“尊其瞻视,俨然人望而畏之”。

不教而杀谓之虐:不进行教化便杀戮叫做虐。这是孔子告诫统治者要教化在先,对那些教化不起作用的人再用刑罚。《孔子家语》中也有许多类似的表述,如《始诛》篇记孔子之语:“不教以孝而听其狱,是杀不辜。三军大败,不可斩也;狱犴不治,不可刑也。何者?上教之不行,罪不在民故也。夫慢令谨诛,贼也;征敛无时,暴也;不试责成,虐也。政无此三者,然后刑可即也。”孔子的一贯主张是“德主刑辅”,正如《孔子家语·刑政》篇中所言:“圣人之治,化也,必刑政相参焉。太上以德教民,而以礼齐之。其次以政焉导民,以刑禁之,刑不刑也。化之弗变,导之弗从,伤义以败俗,于是乎用刑矣。”

出纳:本指财物的付出和收入,此处复词偏义,只指付出、给予。

有司:管理事务的小吏。

**【解读】**子张向孔子请教说:“怎样才能处理好政事呢?”孔子说:“尊崇五种美德,摒除四种恶政,这样就可以处理好政事了。”

子张又问:“什么是五种美德?”孔子回答说:“施惠于百姓而自己却没有什么损耗,劳役百姓但他们却毫无怨言，追求仁德却没有贪欲，安泰矜持却不骄傲，仪表威严但不凶猛。”

子张说：“什么叫施惠于百姓而自己却没有什么损耗？”孔子说：“鼓励百姓做对他们有利的事，这不就是施惠于百姓而自己却没有什么损耗吗？在百姓合适的条件下，让他们干力所能及的事，又有谁会怨恨呢？追求仁德便得到仁德，又贪求什么呢？无论人多人少，势力大小，都不怠慢他们，这不就是安泰矜持而不骄傲吗？君子衣冠整齐，目光严肃端正，令人望而生畏，这不就是仪表威严但不凶猛吗？”

子张又接着问：“什么是四种恶政呢？”孔子说：“不进行教化便杀戮叫做虐，不先申诫便要成绩叫做暴，开始懈怠而突然限期完成叫做贼，给百姓财物不舍得拿出去叫做器量狭小。”

20.3　孔子曰：“不知命，无以为君子也。不知礼，无以立也。不知言，无以知人也。”

**【诠释】**此章为《论语》末篇末章，孔子强调君子要三知：知命、知礼、知言。

此处的“命”为“天命”。孔子自述人生各时期的不同境界时，就说“五十而知天命”，人应对“天命”有所敬畏，“君子有三畏”之一为“畏天命”。郭店楚简《穷达以时》说：“遇不遇，天也。”（《孔子家语·在厄》、《荀子·宥坐》亦有此语）这里的“天”和“时”就是指“天命”，它决定着人生的穷达祸福，决定着人生的升降沉浮，也就是说，如果时遇不佳，即使是贤能之人同样无济于事。

孔子所处的年代是“无道”的乱世，他本人“有德而无位”，虽然胸怀天下，却难以施展其政治抱负。他对自己所处的时代有清醒的认识，他说：“道之将行也与，命也；道之将废也与，命也。”（《论语·宪问》）但这并不意味着孔子放弃行道的努力，《孔子家语·在厄》记载他的言论：“芝兰生于深林，不以无人而不芳；君子修道立德，不谓穷困而改节。”他认为，君子面对人生的态度是，不论人生显达，还是身处困厄，都不要改变自己的节操，因为人的穷达自己是无法完全决定的，人的德行则只能取决于自己，与“天”无关。人应当努力修身，完善自己的德行。这和《论语》首篇首章的“人不知而不愠，不亦君子乎”恰相照应，自身有贤能，而不为人了解，这是天命所致，而非我自身的原因，所以我并不恼怒，这就是君子。

孔子重礼，有学者还认为“礼”是孔子思想的核心，虽然学术界对此没有定论，但“礼”的重要性也可见一斑。礼是实现社会上和谐的重要途径，孔子所言的“君君、臣臣、父父、子子”就是希望社会上的每个人都能遵守自己应遵守的礼节，这样社会才会和谐，诚如有子所说的“礼之用，和为贵”。如果一个人不知礼，就会受到别人的耻笑甚至唾骂，《诗经·国风·相鼠》就有“人而无礼，胡不遄死”之语。可见，知礼守礼是人立足社会的基本条件。《论语·泰伯》中记孔子说：“兴于诗，立于礼，成于乐。”《论语·季氏》中孔子教导伯鱼也说“不学《礼》，无以立”，这些都和本章的表述是一致的。孔子自身十分精通各种礼仪，所以鲁国大夫孟僖子在临终前曾嘱咐他的两个儿子孟懿子和南宫敬叔向孔子拜师学礼。

孔子还强调“知言”的重要性。因为言为心声，通过对人言语的分析，可以了解一个人的邪正，从而择善而交。

**【解读】孔子说：“不懂得天命，就不能成为君子；不懂得礼，就不能立足于社会；不懂得分析别人的言语，就不能了解别人。”**

# 主要参考书目

定州汉墓竹简整理小组:《定州汉墓竹简论语》,文物出版社,1997年。

皇　侃:《论语集解义疏》,广文书局,1977年。

朱　熹:《四书章句集注》,中华书局,1983年。

刘宝楠:《论语正义》,中华书局,1990年。

李学勤主编:《论语注疏》(标点本),北京大学出版社,1999年。

钱　穆:《论语新解》,生活·读书·新知三联书店,2005年。

程树德:《论语集释》,中华书局,1990年。

杨树达:《论语疏证》,上海古籍出版社,1986年。

杨伯峻:《论语译注》,中华书局,1980年。

李泽厚:《论语今读》,生活·读书·新知三联书店,2004年。

黄怀信:《论语新校释》,三秦出版社,2006年。

蒋沛昌:《论语今释》,岳麓书社,1999年。

李　零:《丧家狗——我读〈论语〉》,山西人民出版社,2007年。

马恒君:《论语正宗》,华夏出版社,2007年。

方骥龄:《论语新诠》,台北中华书局,1978年。

康有为:《论语注》,中华书局,1984年。

唐满先:《论语今译》,江西人民出版社,1982年。

钱　逊:《论语浅解》,北京古籍出版社,1988年。

南怀瑾:《论语别裁》,复旦大学出版社,2006年。

# 后 记

《论语》成书以来，学术界、社会上从来没有出现过像现在这样的《论语》研读热潮，以至于要收集到所有的《论语》解读本子都已经没有可能。本书在这样的背景下问世，很容易给人以“凑热闹”的嫌疑。

其实，笔者研究早期儒学，也正是在读到相关《论语》研究著作后，才更加认识到《论语》之于中国传统文化的意义，深切感受到正确理解《论语》文本之难。于是，我与一帮朋友尝试对其进行研读，不断切磋琢磨，偶有心得，随时整理，从而萌发了系统译解该书的想法。

我们认为，作为一部“语录体”著作，《论语》实在不同于其他典籍。要正确认识该书，正确理解其中的意蕴，必须明白该书材料的来源，了解该书怎样编撰而成，清楚该书以怎样的标准选取材料，把握《论语》与其他孔子遗说的关系，只有这样，才能与孔子学说乃至早期儒学不致有大的偏离。因此，本书以“代前言”的形式，首先谈了我们的初步想法。

本书名曰《论语诠解》。所谓“诠解”，即“诠释”与“解读”，亦即分析、解释、说明。按照通常分篇分章。各篇先有简要“概说”，然后分章诠解。每章先“原文”，次“诠释”，次“解读”。

“概说”说明该章的基本内容、主旨等相关内容。每篇设有“概说”，目的在于表明《论语》绝非资料的随意堆砌，而是有一定的内在逻辑，也可以与本书的前言相应，辅助对《论语》文本的理解。

“原文”按照通常的分章标明章序，力求精确。通行版本中的异文需要校正者，也不轻易改动，而在诠释中说明。校正原文时，参考了程树德的《论语集释》以及定州八角廊汉墓竹简《论语》等。

“诠释”相当于分析注释，区别于通常所说的“注释”。“诠”者，详细解释，阐明事理也。《说文》曰：诠，具也。《淮南子·诠言训》注谓：诠言者，谓譬类人事相解喻也。在逐章进行诠释时，我们先概说该章大意，进行适当论说；次进行适当分解；再进行重点字、词、句子的解释。引证典籍文献、前人注疏。个别难字、多音字用汉语拼音标注。力求解析透彻，论证充分。

“解读”相当于翻译，但与通常所说的译文也有区别。“解”者，判也。分析说明谓之解。本书名“解”，还有仿魏晋以今释古之义，与《逸周书》和《孔子家语》之“解”、《淮南子》之“训”相类。作为“语录体”，《论语》文字简练，有的不便直译，为更加准确，适当添加词句，以符合本文，意义完整。

在诠解过程中，我们力求以早期儒学为背景，与孔子思想学说体系进行观照，从而疏通凝滞，解释词义，阐明事理。但由于水平所限，其中还有不少疑难不能解决，只好在前哲时人基础上择善而从。

本书是集体合作完成，写好后进行了多次修改。具体分工是：

杨朝明：前言、第一、二篇；

崔海鹰：第三篇；

魏忠强：第四篇；

郭海燕：第五篇；

王成效：第六篇；

宋立林：第七、八篇；

魏衍华：第九、十篇；

郭玉娟：第十一、十二篇；

王冉冉：第十三、十五、十六篇；

魏　玮：第十四、十七、十八篇；

卢　梅：第十九、二十篇。

初稿完成后，魏衍华、郭海燕、崔海鹰、魏忠强又分别统稿，做了大量工作，甚至对个别篇章进行了部分重写。

全书由我组织编著，遇有分歧，则暂从我的看法。本次出版，在刘淑强的大力协助下，我又对全稿进行了全面修订。

杨朝明

2012年2月13日

# 主编杨朝明简介

杨朝明，男，1962年生。历史学博士。现为中国孔子研究院院长。兼任曲阜师范大学教授、博士生导师。任中国先秦史学会理事、中国诗经学会常务理事、山东省孔子学会副会长兼秘书长、山东周易学会副会长、山东历史学会副会长。受聘为中国孔子基金会学术委员、《孔子研究》编委等。

分别在曲阜师范大学、华中师范大学、中国社会科学院研究生院获得历史学学士、硕士、博士学位。发表论文150余篇，主要著作有《九家旧晋书辑本》、《三教慧海·儒教名流》、《鲁文化史》、《周公事迹研究》、《儒家文献与早期儒学研究》、《出土文献与儒家学术研究》、《周公》，主编《儒家文化面面观》、《新出简帛文献注释论说》、《孔子家语通解》、《孔子的智慧》、《孔子文化十五讲》、《孔子弟子评传》等。参与撰著：《鲁国史》、《孔子思想与当代社会》、《中国传统文化要论》、《山东通史·先秦卷》、《齐鲁文化通史·春秋战国卷》、《鲁国历史与鲁文化探秘》、《中华地域文化集成·齐鲁文化》、《中国地域文化通览·山东卷》,主持国家社科基金项目《六经之教与孔子遗说》、山东省社科规划重大项目《出土文献与早期儒学研究》、山东省古籍整理与研究项目《孔子家语综合研究》等课题的研究。学术论著先后四次获得山东省哲学社会科学优秀成果奖。

**图书在版编目(CIP)数据**

论语诠解(大字版)/杨朝明主编.—济南:山东友谊出版社, 2014.3

ISBN 978-7-5516-0574-8

Ⅰ. ①论… Ⅱ. ①杨… Ⅲ. ①儒家②《论语》—研究
Ⅳ. ①B222.25

中国版本图书馆 CIP 数据核字(2014)第 054311 号

**主　　管**:山东出版传媒股份有限公司
**集团网址**:www.sdpress.com.cn
**出版发行**:山东友谊出版社
**地　　址**:济南市英雄山路 189 号　邮政编码:250002
**电　　话**:出版管理部(0531)82098756
　　　　　市场营销部(0531)82098035(传真)
**印　　刷**:山东临沂新华印刷物流集团
**版　　次**:2014 年 4 月第 1 版
**印　　次**:2014 年 4 月第 1 次印刷
**规　　格**:185mm×260mm
**印　　张**:39.25
**字　　数**:370 千
**定　　价**:138.00 元